Jörg Sprecher

Beschränkungen des Handels mit Kulturgut und die Eigentumsgarantie

Schriften zum Kulturgüterschutz
Cultural Property Studies

Schriften zum Kulturgüterschutz
Cultural Property Studies

Herausgegeben von
Edited by

Professor Dr. Wilfried Fiedler, Saarbrücken
Professor Dr. Dr. h.c. Erik Jayme, Heidelberg
Professor Dr. Kurt Siehr, Hamburg

Jörg Sprecher

Beschränkungen des Handels mit Kulturgut und die Eigentumsgarantie

W DE G RECHT

De Gruyter Recht · Berlin

Dr. Jörg Sprecher
Rechtsanwalt und Notar, Luzern

∞ Gedruckt auf säurefreiem Papier,
das die US-ANSI-Norm über Haltbarkeit erfüllt.

ISBN 3-89949-132-7

Bibliografische Information Der Deutschen Bibliothek

Die Deutsche Bibliothek verzeichnet diese Publikation in der Deutschen Nationalbibliografie; detaillierte bibliografische Daten sind im Internet über <http.//dnb.ddb.de> abrufbar.

Printed in Germany
Einbandgestaltung: +malsy kommunikation und gestaltung, Bremen
Datenkonvertierung: Werksatz Schmidt & Schulz, Gräfenhainichen
Druck und Bindung: Hubert & Co., Göttingen

Für Livia Anna

Vorwort

Die vorliegende Dissertation ist auf Anregung von Herrn Prof. Dr. Kurt Siehr, Zürich/Hamburg, entstanden. Für seine Begleitung während meiner Doktorandenzeit und die hilfreiche Kritik bedanke ich mich bei ihm herzlich.

Herr Rechtsanwalt Paul Müller, Luzern, hat das Manuskript während seiner Entstehungszeit kritisch gelesen und war mir ein wertvoller Diskussionspartner. Zahlreiche Hinweise, Informationen und Rückmeldungen zu rechtlichen und sprachlichen Fragen verdanke ich Frau Hanna Krieg, Luzern, Frau Dr. Franziska Münzberg, Heidelberg, Herrn Dr. Andrea Raschèr, Zürich, Bundesamt für Kultur, Herrn Rechtsanwalt Andreas Reller, Zürich, sowie Herrn Rechtsanwalt Dr. Marc Weber, Zürich. Ihnen allen danke ich auch an dieser Stelle für Ihre Hilfe.

Die Arbeit wäre nicht zustande gekommen ohne die Unterstützung meiner Familie, die stets an einen glücklichen Abschluss geglaubt hat. Danke!

Die Dissertation wurde im Sommersemester 2003 von der Rechtswissenschaftlichen Fakultät der Universität Zürich genehmigt. Das Manuskript wurde im Dezember 2002 abgeschlossen. Später erschienenes Material konnte ich nur zu einem kleinen Teil berücksichtigen. Nachzutragen ist, dass das schweizerische Kulturgütertransfergesetz, dessen Entwurf in der vorliegenden Arbeit behandelt wird, am 20. Juni 2003 verabschiedet wurde. Das Gesetz wird voraussichtlich Mitte 2004 in Kraft treten. Die Schlussfolgerungen der Arbeit bleiben trotz der vom Parlament vorgenommenen Änderungen gültig.

Luzern, im Januar 2004 *Jörg Sprecher*

Inhaltsübersicht

Vorwort . . . VII
Inhaltsverzeichnis . . . XI
Abkürzungsverzeichnis . . . XIX
Literaturverzeichnis . . . XXV
Verzeichnis der Rechtsnormen . . . XXXVII
Entscheidungsverzeichnis . . . XLIII

§ 1 Fragestellung . . . 1

Kapitel 1: Grundlagen . . . 3

§ 2 Schweiz . . . 3
§ 3 Deutschland . . . 35
§ 4 Österreich . . . 63
§ 5 Frankreich . . . 82
§ 6 Italien . . . 111
§ 7 Vereinigtes Königreich . . . 140
§ 8 Europäische Menschenrechtskonvention . . . 152
§ 9 Europäische Union . . . 169

Kapitel 2: Vergleich . . . 187

§ 10 Handelsbeschränkungen als Eigentumseingriffe . . . 187
§ 11 Gesetzliche Grundlagen . . . 197
§ 12 Öffentliches Interesse . . . 205
§ 13 Verhältnismässigkeit . . . 221

Ergebnisse . . . 241

§ 14 Ausfuhrbeschränkungen . . . 241
§ 15 Staatlicher Erwerb von Kulturgütern . . . 243
§ 16 Internationale Rückgabegebote . . . 244
§ 17 Weitere Massnahmen . . . 245

Zusammenfassung . . . 247

Summary . . . 249

Stichwortverzeichnis . . . 251

Personen- und Werkverzeichnis . . . 255

Inhaltsverzeichnis

Vorwort . . . VII
Abkürzungsverzeichnis . . . XIX
Literaturverzeichnis . . . XXV

Verzeichnis der Rechtsnormen . . . XXXVII
Deutschland . . . XXXVII
Europäische Union . . . XXXVII
Frankreich . . . XXXVIII
Italien . . . XXXVIII
Österreich . . . XXXIX
Schweiz . . . XL
Spanien . . . XL
Staatsverträge . . . XLI
Vereinigtes Königreich . . . XLI

Entscheidungsverzeichnis . . . XLIII
Dänemark . . . XLIII
Deutschland . . . XLIII
EMRK . . . XLIV
Europäische Union . . . XLV
Frankreich . . . XLV
Italien . . . XLVII
Österreich . . . XLIX
Schweiz . . . L
Vereinigtes Königreich . . . LI
Vereinigte Staaten von Amerika . . . LII

§ 1 Fragestellung . . . 1

Kapitel 1: Grundlagen . . . 3

§ 2 Schweiz . . . 3

A. Eigentumsgarantie gemäss Art. 26 BV . . . 3
B. Bestandesgarantie . . . 4
I. Ausfuhrverbote für Kulturgüter . . . 4
1. Gesetzliche Grundlage . . . 6
2. Öffentliches Interesse . . . 7
3. Verhältnismässigkeit . . . 8
4. Fazit . . . 10
II. Vorkaufs- und Erwerbsrechte . . . 10
1. Gesetzliche Grundlage . . . 11
2. Öffentliches Interesse . . . 11
3. Verhältnismässigkeit . . . 12
4. Fazit . . . 12
III. Internationale Rückgabe und Rückführung von Kulturgütern . . . 13
1. Eingriff in die Bestandesgarantie? . . . 14

2. Gesetzliche Grundlage ... 15
3. Öffentliches Interesse ... 15
4. Verhältnismässigkeit ... 16
a. Sachlicher Geltungsbereich ... 16
b. Importverbot ... 17
c. Verjährungsfristen ... 17
d. Entschädigung nur für gutgläubige Erwerber ... 18
e. Nur „angemessene" Entschädigung ... 20
5. Fazit ... 21
IV. Enteignung von Kulturgütern ... 21
V. Weitere Handelsbeschränkungen ... 21
1. Grabungsfunde ... 21
2. Unveräusserlichkeit ... 22
3. Plicht zur Aufbewahrung an bestimmtem Ort ... 22
4. Mitteilungspflichten ... 22
C. Wertgarantie ... 23
I. Ausfuhrverbote für Kulturgüter ... 25
1. Verhinderung einer künftigen besseren Nutzung ... 25
2. Besonders schwerer Eingriff ... 26
3. Sonderopfer ... 27
4. Bemessung der Entschädigung ... 28
5. Bemerkungen zum Fall Balli ... 29
6. Fazit ... 29
II. Vorkaufs- und Erwerbsrechte ... 30
III. Internationale Rückgabe und Rückführung von Kulturgütern ... 30
D. Institutsgarantie ... 31
I. Vorkaufsrechte ... 31
II. Internationale Rückgabe und Rückführung von Kulturgütern ... 32
E. Zusammenfassung ... 33
I. Ausfuhrverbote ... 33
II. Staatlicher Erwerb ... 33
III. Internationale Rückgabe und Rückführung von Kulturgütern ... 34

§ 3 Deutschland ... 35

A. Eigentumsgarantie gemäss Art. 14 GG ... 35
B. Inhalts- und Schrankenbestimmungen ... 36
I. Eintragung ins Verzeichnis national wertvollen Kulturgutes ... 37
1. Gesetzliche Grundlage ... 37
2. Sozialbindung ... 39
3. Verhältnismässigkeit ... 44
a. Eignung und Erforderlichkeit ... 45
b. Schwere des Eingriffs ... 45
c. Ausgleichung ... 46
d. Enteignender oder enteignungsgleicher Eingriff? ... 47
e. Erwerb durch die öffentliche Hand ... 49
f. Fazit ... 49
4. Fazit ... 50
II. Verweigerung der Ausfuhrgenehmigung ... 50
III. Vorläufiges Ausfuhrverbot ... 54

IV. Länderrechtliche Verbringungsverbote 54
V. Weitere Handelsbeschränkungen 55
VI. Öffentlich-rechtliche Dienstbarkeit? 56
VII. UNESCO-Konvention 1970 57
1. Eingriff in die Bestandesgarantie 58
2. Zulässigkeit neuer Bestimmungen 58
3. Institutsgarantie 59
C. Enteignung 59
I. Enteignung von Kulturgütern 60
II. Abwanderungsschutz als Enteignung? 60
D. Zusammenfassung 61
I. Ausfuhrregelung und Verbringungsverbote 61
II. Weitere Massnahmen des Kulturgüterschutzes 62
III. UNESCO-Konvention 1970 62

§ 4 Österreich 63

A. Eigentumsgarantie 63
B. Eigentumsbeschränkungen 65
I. Schutz vor widerrechtlicher Verbringung ins Ausland 66
1. Gesetzliche Grundlage 67
2. Öffentliches Interesse 69
3. Entschädigung? 72
4. Verhältnismässigkeit 72
5. Wesensgehalt des Eigentums 76
6. Fazit 76
II. Rückholung und Anheimfall 76
III. Weitere Bewilligungspflichten 77
IV. Internationale Rückgaben 78
C. Enteignungen 78
I. Enteignung von Kulturgut 79
II. Ersatzkauf 79
III. Ablöserecht 79
D. Zusammenfassung 80
I. Ausfuhr- und Verbringungsverbote 80
II. Erwerb durch die öffentliche Hand 81
III. Internationale Rückgaben und Rückführungen 81

§ 5 Frankreich 82

A. Eigentumsgarantie 82
B. Nutzungsregelungen 84
I. Ausfuhrverbot für klassifizierte Objekte 85
1. Gesetzliche Grundlage 86
2. Öffentliches Interesse 86
3. Verhältnismässigkeit 88
a. Klassifizierung als Anwendungsfall der Eigentumsgarantie? . . 88
b. Verhältnismässigkeit im weiteren Sinn 89
c. Gesetzliche Entschädigung 90
(1) Fall Schlumpf 90
(2) Fall Walter 91

(3) Weitere Praxis und Folgen 91
d. Steuerrecht 92
e. Fazit 92
4. Verfahren und Rechtsschutz 93
5. Fazit 93
II. Ausfuhrbeschränkungen für nicht klassifizierte Objekte 94
1. Gesetzliche Grundlage 95
2. Öffentliches Interesse 96
3. Verhältnismässigkeit 99
a. Verweigerung der Ausfuhrbescheinigung als Eingriff in die Eigentumsgarantie? 99
b. Entschädigung 100
c. Fazit 102
4. Verfahrensgarantien und Rechtsschutz 102
5. Fazit 103
III. Vorkaufsrecht 103
IV. Res extra commercium 104
V. Internationale Rückführungen 105
C. Enteignungen 105
I. Enteignung von Kulturgütern 106
II. Erwerbsrecht 106
1. Gesetzliche Grundlage 107
2. Öffentliches Interesse 107
3. Verhältnismässigkeit 108
4. Verfahrensgarantien und Rechtsschutz 108
5. Fazit 109
D. Zusammenfassung 109
I. Ausfuhrbeschränkungen 109
II. Staatlicher Erwerb 110
III. Rückgabe und Rückführung 110

§ 6 Italien 111

A. Eigentumsgarantie gemäss Art. 42 Cost 111
B. Bestimmungen über Erwerb und Nutzung von Eigentum 112
I. Ausfuhrverbot für private Kulturgüter 113
1. Gesetzliche Grundlage 114
2. Soziale Funktion 116
3. Vernünftigkeit 119
4. Entschädigung? 120
5. Fazit 121
II. Ausfuhrverbote der Regionen 122
III. Weitere Verkehrsbeschränkungen im Inland 122
C. Enteignungen 123
I. Enteignung von Kulturgütern 125
II. Vorkaufsrecht 125
1. Gesetzliche Grundlage 126
2. Öffentliches Interesse 126
3. Kaufpreis 127
4. Sonderfall: Verletzung der Anzeigepflicht 128

5. Fazit . . . 131
III. Erwerbsrecht . . . 132
1. Gesetzliche Grundlage . . . 132
2. Öffentliches Interesse . . . 133
3. Entschädigung . . . 134
4. Fazit . . . 135
IV. Rückgabepflichten gemäss UNESCO-Konvention 1970 . . . 135
1. Praxis: De Contessini . . . 136
2. Art. 13 UNESCO-Konvention 1970 als Ausweg? . . . 137
3. Enteignung zwecks Rückgabe . . . 137
4. Fazit . . . 138
D. Zusammenfassung . . . 139
I. Ausfuhrbeschränkung . . . 139
II. Staatlicher Erwerb von Kulturgütern . . . 139
III. Internationale Rückgaben . . . 139

§ 7 Vereinigtes Königreich . . . 140

A. Parlamentssouveränität, EMRK und Eigentumsschutz . . . 140
B. Exportkontrolle . . . 142
I. Export of Goods (Control) Order 1992 . . . 144
1. Rechtmässigkeit: intra vires . . . 144
2. Vernünftigkeit . . . 146
3. Vereinbarkeit mit der EMRK . . . 147
4. Fazit . . . 147
II. Praxis der Exekutive . . . 147
1. Rechtmässigkeit: intra vires . . . 147
2. Vernünftigkeit . . . 147
3. Vereinbarkeit mit der EMRK . . . 150
4. Verfahren . . . 150
5. Fazit . . . 151
C. Zusammenfassung . . . 151

§ 8 Europäische Menschenrechtskonvention . . . 152

A. Eigentumsgarantie gemäss Art. 1 ZP EMRK . . . 152
B. Eigentumsentziehungen . . . 153
I. Erwerbsrechte . . . 153
1. Gesetzliche Grundlage . . . 154
2. Öffentliches Interesse . . . 155
3. Verhältnismässigkeit . . . 155
4. Fazit . . . 156
II. Vorkaufsrechte . . . 156
III. Internationale Rückgabepflichten . . . 158
IV. Ausfuhrbeschränkungen . . . 158
C. Nutzungsbeschränkungen . . . 159
I. Ausfuhrbeschränkungen . . . 160
1. Gesetzliche Grundlage . . . 160
2. Allgemeininteresse . . . 160
3. Verhältnismässigkeit . . . 161
4. Fazit . . . 163

II. Internationale Rückgabe- und Rückführungspflichten 163
D. Andere Beeinträchtigungen des Eigentums: Fall Beyeler 163
I. Gesetzliche Grundlage 164
II. Öffentliches Interesse 164
III. Verhältnismässigkeit 165
IV. Fazit 167
E. Zusammenfassung 168
I. Ausfuhrbeschränkungen 168
II. Staatlicher Erwerb von Kulturgütern 168
III. Internationale Rückgabe- und Rückführungspflichten 168

§ 9 Europäische Union 169

A. Anwendbares Recht 169
B. Elemente einer europarechtlichen Eigentumsgarantie 169
C. Ausübungsbeschränkungen 171
I. Nationale Umsetzungen der Richtlinie 93/7/EWG des Rates 172
1. Gesetzliche Grundlage 173
2. Eingriff in bestehende Eigentumsrechte? 175
3. Allgemeininteresse 176
4. Verhältnismässigkeit 177
a. Eignung und Erforderlichkeit 177
b. Begriff des nationalen Kulturguts 177
c. Geltungsbereich des Anhangs 179
d. Entschädigung des gutgläubigen Erwerbers 179
e. Beeinträchtigung des Kunsthandels 180
f. Praxis 180
5. Fazit 181
II. Verordnung (EWG) Nr. 3911/92 des Rates 181
1. Gesetzliche Grundlage 182
2. Allgemeininteresse 183
3. Verhältnismässigkeit 183
4. Fazit 184
D. Eigentumsentzug 184
E. Zusammenfassung 185

Kapitel 2: Vergleich 187

§ 10 Handelsbeschränkungen als Eigentumseingriffe 187

A. Allgemeines 187
B. Ausfuhrbeschränkungen 187
C. Staatlicher Erwerb von Kulturgütern 189
D. Internationale Rückgabegebote 190
I. Privatrechtliche Rückgabegebote 190
II. Öffentlichrechtliche Rückführungsgebote 191
E. Weitere Massnahmen 192
I. Anzeige- und Mitteilungspflichten 192
II. Res extra commercium 193
III. Feststellung von Tatsachen 193
IV. Sanktionen 194

V. Kontrolle des Kunsthandels 195
F. Bemerkungen 195
G. Zusammenfassung 196

§ 11 Gesetzliche Grundlagen 197

A. Allgemeines 197
B. Formelle Anforderungen 197
C. Territorialer Geltungsbereich 198
D. Zeitlicher Geltungsbereich 200
E. Bestimmtheit und Vorhersehbarkeit 201
F. Rechtsfolgen bei ungenügender gesetzlicher Grundlage 202
G. Bemerkungen 203
H. Zusammenfassung 203

§ 12 Öffentliches Interesse 205

A. Allgemeines 205
B. Kulturgüterschutz in der Verfassung 205
C. Sachlicher Geltungsbereich von Handelsbeschränkungen 206
I. Kulturgüter 206
II. Nationale Kulturgüter 206
III. Weitere „nationale Kulturgüter" 211
D. Ausfuhrbeschränkungen 213
E. Staatlicher Erwerb von Kulturgütern 214
F. Internationale Rückgabegebote 216
G. Erhaltung? 217
H. Rechtsfolgen bei fehlendem öffentlichen Interesse 218
I. Bemerkungen 218
K. Zusammenfassung 219

§ 13 Verhältnismässigkeit 221

A. Allgemeines 221
B. Eignung 221
C. Erforderlichkeit 222
I. Ausfuhrverbote 222
II. Internationale Rückgabegebote 224
1. Geltungsbereich 224
2. Sorgfaltspflichten der Erwerber 225
3. Verjährungsfristen 226
4. Enteignung als Mittel der Rückführung? 226
D. Intensität des Eingriffs 227
I. Ausfuhrbeschränkungen 227
II. Staatlicher Erwerb von Kulturgütern 229
III. Internationale Rückgabegebote 229
E. Andere öffentliche Interessen 230
F. Leistungen des Staates 230
I. Entschädigungen aufgrund Gesetz 231
1. Ausfuhrbeschränkungen 231
2. Staatlicher Erwerb von Kulturgütern 232
3. Internationale Rückgabepflichten 232

a. Rückgabe mit Verlust des Eigentums 233
b. Rückgabe mit Verlust des Besitzes 234
II. Subventionen und Steuererleichterungen 235
III. Entschädigung aufgrund Verfassung 235
G. Verfahrensfragen und Rechtsschutz 236
H. Rechtsfolgen unverhältnismässiger Eingriffe 237
I. Bemerkungen 237
K. Zusammenfassung 239

Ergebnisse 241

§ 14 Ausfuhrbeschränkungen 241
§ 15 Staatlicher Erwerb von Kulturgütern 243
§ 16 Internationale Rückgabegebote 244
§ 17 Weitere Massnahmen 245

Zusammenfassung 247

Summary 249

Stichwortverzeichnis 251

Personen- und Werkverzeichnis 255

Abkürzungsverzeichnis

a. A.	anderer Ansicht
ABGB	Allgemeines Bürgerliches Gesetzbuch für Österreich (vom 1. 6. 1811, mit seitherigen Änderungen)
Abs.	Absatz, Absätze
aBV	Bundesverfassung der Schweizerischen Eidgenossenschaft vom 29. 5. 1874 (aufgehoben)
A.C.	The Law Reports. Appeal Cases (London)
a. E.	am Ende
AJDA	L'Actualité juridique – Droit administratif (Paris)
Al.	Alinea
All E.R. (Rep.)	The All England Law Reports (Reprint) (London/Edinburgh)
Art.	Artikel
Aufl.	Auflage
Bd.	Band
BGB	Bürgerliches Gesetzbuch für das Deutsche Reich vom 18. 8. 1896 (mit seitherigen Änderungen)
BGBl.	Bundesgesetzblatt
BGE	Entscheidungen des Schweizerischen Bundesgerichts (Lausanne)
BGer	Schweizerisches Bundesgericht
BGH	Deutscher Bundesgerichtshof in Zivilsachen
BGHZ	Entscheidungen des Bundesgerichtshofes in Zivilsachen. Amtliche Sammlung (Köln)
BV	Bundesverfassung der Schweizerischen Eidgenossenschaft vom 18. 4. 1999
BVerfG	Deutsches Bundesverfassungsgericht
BVerfGE	Entscheidungen des deutschen Bundesverfassungsgerichts (Tübingen)
BVerwG	Deutsches Bundesverwaltungsgericht
BVerwGE	Entscheidungen des deutschen Bundesverwaltungsgerichts (Köln)
B-VG	(österreichisches) Bundes-Verfassungsgesetz vom 1. 10. 1920
c.	contre
C. A.	Court of Appeal
CC	Code civil français
C. cost.	Corte costituzionale
Ch. D.	Chancery Division
Clunet	Journal du droit international privé et de la jurisprudence comparé; seit 1915: Journal du droit international (Paris)
C. M. L. R.	Common Market Law Reports (London)

Cod. Civ.	Codice civile italiano
Cons. const.	Conseil constitutionnel
Cons. d'Ét.	Conseil d'État
Cons. Stato	Consiglio di Stato
Cost.	Costituzione della Repubblica Italiana vom 22. 12. 1947
Const.	Constitution, Verfassung der V. französischen Republik vom 4. 10. 1958
dass.	dasselbe
ders.	derselbe
d. h.	das heisst
dies.	dieselbe
DMSG	Österreichisches Bundesgesetz betreffend den Schutz von Denkmalen wegen ihrer geschichtlichen, künstlerischen oder sonstigen kulturellen Bedeutung in der Fassung vom 19. 8. 1999
DR	Decisions and Reports (Strassburg)
DVBl.	Deutsches Verwaltungsblatt (Köln)
EG	Vertrag zur Gründung der Europäischen Gemeinschaft in der Fassung des Vertrags von Amsterdam vom 2. 10. 1997
EGMR	Europäischer Gerichtshof für Menschenrechte (Strassburg)
EGV	Vertrag zur Gründung der Europäischen Gemeinschaft vom 25. 3. 1957 (in der vor Inkrafttreten des Vertrags von Amsterdam geltenden Fassung)
EG-Verordnung 3911/92	Verordnung (EWG) Nr. 3911/92 des Rates vom 9. 12. 1992 über die Ausfuhr von Kulturgütern
EKMR	Europäische Kommission für Menschenrechte (Strassburg)
EMRK	Konvention zum Schutze der Menschenrechte und Grundfreiheiten vom 4. 11. 1950
Entwurf KGTG	Bundesgesetz über den Kulturgütertransfer (Entwurf vom 21. 11. 2001)
Erw.	Erwägung
EuG	Gericht Erster Instanz der Europäischen Gemeinschaften (Luxemburg)
EuGH	Gerichtshof der Europäischen Union (Luxemburg)
EuGRZ	Europäische Grundrechte-Zeitschrift (Kehl am Rhein/Strassburg/Arlington)
EuZW	Europäische Zeitschrift für Wirtschaftsrecht (München)
ex-Art.	aufgehobener Artikel
f., ff.	folgende, fortfolgende
Foro amm.	Foro amministrativo (Mailand)
Foro it.	Il Foro italiano (Rom)
Fn.	Fussnote

F.Supp.	Federal Supplement (St. Paul, USA)
F.2d	Federal Reporter. Second Series (St. Paul, USA)
GG	Grundgesetz für die Bundesrepublik Deutschland vom 23. 5. 1949
h. L.	herrschende Lehre
H. L.	House of Lords
Hrsg.	Herausgeber
i. c.	in casu
i. d. R.	in der Regel
IJCP	International Journal of Cultural Property (Oxford)
IPRG	Schweizerisches Bundesgesetz über das Internationale Privatrecht vom 18. 12. 1987
i. S. v.	im Sinne von
i. V. m.	in Verbindung mit
J-Cl. Adm.	Jurisclasseur droit administratif
J.O.	Journal officiel de la République Française (Paris)
K. B.	King's Bench Division; The Law Reports. King's Bench Division (London).
KOM	Dokumente der Kommission der Europäischen Gemeinschaften
L. 1089/1939	Legge 1° giugno 1939, n. 1089, Tutela delle cose d'interesse artistico e storico
lit.	litera
m. E.	meines Erachtens
N. F.	Neue Folge
NHG	Bundesgesetz über den Natur- und Heimatschutz vom 1. 7. 1966
NJW	Neue Juristische Wochenschrift (München/Frankfurt)
NVwZ	Neue Zeitschrift für Verwaltungsrecht (München/Frankfurt)
NVwZ-RR	Neue Zeitschrift für Verwaltungsrecht. Rechtsprechungs-Report (München/Frankfurt)
N.Y.S.2d	New York Supplement, 2d Series
NZZ	Neue Zürcher Zeitung (Zürich)
OR	Bundesgesetz betreffend die Ergänzung des Schweizerischen Zivilgesetzbuches (Fünfter Teil: Obligationenrecht) vom 30. 3. 1911
OVG	Oberverwaltungsgericht (Deutschland)
P.C.	Privy Council

Pra	Die Praxis des Bundesgerichts (Basel)
Q.B.	Queen's Bench Division; The Law Reports. Queen's Bench Division (London)
Racc. Uff.	Raccolta Ufficiale delle Sentenze e Ordinanze della Corte Costituzionale (Rom)
Rec.	– Recueil des décisions du Conseil d'Etat statuant au Contentieux, du Tribunal des Conflits et des jugements des Tribunaux administratifs (Paris) – Recueil des décisions du Conseil constitutionnel (Paris)
RL 93/7/EWG	Richtlinie 93/7/EWG des Rates vom 15. 3. 1993 über die Rückgabe von unrechtmässig aus dem Hoheitsgebiet eines Mitgliedstaats verbrachten Kulturgütern
Rs.	Rechtssache
Rz.	Randziffer
sect.	section
Sez.	Sezione
Slg.	Sammlung der Rechtsprechung des (Europäischen) Gerichtshofes und des Gerichts erster Instanz (Luxemburg)
StGG	Österreichisches Staatsgrundgesetz vom 21. December 1867, über die allgemeinen Rechte der Staatsbürger für die im Reichsrathe vertretenen Königreiche und Länder
SZIER	Schweizerische Zeitschrift für internationales und europäisches Recht (Zürich)
Testo unico	Decreto Legislativo 29 ottobre 1999, n. 490, Testo unico delle disposizioni legislative in materia di beni culturali e ambientali, a norma dell'articolo 1 della legge 8 ottobre, n. 352
u. a.	und andere(s); unter anderem
UNESCO	United Nations Educational, Scientific and Cultural Organisation
UNESCO-Konvention 1970	Übereinkommen über Massnahmen zum Verbot und zur Verhütung der unzulässigen Einfuhr, Ausfuhr und Übereignung von Kulturgut vom 14. 11. 1970
Unidroit	Institute for the Unification of Private Law
Unidroit-Konvention 1995	Übereinkommen über gestohlene oder rechtswidrig ausgeführte Kulturgüter vom 24. 6. 1995
u. U.	unter Umständen
v.	versus
VfGH	(österreichischer) Verfassungsgerichtshof
VfSlg	Sammlung der Erkenntnisse und Beschlüsse des (österreichischen) Verfassungsgerichtshofes (Wien)

VGH	Verwaltungsgerichtshof (Deutschland)
vgl.	vergleiche
VPB	Verwaltungspraxis der Bundesbehörden (Bern)
VwGH	(österreichischer) Verwaltungsgerichtshof
VwSlg	Sammlung der Erkenntnisse und Beschlüsse des (österreich.) Verwaltungsgerichtshofes (Wien)
W.L.R.	The Weekly Law Reports (London)
ZaöRV	Zeitschrift für ausländisches öffentliches Recht und Völkerrecht (Stuttgart)
z. B.	zum Beispiel
ZBl	Schweizerisches Zentralblatt für Staats- und Verwaltungsrecht (bis 1988: Schweizerisches Zentralblatt für Staats- und Gemeindeverwaltung) (Zürich)
ZGB	Schweizerisches Zivilgesetzbuch vom 10. 12. 1907
Ziff.	Ziffer, Ziffern
ZP EMRK	Zusatzprotokoll zur Konvention zum Schutze der Menschenrechte und Grundfreiheiten vom 20. 3. 1952
ZVglRWiss	Zeitschrift für vergleichende Rechtswissenschaft (Heidelberg)

Literaturverzeichnis

Nachstehend aufgeführte Werke werden nach dem Namen des Verfassers oder des Herausgebers zitiert, bei mehreren Werken desselben Autors zusätzlich mit einem Kurztitel:

Alber, Siegbert Die Selbstbindung der europäischen Organe an die Europäische Charta der Grundrechte, EuGRZ 2001, 349–353.

Allen, Thomas Commonwealth Constitutions and the Right not to be Deprived of Property, International and Comparative Law Quarterly 42 (1993) 523–552.

Anselmo, Antonella Irregolare denuncia di compravendita di bene artistico e diritto di prelazione dello Stato quale espressione di un potere sanzionario, Anmerkung zu Cons. Stato, Sez. VI, 30.1.1991, n. 58, Foro amm. 1992, 2344–2358.

Aubert, Jean-François Avis de droit relatif à la ratification, par la Confédération suisse, de deux conventions internationales concernant le trafic illicite des biens culturels (Convention de l'UNESCO, de 1970, et Convention d'Unidroit, de 1995), 29 février 1996, in: Bundesamt für Kultur (Hrsg.), Internationaler Kulturgütertransfer/Transfert international de biens culturels/Trasferimento internazionale di beni culturali, Bern 1998.

ders. Conclusions, in: Christine Breitler/Quentin Byrne-Sutton/Fabienne Geisinger-Mariéthoz/Marc-André Renold (Hrsg.), La convention d'Unidroit du 24 juin 1995 sur les biens culturels volés ou illicitement exportés, Actes d'une table ronde organisée le 2 octobre 1995, Zürich 1997 (Etudes en droit de l'art; Bd. 9) 91–98.

Auer, Andreas/Malinverni, Giorgio/Hottelier, Michel Droit constitutionnel suisse, Volume II: Les droits fondamentaux, Bern 2000.

Ausfuhrabteilung Jahresbericht 1996, in: Erforschung und Erhaltung des historischen Erbes. Tätigkeit des Bundesdenkmalamtes 1996, Österreichische Zeitschrift für Kunst und Denkmalpflege LI (1997) 8–18.

dies. Jahresbericht 1997, in: Denkmalschutz, Denkmalpflege, Denkmalforschung. Tätigkeit des Bundesdenkmalamts 1997, Österreichische Zeitschrift für Kunst und Denkmalpflege LII (1998) 8–21.

dies. Jahresbericht 1998, in: Erforschung und Erhaltung des historischen Erbes. Tätigkeit des Bundesdenkmalamtes 1998, Österreichische Zeitschrift für Kunst und Denkmalpflege LIII (1999) 8–19.

dies., Jahresbericht 1999, in: Erforschung und Erhaltung des historischen Erbes. Tätigkeit des Bundesdenkmalamtes 1999, Österreichische Zeitschrift für Kunst und Denkmalpflege LIV (2000) 8–12.

dies. Jahresbericht 2000, in: Erforschung und Erhaltung des historischen Erbes. Tätigkeit des Bundesdenkmalamtes 2000, Österreichische Zeitschrift für Kunst und Denkmalpflege LV (2001) 195–201.

Ayer, Nicolas Expropriation matérielle d'objets culturels mobiliers, Baurecht 1988, 82–85.

Bacher, Ernst Öffentliches Interesse und öffentliche Verpflichtung. Zur Geschichte und zum Verständnis des § 2 des österreichischen Denkmalschutzgesetzes, Österreichische Zeitschrift für Kunst und Denkmalpflege XLV (1991) 152–160.

Bailey, S. H./Harris D. J./Jones B. L. Civil Liberties: Cases and Materials, 4. Aufl., London/Dublin/Edinburgh 1995.

Barfuss, Walter Das Eigentumsrecht und die Vollziehung, in: Rudolf Machacek/Willibald P. Pahr/Gerhard Stadler (Hrsg.), Grund- und Menschenrechte in Österreich, Bd. II, Kehl/Straßburg/Arlington 1992, 689–710.

Bator, Paul M. An Essay on the International Trade in Art, Stanford Law Review 34 (1982) 275–384.

Bauer, Steffen Verfassungsgerichtlicher Grundrechtsschutz in Frankreich, Baden-Baden 1998 (Schriftenreihe Europäisches Recht, Politik und Wirtschaft; Bd. 207).

Baum, Marius Rights Brought Home. Zur Inkorporierung der Europäischen Konvention zum Schutze der Menschenrechte und Grundfreiheiten in das nationale Recht des Vereinigten Königreiches von Großbritannien und Nordirland, EuGRZ 2000, 281–303.

Benini, Stefano La discrezionalità nei vincoli culturali e ambientali, Foro it. 1998 III 326–334.

Berka, Walter Die Grundrechte: Grundfreiheiten und Menschenrechte in Österreich, Wien/New York 1999 (Springers Handbücher der Rechtswissenschaft).

Berndt, Joachim Internationaler Kulturgüterschutz: Abwanderungsschutz, Regelungen im innerstaatlichen Recht, im Europa- und Völkerrecht, Köln/Berlin/Bonn/München 1998 (Völkerrecht – Europarecht – Staatsrecht; Bd. 22).

Bila, Jacqueline Nationaler Kulturgüterschutz in der Europäischen Union, o. O. 1997.

Bleckmann, Albert Verfassungsrang der Europäischen Menschenrechtskonvention?, EuGRZ 1994, 149–155.

ders. Zum materiellrechtlichen Gehalt der Kompetenzbestimmungen des Grundgesetzes, Die Öffentliche Verwaltung 36 (1983) 129–135.

Böckli, Peter Grundsätzlich werden böse Absichten vermutet. Fragwürdige Konvention über gestohlene oder widerrechtlich ausgeführte Kulturgüter, in: NZZ vom 15./16. 8. 1998 (Nr. 187) 77–78.

Bonamore, Daniele Tutela, vendita ed esportazione del patrimonio artistico, nel segno dell'art. 9 cost., Anmerkung zu Cass. civ., Sez. I, 24. 3. 1982, n. 2042, Foro amm. 1983 I, 1, 613–619.

Botschaft über die UNESCO-Konvention 1970 und das Bundesgesetz über den internationalen Kulturgütertransfer (KGTG) vom 21. November 2001, Bundesblatt 2002 I 535–644.

Botschaft über eine neue Bundesverfassung vom 20. November 1996, Bundesblatt 1997 I 1–642.

Brichet Robert Anmerkung zu Cons. d'Ét. 31. 7. 1992, La Semaine Juridique 1993 II 22044.

ders. Monuments historiques, Objets mobiliers, J-Cl. Adm., Fascicule 465–20, 1998/2000.

Bundesamt für Kultur (Hrsg.), Internationaler Kulturgütertransfer/Transfert international de biens culturels/Trasferimento internazionale di beni culturali: Dokumentation – documentation – documentazione, Bern 1998.

Bush, Sara E. The Protection of British Heritage: Woburn Abbey and *The Three Graces*, IJCP 5 (1996) 269–290.

Byrne-Sutton, Quentin The Goldberg Case: A Confirmation of the Difficulty in Acquiring Good Title to Valuable Stolen Cultural Objects, IJCP 1 (1992) 151–168.

Caravita, B. Art. 9, in: Vezio Crisafulli/Livio Paladin, Commentario breve alla Costituzione, Padua 1990, 51–58.

Carducci, Guido La restitution internationale des biens culturels et des objets d'art volés ou illicitement exportés. Droit commun, Directive CEE, Conventions de l'Unesco et d'Unidroit, Paris 1997.

Cattaneo Beretta, Patrizia La legge cantonale sulla protezione dei beni culturali, Rivista di diritto amministrativo e tributario ticinese I-2000, 139–155.

Cavallo, Bruno La nozione di bene culturale tra mito e realtà: rilettura critica della prima dichiarazione della Commissione Franceschini, in: Paolo Pistone (Hrsg.), Scritti in onore di Massimo Severo Giannini, Mailand 1988, Bd. II, 111–135.

Cerulli Irelli, Vincenzo Beni culturali, diritti collettivi e proprietà pubblica, in: Paolo Pistone (Hrsg.), Scritti in onore di Massimo Severo Giannini, Mailand 1988, Bd. I, 135–177.

Châtelain, Jean Le commerce international de l'art et le droit, in: Pierre Lalive (Hrsg.), International Sales of Works of Art – La vente internationale d'œuvres d'art, Paris/Genf 1988 (ICC Publications; Bd. 436) 17–22.

Chong, Derrick The Case of Thomas Holloway's Picture Collection, IJCP 5 (1996) 167–184.

Committee on the Export of Works of Art The Export of Works of Art etc., Report of a Committee appointed by the Chancellor of the Exchequer, London 1952.

Cortese, Wanda I beni culturali e ambientali. Profili normativi, 2. Aufl., Padua 2002.

Cozzuto Quadri, Maria Rosaria Considerazioni sulla procedura espropriativa dei beni di interesse storico-artistico, Anmerkung zu Tribunale Napoli, 24. 7. 1989, Giurisprudenza italiana 1991 I, 2, 225–234.

Craig, Paul P. Administrative Law, 4. Aufl., London 1999.

Crisafulli, Vezio/Paladin, Livio Commentario breve alla Costituzione, Padua 1990.

Deangeli, Andrea Sull'opponibilità al terzo di buona fede della nullità dell' alienazione di bene artistico, Anmerkung zu Cass., Sez. I, 7. 4. 1992, n. 4260, Giurisprudenza italiana 1994 I, 1, 1241–1246.

De Ceuster, Jan Les règles communautaires en matière de restitution de biens culturels ayant quitté illicitement le territoire d'un Etat membre, Analyse de la directive 93/7/CEE du 15 mars 1993, Revue du Marché Unique Européen 1993, Heft 2, 33–87.

Degenhart, Christoph Denkmalschutz und Eigentum in den neuen Bundesländern, in: Meinhard Heinze/Jochem Schmitt (Hrsg.), Festschrift für Wolfgang Gitter zum 65. Geburtstag am 30. Mai 1995, Wiesbaden 1995, 195–209.

Department for Culture, Media and Sport UK Export Licensing for Cultural Goods. Procedures and Guidance for Exporters of Works of Art and other Cultural Goods, 2. Aufl., London 1997.

De Smith, Stanley/Brazier, Rodney Constitutional and Administrative Law, 8. Aufl., London 1998.

Dolzer, Rudolf Kulturgüter im Friedensvölkerrecht, in: Rudolf Dolzer/Erik Jayme/Reinhard Mussgnug (Hrsg.), Rechtsfragen des internationalen Kulturgüterschutzes, Heidelberg 1994 (Heidelberger Forum; Bd. 87) 149–159.

Dolzer, Rudolf/Jayme, Erik/Mussgnug, Reinhard (Hrsg.), Rechtsfragen des internationalen Kulturgüterschutzes, Symposium vom 22./23. Juni 1990 im Internationalen Wissenschaftsforum Heidelberg, Heidelberg 1994 (Heidelberger Forum; Bd. 87).

Eberl, Wolfgang Probleme und Auswirkungen der EG-Vorschriften zum Kulturgüterschutz, NVwZ 1994, 729–736.

Engstler, Ludwig Die territoriale Bindung von Kulturgütern im Rahmen des Völkerrechts, Köln/Berlin/Bonn/München 1964 (Annales Universitatis Saraviensis; Bd. 8).

Favoreu, Louis/Philip, Loïc Les grandes décisions du Conseil constitutionnel, 11. Aufl., Paris 2001.

Fechner, Frank Prinzipien des Kulturgüterschutzes, Eine Einführung, in: Frank Fechner/Thomas Oppermann/Lyndel V. Prott (Hrsg.), Prinzipien des Kulturgüterschutzes, Berlin 1996 (Tübinger Schriften zum internationalen und europäischen Recht; Bd. 37) 11–46.

Fechner, Frank/Oppermann, Thomas/Prott, Lyndel V. (Hrsg.), Prinzipien des Kulturgüterschutzes, Ansätze im deutschen, europäischen und internationalen Recht, Berlin 1996 (Tübinger Schriften zum internationalen und europäischen Recht; Bd. 37).

Fraoua, Ridha Convention concernant les mesures à prendre pour interdire et empêcher l'importation, l'exportation et le transfert de propriété illicites des biens culturels (Paris, 1970), Commentaire et aperçu de quelques mesures nationales d'exécution, UNESCO 1986.

Frier, Pierre-Laurent Droit du patrimoine culturel, Paris 1997.

ders. L'exportation des biens culturels, AJDA 1993, 264–270.

ders. Propriété privée et protection du patrimoine culturel, AJDA 1992, 405–409.

Frowein, Jochen Abr. Der Eigentumsschutz in der Europäischen Menschenrechtskonvention, in: Gerd Pfeiffer/Günther Wiese/Klaus Zimmermann (Hrsg.), Festschrift für Heinz Rowedder zum 75. Geburtstag, München 1994, 49–68.

Frowein, Jochen Abr./Peukert, Wolfgang Europäische MenschenRechtsKonvention, EMRK-Kommentar, 2. Aufl., Kehl/Strassburg/Arlington 1996.

Geisinger-Mariéthoz, Fabienne Le projet de ratification par la Suisse de la Convention de l'UNESCO de 1970 sur l'importation, l'exportation et le transfert de propriété illicites des biens culturels, Zeitschrift für Schweizerisches Recht N.F. 119 I (2000) 273–311.

Gelinsky, Katja Der Schutz des Eigentums gemäß Art. 1 des Ersten Zusatzprotokolls zur Europäischen Menschenrechtskonvention: eine Analyse der Rechtsprechung der Straßburger Organe, Berlin 1996 (Schriften zum europäischen Recht; Bd. 31).

Geuder, Henriette Denkmalschutzrecht, Wien 2001.

Giannini, Massimo Severo I beni culturali, Rivista trimestrale di diritto pubblico XXVI (1976) 3–38.

Gonzalez Campos, Julio D./Virgos Soriano, Miguel Le commerce international de l'art en droit espagnol, in: Pierre Lalive (Hrsg.), International Sales of Works of Art – La vente internationale d'œuvres d'art, Paris/Genf 1988 (ICC Publications; Bd. 436) 333–357.

Grewe, Constance Die Grundrechte und ihre richterliche Kontrolle in Frankreich, EuGRZ 2002, 209–212.

Grote, Rainer Die Inkorporierung der Europäischen Menschenrechtskonvention in das britische Recht durch den Human Rights Act 1998, ZaöRV 58 (1998) 309–352.

Guggenheim, Paul Jahresbericht Kriegsrecht, Schweizerisches Jahrbuch für internationales Recht 1949 VI 139–148.

Gyr, Peter Materielle Enteignung durch Eigentumsbeschränkungen, die dem Denkmal-, Altstadt- oder Heimatschutz dienen?, Basler Juristische Mitteilungen 1994, 1–36.

Hanisch, Hans Der Fall des Liotard und die nationale Zuordnung eines Kunstwerks, in: Rainer Frank (Hrsg.), Recht und Kunst, Symposium aus Anlass des 80. Geburtstages von Wolfram Müller-Freienfels, Heidelberg 1996, 19–36.

Hänni, Peter Die Auswirkungen auf das kantonale Recht bei der Umsetzung völkerrechtlicher Verpflichtungen der Schweiz auf dem Gebiete des Kulturgüterschutzes, in: Bundesamt für Kultur (Hrsg.), Internationaler Kulturgütertransfer/Transfert international de biens culturels/Trasferimento internazionale di beni culturali, Bern 1998.

Hänni, Peter/Lischer, Judith Die Schweiz und der internationale Kulturgüterschutz, ZBl 100 (1999) 345–371.

Helfgott, Norbert Das Ausfuhrverbotsgesetz für Kulturgut (AusfVKG), Wien 1987.

ders. Neue Tendenzen und Normen des Denkmalschutzgesetzes und des Ausfuhrverbotsgesetzes für Kulturgut in Österreich, in: Gerte Reichelt (Hrsg.), Internationaler Kulturgüterschutz, Wiener Symposion 18./19. Oktober 1990, Wien 1992, 81–95.

Herstatt, Claudia Das nationale Gut, in: Die Zeit vom 6. 9. 2001 (Nr. 37) 49.

Hipp, Anette Schutz von Kulturgütern in Deutschland, Berlin/New York 2000 (Schriften zum Kulturgüterschutz).

Hönes, Ernst-Rainer Das Gesetz zum Schutz deutschen Kulturgutes gegen Abwanderung vom 6. August 1955, Bayerische Verwaltungsblätter 1989, 38–42.

Hunt, Murray Using Human Rights Law in English Courts, Oxford 1997.

Itin, Marco Grundrechte in Frankreich, Zürich 1992 (Zürcher Studien zum öffentlichen Recht; Bd. 110).

Jarass, Hans D./Pieroth, Bodo Grundgesetz für die Bundesrepublik Deutschland, Kommentar, 6. Aufl., München 2002.

Jayme, Erik Kulturgüterschutz in ausgewählten europäischen Ländern, ZVglRWiss 95 (1996) 158–169. Neudruck in: Erik Jayme Nationales Kunstwerk und Internationales Privatrecht: Vorträge, Aufsätze, Gutachten, Gesammelte Schriften, Bd. 1, Heidelberg 1999 (Motive – Texte – Materialien; Bd. 85) 163–173.

ders. Neue Anknüpfungsmaximen für den Kulturgüterschutz im internationalen Privatrecht, in: Rudolf Dolzer/Erik Jayme/Reinhard Mussgnug (Hrsg.), Rechtsfragen des internationalen Kulturgüterschutzes, Heidelberg 1994 (Heidelberger Forum; Bd. 87) 35–52.

Joller, Christoph Denkmalpflegerische Massnahmen nach schweizerischem Recht, Entlebuch 1987.

Jungo, Marianne La protection des biens culturels mobiliers selon le nouveau droit fribourgeois, Schweizerische Juristen-Zeitung 89 (1993) 349–352.

Kleeberg, Rudolf/Eberl, Wolfgang Kulturgüter in Privatbesitz, 2. Aufl., Heidelberg 2001.

Klein, Frédéric-Edouard En relisant la Convention UNIDROIT du 24 juin 1995 sur les biens culturels volés ou illicitement exportés: Réflexions et suggestions, Zeitschrift für Schweizerisches Recht N.F. 118 I (1999) 263–285.

Kletke, Daniel New York – eine Hochburg für Asiatica, in: NZZ vom 20./21. 4. 2002 (Nr. 91) 63.

Knapp, Blaise La protection des biens culturels, in: Rapports suisses présentés au XIIIème Congrès international de droit comparé, Montréal, 19–24 août 1990, Zürich 1990 (Veröffentlichungen des Schweizerischen Instituts für Rechtsvergleichung; Bd. 12) 227–246.

Knott, Hermann J. Der Anspruch auf Herausgabe gestohlenen und illegal exportierten Kulturguts, Baden-Baden 1990 (Arbeiten zur Rechtsvergleichung; Bd. 147).

Kohls, Frank Kulturgüterschutz: Wirkung von Verstößen gegen Ausfuhrverbote und Möglichkeiten der Rückführung illegal verbrachter Kulturgüter; eine vergleichende Untersuchung mit den Rechten Dänemarks, Norwegens und Schwedens, Frankfurt a. M. etc. 2001 (Europäische Hochschulschriften: Reihe 2, Rechtswissenschaft; Bd. 3191).

Kommission der Europäischen Gemeinschaften Bericht der Kommission an den Rat, das Europäische Parlament und den Wirtschafts- und Sozialausschuss über die Durchführung der Verordnung (EWG) Nr. 3911/92 des Rates über die Ausfuhr von Kulturgütern und der Richtlinie 93/7/EWG des Rates über die Rückgabe von unrechtmäßig aus dem Hoheitsgebiet eines Mitgliedstaats verbrachten Kulturgütern vom 25. 5. 2000, KOM (2000) 325 endgültig.

Koumantos, Georges Réflexions préalables sur la protection internationale des biens culturels, in: *Ernst Brem/Jean Nicolas Druey/Ernst A. Kramer/Ivo Schwander* (Hrsg.), Festschrift zum 65. Geburtstag von Mario M. Pedrazzini, Bern 1990, 159–171.

Kreft, Friedrich Öffentlich-rechtliche Ersatzleistungen: Eigentum, Enteignung, Entschädigung, 2. Aufl., Berlin/New York 1998.

Külpmann, Christoph Enteignende Eingriffe? Das Entschädigungsinstitut des enteignenden Eingriffs und die neuere verfassungsrechtliche Dogmatik der Eigentumsgarantie, Berlin 2000 (Schriften zum Öffentlichen Recht; Bd. 834).

Lalive, Pierre La Convention d'UNIDROIT sur les biens culturels volés ou illicitement exportés (du 24 juin 1995), SZIER 1997, 13–56.

ders. (Hrsg.), International Sales of Works of Art – La vente internationale d'œuvres d'art, Geneva Workshop 11–13 April 1985, Paris/Genf 1988 (ICC Publications; Bd. 436).

Leisner, Walter Die Höhe der Enteignungsentschädigung. Unterschreitung des Verkehrswertes?, NJW 1992, 1409–1415.

Lemme, Fabrizio Il caso Pagenstecker: lo Stato non può essere un mercante affarista e senza scrupoli, in: Il Giornale dell'Arte, n. 99, April 1992, 29.

ders. Temporanea importazione e notifica: come si concilia l'inconciliabile, in: Il Giornale dell'Arte, n. 140, Januar 1996, 61.

Lord Lester of Herne Hill/Pannick, David (Hrsg.), Human Rights Law and Practice, London/Edinburgh/Dublin 1999.

Liver, Peter Beschränkungen des Eigentums an beweglichen Sachen im Interesse des Heimatschutzes, Heimatschutz 42 (1947) 121–125.

Lombardi, Giorgio Die behördliche Kontrolle des grenzüberschreitenden Handels mit Kunstwerken und sonstigen Kulturgütern in Italien, in: Rudolf Dolzer/Erik Jayme/Reinhard Mussgnug (Hrsg.), Rechtsfragen des internationalen Kulturgüterschutzes, Heidelberg 1994 (Heidelberger Forum; Bd. 87) 191–198.

Lo Monaco, Anna Sulla restituzione di beni culturali rubati all'estero secondo la convenzione dell'UNESCO, Rivista di diritto internazionale 71 (1988) 842–855.

Loosli, Mauro Kulturgüterschutz in Italien, Zürich 1996 (Schweizer Studien zum internationalen Recht; Bd. 96).

Machacek, Rudolf/Pahr, Willibald P./Stadler, Gerhard (Hrsg.), Grund- und Menschenrechte in Österreich, Bd. II, Kehl/Straßburg/Arlington 1992.

Marshall, Geoffrey On Constitutional Theory, in: Basil S. Markesinis (Hrsg.), The Impact of the Human Rights Bill on English Law, Oxford 1998 (The Clifford Chance Lectures; Bd. 3) 15–20.

Mattera, Alfonso La circulation des œuvres d'art dans l'Europe du Marché Unique, in: Quentin Byrne-Sutton/Marc-André Renold (Hrsg.), Les objets d'art dans l'Union européenne, Aspects juridiques et pratiques, Actes d'une rencontre organisée le 27 septembre 1993, Zürich 1994 (Etudes en droit de l'art; Bd. 4) 93–111.

Maurice, Clare/Turnor, Richard The Export Licensing Rules in the United Kingdom and the Waverley Criteria, in: Quentin Byrne-Sutton/Marc-André Renold (Hrsg.), La libre circulation des collections d'objets d'art, Actes d'une rencontre organisée le 14 septembre 1992, Zürich 1993 (Etudes en droit de l'art; Bd. 3) 31–55.

Melchinger, Hansjörg Die Eigentumsdogmatik des Grundgesetzes und das Recht des Denkmalschutzes, Berlin 1994 (Schriften zum Öffentlichen Recht; Bd. 648).

Merryman, John Henry The Public Interest in Cultural Property, California Law Review 77 (1989) 339–364.

Milczewski, Christine von Der grundrechtliche Schutz des Eigentums im Europäischen Gemeinschaftsrecht, Frankfurt a. M. etc. 1994 (Europäische Hochschulschriften: Reihe 2, Rechtswissenschaft; Bd. 1630).

Mittelberger, Philipp Der Eigentumsschutz nach Art. 1 des Ersten Zusatzprotokolls zur EMRK im Lichte der Rechtsprechung der Strassburger Organe, Bern 2000 (Abhandlungen zum schweizerischen Recht; Heft 639).

Moench, Christoph Denkmalschutz und Eigentumsbeschränkung, NJW 1980, 1545–1552.

ders. Denkmalschutz und Eigentumsbeschränkung, Baurecht 24 (1993) 420–433.

Müller, Jörg Paul Grundrechte in der Schweiz: im Rahmen der Bundesverfassung von 1999, der UNO-Pakte und der EMRK, 3. Aufl., Bern 1999.

Müller-Katzenburg, Astrid Internationale Standards im Kulturgüterverkehr und ihre Bedeutung für das Sach- und Kollisionsrecht, Berlin 1996 (Schriften zum Internationalen Recht; Bd. 72).

Müller-Michaels, Olaf Grundrechtlicher Eigentumsschutz in der Europäischen Union: das Eigentumsgrundrecht in der Rechtsordnung der EU, in der EMRK und in den Verfassungen Deutschlands, Italiens und Irlands, Berlin 1997 (Schriften zum europäischen Recht; Bd. 32).

Mussgnug, Reinhard Die deutsche Renitenz gegen das Kulturgutrecht der EG, Europarecht 2000, 564–591.

Öhlinger, Theo Eigentum und Gesetzgebung, in: Rudolf Machacek/Willibald P. Pahr/Gerhard Stadler (Hrsg.), Grund- und Menschenrechte in Österreich, Bd. II, Kehl/Straßburg/Arlington 1992, 643–687.

Office fédéral de la justice Garantie de la propriété (art. 22ter Cst.). Convention d'Unidroit sur les biens culturels volés ou illicitement exportés (Rome, 24 juin 1995), VPB 62 (1998) Nr. 78, 767–788.

O'Hagan, John/McAndrew, Clare Restricting International Trade in the National Artistic Patrimony: Economic Rationale and Policy Instruments, IJCP 10 (2001) 32–54.

Paladin, Livio Diritto costituzionale, 3. Aufl., Padua 1998.

Parodi, Silvana Eigentumsbindung und Enteignung im Natur- und Denkmalschutzrecht, Berlin 1984 (Schriften zum Öffentlichen Recht; Bd. 470).

Pauliat, Hélène Le droit de propriété dans la jurisprudence du Conseil constitutionnel et du Conseil d'État, Paris 1994 (2 Bände).

Pernice, Ingolf Gemeinschaftsverfassung und Grundrechtsschutz – Grundlagen, Bestand und Perspektiven, NJW 1990, 2409–2420.

Pescatore, Pierre Le commerce de l'art et le Marché Commun, in: Pierre Lalive (Hrsg.), International Sales of Works of Art – La vente internationale d'œuvres d'art, Paris/Genf 1988 (ICC Publications; Bd. 436) 581–595.

Pieroth, Bodo/Kampmann, Bernd Außenhandelsbeschränkungen für Kunstgegenstände, NJW 1990, 1385–1390.

Plutschow, Mathias H. Staatliche Vorkaufsrechte im internationalen Kulturgüterschutz, Zürich 2002 (Studien zum Kunstrecht; Bd. 14).

Polakiewicz, Jörg/Jacob-Foltzer, Valérie The European Human Rights Convention in Domestic Law: the Impact of Strasbourg Case-Law in States where Direct Effect is given to the Convention, Human Rights Law Journal 12 (1991) 65–85, 125–142.

Poli, Jean-François Anmerkung zu Cass. civ. 20. 2. 1996, La Semaine Juridique 1996 II 22672, 303–305.

ders. La protection des biens culturels meubles, Paris 1996 (Bibliothèque de droit de l'urbanisme et de l'environnement; Bd. 3).

Pollet, Roger Anmerkung zu Cass. civ. 28. 5. 1991, La Semaine Juridique 1992 II 21864, 190–191.

ders. Servitudes administratives, J-Cl. Adm., Fascicule 390, 2000.

Polonsky, Michael/Canat, Jean-François The British and French Systems of Control of the Export of Works of Art, International and Comparative Law Quarterly 45 (1996) 557–591.

Preuschen, Diethardt von Kulturgutsicherungsgesetz und EG-Recht, EuZW 1999, 40–42.

Prott, Lyndel V. Kulturgüterschutz nach der UNIDROIT-Konvention und nach der UNESCO-Konvention, ZVglRWiss 95 (1996) 188–202.

dies. The Preliminary Draft Unidroit Convention on Stolen or Illegally Exported Cultural Objects, International and Comparative Law Quarterly 41 (1992) 160–170.

Raschèr, Andrea Francesco Giovanni Kulturgütertransfer und Globalisierung, UNESCO-Konvention 1970 – Unidroit-Konvention 1995 – EG-Verordnung 3911/92 – EG-Richtlinie 93/7 – Schweizerisches Recht, Zürich/Baden-Baden 2000 (Studien zum Kunstrecht; Bd. 12).

Reviewing Committee Export of Works of Art 1987–88, Thirty-fourth Report of the Reviewing Committee appointed by the Chancellor of the Exchequer in December 1952, London 1988.

dass. Export of Works of Art 1988–89, Thirty-fifth Report of the Reviewing Committee appointed by the Chancellor of the Exchequer in December 1952, London 1989.

dass. Export of Works of Art 1993–94, Fortieth Report of the Reviewing Committee appointed by the Chancellor of the Exchequer in December 1952, London 1994.

dass. Export of Works of Art 1994–95, Forty-first Report of the Reviewing Committee appointed by the Chancellor of the Exchequer in December 1952, London 1995.

dass. Export of Works of Art 1997–98, Forty-fourth Report of the Reviewing Committee appointed by the Chancellor of the Exchequer in December 1952, London 1998.

dass. Export of Works of Art 1999–2000, Forty-sixth Report of the Reviewing Committee appointed by the Chancellor of the Exchequer in December 1952, London 2000.

dass. Export of Works of Art 2000–2001, Forty-seventh Report of the Reviewing Committee appointed by the Chancellor of the Exchequer in December 1952, London 2002.

Riedel, Eibe H. Die Eigentumsgarantie als Problem der allgemeinen Staatslehre und des Verfassungsrechts am Beispiel Großbritanniens, in: Johannes Schwartländer/Dietmar Willoweit (Hrsg.), Das Recht des Menschen auf Eigentum, Kehl am Rhein/Straßburg 1983, 129–150.

Riva, Enrico Hauptfragen der materiellen Enteignung, Bern 1990.

Riva, Enrico/Müller-Tschumi, Thomas § 48 Eigentumsgarantie, in: Daniel Thürer/Jean-François Aubert/Jörg Paul Müller (Hrsg.), Verfassungsrecht der Schweiz – Droit constitutionnel suisse, Zürich 2001, 765–777.

Rivers, Julian Menschenrechtsschutz im Vereinigten Königreich, Juristenzeitung 2001, 127–132.

Rozek, Jochen Die Unterscheidung von Eigentumsbindung und Enteignung: eine Bestandsaufnahme zur dogmatischen Struktur des Art. 14 GG nach 15 Jahren „Naßauskiesung", Tübingen 1998 (Jus publicum; Bd. 31).

Rudolf, Beate Die Eigentumsgarantie nach der Europäischen Menschenrechtskonvention und ihre verfahrensrechtliche Dimension, Anmerkung zum Urteil des EGMR im Fall Hentrich gegen Frankreich, EuGRZ 1996, 573–577.

Salerno, G. Art. 42, in: Vezio *Crisafulli*/Livio *Paladin*, Commentario breve alla Costituzione, Padua 1990, 294–303.

Sandulli, Aldo M. Profili costituzionali della proprietà privata, Rivista trimestrale di diritto e procedura civile XXVI (1972) 465–490.

Santaniello, Giuseppe Espropriazioni anomale, in: Enciclopedia del diritto, Bd. XV, Mailand 1966, 899–913.

Schefer, Markus Die Kerngehalte von Grundrechten, Bern 2001.

Schildknecht, Urs Grundrechtsschranken in der Europäischen Gemeinschaft, Eine Untersuchung der Rechtsprechung des Europäischen Gerichtshofes, Frankfurt a. M. etc. 2000 (Europäische Hochschulschriften: Reihe 2, Rechtswissenschaft; Bd. 2969).

Schmeinck, Sabine Internationalprivatrechtliche Aspekte des Kulturgüterschutzes, Berlin 1994 (Münsterische Beiträge zur Rechtswissenschaft; Bd. 82).

Schnyder, Bernhard Zur Rückführung gestohlener oder rechtswidrig ausgeführter Kulturgüter gemäss Unidroit-Konvention aus der Sicht des schweizerischen Privatrechts (Gutachten), in: Bundesamt für Kultur (Hrsg.), Internationaler Kulturgütertransfer/Transfert international de biens culturels/Trasferimento internazionale di beni culturali, Bern 1998.

Schöbi, Felix Der Schutz des Eigentums in Europa, Urteil des Europäischen Gerichtshofs für Menschenrechte vom 5. Januar 2000 in der Rechtssache Beyeler gegen Italien, recht 2000, 78–83.

Schorlemer, Sabine von Internationaler Kulturgüterschutz: Ansätze zur Prävention im Frieden sowie im bewaffneten Konflikt, Berlin 1992 (Schriften zum Völkerrecht; Bd. 102).

Schwarze, Jürgen Der Schutz nationalen Kulturguts im europäischen Binnenmarkt, Juristenzeitung 1994, 111–117.

Seidl-Hohenveldern, Ignaz Austria – National Report, in: Martine Briat/Judith A. Freedberg (Hrsg.), International Art Trade and Law – Le Commerce International de l'Art et le Droit, Paris/New York, Deventer/Boston 1991 (International Sales of Works of Art; Bd. 3) (ICC Publication; Bd. 484) 97–98, 169–170.

ders. Ausfuhr und Rückführung von Kunstwerken, in: Walter Haller/Alfred Kölz/Georg Müller/Daniel Thürer (Hrsg.), Im Dienst an der Gemeinschaft, Festschrift für Dietrich Schindler zum 65. Geburtstag, Basel/Frankfurt a. M. 1989, 137–145.

ders. Kulturgüterschutz durch die Europäische Union versus Warenverkehrsfreiheit, in: Frank Fechner/Thomas Oppermann/Lyndel V. Prott (Hrsg.), Prinzipien des Kulturgüterschutzes, Berlin 1996 (Tübinger Schriften zum internationalen und europäischen Recht; Bd. 37) 113–121.

ders. State Preemption of Foreign-Owned Painting and International Law, IJCP 10 (2001) 70–78.

Sieckmann, Jan-Reinard Zum verfassungsrechtlichen Eigentumsschutz im deutschen und britischen Recht: Eine rechtsvergleichende Untersuchung zu Modellen des Eigentumsschutzes, Baden-Baden 1999 (Kieler Rechtswissenschaftliche Abhandlungen; N.F., Bd. 18).

Siehr, Kurt Die EG-Richtlinie von 1993 über die Rückgabe von Kulturgütern und der Kunsthandel, in: Gerte Reichelt (Hrsg.), Neues Recht zum Schutz von Kulturgut, Wien 1997 (Schriftenreihe des Ludwig-Boltzmann-Institutes für Europarecht; Bd. 1) 29–43.

ders. Freizügigkeit und Kulturgüterschutz in der Europäischen Union, in: Ulrich Immenga/Wernhard Möschel/Dieter Reuter (Hrsg.), Festschrift für Ernst-Joachim Mestmäcker zum siebzigsten Geburtstag, Baden-Baden 1996, 483–496.

ders. Handel mit Kulturgütern in der Europäischen Union und in der Schweiz, in: Hans Ulrich Walder/Tobias Jaag/Dieter Zobl (Hrsg.), Aspekte des Wirtschaftsrechts, Festgabe zum Schweizerischen Juristentag 1994, Zürich 1994, 353–372.

ders. Handel mit Kulturgütern in der EWG, NJW 1993, 2206–2209.

ders. International Art Trade and the Law, in: Académie de droit international de La Haye (Hrsg.), Recueil des Cours 243 (1993-VI) 9–292.

ders. Kulturgüter als res extra commercium im internationalen Rechtsverkehr, in: Friedrich Graf von Westphalen/Otto Sandrock (Hrsg.), Lebendiges Recht – Von den Sumerern bis zur Gegenwart, Festschrift für Reinhold Trinkner zum 65. Geburtstag, Heidelberg 1995, 703–722.

ders. Kulturgüterschutz innerhalb der Europäischen Union, ZVglRWiss 95 (1996) 170–187.

ders. Das Lösungsrecht des gutgläubigen Käufers im Internationalen Privatrecht, ZVglRWiss 83 (1984) 100–118.

ders. Nationaler und Internationaler Kulturgüterschutz. Eingriffsnormen und der internationale Kunsthandel, in: Bernhard Pfister/Michael R. Will (Hrsg.), Festschrift für Werner Lorenz zum siebzigsten Geburtstag, Tübingen 1991, 525–542.

ders. Öffentliches Recht und internationales Privatrecht beim grenzüberschreitenden Kulturgüterschutz, in: Rudolf Dolzer/Erik Jayme/Reinhard Mussgnug (Hrsg.), Rechtsfragen des internationalen Kulturgüterschutzes, Heidelberg 1994 (Heidelberger Forum; Bd. 87) 83–104.

ders. Die Richtlinie 93/7/EWG des Rates vom 15. März 1993 über die Rückgabe von unrechtmäßig aus dem Hoheitsgebiet eines Mitgliedstaats verbrachten Kulturgütern und das Privatrecht der Mitgliedstaaten der EWG, Kunstrecht und Urheberrecht 1999, 225–236.

Sprecher, Jörg Rückkehr der Segesserschen Ledermalereien nach New Mexico, in: Peter Johannes Weber/Marc Weber/Riccardo Seitz/Hans Rainer Künzle (Hrsg.), Liber discipulorum et amicorum, Festschrift für Prof. Dr. Kurt Siehr zum 65. Geburtstag, Zürich 2001 (Schweizer Schriften zur Vermögensberatung und zum Vermögensrecht; Bd. 2) 207–214.

Stolz, Hansjörg Die Kunst im Steuerrecht: Künstler – Sammler – Stifter – Unternehmer, Heidelberg 1999 (Schriften des Betriebs-Beraters; Bd. 100).

Street, Harry/Wortley, B. A. State and Private Property in English Law, in: Joseph H. Kaiser et al., Staat und Privateigentum – Öffentlichrechtliche Gewährleistung, Beschränkung und Inanspruchnahme privaten Eigentums in sechs Staaten rechtsvergleichend dargestellt, Köln/Berlin 1960 (Beiträge zum ausländischen öffentlichen Recht und Völkerrecht; Bd. 34) 131–151.

Thilo, Emile La restitution des rapines de guerre, Journal des Tribunaux 1948 I 418–424.

ders. La restitution des rapines de guerre, Journal des Tribunaux 1952 I 386–391.

Uhl, Antje-Katrin Der Handel mit Kunstwerken im europäischen Binnenmarkt: freier Warenverkehr versus nationaler Kulturgüterschutz, Berlin 1993 (Tübinger Schriften zum internationalen und europäischen Recht; Bd. 29).

Virga, Pietro Diritto Amministrativo, Bd. I: I principi, 5. Aufl., Mailand 1999.

Vischer, Frank Art. 19 IPRG, in: Anton Heini/Max Keller/Kurt Siehr/Frank Vischer/Paul Volken (Hrsg.), IPRG-Kommentar. Kommentar zum Bundesgesetz über das Internationale Privatrecht (IPRG) vom 1. Januar 1989, Zürich 1993, 205–217.

ders. Die Unidroit Convention on Stolen or Illegally Exported Cultural Objects und das Schweizerische Recht, Rechtsgutachten vom 29. Dezember 1995.

ders. Unidroit-Konvention und das schweizerische Recht. Gut gemeint – aber weit übers Ziel hinausschiessend, in: NZZ vom 10. 4. 1996 (Nr. 83) 17.

Wadham, John/Mountfield, Helen Human Rights Act 1998, London 1999.

Walter, Bernhard Rückführung von Kulturgut im internationalen Recht, Bremen 1988 (Veröffentlichungen aus dem Übersee-Museum Bremen; Reihe D, Bd. 14).

Walter, Hannfried Altisländische Handschriften vor dänischen Gerichten, ZaöRV 27 (1967) 278–290.

Weber, Marc Unveräußerliches Kulturgut im nationalen und internationalen Rechtsverkehr, Berlin/New York 2002 (Schriften zum Kulturgüterschutz).

Weiss, Gottfried Beutegüter aus besetzten Ländern, Die privatrechtliche Stellung des schweizerischen Erwerbers, Schweizerische Juristen-Zeitung 42 (1946) 265–274.

Whitty, Noel/Murphy, Thérèse/Livingstone, Stephen Civil Liberties Law: The Human Rights Act Era, London 2001.

Wiederkehr Schuler, Elsbeth Kulturgüterschutz – Freier Kunstmarkt. Zwei internationale Konventionen: Unidroit und UNESCO 70, Zürich 2000.

Wyss, Martin Philipp Kultur als eine Dimension der Völkerrechtsordnung. Vom Kulturgüterschutz zur internationalen kulturellen Kooperation, Zürich 1992 (Schweizer Studien zum internationalen Recht; Bd. 79).

ders. Öffentliche Interessen – Interessen der Öffentlichkeit?: das öffentliche Interesse im schweizerischen Staats- und Verwaltungsrecht, Bern 2001.

Zihler, Florian Eine Besprechung des Urteils „Ernst Beyeler gegen den Staat Italien“ des Europäischen Gerichtshofs für Menschenrechte, Zeitschrift für europarechtliche Studien 2001, 731–752.

Zykan, Marlene Ausfuhr von Kulturgut, Erfahrungen mit der Novelle zum Ausfuhrverbotsgesetz für Kulturgut, Österreichische Zeitschrift für Kunst und Denkmalpflege XLIV (1990) 25–27.

dies. Zum österreichischen Ausfuhrverbotsgesetz, Geschichte – Problematik – Wirkung, Österreichische Zeitschrift für Kunst und Denkmalpflege XXXVIII (1984) 1–15.

Verzeichnis der Rechtsnormen

Deutschland

Allgemeines Landrecht für die Preußischen Staaten von 1794, in: *Hans Hattenhauer* (Hrsg.), Allgemeines Landrecht für die Preußischen Staaten, 3. Aufl., Neuwied/Kriftel/Berlin 1996.

Bürgerliches Gesetzbuch für das Deutsche Reich vom 18.8.1896, mit seitherigen Änderungen (BGB).

Einführungsgesetz zum Bürgerlichen Gesetzbuche vom 18.8.1896 in der Fassung der Bekanntmachung vom 21.9.1994, BGBl. 1994 I 2494.

Grundgesetz für die Bundesrepublik Deutschland vom 23.5.1949 (GG).

Schleswig-Holsteinsches Gesetz zum Schutze der Kulturdenkmale (Denkmalschutzgesetz) in der Fassung der Bekanntmachung vom 21.11.1996, Gesetz- und Verordnungsblatt 1996 676, 1997 360.

Gesetz zum Schutz und zur Pflege der Denkmäler im Lande Nordrhein-Westfalen (Denkmalschutzgesetz) vom 11.3.1980, Gesetz- und Verordnungsblatt NW 226, 716.

Hessisches Gesetz zum Schutze der Kulturdenkmäler (Denkmalschutzgesetz) vom 23.9.1974, Gesetz- und Verordnungsblatt I 450 in der Fassung vom 5.9.1986, Gesetz- und Verordnungsblatt I 262, 270.

Gesetz über den Schutz und die Pflege der Denkmale und Bodendenkmale im Land Brandenburg (Brandenburgisches Denkmalschutzgesetz) vom 22.7.1991, Gesetz- und Verordnungsblatt 91, 311.

Erbschaftsteuer- und Schenkungsteuergesetz in der Fassung der Bekanntmachung vom 27.2.1997, BGBl. 1997 I 378.

Gesetz zur Umsetzung der Richtlinie 93/7/EWG des Rates über die Rückgabe von unrechtmässig aus dem Hoheitsgebiet eines Mitgliedstaats verbrachten Kulturgütern (Kulturgüterrückgabegesetz – KultGüRückG) vom 15.10.1998, BGBl. 1998 I 3162 (Kulturgüterrückgabegesetz).

Gesetz zum Schutz deutschen Kulturgutes gegen Abwanderung in der Fassung der Bekanntmachung vom 8.7.1999, BGBl. 1999 I 1754.

Europäische Union

Vertrag zur Gründung der Europäischen Gemeinschaft vom 25.3.1957 (in der vor Inkrafttreten des Vertrags von Amsterdam geltenden Fassung) (EGV).

Verordnung (EWG) Nr. 3911/92 des Rates vom 9.12.1992 über die Ausfuhr von Kulturgütern, geändert durch Verordnung (EG) Nr. 2469/96 des Rates vom 16.12.1996 sowie durch Verordnung (EG) Nr. 974/2001 des Rates vom 14.5.2001 (EG-Verordnung 3911/92).

Richtlinie 93/7/EWG des Rates vom 15.3.1993 über die Rückgabe von unrechtmässig aus dem Hoheitsgebiet eines Mitgliedstaats verbrachten Kulturgütern, geändert durch Richtlinie 96/100/EG des Europäischen Parlaments und des Rates vom 17.2. 1997 sowie durch Richtlinie 2001/38/EG des Europäischen Parlaments und des Rates vom 5.6.2001 (RL 93/7/EWG).

Vertrag zur Gründung der Europäischen Gemeinschaft in der Fassung des Vertrags von Amsterdam vom 2.10.1997 (EG).

Charta der Grundrechte der Europäischen Union vom 7.12.2000.

Frankreich

Déclaration des Droits de l'Homme et du Citoyen 1789.

Loi du 31 décembre 1913 sur les monuments historiques.

Loi du 31 décembre 1921 portant fixation du budget général de l'exercice 1922, J.O. 1.1.1922, 2.

Loi du 23 juin 1941 relative à l'exportation des œuvres d'art, J.O. 19.7.1941, 3030 (aufgehoben).

Loi du 27 septembre 1941 relative à la réglementation des fouilles archéologiques, J.O. 15.10.1941, 4438.

Constitution du 4 octobre 1958, J.O. 5.10.1958, 9151.

Code du domaine de l'État in der Fassung gemäss Décret 62-298 du 14 mars 1962, J.O. 18.3.1962, 2897, 2901.

Loi 79-18 du 3 janvier 1979 sur les archives, J.O. 5.1.1979, 43.

Loi 79-587 du 11 juillet 1979 relative à la motivation des actes administratifs et à l'amélioration des relations entre l'administration et le public.

Loi 83-347 du 28 avril 1983 autorisant la ratification d'une convention concernant les mesures à prendre pour interdire et empêcher l'importation, l'exportation et le transfert de propriété illicites des biens culturels, J.O. 29.4.1983, 1315.

Loi 89-874 du 1er décembre 1989 relative aux biens culturels maritimes et modifiant la loi du 27 septembre 1941 portant réglementation des fouilles archéologiques, J.O. 5.12.1989, 15033.

Loi 92-1477 du 31 décembre 1992 relative aux produits soumis à certaines restrictions de circulation et à la complémentarité entre les services de police, de gendarmerie et de douane, J.O. 5.1.1993, 198.

Décret 93-124 du 29 janvier 1993 relatif aux biens culturels soumis à certaines restrictions de circulation, J.O. 30.1.1993, 1600.

Loi 95-877 du 3 août 1995 portant transposition de la directive 93/7 du 15 mars 1993 du Conseil des Communautés européennes relative à la restitution des biens culturels ayant quitté illicitement le territoire d'un Etat membre, J.O. 4.8.1995, 11664.

Décret 97-435 du 25 avril 1997 portant publication de la Convention concernant les mesures à prendre pour interdire et empêcher l'importation, l'exportation et le transfert de propriété illicites des biens culturels, faite à Paris le 14 november 1970, J.O. 3.5.1997, 6680.

Loi 2000-642 du 10 juillet 2000 portant réglementation des ventes volontaires de meubles aux enchères publiques, J.O. 11.7.2000, 10474.

Loi 2000-643 du 10 juillet 2000 relative à la protection des trésors nationaux et modifiant la loi 92-1477 du 31 décembre 1992 relative aux produits soumis à certaines restrictions de circulation et à la complémentarité entre les services de police, de gendarmerie et de douane, J.O. 11.7.2000, 10481.

Italien

Legge 1° giugno 1939, n. 1089, Tutela delle cose d'interesse artistico e storico (aufgehoben) (L. 1089/1939).

Costituzione della Repubblica Italiana vom 22.12.1947, Gazzetta Ufficiale 27.12.1947, n. 298 (Cost.).

Legge 15 maggio 1997, n. 127, Misure urgenti per lo snellimento dell'attività amministrativa e dei procedimenti di decisione e di controllo, Gazzetta Ufficiale 17.5.1997, n. 113, geändert durch Legge 16 giugno 1998, n. 191, Modifiche ed integrazioni alle leggi 15 marzo 1997, n. 59, e 15 maggio 1997, n. 127, nonche' norme in materia di formazione del personale dipendente e di lavoro a distanza nelle pubbliche amministrazioni. Disposizioni in matieria di edilizia scolastica, Gazzetta Ufficiale 20.6. 1998, n. 142 (Supplemento Ordinario n. 110).

Legge 8 ottobre 1997, n. 352, Disposizioni sui beni culturali, Gazzetta Ufficiale 17.10. 1997, n. 243 (Supplemento Ordinario n. 212).

Legge 30 marzo 1998, n. 88, Norme sulla circolazione dei beni culturali, Gazzetta Ufficiale 10.4.1998, n. 84 (teilweise aufgehoben).

Legge 5 maggio 1999, n. 122, Proroga dei termini per l'emanazione del testo unico delle disposizioni legislative in materia di beni culturali e ambientali, Gazzetta Ufficiale 7.5.1999, n. 105.

Legge 7 giugno 1999, n. 213, Ratifica ed esecuzione dell'Atto finale della Conferenza diplomatica per l'adozione del progetto di Convenzione dell'UNIDROIT sul ritorno internazionale dei beni culturali rubati o illecitamente esportati, con annesso, fatto a Roma il 24 giugno 1995, Gazzetta Ufficiale 2.7.1999, n. 153.

Decreto Legislativo 29 ottobre 1999, n. 490, Testo unico delle disposizioni legislative in materia di beni culturali e ambientali, a norma dell'articolo 1 della legge 8 ottobre, n. 352 (Testo unico).

Österreich

Allgemeines Bürgerliches Gesetzbuch für Österreich vom 1.6.1811 (ABGB).

Staatsgrundgesetz vom 21. December 1867, über die allgemeinen Rechte der Staatsbürger für die im Reichsrathe vertretenen Königreiche und Länder, Reichsgesetzblatt 1867/142 (StGG).

Bundesgesetz vom 5.12.1918 über das Verbot der Ausfuhr von Gegenständen von geschichtlicher, künstlerischer oder sonstiger kultureller Bedeutung (Ausfuhrverbotsgesetz für Kulturgut - AusfVKG) in der Fassung vom 18.4.1985, BGBl. 1985/253 und vom 26.6.1986, BGBl. 1986/391 (aufgehoben).

Bundes-Verfassungsgesetz vom 1.10.1920 (B-VG).

Bundesgesetz zur Umsetzung der Richtlinie 93/7/EWG über die Rückgabe von unrechtmässig aus dem Hoheitsgebiet eines Mitgliedstaates der Europäischen Gemeinschaft verbrachten Kulturgütern, BGBl. 1998 I 685 vom 15.5.1998, geändert durch BGBl. 1999 I 1357 vom 19.8.1999.

Bundesgesetz über die Rückgabe von Kunstgegenständen aus den Österreichischen Bundesmuseen und Sammlungen, BGBl. I Nr. 181/1998 vom 4.12.1998.

Bundesgesetz betreffend den Schutz von Denkmalen wegen ihrer geschichtlichen, künstlerischen oder sonstigen kulturellen Bedeutung (Denkmalschutzgesetz – DMSG), BGBl. I Nr. 170/1999 vom 19.8.1999.

483. Verordnung des Bundesministers für Unterricht und kulturelle Angelegenheiten, mit welcher Kategorien von Kulturgütern im Sinne des Bundesgesetzes zur Umsetzung der Richtlinie 93/7/EWG über die Rückgabe von unrechtmässig aus dem Hoheitsgebiet eines Mitgliedstaates der Europäischen Gemeinschaft verbrachten Kulturgütern festgestellt werden, BGBl. II Nr. 483/1999 vom 23.12.1999.

484. Verordnung des Bundesministers für Unterricht und kulturelle Angelegenheiten, mit welcher Kategorien von Kulturgütern festgesetzt werden, die auf Grund der Bestimmungen des Denkmalschutzgesetzes für die Ausfuhr keiner Bewilligung bedürfen, BGBl. II Nr. 484/1999 vom 23.12.1999.

Schweiz

Bundesverfassung der Schweizerischen Eidgenossenschaft vom 29. 5. 1874 (aufgehoben) (aBV).

Schweizerisches Zivilgesetzbuch vom 10. 12. 1907, Systematische Sammlung des Bundesrechts 210 (ZGB).

Bundesgesetz betreffend die Ergänzung des Schweizerischen Zivilgesetzbuches (Fünfter Teil: Obligationenrecht) vom 30. 3. 1911, Systematische Sammlung des Bundesrechts 220 (OR).

Verordnung betreffend die Erhaltung von Altertümern vom 10. 10. 1921, Kanton Basel-Landschaft, Systematische Gesetzessammlung 791.2.

Bundesgesetz über die Organisation der Bundesrechtspflege vom 16. 12. 1943, Systematische Sammlung des Bundesrechts 173.110 (Bundesrechtspflegegesetz).

Bundesratsbeschluss betreffend die Klagen auf Rückgabe in kriegsbesetzten Gebieten weggenommener Vermögenswerte vom 10. 12. 1945, Sammlung der eidgenössischen Gesetze 61 (1945) 1052.

Legge per la protezione dei monumenti storici ed artistici del 15 aprile 1946, Cantone del Ticino, Bollettino ufficiale delle leggi e degli atti esecutivi del Cantone Ticino 46, 43 (aufgehoben).

Verordnung über den Natur- und Heimatschutz vom 27. 11. 1946, Kanton Graubünden, Bündner Rechtsbuch 496.100.

Gesetz über den Schutz der Kulturdenkmäler vom 8. 3. 1960, Kanton Luzern, Systematische Rechtssammlung des Kantons Luzern Nr. 595.

Loi sur la protection de la nature, des monuments et des sites du 10 décembre 1969, Canton de Vaud, Recueil systématique de la législation vaudoise Bd. 6/7A.

Loi sur la conservation des objets d'art et monuments historiques du 9 novembre 1978, Canton du Jura, Recueil systématique du droit jurassien 445.1.

Gesetz über den Denkmalschutz vom 20. 3. 1980, Kanton Basel-Stadt, Systematische Gesetzessammlung 497.100.

Gesetz über die Einführung des Bundesgesetzes über die Raumplanung (EG zum RPG) vom 28. 4. 1985, Kanton Appenzell-Ausserrhoden, Ausserrhodische Gesetzessammlung 721.1.

Bundesgesetz über das Internationale Privatrecht vom 18. 12. 1987, Systematische Sammlung des Bundesrechts 291 (IPRG).

Gesetz über den Natur- und Heimatschutz (Heimatschutzgesetz) vom 24. 4. 1988, Kanton Nidwalden, Nidwaldner Gesetzessammlung 331.1.

Gesetz über den Schutz der Kulturgüter vom 7. 11. 1991, Kanton Freiburg, Systematische Gesetzessammlung des Kantons Freiburg 482.1.

Legge sulla protezione dei beni culturali del 13 maggio 1997, Cantone del Ticino, Raccolta delle leggi vigenti del Cantone Ticino 9.3.2.1.

Bundesverfassung der Schweizerischen Eidgenossenschaft vom 18. 4. 1999, Systematische Sammlung des Bundesrechts 101 (BV).

Bundesgesetz über den internationalen Kulturgütertransfer (Kulturgütertransfergesetz, KGTG), Entwurf vom 21. 11. 2001, Bundesblatt 2002 I 622 (Entwurf KGTG).

Spanien

Ley 16/1985, de 25 de junio, del Patrimonio Histórico Español, Boletín oficial del Estado, 29.6.1985, no. 155, 2939.

Staatsverträge

Konvention zum Schutze der Menschenrechte und Grundfreiheiten vom 4.11.1950 (EMRK).

Zusatzprotokoll zur Konvention zum Schutze der Menschenrechte und Grundfreiheiten vom 20.3.1952 (ZP EMRK).

Wiener Übereinkommen über diplomatische Beziehungen vom 18.4.1961, Systematische Sammlung des Bundesrechts 0.191.01.

Übereinkommen über Massnahmen zum Verbot und zur Verhütung der unzulässigen Einfuhr, Ausfuhr und Übereignung von Kulturgut vom 14. November 1970, deutsche Übersetzung in: Bundesblatt 2002 I 635–644 (UNESCO-Konvention 1970).

Accord entre le Gouvernement de la République française et le Gouvernement de S. A. S. le Prince de Monaco concernant la protection des patrimoines historiques ou culturels des deux pays, signé le 1er août 1977, J.O. 18.12.1977, 5909–5910.

Unidroit-Übereinkommen über gestohlene oder rechtswidrig ausgeführte Kulturgüter vom 24. Juni 1995, deutsche Übersetzung in: Bundesamt für Kultur (Hrsg.), Internationaler Kulturgütertransfer, Bericht der Arbeitsgruppe, Bern 1998 (Unidroit-Konvention 1995).

Vereinigtes Königreich

Import, Export and Customs Powers (Defence) Act 1939.

Customs and Excise Management Act 1979, Halsbury's Statutes of England and Wales, Bd. 13, 4. Aufl. (Reissue), London 2000, 98.

Import and Export Control Act 1990, Halsbury's Statutes of England and Wales, Bd. 50, 4. Aufl. (Reissue), London 2000, 436.

Export of Goods (Control) Order 1992, Statutory Instruments 1992 3092.

The Return of Cultural Objects Regulations 1994, Statutory Instruments 1994 501, geändert durch The Return of Cultural Objects (Amendment) Regulations 1997, Statutory Instruments 1997 1719.

Human Rights Act 1998.

Entscheidungsverzeichnis

Dänemark

Højesteret, 17.11.1966, Revue Générale de Droit International Public LXXI (1967) 401 *(Arne Magnussens Legat mod Undervisningsministeriet)*.

Deutschland

VGH München, 22.3.1963, Bayerische Verwaltungsblätter 1963, 254.
BGH 10.1.1973, Warneyer, Rechtsprechung des Bundesgerichtshofs in Zivilsachen 1973 I 9 *(Kykladenidol)*.
BGH 8.6.1978, NJW 1979, 210 = DVBl. 1979, 232.
BVerfG 12.6.1979, BVerfGE 52, 1 *(Kleingartenpacht)*.
BVerfG 10.3.1981, BVerfGE 56, 249.
BVerfG 14.7.1981, BVerfGE 58, 137 *(Pflichtexemplarentscheidung)*.
BVerfG 15.7.1981, BVerfGE 58, 300 = NJW 1982, 745 *(Nassauskiesung)*.
Verwaltungsgericht Sigmaringen, 21.4.1983, 4 K 1746/81 (unveröffentlicht).
BGH 26.1.1984, BGHZ 90, 17 *(Sandabbau)*.
BVerfG 31.10.1984, BVerfGE 68, 193.
Verwaltungsgericht Sigmaringen, 31.1.1985, 2 K 874/83 (unveröffentlicht).
Verwaltungsgericht Gelsenkirchen, 5.6.1985, 4 K 1357/84 (unveröffentlicht).
Verwaltungsgericht Sigmaringen, 25.11.1985, 1 K 313/84 (unveröffentlicht).
BVerfG 12.3.1986, BVerfGE 72, 66.
VGH Mannheim, 14.3.1986, NJW 1987, 1440.
BGH 9.10.1986, BGHZ 99, 24.
BGH 12.3.1987, BGHZ 100, 136.
BVerwG 10.7.1987, NJW 1988, 505.
VGH München, 5.2.1988, Bayerische Verwaltungsblätter 1989, 50 = NVwZ 1988, 742 *(Käfersammlung)*.
BGH 11.2.1988, DVBl. 1988, 1213.
BVerfG 18.5.1988, BVerfGE 78, 205 = EuGRZ 1989, 41 *(Schatzregal)*.
VG Hannover, 9.6.1989, NVwZ-RR 1991, 643 *(Silberzimmer der Welfen)*.
BGH 5.10.1989, NJW 1990, 899 *(Hamburger Stadtsiegel)*.
BGH 21.12.1989, BGHZ 110, 12 *(Hamburgisches Denkmalschutzgesetz)*.
BVerfG 9.1.1991, BVerfGE 83, 201.
VG Köln, 20.3.1991, NJW 1991, 2584 *(Hamburger Stadtsiegel)*.
BVerfG 9.10.1991, BVerfGE 84, 382.
VGH München, 4.12.1991, NJW 1992, 2584 *(Käfersammlung)*.
BVerwG 30.3.1992, NJW 1992, 2584 *(Käfersammlung)*.
OVG Nordrhein-Westfalen, 23.4.1992, Nordrhein-Westfälische Verwaltungsblätter 1993, 224.
OVG Lüneburg, 19.5.1992, NVwZ-RR 1993, 79 *(Silberzimmer der Welfen)*.
OVG Münster, 25.2.1993, NJW 1993, 2635 *(Hamburger Stadtsiegel)*.
BGH 25.3.1993, BGHZ 122, 76 *(Fluglärm)*.
BVerwG 27.5.1993, BVerwGE 92, 288 = NJW 1993, 3280 = DVBl. 1993, 1099 *(Silberzimmer der Welfen)*.

BVerwG 24. 6. 1993, BVerwGE 94, 1 *(Herrschinger Moos)*.
BVerwG 12. 8. 1993, NJW 1994, 144 *(Hamburger Stadtsiegel)*.
BGH 7. 7. 1994, BGHZ 126, 379.
BVerfG 22. 11. 1994, BVerfGE 91, 294 *(Mietpreisbindung in den neuen Bundesländern)*.
BGH 16. 3. 1995, BGHZ 129, 124 *(Fluglärm)*.
BVerfG 20. 11. 1997, NVwZ 1998, 271.
BGH 29. 1. 1998, NJW 1998, 1398 *(Vermarktungsverbot für Elfenbein)*.
BVerfG 31. 3. 1998, BVerfGE 97, 350 *(Währungsunion)*.
BVerfG 2. 3. 1999, BVerfGE 100, 226 = NJW 1999, 2877.
BVerfG 2. 12. 1999, NJW 2000, 1402 *(Villa in den Elbvororten)*.

EMRK

Handyside c. Grossbritannien, EGMR 29. 4. 1976, 24-A.
X. c. Österreich, EKMR 3. 3. 1978, DR 13, 27.
Confédération française démocratique du travail c. Europäische Gemeinschaft, EKMR 10. 7. 1978, DR 13, 231.
Sunday Times c. Grossbritannien, EGMR 26. 4. 1979, 30-A.
Sporrong und Lönnroth c. Schweden, EKMR 8. 10. 1980, 46-B.
Sporrong und Lönnroth c. Schweden, EGMR 23. 9. 1982, 52-A = EuGRZ 1983, 523.
Bramelid und Malmström c. Schweden, EKMR 12. 10. 1982, DR 29, 64.
Gillow c. Grossbritannien, EKMR 3. 10. 1984, 9063/80, in: 109-A, 30.
S. c. Grossbritannien, EKMR 13. 12. 1984, 10741/84, DR 41, 226.
Linde c. Schweden, EKMR 9. 5. 1986, 11628/85, DR 47, 270.
James u. a. c. Grossbritannien, EGMR 21. 2. 1986, 98-A = EuGRZ 1988, 341.
Lithgow u. a. c. Grossbritannien, EGMR 8. 7. 1986, 102-A = EuGRZ 1988, 350.
AGOSI c. Grossbritannien, EGMR 24. 10. 1986, 108-A = EuGRZ 1988, 513.
Marinucci c. Italien, EKMR 11. 7. 1988, 9625/81, DR 60, 44.
Banér c. Schweden, EKMR 9. 3. 1989, DR 60, 128.
Mellacher u. a. c. Österreich, EGMR 19. 12. 1989, 169-A.
M. & Co. c. Bundesrepublik Deutschland, EKMR 9. 2. 1990, DR 64, 138.
Fredin c. Schweden, EGMR 18. 2. 1991, 192-A.
Wieninger c. Österreich, EKMR 11. 1. 1994, 12650/87 (unveröffentlicht).
Walter c. Frankreich, EKMR 30. 8. 1994, 21535/93 (unveröffentlicht).
Hentrich c. Frankreich, EGMR 22. 9. 1994, 296-A = EuGRZ 1996, 593.
Heilige Klöster c. Griechenland, EGMR 9. 12. 1994, 301-A.
Beyeler c. Italien, EKMR 10. 9. 1998, in: 2000-I, 97.
Chassagnou c. Frankreich, EGMR 29. 4. 1999, 1999-III.
Immobiliare Saffi c. Italien, 22774/93, EGMR 28. 7. 1999, 1999-V.
Beyeler c. Italien, 33202/96, EGMR 5. 1. 2000, 2000-I.
Ambruosi c. Italien, 31227/96, EGMR 19. 10. 2000 (unveröffentlicht). Abrufbar unter <http://www.echr.coe.int/Default.htm>, Stand 19. 1. 2001, besucht am 12. 1. 2004.
Fürst Hans-Adam II von Liechtenstein c. Deutschland, 42527/98, EGMR 12. 7. 2001, 2001-VIII.
Beyeler c. Italien, 33202/96, EGMR 28. 5. 2002 (unveröffentlicht). Abrufbar unter <http://www.echr.coe.int/Default.htm>, Stand 28. 5. 2002, besucht am 12. 1. 2004.

Europäische Union

EuGH 15.7.1960, Rs. 36/59, 37/59, 38/59 und 40/59, Slg. 1960, 885 *(Ruhrkohle)*.
EuGH 15.7.1964, Rs. 6/64, Slg. 1964, 1251 *(Costa c. E.N.E.L.)*.
EuGH 10.12.1968, Rs. 7/68, Slg. 1968, 633 *(Kommission der Europäischen Gemeinschaften c. Italienische Republik)*.
EuGH 17.12.1970, Rs. 11/70, Slg. 1970, 1125 *(Internationale Handelsgesellschaft)*.
EuGH 14.5.1974, Rs. 4/73, Slg. 1974, 491 *(Nold)*.
EuGH 13.12.1979, Rs. 44/79, Slg. 1979, 3727 *(Hauer)*.
EuGH 19.6.1980, Rs. 41, 121 und 796/79, Slg. 1980, 1979 *(Testa)*.
EuGH 9.7.1981, Rs. 169/80, Slg. 1981, 1931 *(Zollverwaltung c. Gondrand Frères)*.
EuGH 10.7.1984, Rs. 72/83, Slg. 1984, 2727 *(Campus Oil)*.
EuGH 25.9.1984, Rs. 117/83, Slg. 1984, 3291 *(Karl Könecke GmbH)*.
EuGH 11.7.1985, Rs. 60 und 61/84, Slg. 1985, 2605 *(Cinéthèque)*.
EuGH 8.10.1986, Rs. 234/85, Slg. 1986, 2897 *(Keller)*.
EuGH 11.7.1989, Rs. 265/87, Slg. 1989, 2237 *(Schräder)*.
EuGH 13.7.1989, Rs. 5/88, Slg. 1989, 2609 *(Wachauf)*.
EuGH 21.9.1989, Rs. 46/87 und 227/88, Slg. 1989, 2859 *(Hoechst AG)*.
EuGH 17.10.1989, Rs. 97 bis 99/87, Slg. 1989, 3165 *(Dow Chemical)*.
EuGH 18.6.1991, Rs. C-260/89, Slg. 1991, I-2925 *(ERT)*.
EuGH 22.10.1991, Rs. C-44/89, Slg. 1991, I-5119 *(von Deetzen II)*.
EuGH 10.1.1992, Rs. C-177/90, Slg. 1992, I-35 *(Kühn)*.
EuGH 5.10.1994, Rs. C-280/93, Slg. 1994, I-4973 *(Deutschland)*.
EuGH 30.7.1996, Rs. C-84/95, Slg. 1996, I-3953 *(Bosphorus)*.
EuG 29.1.1998, Rs. T-113/96, Slg. 1998, II-125 *(Dubois et Fils)*.
EuGH 10.3.1998, Rs. C-122/95, Slg. 1998, I-973 *(Deutschland)*.
EuGH 29.4.1999, Rs. C-293/97, Slg. 1999, I-2603 *(The Queen c. Secretary of State for the Environment, Minister of Agriculture, Fisheries and Food, ex parte Standley u. a.)*.
EuGH 13.4.2000, Rs. C-292/97, Slg. 2000, I-2737 *(Karlsson)*.
EuG 30.1.2002, Rs. T-54/99, EuGRZ 2002, 266 *(max.mobil Telekommunikation Service GmbH)*.
EuG 20.3.2002, Rs. T-9/99, nur teilweise veröffentlicht *(HFB Holding für Fernwärmetechnik u. a.)*. Volltext abrufbar unter <http://curia.eu.int/jurisp/cgi-bin/form.pl?/lang=de>, Stand 20.3.2002, besucht am 12.1.2004.

Frankreich

Cour de Paris, 3.1.1846, Dalloz Périodique, Jurisprudence Générale 1846 II 212 *(Bibliothèque royale c. Charron)*.
Cour d'appel de Paris, 1re ch., 27.4.1892, Clunet 19 (1892) 973.
Cass. 20.11.1893, Clunet 21 (1894) 311.
Cass 17.6.1896, chambre des requêtes, Dalloz Jurisprudence Générale 1897 I 257 *(Jean Bonnin c. Villes de Mâcon et de Lyon)*.
Tribunal civil de la Seine, 28.6.1901, Clunet 28 (1901) 812 *(Van der Heydt et Burth c. Kleinberger)*.
Cons. d'Ét. 18.2.1966, Rec. 123 *(Biekens)*.
Cons. d'Ét., Assemblée, 12.12.1969, Conclusions de M. *Kahn*, AJDA 1970, 34 = La Semaine Juridique 1972 II 17105, note André-Hubert *Mesnard (Héli de Talleyrand-Périgord)*.

Cons. d'Ét. 28.5.1971, n. 78.825, Rec. 409 *(„ville nouvelle est")*.
Cons. d'Ét. 2.6.1975, n. 2004, Rec. 795 *(Epoux Saint Arroman c. Réunion des musées nationaux et ministre des Affaires culturelles)*.
Cons. d'Ét. 5.10.1977, Rec. 721 *(Secrétaire d'État à la Culture c/ Société Elido World Corporation)*.
Cons. d'Ét. 27.3.1981, 12.999, Rec. 168 *(Schlumpf)*.
Cons. const. 16.1.1982, 81-132 DC, Rec. 18 = La Semaine Juridique 1982 II 19788 *(Loi de Nationalisation)*.
Cons. const. 19.–20.7.1983, 83-162 DC, Rec. 49 *(Loi relative à la démocratisation du secteur public)*.
Cons. const. 26.7.1984, 84-172 DC, Rec. 58 *(Loi relative au contrôle des exploitations agricoles et au statut du fermage)*.
Cons. d'Ét. 17.6.1985, Rec. 184 *(Dauberville)*.
Cons. const. 17.7.1985, 85-189 DC, Rec. 49 *(Loi relative à l'aménagement foncier)*.
Cons. const. 13.12.1985, 85-198 DC, Rec. 78 *(Communication audiovisuelle)*.
Cons. d'Ét. 14.3.1986, n. 40.310, Rec. 73 = AJDA 1986, 317 (Conclusions Pierre-Alain *Jeanneney*) *(Commune de Gap-Romette c/ Crts Béraud)*.
Cons. d'Ét. 16.4.1986, n. 45.243, Rec. 110 *(Tequi)*.
Cons. const. 25.–26.6.1986, 86-207 DC, Rec. 61 *(Privatisations)*.
Cons. d'Ét. 3.4.1987, Conclusions Sylvie *Hubac*, AJDA 1987, 534 *(Crts Heugel)*.
Cons. d'Ét. 7.10.1987, Recueil Dalloz Sirey 1988, 269 *(Min. de la Culture c. Consorts Genty)*.
Ministère de la culture et de la communication, 26.2.1988, J.O. 3.3.1988, 2912.
Cons. const. 4.7.1989, 89-254 DC, Rec. 41.
Cons. const. 25.7.1989, 89-256 DC, Rec. 53.
Cons. d'Ét., Assemblée, 20.10.1989, n. 108243, AJDA 1989, 788 (Note Denys *Simon*) *(Nicolo)*.
Cons. const. 22.1.1990, 89-267 DC, Rec. 27 *(Adaption à l'exploitation agricole)*.
Cons. d'Ét. 24.1.1990, n. 103292–105007, Rec. 13 = AJDA 1990, 420 (Conclusions Maryvonne de *Saint-Pulgent*) = La Semaine Juridique 1990 IV 105 *(Amon)*.
Cass. crim. 11.6.1990, Recueil Dalloz Sirey 1990 II, informations rapides 206 *(Grouet)*.
Cons. d'Ét. 30.11.1990, n. 100812–100941, Rec. 339 = La Semaine Juridique 1991 II 21778 (note Jean *Chatelain*) = Revue française de droit administratif 7 (1991) 773 (Conclusions Cyrille de *Montgolfier*) *(Ville d'Orléans et Ministre de la Culture c/ Woodner)*.
Cons. d'Ét. 30.11.1990, n. 100940, Rec. 341 = La Semaine Juridique 1991 II 21778 (note Jean *Chatelain*) = Revue française de droit administratif 7 (1991) 773 (Conclusions Cyrille de *Montgolfier*) *(Ministre de la Culture c/ Société Alex Wengraf Limited)*.
Cons. const. 16.1.1991, 90-287 DC, Rec. 24 *(Loi portant dispositions relatives à la santé publique et aux assurances sociales)*.
Cass. civ. 28.5.1991, La Semaine Juridique 1992 II 21864 *(Agent judiciaire du Trésor et Ministre de la culture c. MM. Dufay et Trensz, ès-qual. de syndics à la liquidation des biens de MM. Schlumpf)*.
Cass. crim. 16.6.1992, Recueil Dalloz Sirey 1993, sommaires commentés 35 *(Ville de Chartres et autre)*.
Cons. const. 20.1.1993, 92-316 DC, Rec. 14 *(Loi relative à la prévention de la corruption ...)*.
Cons. d'Ét. 31.7.1992, La Semaine Juridique 1993 II 22044 *(Jacques Walter)*.

Cour d'appel de Paris, 6.7.1994, Recueil Dalloz Sirey 1995, 254 *(Agent judiciaire du Trésor c/Walter)*.
Cons. const. 21.7.1994, 94-346 DC, Rec. 96 *(Loi complétant le code du domaine de l'Etat et relative à la constitution de droits réels sur le domaine public)*.
Cons. const. 3.8.1994, 94-348 DC, Rec. 117.
Tribunal d'instance de Limoges, 13.12.1995, unveröffentlicht *(SCI du domaine de la Bastide c. Agent judiciaire du Trésor)*, zit. nach *Frier*, Patrimoine culturel 439 Fn. 4.
Cass. civ. 20.2.1996, La Semaine Juridique 1996 II 22672 *(Agent judiciaire du Trésor c/Walter)*.
Cons. const. 9.4.1996, 96-373 DC, Rec. 43 *(Autonomie de la Polynésie française)*.
Cour d'appel de Metz, 22.5.1996, La Gazette du Palais 1997, Sommaires des courts et tribunaux 149 *(Mes Dufay et Trensz ès qualités, liquidateurs à la liquidation de biens de MM. Fritz et Hans Schlumpf c. ministre de la Culture et de la Communication, Trésor publique Etat français et Mme Nass veuve Schlumpf)*.
Cons. const. 20.3.1997, 97-388 DC, Rec. 31 *(Loi créant les plans d'épargne retraite)*.
Cass. 1re civ. 16.7.1998, Bulletin des arrêts de la Cour de Cassation, Chambres civiles, 1998 I 178, n. 254 = La Semaine Juridique 1998 IV 3107 *(Agent judiciaire du Trésor c. M. Dufay et autre, ès qualités de syndics de la liquidation des biens de MM. Schlumpf)*.
Tribunal administratif de Paris, 30.6.1999, n. 9616664/7, zitiert nach J-Cl. Adm., Fasc. 465-20, Ziff. 58 *(Germaine de Chaisemartin)*.
Tribunal administratif de Paris, 30.6.1999, n. 9807698/7 und 9807732/7, zitiert nach J-Cl. Adm., Fasc. 465-20, Ziff. 35 *(Rodolphe Hottinger)*.
Cons. const. 20.7.2000, 2000-434 DC, Rec. 107 *(Loi relative à la chasse)*.
Cons. const. 19.12.2000, 2000-437 DC, Rec. 190 *(Loi de financement de la sécurité sociale pour 2001)*.

Italien

C. cost. (13.5.) 25.5.1957, n. 61, Racc. Uff. 135.
C. cost. (22.12.) 29.12.1959, n. 67, Racc. Uff. 283.
C. cost. (5.4.) 9.4.1965, n. 22, Racc. Uff. 191.
C. cost. (19.1.) 20.1.1966, n. 6, Racc. Uff. 51.
Cons. Stato, Sez. IV, 28.9.1967, n. 397, Giustizia civile 1968 II 91 *(Serra di Cassano c. Min. pubblica istruzione)*.
C. cost. (9.5.) 29.5.1968, n. 55, Racc. Uff. 401.
C. cost. (9.5.) 29.5.1968, n. 56, Racc. Uff. 423.
C. cost. (21.4.) 26.4.1971, n. 79, Racc. Uff. 485.
C. cost. (14.7.) 27.7.1972, n. 155, Racc. Uff. 469.
Cons. Stato, Sez. VI, 13.3.1973, n. 199, Foro it. 1973 III 259 *(Cassa di risparmio di Trieste c. Min. pubblica istruzione)*.
Cons. Stato, Adunanza plenaria, 7.6.1973, n. 6, Foro it. 1973 III 408 *(Pres. Regione siciliana c. Soc. Cementerie siciliane)*.
Cass., Sez. unite civili, 3.5.1974, n. 1235, Foro it. 1974 I 2334 *(Min. pubblica istruzione c. Vassallo)*.
C. cost. (23.4.) 6.5.1976, n. 106, Racc. Uff. 33.
C. cost. (30.11.) 6.12.1977, n. 138, Racc. Uff. 353.
C. cost. (19.12.) 22.12.1977, n. 153, Racc. Uff. 417.
Cass. pen., Sez. III, 8.1.1980, Giurisprudenza italiana 1981 II 12 *(Schiavo)*.

C. cost. (25.1.) 30.1.1980, n. 5, Racc. Uff. 35.
C. cost. (16.12.) 22.12.1980, n. 188, Racc. Uff. 629.
Cons. Stato, Sez. VI, 23.3.1982, n. 129, Foro it. 1982 III 285 *(Soc. Tradizione Romana e Sforza Ruspoli c. Min. pubblica istruzione, Min. beni culturali)*.
Cass. civ., Sez. I, 24.3.1982, n. 2042, Foro amm. 1983 I, 1, 610 = Giustizia civile 1982, 2999 *(Min. beni culturali c. Sacerdoti)*.
C. cost. (15.7.) 19.7.1983, n. 223, Racc. Uff. 537.
Tribunale Amministrativo Regionale per la Toscana, 14.2.1984, n. 84, Foro it. 1984 III 448 *(Soc. Immobil-Arte c. Min. beni culturali, Soc. Vatulele c. Min. beni culturali e altri)*.
Cass., Sez. I, 17.1.1985, n. 117, Foro it. 1985 I 1070 *(Min. beni culturali e ambientali c. Granito di Belmonte)*.
Consiglio Superiore della Magistratura, sezione disciplinare, 5.7.1985, Foro it. 1986 III 43 (Anmerkung A. *Pizzorusso*) *(Fausto Arrigoni)*.
C. cost. (9.4.) 14.4.1986, n. 91, Giurisprudenza costituzionale 1986 I 518.
Cons. Stato, Sez. VI, 9.8.1986, n. 630, Foro it. 1987 III 142 *(Min. beni culturali c. Comune di Bordighera)*.
Cass. pen., Sez. III, 31.10.1986, Foro it. 1987 II 642 *(ric. Fabbri e altri)*.
C. cost. 19.1.1987, n. 2, Foro it. 1987 I 1364 *(Bottega)*.
Consiglio di giustizia amministrativa per la Regione siciliana, 25.3.1987, n. 78, Foro amm. 1987 I 554 *(Lanucara c. Assessorato regionale Beni culturali e ambientali e Pubblica istruzione, Sopraintendente ai beni artistici e storici di Palermo)*.
Tribunale di Roma, 27.6.1987, Rivista di diritto internazionale 71 (1988) 920 *(Stato francese c. Ministero per i beni culturali e ambientali e De Contessini, interv. Pilone)*.
Tribunale Amministrativo Regionale per il Lazio, Sez. II, 28.9.1987, n. 1516, Foro it. 1988 III 415 *(Soc. Kirzam c. Min. per i beni culturali e ambientali)*.
Cons. Stato, Sez. VI, 7.10.1987, n. 802, Foro amm. 1987, 2615 *(Bartolini e altro c. Min. pubblica istruzione, Min. beni culturali ed ambientali)*.
Tribunale Amministrativo Regionale Veneto, Sez. I, 1.2.1988, n. 47, Foro amm. 1989, 1086 *(Mac Lean Bather c. Min. beni culturali e ambientali)*.
Cons. Stato, Sez. VI, 24.1.1989, ord.n. 22, Foro amm. 1989, 177 *(Pagenstecher c. Provincia Autonoma Bolzano, Min. beni culturali ed ambientali)*.
C. cost. (4.7.) 11.7.1989, n. 391, Racc. Uff. 447.
Cass., Sez. I, 29.11.1989, n. 5206, Giurisprudenza italiana 1990 I, 1, 1125 *(Bruno, Cucci c. Min. beni ambientali e culturali)*.
Tribunale Amministrativo Regionale per il Lazio, Sez. II, 26.1.1990, n. 224, Foro it. 1991 III 37 *(Beyeler c. Min. beni culturali, Pierangeli)*.
C. cost. (6.3.) 9.3.1990, n. 118, Racc. Uff. 685.
C. cost. (4.4.) 19.4.1990, n. 216, Racc. Uff. 367.
Cons. Stato, Sez. VI, 30.1.1991, n. 58, Foro it. 1991 III 345 = Foro amm. 1991, 86 *(Versio, Pierangeli, Beyeler c. Min. beni culturali e ambientali)*.
C. cost. (23.5.) 12.6.1991, n. 278, Racc. Uff. 145.
Cons. Stato, Adunanza plenaria, 23.9.1991, n. 7, Foro amm. 1991 I 2242 = Foro it. 1992 III 1 *(Pagenstecher c. Provincia di Bolzano, Min. beni culturali)*.
Cass. civ., Sez. I, 7.4.1992, n. 4260, Foro it. 1992 I, 2, 2402 = Giurisprudenza italiana 1994 I, 1, 1242 *(Min. beni culturali ed ambientali c. Cucci)*.
Cass. civ., Sez. unite, 1.7.1992, n. 8079, Giurisprudenza italiana 1993 I, 1, 812 *(Di Salvo e Sciacca c. Assessore ai beni culturali e ambientali e della pubblica istruzione della Regione siciliana)*.

Cass. civ., Sez. I, 23.3.1993, n. 3451, Foro it. 1993 I, 2, 2514 = Giurisprudenza italiana 1994 I, 1, 446 *(Paladino c. Assess. beni culturali e ambientali e pubblica istruzione)*.
C. cost. (19.4.) 23.4.1993, n. 185, Racc. Uff. 329.
C. cost. (19.4.) 23.4.1993, n. 186, Racc. Uff. 339.
C. cost. (28.5.) 10.6.1993, n. 277, Racc. Uff. 49.
C. cost. (10.6.) 16.6.1993, n. 283, Giurisprudenza Costituzionale 1993, 1981.
Cons. Stato, Sez. VI, 18.10.1993, n. 741, Foro it. 1994 III 121 *(Righi Parenti c. Min. beni culturali e Ceccherini)*.
Cons. Stato, Sez. VI, 30.10.1993, n. 787, Foro it. 1994 III 329 *(Pastega e altro c. Min. beni culturali e ambientali)*.
Cass., Sez. unite, 19.3.1994, ord. n. 228, Giustizia civile 1994 I 609 *(Verusio c. Min. Beni Culturali e Ambientali, Beyeler, Pierangeli)*.
C. cost. (19.7.) 25.7.1994, n. 339, Foro it. 1994 I 2305.
C. cost. (14.6.) 20.6.1995, n. 269, Giurisprudenza costituzionale 1995 I 1918 = Foro it. 1996 I 807 *(Verusio, Pierangeli e Beyeler c. Pres. cons. ministri)*.
C. cost. (12.7.) 21.7.1995, n. 344, Racc. Uff. 23.
C. cost. (21.7.) 28.7.1995, n. 417, Racc. Uff. 563.
Cass., Sez. I, 24.11.1995, n. 12166, Foro it. 1996 I 907 *(Governo di Francia c. De Contessini, Pilone)*.
Cass., Sez. uniti civili, 11.3.1996, n. 1950, Foro it. 1996 I 2444 *(Verusio, Pierangeli, Beyeler c. Min. beni culturali e ambientali e altri)*.
Cons. Stato, Sez. VI, 8.1.1998, n. 56, Foro it. 1998 III 326 *(Sopraintendenza per i beni ambientali e architettonici di Brescia c. Comune di Brescia)*.
C. cost. (20.4) 23.4.1998, n. 135, Racc. Uff. 237.
Cass., Sez. I civile, 28.8.1998, n. 8589, Foro it. 1998 I 3167 *(Comune di Camerino c. Ministero beni culturali e ambientali)*.
Cons. Stato, Sez. IV, 7.10.1998, n. 1296, Foro it. 1998 III 606 *(Soc. coop. Raiffeisenverband Südtirol c. Provincia autonoma di Bolzano)*.
C. cost. (12.5.) 20.5.1999, n. 179, Giurisprudenza costituzionale 1999 II 1750.
Cons. Stato, Sez. VI, 21.9.1999, n. 1243, Foro it. 2000 III 17 *(Comune di Zola Predosa c. Theodoli Braschi e altri)*.
Cons. Stato, Sez. VI, 8.2.2000, n. 677, Giurisprudenza italiana 2000, 1298 *(Settimo Centro Società Consortile s.r.l. c. Ministero dei beni culturali e ambientali)*.

Österreich

VwGH 11.4.1951, VwSlg 2031/1951 *(Anne K.)*.
VfGH 3.3.1971, VfSlg 6390/1971 *(Mietengesetz)*.
VfGH 11.3.1976, VfSlg 7759/1976 *(Bauordnung für Wien)*.
VfGH 17.3.1976, VfSlg 7770/1976.
VfGH 11.3.1977, VfSlg 7996/1977.
VfGH 17.12.1977, VfSlg 8212/1977 *(Kraftfahrgesetz)*.
VfGH 6.3.1978, VfSlg 8266/1978 *(Naturschutzgesetz)*.
VfGH 3.12.1980, VfSlg 8981/1980.
VfGH 1.10.1981, VfSlg 9189/1981 *(Denkmalschutzgesetz)*.
VfGH 16.12.1983, VfSlg 9911/1983 = EuGRZ 1984, 324 *(Atomsperrgesetz)*.
VfGH 27.2.1984, VfSlg 9929/1984 *(Grazer Altstadterhaltungsgesetz 1980)*.
VfGH 20.3.1986, VfSlg 10.841/1986 *(Atomsperrgesetz)*.
VfGH 1.10.1986, VfSlg 11.019/1986 *(Denkmalschutzgesetz)*.

VfGH 22. 6. 1989, VfSlg 12.100/1989 = EuGRZ 1990, 425 *(Außenhandelsgesetz)*.
VfGH 30. 11. 1989, VfSlg 12.227/1989.
VwGH 25. 6. 1990, VwSlg N.F. 13.235 A/1990 *(Denkmalschutz)*.
VfGH 8. 10. 1990, VfSlg 12.485/1990 *(Nachtfahrverbot)*.
VfGH 14. 10. 1993, VfSlg 13.587/1993.
VfGH 6. 12. 1994, VfSlg 13.963/1994.
VfGH 6. 12. 1994, VfSlg 13.964/1994.
VfGH 14. 6. 1995, VfSlg 14.142/1995.
VwGH 29. 10. 1997, 95/09/0299, unveröffentlicht *(Johann Baar-Baarenfels und Ernst Üblacker-Risenfels)*. Abrufbar unter <http://www.ris.bka.gv.at/vwgh/>, Stand 29. 10. 1997, besucht am 6. 12. 2002.
Oberster Gerichtshof, 24. 11. 1999, 3 Ob 322/98v, unveröffentlicht *(Franciska G*****)*. Abrufbar unter <http://www.ris.bka.gv.at/jus/>, Stand 24. 11. 1999, besucht am 6. 12. 2002.
Oberster Gerichtshof, 21. 3. 2001, 3 Ob 253/00b, unveröffentlicht *(Franciska G*****)*. Abrufbar unter <http://www.ris.bka.gv.at/jus/>, Stand 21. 3. 2001, besucht am 6. 12. 2002.

Schweiz

BGer 5. 4. 1944, BGE 70 II 103 *(Boesch & Cie)*.
BGer 10. 10. 1946, wiedergegeben in ZBl 48 (1947) 21 *(Meier)*.
BGer 3. 6. 1948, wiedergegeben bei *Guggenheim* 140 und *Thilo* (1948) 421 *(Paul Rosenberg c. Theodor Fischer et consorts)*.
BGer 5. 7. 1951, wiedergegeben bei *Thilo* (1952) 388 *(Bührle c. Theodor Fischer)*.
BGer 18. 2. 1959, BGE 85 I 32 *(Teno A.G.)*.
BGer 25. 5. 1960, BGE 86 I 101 *(Baugenossenschaft Talberg)*.
BGer 14. 11. 1962, BGE 88 I 248 *(Dafflon)*.
BGer 29. 9. 1965, BGE 91 I 340 *(Geisseler)*.
BGer 13. 10. 1965, BGE 91 I 329 *(Barret)*.
BGer 22. 2. 1967, BGE 93 I 130 *(Erben Schulthess und Erben Bäggli)*.
BGer 1. 2. 1973, BGE 99 II 28 *(Erben Hartmann)*.
Schweizerischer Bundesrat, 2. 6. 1976, VPB 40 (1976) Nr. 88.
Dipartimento dell'ambiente, Cantone del Ticino, 1./8. 2. 1979 *(Balli)*.
Tribunale cantonale amministrativo, Cantone del Ticino, 26. 9. 1979, 44/79-DP *(Balli)*.
BGer 29. 11. 1979, BGE 105 Ia 330 *(Gemeinde Zizers)*.
BGer 5. 3. 1980, BGE 106 Ia 364 *(Delacuisine)*.
Tribunale di espropriazione della giurisdizione sopracenerina, Cantone del Ticino, 4. 1. 1982, 143/51 *(Balli)*.
BGer 16. 3. 1982, BGE 108 Ia 33 *(Alastor AG u. a.)*.
Tribunale cantonale amministrativo, Cantone del Ticino, 30. 6. 1982, ES 1/82 *(Balli)*.
Verwaltungsgericht Solothurn, 18. 10. 1982 *(G. gegen Erziehungs-Departement des Kantons Solothurn)*.
BGer 23. 11. 1983, BGE 109 Ia 257 *(Kaestlin)*.
BGer 25. 1. 1984, BGE 110 Ib 29 *(Gemeinde Oberstammheim)*.
BGer 21. 3. 1985, BGE 111 Ia 93 *(Schweizerische Kreditanstalt)*.
BGer 10. 7. 1985, BGE 111 Ib 257 *(Dr. A)*.
BGer 1. 4. 1987, BGE 113 Ia 126 *(Giovanna Armengol)*.
BGer 24. 9. 1987, BGE 113 II 397 *(L. AG)*.

BGer 23.12.1987, BGE 113 Ia 368 = Pra 78 (1989) 522 *(Balli c. Stato del Cantone Ticino).*

BGer 20.1.1988, BGE 114 Ia 14 *(G.).*

Regierungsrat des Kantons Luzern, 31.5.1988, Protokoll Nr. 1328, Luzerner Gerichts- und Verwaltungsentscheide 1988 III Nr. 16.

BGer 14.1.1991, BGE 117 Ib 4 *(Christoph Merian Stiftung).*

BGer 15.5.1991, BGE 117 Ib 262 *(Société de l'immeuble Petite-Fusterie 2 SA).*

BGer 9.7.1992, BGE 118 Ia 305 *(X.).*

BGer 18.11.1992, BGE 118 Ia 384 *(Kinvar AG).*

BGer 17.11.1993, BGE 119 Ia 348 *(Chambre genevoise immobilière).*

BGer 13.7.1994, BGE 120 Ia 120 *(G.).*

BGer 2.11.1994, BGE 120 Ia 270 *(Deutsche Bundesbahn).*

Verwaltungsgericht Basel-Stadt, 21.6.1995, Basler Juristische Mitteilungen 1997, 152 *(B.H. und F.B.D.).*

BGer 5.3.1996, BGE 122 III 1 *(Versicherung X).*

BGer 1.4.1997, BGE 123 II 134 *(L.).*

BGer 12.11.1997, BGE 123 II 560 *(Kanton Luzern).*

Verwaltungsgericht Zürich, 14.11.1997, VB.97.00034, ZBl 100 (1999) 89.

BGer 28.4.1998, 1P.98/1998, ZBl 101 (2000) 41 *(Stadt Winterthur).*

Kantonsgericht Wallis, 4.2.1999, Baurecht 2000 Nr. 299.

BGer 16.6.1999, BGE 125 II 431 *(Arthur Wiederkehr).*

BGer 28.6.2000, BGE 126 I 219 *(Epoux A.).*

Tribunale delle espropriazioni della giurisdizione sopracenerina, Cantone del Ticino, 23.8.2000, 143/51 *(Balli).*

BGer 30.5.2001, BGE 127 I 185 *(R.).*

BGE 5.6.2001, BGE 127 I 60 *(A.).*

Vereinigtes Königreich

Associated Provincial Picture Houses Ltd. v. Wednesbury Corporation, [1948] 1 K.B. 223, C.A.

Attorney-General v. De Keyser's Royal Hotel, [1920] A.C. 508, H.L. = [1920] All E.R. Rep. 80.

Attorney General of New Zealand v. Ortiz and others, [1982] 3 All E.R. 432, Q.B., C.A.; [1983] 2 All E.R. 93, H.L.; [1984] 1 A.C. 1, C.A., H.L.

Burmah Oil Company Ltd. v. Lord Advocate, [1965] A.C. 75, H.L.

Commissioners of Customs and Excise v. Cure and Deeley Ltd., [1962] 1 Q.B. 340.

Council of Civil Service Unions v. Minister for the Civil Service, [1985] 1 A.C. 374.

Entick v. Carrington, [1765] 19 State Trials 1029, zitiert nach *Bailey/ Harris/Jones* 44ff.

Hoveringham Gravels Ltd. v. Secretary of State for the Environment, [1975] 1 Q.B. 754, C.A.

Kingdom of Spain v. Christie, Manson & Woods Ltd., [1986] 1 W.L.R. 1120 (Ch. D.).

Mc Eldowney v. Forde, [1971] A.C. 632, H.L.

R. v. Cambridge Health Authority, ex parte B, [1995] 2 All E.R. 129.

R. v. Chief Constable of Sussex, ex parte International Trader's Ferry Ltd, [1999] 1 All E.R. 129.

R. v. Hull University Visitor, ex parte Page, [1993] A.C. 682.

R. v. Ministry of Agriculture, Fisheries and Food, ex parte First City Trading, [1997] 1 C.M.L.R. 250.

R. v. Secretary of State for Transport, ex parte Factorame Ltd. (No. 2), [1991] 1 A.C. 603.
Sisters of Charity of Rockingham v. The King, [1922] 2 A.C. 315, P.C.
Utah Construction and Engineering Pty. Ltd. v. Pataky, [1966] A.C. 629.

Vereinigte Staaten von Amerika

Jeanneret v. Vichey, 541 F.Supp. 80 (S.D.N.Y. 1982), reversed and remanded 693 F.2d 259 (2d Cir. 1982).
Menzel v. List, 267 N.Y.S.2d 804.

§ 1 Fragestellung

Kulturgüter wie Bilder, Skulpturen und archäologische Objekte sind Waren, Handelswaren. Sie werden in grossem Umfang angeboten, versteigert, gekauft, weiterverkauft; vielfach gelangen sie im Laufe der Jahre weg von ihrem Herkunftsort in andere Staaten.

Doch der Handel mit Kulturgütern ist nicht frei. Zahlreiche Bestimmungen von Einzelstaaten, aber auch supranationales Recht und internationale Konventionen regeln den Verkehr mit Kulturgütern. Beschränkt wird insbesondere der Handel mit Gütern, die zum kulturellen Erbe einer Nation gerechnet werden: archäologische Fundstücke, repräsentative Werke einheimischer Künstler, aber auch zahlreiche andere Objekte ohne engen Bezug zum Staat, in dem sie gelegen sind. Private Sammler sehen sich wegen Ausfuhrverboten, Rückgabegeboten oder aufgrund von Bestimmungen über den Erwerb von beweglichen Kulturgütern durch die öffentliche Hand mit manchmal erheblichen Einschränkungen ihres Eigentums konfrontiert. Aufgrund von Rechtsnormen und hoheitlichen Akten sind ihre Möglichkeiten und Rechte zum Erwerb, zur Nutzung und Verfügung eingeschränkt.

Ziel der vorliegenden Arbeit ist es, das Verhältnis von derartigen Handelsbeschränkungen und der verfassungsrechtlichen Eigentumsgarantie zu klären. Es ist zu untersuchen, ob und wie einzelne Massnahmen ins verfassungsrechtlich geschützte Eigentum Privater eingreifen. Anschliessend ist zu prüfen, ob die Eingriffe nach Massgabe der Verfassung gerechtfertigt sind, d. h. ob sie auf einer rechtlichen Grundlage beruhen, ob sie im Allgemeininteresse liegen, ob sie allenfalls eine Entschädigung des Eigentümers nach sich ziehen, ob sie verhältnismässig sind und den Kerngehalt des Eigentumsrechts wahren. Schliesslich ist zu fragen, wie Handelsbeschränkungen vom Gesetzgeber ausgestaltet und in der Praxis gehandhabt werden können, ohne Eigentumsrechte zu verletzen.

Bis anhin gibt es im Bereich des Kulturgüterschutzes nur wenige Entscheide zu diesen Fragen. Es drängt sich deshalb eine rechtsvergleichende Untersuchung auf. Die vorliegende Arbeit erstreckt sich auf die Rechtsordnungen und die Praxis in der Schweiz, in Deutschland und Österreich, in Frankreich, Italien und dem Vereinigten Königreich, der EMRK sowie in der Europäischen Union; sie berücksichtigt auch die internationalen Konventionen von UNESCO (1970) und Unidroit (1995).

Die Eigentumsgarantien der zu untersuchenden Rechtsordnungen weisen neben zahlreichen Unterschieden auch Gemeinsamkeiten auf: sie schützen das private

Eigentum an beweglichen Sachen.[1] Natürliche Personen und juristische Personen des Privatrechts sind als Grundrechtsträger anerkannt.[2]

In der vorliegenden Untersuchung wird folglich auf weitere Ausführungen zum Geltungsbereich der Eigentumsgarantie und zu den Grundrechtsträgern verzichtet.

Die Untersuchung erstreckt sich nicht auf Handelsbeschränkungen für öffentlichrechtliche Körperschaften, da diese sich in aller Regel nicht auf verfassungsmässige Freiheitsrechte berufen können.[3] Nicht näher thematisiert wird die – in der Praxis oft entscheidende – Vorfrage der Wertbestimmung von Kulturgütern.[4]

Es sind die rechtlichen Grundlagen der Handelsbeschränkungen und soweit möglich auch die Praxis der Behörden zu prüfen. Oft entscheidet nämlich nicht der Wortlaut der Bestimmungen über die Schwere von Eigentumseingriffen, sondern die Anwendung der gesetzlichen Grundlagen durch die zuständigen Behörden.

---

1 *Schweiz:* BGer 23.12.1987, BGE 113 Ia 368ff., 376f. = Pra 78 (1989) 522ff., 531 *(Balli c. Stato del Cantone Ticino)*; BGer 13.7.1994, BGE 120 Ia 120ff., 121 *(G.)*; *Auer/Malinverni/Hottelier* Rz. 743; *Deutschland:* BVerfG 31.3.1998, BVerfGE 97, 350, 371 *(Währungsunion)*; *Jarass/Pieroth* Rz. 7–8 zu Art. 14 GG; *Kreft* 14; *Österreich: Barfuss* 692; *Berka* 402 Rz. 712; *EMRK: Handyside c. Grossbritannien,* EGMR 29.4.1976, 24-A, § 61; *Frowein/Peukert* 766–767 Rdnr. 3–4; *Mittelberger* 16; *Europäische Union: Milczewski* 100, 251.

2 *Schweiz: Auer/Malinverni/Hottelier* Rz. 740; *Deutschland: Jarass/Pieroth* Rz. 27 zu Art. 14 GG; *Kreft* 37f.; *Österreich: Öhlinger* 651–652; *Frankreich:* vgl. *Itin* 44–45; *Vereinigtes Königreich:* Human Rights Act, sect. 7 (1) und (3); *Wadham/Mountfield* 38; *EMRK:* Art. 1 ZP EMRK; *Europäische Union: Milczewski* 267.

3 Eine Ausnahme scheint in dieser Hinsicht Frankreich zu sein, wo die Eigentumsgarantie auch zu Gunsten des Staates angerufen werden kann; vgl. Cons. const. 25.–26.6.1986, 86-207 DC, Rec. 61, Erw. 58 *(Privatisations)*; Cons. const. 21.7.1994, 94-346 DC, Rec. 96, Erw. 3 *(Loi complétant le code du domaine de l'Etat et relative à la constitution de droits réels sur le domaine public)*.

4 Vgl. dazu *Châtelain* 20–21; zur Preisgestaltung im Kunsthandel: *Bruno S. Frey/Werner W. Pommerehne*, Muses and Markets. Explorations in the Economics of the Arts, Oxford/Cambridge M.A. 1989, 88–93, 110, 121.

Kapitel 1: Grundlagen

§ 2 Schweiz

A. Eigentumsgarantie gemäss Art. 26 BV

Die Eigentumsgarantie ist in Art. 26 BV[1] verankert. Die Bestimmung lautet in den drei Amtssprachen wie folgt:

Art. 26 *Eigentumsgarantie*
[1] Das Eigentum ist gewährleistet.
[2] Enteignungen und Eigentumsbeschränkungen, die einer Enteignung gleichkommen, werden voll entschädigt.

Art. 26 *Garantie de la propriété*
[1] La propriété est garantie.
[2] Une pleine indemnité est due en cas d'expropriation ou de restriction de la propriété qui équivaut à une expropriation.

Art. 26 *Garanzia della proprietà*
[1] La proprietà è garantita.
[2] In caso d'espropriazione o di restrizione equivalente della proprietà è dovuta piena indennità.

Die Schweiz hat bis heute die Bestimmung über die Eigentumsgarantie von Art. 1 ZP EMRK nicht ratifiziert.[2]

Die Verfassungen der meisten Kantone enthalten Bestimmungen, die das Eigentum gewährleisten. Diesen kantonalen Verfassungsbestimmungen kommt keine eigenständige Bedeutung zu.[3]

Die schweizerische Praxis und Doktrin unterscheiden als Teilgehalte der Eigentumsgarantie die Bestandesgarantie, die Wertgarantie sowie die Institutsgarantie.

Kantonale Behörden haben das kantonale Recht vorfrageweise auf dessen Vereinbarkeit mit der Eigentumsgarantie zu überprüfen, wenn dies von einer Partei beantragt wird.[4] Verletzungen der Eigentumsgarantie durch kantonale Erlasse oder Verfügungen können letztinstanzlich mit staatsrechtlicher Beschwerde beim Bundesgericht gerügt werden.[5]

---

1 Diese Bestimmung enspricht Art. 22ter aBV; Botschaft über eine neue Bundesverfassung vom 20. November 1996 172–174; *Auer/Malinverni/Hottelier* Rz. 719; *Rival/Müller-Tschumi* Rz. 3–4.

2 *Rival/Müller-Tschumi* Rz. 6.

3 *Rival/Müller-Tschumi* Rz. 5.

4 BGer 30. 5. 2001, BGE 127 I 185ff., 187f. *(R.)*.

5 Art. 84 Abs. 1a und 2 Bundesrechtspflegegesetz. Das Bundesgericht ist laut Art. 191 BV verpflichtet, Bundesgesetze und Völkerrecht anzuwenden.

B. Bestandesgarantie

Der Inhalt der geschützten Eigentumsrechte wird durch die gesamte Rechtsordnung festgelegt.[6] Das Mobiliarsachenrecht beispielsweise untersteht den Bestimmungen des ZGB und des öffentlichen Rechts sowie den anwendbaren Bestimmungen des ausländischen Rechts.[7] Der Inhalt des Eigentums kann im Rahmen der Verfassungsgrundsätze neu umschrieben werden.[8] Es kann „kein Eigentümer damit rechnen, dass die gegebenen Nutzungsmöglichkeiten auf alle Zeiten bestehen bleiben."[9] Die Eigentumsgarantie ist mithin durch das öffentliche Interesse begrenzt.[10] Die Bestandesgarantie schützt aber vor unzulässigen Eingriffen in bestehende Eigentümerpositionen, d. h. in Nutzungs- und Verfügungsrechte.[11] Die Bestandesgarantie wird tangiert durch Enteignungen wie auch durch Rechtssätze oder Verfügungen, welche die bis anhin mögliche Nutzung oder Verfügung über Eigentum beschränken. Eingriffe in die Bestandesgarantie sind nur unter den Voraussetzungen von Art. 36 BV zulässig: Sie müssen auf gesetzlicher Grundlage beruhen, im überwiegenden öffentlichen Interesse liegen und verhältnismässig sein.[12] Der Kerngehalt des Eigentums darf nicht verletzt werden. Die wesentlichen Verfügungs- und Nutzungsrechte der Eigentümer müssen gewahrt bleiben.[13]

I. Ausfuhrverbote für Kulturgüter

Die Kompetenz zum Erlass von Denkmalschutzbestimmungen liegt bei den Kantonen. Verbreitet sind Ausfuhrverbote für Kulturgüter in staatlichem Eigentum.[14] Die meisten Kantone verzichten jedoch darauf, die Ausfuhr privater Kul-

---

6 BGer 18.2.1959, BGE 85 I 32ff., 36–37 *(Teno A.G.)*; BGer 1.2.1973, BGE 99 II 28ff., 32 *(Erben Hartmann)*; BGer 29.11.1979, BGE 105 Ia 330ff., 336 *(Gemeinde Zizers)* betreffend Grundeigentum; *Auer/Malinverni/Hottelier* Rz. 709; *J. P. Müller* 600–601; *Riva* 150f., 260; *Riva/Müller-Tschumi* Rz. 9–10.

7 *Office fédéral de la justice* 772.

8 BGer 18.2.1959, BGE 85 I 32ff., 38f. *(Teno A.G.)* betreffend Einführung gesetzlicher Grundpfandrechte, welche den Rechten von Grundpfandgläubigern vorgehen; BGer 9.7. 1992, BGE 118 Ia 305ff., 317f. *(X.)* betreffend Waffenverbot; BGer 12.11.1997, BGE 123 II 560ff., 565 *(Kanton Luzern)*; *Riva* 231.

9 BGer 29.11.1979, BGE 105 Ia 330ff., 337f. *(Gemeinde Zizers)*.

10 BGer 29.11.1979, BGE 105 Ia 330ff. 336 *(Gemeinde Zizers)*.

11 *Auer/Malinverni/Hottelier* Rz. 725; *J. P. Müller* 605; *Riva/Müller-Tschumi* Rz. 10.

12 Statt vieler BGer 23.11.1983, BGE 109 Ia 257ff., 258 *(Kaestlin)*; BGer 2.11.1994, BGE 120 Ia 270ff., 273 *(Deutsche Bundesbahn)* und BGer 28.6.2000, BGE 126 I 219ff., 221 *(Epoux A.)* betreffend Denkmalschutzmassnahmen. Vgl. auch Art. 7 und 8 Gesetz über den Schutz der Kulturgüter des Kantons Freiburg.

13 BGer 29.11.1979, BGE 105 Ia 330ff., 336 *(Gemeinde Zizers)*; BGer 1.4.1987, BGE 113 Ia 126ff., 132 *(Giovanna Armengol)*.

14 Beispiele: *Bund:* Art. 3 Abs. 2c Entwurf KGTG; *Freiburg:* Art. 24 Gesetz über den Schutz

turgüter zu verbieten. In der Schweiz erscheint die Gefahr, dass das einheimische Kulturerbe „ausverkauft" wird, offenbar nicht als allzu hoch.[15] Bislang nur im Kanton Tessin kann durch die Unterschutzstellung von privaten Gütern deren Ausfuhr aus dem Kanton gegen den Willen des Eigentümers verboten werden.[16] Die tessinische Regelung war Anlass für den einzigen bundesgerichtlichen Entscheid über ein kantonales Ausfuhrverbot für Kulturgüter, den Entscheid Balli. Thema dieser Streitsache ist weniger die Massnahme an und für sich als die Entschädigung der Eigentümer.[17] Es ist nicht auszuschliessen, dass mit der Ratifikation der UNESCO-Konvention 1970 die Einführung der darin vorgesehenen Ausfuhrverbote auch in anderen Kantonen diskutiert wird.[18]

Absolute Ausfuhrverbote für Kulturgüter oder Verweigerungen von Ausfuhrbewilligungen schränken die wesentlichen Eigentümerbefugnisse beträchtlich ein, denn sie greifen in die Verfügungs-, Nutzungs- und Vertragsfreiheit ein[19] und berühren folglich die Bestandesgarantie. Sie gelten nicht als formelle Enteignung, können aber u. U. eine materielle Enteignung bewirken. Die vorerst zu behandelnde Frage der Zulässigkeit von Ausfuhrverboten ist von der Frage einer allfälligen Entschädigung zu trennen, was auch für das Verfahren gilt.[20]

Die vorliegende Untersuchung orientiert sich einerseits am Fall Balli, anderseits an der Gerichtspraxis zum Denkmalschutz für Immobilien, soweit diese Praxis auch auf Handelsbeschränkungen für Mobilien übertragen werden kann. Nicht erörtert wird die Frage, ob ein Ausfuhrverbot für (veräusserte) Kulturgüter innerhalb der Schweiz mit der Wirtschaftsfreiheit vereinbar ist.[21]

---

der Kulturgüter (Bewilligungspflicht); *Jura:* Art. 5 Loi sur la conservation des objets d'art et monuments historiques.

15 *Hänni* 51.

16 Gemäss Art. 29 i. V. m. Art. 3 Abs. 2 lit. c Legge sulla protezione dei beni culturali besteht eine Bewilligungspflicht für die Ausfuhr von Kulturgütern. Ex-Art. 15 Legge per la protezione dei monumenti storici ed artistici aus dem Jahr 1946 enthielt gar ein absolutes Verbot der definitiven Ausfuhr geschützter privater Mobilien. In anderen Kantonen untersteht zwar die Ausfuhr klassifizierter Güter einer Bewilligungspflicht, private Güter werden jedoch nur mit dem Einverständnis der Eigentümer klassifiziert. Beispiele: *Jura:* Art. 2 und 5 Loi sur la conservation des objets d'art et monuments historiques; *Basel-Landschaft:* § 4 Abs. 1 i. V. m. § 1 Abs. 4 Verordnung betreffend die Erhaltung von Altertümern. Vgl. *Hänni/Lischer* 362.

17 BGer 23.12.1987, BGE 113 Ia 368 = Pra 78 (1989) 522 *(Balli c. Stato del Cantone Ticino).*

18 Vgl. Art. 2 Abs. 2 und Art. 5 Unterabsatz b UNESCO-Konvention 1970; Botschaft über die UNESCO-Konvention 1970 und das Bundesgesetz über den internationalen Kulturgütertransfer 570.

19 BGer 23.12.1987, BGE 113 Ia 368ff., 374 = Pra 78 (1989) 522ff., 529 *(Balli c. Stato del Cantone Ticino).*

20 *Ayer* 83. Zur Entschädigungsfrage vgl. hinten § 2 C I.

21 Vgl. Art. 27, 94 und 95 Abs. 2 BV (Art. 31 aBV). Präjudizien sind keine bekannt. Bejaht wurde die Frage bei genügend engem Bezug zum Herkunftskanton von *Aubert*, Avis 29f. und

1. Gesetzliche Grundlage

Eingriffe in die Bestandesgarantie müssen sich auf eine verfassungsmässige generell-abstrakte Norm stützen.[22] Die gesetzliche Grundlage prüft das Bundesgericht frei bei besonders schweren Eingriffen ins private Eigentum, andernfalls nur im Hinblick auf Willkür.[23]

Ausfuhrverbote für Kulturgüter stützen sich regelmässig auf ein Gesetz im formellen Sinn.[24] Bei der Überprüfung des damals anwendbaren Tessiner Denkmalschutzgesetzes[25] stellte das Bundesgericht fest, dass das Gesetz zwar keine Bestimmungen betreffend die Entschädigung für Ausfuhrverbote enthielt, dass aber das kantonale Enteignungsgesetz[26] anwendbar war. Das Bundesgericht liess die Frage offen, ob die Gesetzgebung den Anforderungen von Art. 22ter aBV entsprochen hatte, bevor das Enteignungsgesetz in Kraft trat.[27]

Die gesetzliche Grundlage für schwere Eigentumseingriffe muss „klar und eindeutig" sein.[28] Im Bereich des Denkmalschutzes arbeitet der Gesetzgeber zwangsläufig mit unbestimmten Gesetzesbegriffen. Dies ist nicht zu beanstanden.[29]

Ein Ausfuhrverbot kann nur für Objekte verfügt werden, die sich im Geltungsbereich des Gesetzes befinden.[30]

Hänni 31, verneint von *Knapp* 241 f. und *Siehr*, Handel mit Kulturgütern in der Europäischen Union und in der Schweiz 362.

22 Art. 5 Abs. 1 BV; BGE 5. 6. 2001, BGE 127 I 60 ff., 67 *(A.)* zum Legalitätsprinzip.

23 BGer 29. 9. 1965, BGE 91 I 340 ff., 341 f. *(Geisseler)*; BGer 5. 3. 1980, BGE 106 Ia 364 ff., 366 *(Delacuisine)*; BGer 16. 3. 1982, BGE 108 Ia 33 ff., 35 *(Alastor AG u. a.)*; *Gyr* 13.

24 Vgl. vorne Fn. 16.

25 Legge per la protezione dei monumenti storici ed artistici del 15 aprile 1946.

26 Vgl. Art. 1 Abs. 2 Legge di espropriazione, dell' 8 marzo 1971 (Raccolta delle leggi vigenti del Cantone Ticino 7.3.1.1). Tribunale cantonale amministrativo, Cantone del Ticino, 30. 6. 1982, ES 1/82, Erw. 1 *(Balli)*.

27 BGer 23. 12. 1987, BGE 113 Ia 368 ff., 373 = Pra 78 (1989) 522 ff., 526 *(Balli c. Stato del Cantone Ticino)*.

28 BGer 5. 3. 1980, BGE 106 Ia 364 ff., 366 *(Delacuisine)*; BGer 16. 3. 1982, BGE 108 Ia 33 ff., 35 *(Alastor AG u. a.)*.

29 BGer 18. 11. 1992, BGE 118 Ia 384 ff., 387 f. *(Kinvar AG)*: Klar und eindeutig ist die Definition von Denkmälern durch die Umschreibung „Einzelwerke, Ensembles und deren Reste, die wegen ihres kulturellen, geschichtlichen, künstlerischen oder städtebaulichen Wertes erhaltenswürdig sind" im Zusammenhang mit zusätzlichen, nicht abschliessenden Beispielen wie „private Bauwerke", „Böden", „Schilder und Verzierungen" etc. *Gyr* 12.

30 Tribunale cantonale amministrativo, Cantone del Ticino, 26. 9. 1979, 44/79-DP, Erw. 4 *(Balli)*, wonach Fundstücke, deren Aufenthaltsort nicht bekannt war, nicht unter Denkmalschutz gestellt werden konnten.

2. Öffentliches Interesse

Jedes öffentliche Interesse kann Eingriffe in das Eigentum rechtfertigen, ausgenommen rein fiskalische Interessen.[31] Der Denkmalschutz gilt als anerkanntes öffentliches Interesse, wobei Denkmalschutzmassnahmen „von einem grösseren Teil der Bevölkerung bejaht werden“ müssen und nicht bloss dem Interesse von Fachleuten dienen dürfen, damit die mit den Massnahmen verbundenen Eigentumseingriffe zu rechtfertigen sind. In diesem Zusammenhang können auch Petitionen oder der Erfolg einer Ausstellung relevant sein.[32] Regelmässig wird das öffentliche Interesse an Massnahmen des Denkmalschutzes von Kommissionen beurteilt.[33] Das Bundesgericht überprüft das öffentliche Interesse von Eingriffen ins Eigentum grundsätzlich frei. Es hält sich jedoch zurück, wenn die Beurteilung von örtlichen Gegebenheiten abhängt oder wenn sich Ermessensfragen stellen, wie dies beispielsweise beim Denkmalschutz regelmässig der Fall ist.[34]

Ausfuhrverbote sollen das einheimische Kulturgut vor Abwanderung schützen. In der Schweiz dürfte das öffentliche Interesse an Ausfuhrverboten für private Objekte nur bejaht werden, wenn ein sehr enger Bezug zum schweizerischen (oder lokalen) kulturellen Erbe vorliegt.[35] Dieser Bezug war gegeben bei der

---

31 BGer 21.3.1985, BGE 111 Ia 93ff., 98 *(Schweizerische Kreditanstalt)*; Verwaltungsgericht Zürich, 14.11.1997, VB.97.00034, ZBl 100 (1999) 89ff., 90; *Auer/Malinverni/Hottelier* Rz. 749–750; *Rival/Müller-Tschumi* Rz. 18.

32 BGer 23.11.1983, BGE 109 Ia 257ff., 259 *(Kaestlin)* betreffend die Unterschutzstellung des Café Odeon in Zürich; BGer 18.11.1992, BGE 118 Ia 384ff, 389, 392 *(Kinvar AG)* betreffend das Basler Variété-Theater „Küchlin“; BGer 2.11.1994, BGE 120 Ia 270ff., 275, 277–282 *(Deutsche Bundesbahn)* betreffend den Badischen Bahnhof in Basel mit einlässlichen Erwägungen über das öffentliche Interesse; Verwaltungsgericht Basel-Stadt, 21.6. 1995, Basler Juristische Mitteilungen 1997, 152ff., 159 *(B. H. und F. B. D.)* betreffend den „Wolfgottesacker“ in Basel; BGer 28.6.2000, BGE 126 I 219ff., 221, 222–223 *(Epoux A.)* betreffend die Klassifizierung eines Kinosaals („dernier témoin des cinémas de quartier“) in Genf als Grenzfall. *Cattaneo Beretta* 150f.; *Gyr* 14; *Joller* 47; *Wyss*, Öffentliche Interessen 168–169.

33 *Jura:* Art. 3 Abs. 1 Loi sur la conservation des objets d'art et monuments historiques; *Tessin:* Art. 45 Legge sulla protezione dei beni culturali.

34 BGer 23.11.1983, BGE 109 Ia 257ff., 259 *(Kaestlin)*; BGer 20.1.1988, BGE 114 Ia 14ff., 18 *(G.)*; BGer 2.11.1994, BGE 120 Ia 270ff., 275 *(Deutsche Bundesbahn)*. Das Bundesgericht überprüft das öffentliche Interesse vor allem im Zusammenhang mit der Interessenabwägung bei der Verhältnismässigkeitsprüfung; *Wyss*, Öffentliche Interessen 10, 206, 208–209.

35 Dies gilt generell für Unterschutzstellungen privater Mobilien; vgl. die heutige Tessiner Bestimmung von Art. 19 Abs. 2 Legge sulla protezione dei beni culturali: „Beni mobili appartenenti a privati sono soggetti a protezione solo se hanno un'importanza culturale eccezionale, tenendo conto anche del legame tra l'oggetto e la cultura ticinese, a meno che non sia il proprietario a richiederla o ad acconsentirvi.“ Ähnlich § 9 Abs. 1 und 2 Gesetz über den Schutz der Kulturdenkmäler des Kantons Luzern. Die Notwendigkeit eines engen Bezugs betonen *Aubert*, Avis 26 f.; *Cattaneo Beretta* 151; *Knapp* 232. Tendenziell gegen Ausfuhrbeschränkungen *Geisinger-Mariéthoz* 305. Vgl. hinten § 2 B II 2.

Unterschutzstellung von drei privaten Sammlungen lokaler archäologischer Fundstücke im Tessin, die Emilio Balli 1880/81 in Locarno und Umgebung aus römischen Nekropolen ausgegraben hatte.[36] Deren künstlerische und geschichtliche Bedeutung für den Kanton Tessin war auch von Seiten der Eigentümer unbestritten. Das öffentliche Interesse an der Unterschutzstellung und am Verbot einer definitiven Ausfuhr aus dem Kanton galt als gegeben.[37] Auch das Bundesgericht ging davon aus, dass das Ausfuhrverbot gerechtfertigt war, da der Verlust der Sammlungen dem kulturellen Erbe des Tessin einen enormen Schaden zufügen würde.[38] Die Frage war im Verfahren vor Bundesgericht indessen nicht streitig.

3. Verhältnismässigkeit

Der Grundsatz der Verhältnismässigkeit gebietet, dass Eigentumseingriffe nicht weiter gehen, als das verfolgte Ziel es erfordert, und dass das Ziel nicht auch mit einem milderen Mittel erreicht werden könnte. Schliesslich muss zwischen Eingriff und Ziel ein vernünftiges Verhältnis bestehen (Verhältnismässigkeit im engeren Sinn).[39] Wie das öffentliche Interesse, überprüft das Bundesgericht auch die Verhältnismässigkeit von Eingriffen grundsätzlich frei; zurückhaltend ist es bei der Wertung lokaler Gegebenheiten und in Ermessensfragen.[40]

Nach der Praxis des Bundesgerichts überwiegt das private Interesse an einem möglichst hohen Gewinn das öffentliche Interesse an Massnahmen des Denkmalschutzes nicht, insbesondere wenn eine Nutzung des Objekts möglich bleibt.[41] Unverhältnismässig sind Vorschriften, welche es ausschliessen, dass

---

36 Dass die archäologischen Objekte überhaupt in privates Eigentum gelangten, erklärt sich damit, dass die Sammlungen vor dem 1.12.1912 ausgegraben worden waren, d.h. vor dem Inkrafttreten von Art. 724 ZGB (Art. 61 Schlusstitel zum ZGB). Nach Art. 724 ZGB gelangen herrenlose Altertümer von erheblichem wissenschaftlichen Wert in das Eigentum des Kantons, in dessen Gebiet sie gefunden worden sind. Vgl. Tribunale di espropriazione della giurisdizione sopracenerina, Cantone del Ticino, 4.1.1982, 143/51, Erw. 3; *Ayer* 83.

37 Dipartimento dell'ambiente, Cantone del Ticino, 1./8.2.1979: „... ritenuto che gli oggetti ... sono parte integrante della documentazione archeologica del Cantone Ticino e costituiscono un materiale indispensabile per il proseguimento delle ricerche volte ad aumentare le conoscenze in materia“. Tribunale cantonale amministrativo, Cantone del Ticino, 26.9.1979, 44/79-DP, Erw. 1.

38 BGer 23.12.1987, BGE 113 Ia 368ff., 371 = Pra 78 (1989) 522ff., 524.

39 BGer 13.10.1965, BGE 91 I 329ff., 335 *(Barret)*; BGer 1.4.1987, BGE 113 Ia 126ff., 134 *(Giovanna Armengol)*; BGer 28.6.2000, BGE 126 I 219ff., 222 *(Epoux A.)*.

40 BGer 23.11.1983, BGE 109 Ia 257ff., 259 *(Kaestlin)*; BGer 20.1.1988, BGE 114 Ia 14ff., 18 *(G.)*; BGer 2.11.1994, BGE 120 Ia 270ff., 275 *(Deutsche Bundesbahn)*. Das Bundesgericht überprüft das öffentliche Interesse vor allem im Zusammenhang mit der Interessenabwägung bei der Verhältnismässigkeitsprüfung; *Wyss*, Öffentliche Interessen 10, 206, 208–209.

41 In BGer 23.11.1983, BGE 109 Ia 257ff., 263–264 *(Kaestlin)* stellte das BGer darauf ab, dass die Räumlichkeiten des ehemaligen Café Odeon auch als Modeboutique voll genutzt werden

private Interessen berücksichtigt werden.[42] Massnahmen, die – verglichen mit ihrer beschränkten Notwendigkeit – für die Eigentümer unerträgliche Folgen haben, sind nicht verhältnismässig.[43]

Im Fall Balli wurde die Verhältnismässigkeit der Unterschutzstellung nicht geprüft. Die Schwere des Eingriffs spielte hingegen eine Rolle bei der Beurteilung der Frage, ob die Eigentümer Anspruch auf eine Entschädigung wegen materieller Enteignung hatten.[44]

Bei Wohnsitzwechsel des Eigentümers bedürfte es wohl eines erheblichen öffentlichen Interesses am Verbleib eines Objekts am Herkunftsort, damit ein Ausfuhrverbot noch verhältnismässig wäre.[45]

Staatliche Leistungen wie Information und Beratung, Subventionen, aber auch steuerliche Erleichterungen vermögen die Belastung Privater zu erleichtern[46] und sind bei der Beurteilung der Verhältnismässigkeit von Ausfuhrverboten mitzuberücksichtigen, ebenso ein Heimschlagsrecht, d. h. ein gesetzlicher Anspruch des Eigentümers auf Übernahme des Eigentums durch den Staat.[47]

Allfällige Entschädigungspflichten zu Lasten des Staates sind übrigens kein Grund, die Schutzmassnahmen zu widerrufen.[48]

---

konnten. Ähnlich BGer 18.11.1992, BGE 118 Ia 384ff., 393–394 *(Kinvar AG)* betreffend das Variété-Theater „Küchlin" in Basel. In BGer 2.11.1994, BGE 120 Ia 270ff., 283–285 *(Deutsche Bundesbahn)* wurde die Verhältnismässigkeit der Unterschutzstellung gewisser Räume des Badischen Bahnhofs u. a. deswegen bejaht, weil „eine moderne, sinnvolle und gute Ausnützung des gesamten Nordflügels ... nicht schlechterdings verunmöglicht" werde und Anpassungen an geänderte Bedürfnisse möglich blieben. Ebenso Verwaltungsgericht Zürich, 14.11.1997, VB.97.00034, ZBl 100 (1999) 89ff., 93. *Wyss*, Öffentliche Interessen 154.

42 BGer 1.4.1987, BGE 113 Ia 126ff., 135–136 *(Giovanna Armengol)*.

43 BGer 28.6.2000, BGE 126 I 219ff., 222–226 *(Epoux A.)*: Unverhältnismässig ist eine Klassifizierung, welche die Eigentümer verpflichtet, einen defizitären Kinobetrieb in einem renovationsbedürftigen Gebäude weiterzuführen, ohne dass Aussicht auf ein „rendement acceptable" besteht, d. h. Vermietung oder Verkauf der Liegenschaft.

44 Vgl. Tribunale cantonale amministrativo, Cantone del Ticino, 26.9.1979, 44/79-DP *(Balli)* und hinten § 2 C I 2.

45 Gemäss Art. 5 Abs. 3 Loi sur la conservation des objets d'art et monuments historiques des Kantons Jura kann die Ausfuhrbewilligung bei Wohnsitzwechsel des Eigentümers nicht verweigert werden.

46 *Cattaneo Beretta* 145–146 (zur Legge sulla protezione dei beni culturali); *Hänni* 35.

47 Beispiele: *Jura:* Art. 7 Loi sur la conservation des objets d'art et monuments historiques; *Luzern:* § 10 Abs. 3 Gesetz über den Schutz der Kulturdenkmäler. Vgl. *Knapp* 244. Kraft der Eigentumsgarantie besteht kein Anspruch auf ein Heimschlagsrecht; *Joller* 156.

48 BGer 28.4.1998, 1P.98/1998, ZBl 101 (2000) 41ff., 44f. *(Stadt Winterthur)*.

4. Fazit

In der Schweiz kann ein Ausfuhrverbot für private Objekte gegen den Willen der Eigentümer nur im Kanton Tessin verfügt werden. Der Eingriff ist mit der Bestandesgarantie vereinbar, soweit er auf gesetzlicher Basis beruht, im öffentlichen Interesse gerechtfertigt werden kann und nicht als unverhältnismässig erscheint. Ausfuhrverbote für private Objekte kommen nur in Betracht, wenn diese einen sehr engen Bezug zum Kanton aufweisen.

Die Frage der Entschädigung ist separat zu prüfen.[49]

II. Vorkaufs- und Erwerbsrechte

Verschiedene Erlasse enthalten ein Vorkaufsrecht zugunsten des Staates für den Fall, dass der Eigentümer ein denkmalgeschütztes Kulturgut entgeltlich veräussern will. Der Verkäufer hat den Verkauf der zuständigen Behörde anzuzeigen. Innerhalb einer gewissen Frist kann der Staat erklären, das Vorkaufsrecht auszuüben und so das Gut zum Kaufpreis und zu den Konditionen zu erwerben, die Käufer und Verkäufer miteinander vereinbart haben. Kein Vorkaufsrecht entsteht bei Schenkung und Erbgang.[50]

Andere Erlasse gewähren dem Staat kein Vorkaufs- sondern ein Erwerbsrecht, wenn der Eigentümer ein geschütztes Kulturgut veräussert. Das Erwerbsrecht unterscheidet sich vom Vorkaufsrecht dadurch, dass der Kaufpreis zwischen Staat und Eigentümer vereinbart oder aber durch eine spezielle Kommission bestimmt wird; massgeblich ist grundsätzlich der Verkehrswert.[51]

In verschiedenen Kantonen existiert ein Erwerbsrecht, das – unabhängig von Verkaufsabsichten des Eigentümers – dann ausgeübt werden kann, wenn ein Kulturgut aus dem Kantonsgebiet ausgeführt werden soll.[52]

Vorkaufs- und Erwerbsrechte beschränken die Vertragsfreiheit und die Handelsfähigkeit der Güter. Das Vorkaufsrecht wirkt wie eine Enteignung und gilt des-

---

49 Hinten § 2 C I.

50 Beispiele: *Freiburg:* Art. 25f. Gesetz über den Schutz der Kulturgüter; *Graubünden:* Art. 10 Abs. 1b Verordnung über den Natur- und Heimatschutz; *Tessin:* Art. 31 Legge sulla protezione dei beni culturali; *Waadt:* Art. 65 Loi sur la protection de la nature, des monuments et des sites. Überblick über die kantonalen Gesetze bei *Hänni* 25ff.; *Hänni/Lischer* 360ff.; *Plutschow* 125–139.

51 Beispiel: *Luzern:* § 11 Gesetz über den Schutz der Kulturdenkmäler; *Nidwalden:* Art. 52 Abs. 1 Heimatschutzgesetz.

52 Beispiele: *Appenzell-Ausserrhoden:* Art. 73 Abs. 1b Gesetz über die Einführung des Bundesgesetzes über die Raumplanung; *Graubünden:* Art. 10 Abs. 1c i. V. m. Art. 9 Abs. 1 Verordnung über den Natur- und Heimatschutz; *Nidwalden:* Art. 53 i. V. m. Art. 52 Abs. 1 Heimatschutzgesetz.

halb als zivilrechtliche Streitigkeit i. S. v. Art. 6 Abs. 1 EMRK.[53] Betroffen von der Massnahme sind der Veräusserer wie auch der verdrängte Käufer der Sache. Nach der Praxis des Bundesgerichts können sich beide auf die Eigentumsgarantie berufen: Unter dem Schutz der Eigentumsgarantie stehen auch obligatorische Rechte mit Bezug auf eine Sache,[54] und Art. 26 BV garantiert neben dem Schutz der Eigentümer auch den freien Zugang zum Eigentum. Auch der vom Staat verdrängte Erwerber kann sich somit gegen die Ausübung des Vorkaufsrechts durch den Staat wehren, wenn der Eingriff in sein Recht nicht auf gesetzlicher Grundlage beruht, keinem öffentlichen Interesse dient oder unverhältnismässig ist.[55]

1. Gesetzliche Grundlage

Vorkaufsrechte beruhen durchwegs auf einer formellen gesetzlichen Grundlage in einem kantonalen Erlass.[56] Sie setzen die Unterschutzstellung der Objekte voraus. Unzulässig sind Unterschutzstellungen von Mobilien, welche sich ausserhalb des Geltungsbereichs des Gesetzes befinden.[57]

2. Öffentliches Interesse

Vorkaufs- und Erwerbsrechte verfolgen den gleichen Zweck wie Exportbeschränkungen: den Verbleib denkmalgeschützer Kulturgüter am Herkunftsort. In der Schweiz sind Unterschutzstellungen privater Mobilien nur für Objekte gebräuchlich, welche eine enge Verbindung zum entsprechenden Kanton aufweisen.[58] Deren Ankauf durch die öffentliche Hand kann durchaus im öffentlichen Interesse liegen.[59]

---

[53] BGer 14.11.1962, BGE 88 I 248ff., 257f. *(Dafflon)*; BGer 20.1.1988, BGE 114 Ia 14ff., 19 *(G.)*.

[54] BGer 25.5.1960, BGE 86 I 101ff., 102–104 *(Baugenossenschaft Talberg)*; *Riva* 233.

[55] BGer 1.4.1987, BGE 113 Ia 126ff., 130 *(Giovanna Armengol)*; BGer 20.1.1988, BGE 114 Ia 14ff., 16 *(G.)* betreffend das staatliche Vorkaufsrecht an Immobilien in Genf.

[56] Vgl. die Beispiele in den Fn. 50–52 und *Plutschow* 182. Gemäss BGer 10.10.1946, rezipiert in ZBl 48 (1947) 21–23, wurde eine Verordnung des Luzerner Regierungsrats über den Schutz und die Erhaltung von Altertümern und Kunstdenkmälern vom 20.5.1946 wegen Verletzung der Eigentumsgarantie teilweise aufgehoben, da sich die Beschränkungen für bewegliches Privateigentum auf keine gesetzliche Grundlage stützten; vgl. *Liver* 122–124.

[57] *Sprecher* 214 zum Fall der Segesserschen Ledermalereien, welche – vorläufig – ins Denkmalverzeichnis aufgenommen wurden, als sie sich in New Mexico befanden.

[58] § 9 Abs. 1 und 2 Gesetz über den Schutz der Kulturdenkmäler des Kantons Luzern: „Bewegliche Kulturdenkmäler werden … nur dann ins kantonale Denkmalverzeichnis eingetragen, wenn ihre Herkunft aus dem Kanton Luzern feststeht oder mit grosser Wahrscheinlichkeit anzunehmen ist, oder wenn sie ein einheimischer Künstler geschaffen hat. Der Denkmalschutz bezieht sich auch auf Mobilien, die trotz fremder Herkunft mit der einheimischen Vergangenheit so eng verbunden sind, dass ihr Verlust eine wesentliche Einbusse für die Allgemeinheit bedeuten würde." Vgl. auch Art. 19 Unterabsatz b Ziff. 2 und Art. 25 Abs. 1 Gesetz über den Schutz der Kulturgüter des Kantons Freiburg und *Jungo* 349.

[59] *Plutschow* 183.

Im Einzelfall mag streitig sein, ob eine solche enge Verbindung vorliegt. Die Frage wurde im Fall der „Segesserschen Ledermalereien" entschieden. Entgegen der Ansicht des kantonalen Erziehungsdepartementes befand der Regierungsrat des Kantons Luzern, diese indianischen Ledermalereien aus dem 18. Jahrhundert aus dem Gebiet des heutigen New Mexico, vom Luzerner Missionar Pater Philipp Segesser 1758 nach Luzern gesandt und bis 1986 ununterbrochen im Besitz der Luzerner Patrizierfamilie Segesser, seien mit der luzernischen Vergangenheit nicht eng verbunden. Der Bezug beschränke sich auf die Erinnerung an den Aufenthalt des Paters als Missionar in Amerika. Eine enge Verbindung bestehe hingegen zur indianischen Kultur. Die Eintragung ins Denkmalverzeichnis, welche dem Kanton Luzern Gelegenheit zur Ausübung des Vorkaufsrechts hätte geben sollen, wurde aufgehoben.[60]

3. Verhältnismässigkeit

Eine Unterschutzstellung privater Mobilien, Voraussetzung jedes Vorkaufs- oder Erwerbsrechts, ist gegen den Willen des Eigentümers nur dann möglich, wenn das öffentliche Interesse an der Massnahme das private Interesse am unbeschränkten Eigentum überwiegt.[61] Das Vorkaufsrecht vermag das kulturelle Erbe wirksam vor Abwanderung zu schützen, ohne allzu einschneidend zu sein.[62] Der Verkäufer erleidet keinen Schaden; der ausgeschlossene Käufer kriegt zwar die Sache nicht, hat sie aber auch nicht zu bezahlen. In den meisten Fällen dürfte die Ausübung eines Vorkaufsrechts daher keine unverhältnismässige Massnahme darstellen, weder für den Eigentümer noch für den ausgeschlossenen Erwerber. Problematisch erscheint die Ausübung des Erwerbsrechts im Fall der beabsichtigten Ausfuhr eines Objekts aus dem Kantonsgebiet. Da dies einer Enteignung gleichkommt, ist die Massnahme wohl nur bei aussergewöhnlich bedeutenden Objekten verhältnismässig. Unverhältnismässig wäre in jedem Fall die Ausübung des Vorkaufs- oder Erwerbsrechts zu einem Preis unter dem Verkehrswert.[63]

4. Fazit

Vorkaufs- und Erwerbsrechte ermöglichen den Erwerb von Kulturgütern durch den Staat und verhindern die Abwanderung vom Herkunftsort. Die Massnahmen tangieren die Eigentumsgarantie des Verkäufers wie des ursprünglichen Käufers. Sie setzen daher eine gesetzliche Grundlage voraus. Verhältnismässig ist

---

60 Regierungsrat des Kantons Luzern, 31. 5. 1988, Protokoll Nr. 1328, Luzerner Gerichts- und Verwaltungsentscheide 1988 III Nr. 16. Die Malereien befinden sich heute im Palace of the Governors in Santa Fé. Zu den Hintergründen vgl. *Sprecher* 207ff., 213.

61 Vgl. *Jungo* 350; *Plutschow* 185–186.

62 *Jungo* 352; *Plutschow* 183–184.

63 *Plutschow* 183–184.

die Ausübung von Vorkaufs- oder Erwerbsrechten nur für Objekte, die aufgrund eines sehr engen Bezuges zum erwerbenden Gemeinwesen unter Denkmalschutz stehen. Der Eigentümer ist zum vollen Verkehrswert zu entschädigen.

III. Internationale Rückgabe und Rückführung von Kulturgütern

Am 10. Dezember 1945 erging der „Bundesratsbeschluss betreffend die Klagen auf Rückgabe in kriegsbesetzten Gebieten weggenommener Vermögenswerte". Gemäss diesem Beschluss konnte, wer während des Zweiten Weltkriegs in besetztem Gebiet völkerrechtswidrig um Besitz oder Eigentum von beweglichen Sachen – beispielsweise von Kulturgütern – oder Wertpapieren gebracht worden war und dies glaubhaft machen konnte, vom Besitzer deren Rückgabe verlangen. Der gutgläubige rückgabepflichtige Erwerber konnte den von ihm bezahlten Kaufpreis vom Veräusserer zurückfordern, allenfalls hatte er einen Anspruch auf billige Entschädigung durch die Eidgenossenschaft.[64] Der Bundesratsbeschluss war eine rückwirkende lex specialis zu den Art. 934 und 728 ZGB.[65]

Auch heute sind internationale Rückgaben von Kulturgütern ein Thema. Die Schweiz beabsichtigt, die UNESCO-Konvention 1970 zu ratifizieren und zu deren Umsetzung ein Kulturgütertransfergesetz zu erlassen.[66] Hintergrund dieser Bemühungen ist der Kampf um die Erhaltung des kulturellen Erbes der Menschheit und gegen Diebstahl, Plünderung sowie illegale Ein- und Ausfuhr von Kulturgut.[67] Gemäss Art. 7 Entwurf KGTG kann der Bundesrat mit Vertragsstaaten der UNESCO-Konvention 1970 Staatsverträge abschliessen über die Einfuhr und Rückführung von archäologischen und paläontologischen Bodenfunden, Bestandteilen von Denkmalen, Bauwerken oder archäologischen Stätten, Objekten von ethnologischer oder kultischer Bedeutung sowie Archivgut, welche zum kulturellen Erbe des Vertragsstaates zählen und deren Ausfuhr zum Schutz des kulturellen Erbes verboten ist.[68] Laut Art. 9 Entwurf KGTG kann ein Vertragsstaat die Rückführung von Kulturgut beanspruchen, das rechtswidrig aus diesem Staat aus- und rechtswidrig in die Schweiz eingeführt worden ist. Ein gutgläubiger Erwerber hat Anspruch auf eine angemessene Entschädigung durch den klagenden Staat.[69]

---

64 Art. 1, 2, 4 und 8 Bundesratsbeschluss betreffend die Klagen auf Rückgabe in kriegsbesetzten Gebieten weggenommener Vermögenswerte vom 10. Dezember 1945.

65 *Engstler* 175; *Raschèr* 118 Fn. 352.

66 Die UNESCO-Konvention 1970 ist nicht direkt anwendbar (non self-executing); *Aubert*, Avis 4; Botschaft über die UNESCO-Konvention 1970 und das Bundesgesetz über den internationalen Kulturgütertransfer 561.

67 Art. 1 Abs. 2 Entwurf KGTG.

68 „Kulturgut im engeren Sinn" (Art. 2 Abs. 2 Entwurf KGTG).

69 Diese Bestimmung setzt Art. 7 lit. b (ii) UNESCO-Konvention 1970 um.

In Diskussion ist auch die Ratifizierung der von der Eidgenossenschaft unterzeichneten, direkt anwendbaren[70] Unidroit-Konvention 1995. Art. 3 und 4 der Unidroit-Konvention 1995 begründen, falls die Bestimmungen im konkreten Fall anwendbar sind, einen privatrechtlichen Anspruch auf *Rückgabe* gestohlener Kulturgüter im internationalen Verhältnis. Art. 5–7 Unidroit-Konvention 1995 enthalten ferner öffentlichrechtliche Bestimmungen über die *Rückführung* unrechtmässig ausgeführter Kulturgüter: Kulturgüter können von ihrem Herkunftsstaat zurückgefordert werden, wenn sie als Teil des „kulturellen Erbes" unter den besonderen Geltungsbereich dieser Bestimmungen fallen.[71]

I. Eingriff in die Bestandesgarantie?

Diese drei Instrumente sind insoweit vergleichbar, als sie Güter betreffen, die mit einem „Makel" behaftet[72] sind, und den ursprünglichen Eigentümer der Kulturgüter oder deren Herkunftsstaaten Rechte gewähren. Der Bundesratsbeschluss vom 10. Dezember 1945 unterscheidet sich jedoch in einem wesentlichen Punkt von den internationalen Konventionen, nämlich in der Frage des zeitlichen Geltungsbereichs. Der Bundesratsbeschluss wirkte mehrere Jahre zurück. Demgegenüber werden das Kulturgütertransfergesetz und die Unidroit-Konvention 1995 nur auf Sachverhalte anwendbar sein, welche sich nach dem Inkrafttreten bzw. der Ratifikation durch die Schweiz zutragen.[73]

Der Bundesratsbeschluss wirkte sich für den Erwerber eines Guts, das sich nach den anwendbaren Bestimmungen als völkerrechtswidrig weggenommen erwies, als Enteignung aus. Die rückwirkende Rückgabepflicht war ein schwerer Eingriff in die Privatrechtsordnung und in die Bestandesgarantie, der sich nur aus der damaligen geschichtlichen Situation der Schweiz erklären lässt.[74]

Anders präsentiert sich die Situation beim Kulturgütertransfergesetz und bei der Unidroit-Konvention 1995: die Rückführungs- und Rückgabepflichten können *nicht rückwirkend* eingeklagt werden. Mangels Rückwirkung haben die Konventionsbestimmungen keine Auswirkungen auf bereits erworbenen Besitz oder bestehendes Eigentum. Vielmehr definieren sie neu, wie Besitz und Eigentum an Kulturgütern erworben werden können. Die Ratifikation der Konventionen tangiert die Bestandesgarantie nicht.[75] Mit anderen Worten: Wer nach Inkrafttreten

---

70 *Aubert*, Avis 7.

71 Vgl. Art. 5 Abs. 3 und 7 Unidroit-Konvention 1995.

72 *Weiss* 267.

73 Botschaft über die UNESCO-Konvention 1970 und das Bundesgesetz über den internationalen Kulturgütertransfer 562, 607; Art. 10 Abs. 1 und 2 Unidroit-Konvention 1995.

74 *Engstler* 174–176; *Weiss* 269 f., 274 („Eingriff in wohlerworbene Rechte").

75 *Office fédéral de la justice* 773–775, 779 (zur Unidroit-Konvention 1995). Einschränkend in Bezug auf gestohlene Objekte *Wiederkehr Schuler* 11–12. A. A. offenbar *Aubert*, Conclusions 93.

der Konvention ein Kulturgut erwirbt, das aus einem Vertragsstaat herausgeschmuggelt oder dort gestohlen worden ist, erwirbt das Gut unter der stillschweigenden Bedingung der Rückführung oder der Rückgabe. Durch eine spätere Rückführungs- oder Rückgabeverfügung werden keine bestehenden Rechte geschmälert.

Die dogmatisch scharfe Unterscheidung zwischen reinen Inhaltsbestimmungen des Eigentums und Eingriffen in die Bestandesgarantie dürfte einem betroffenen Eigentümer nicht leicht verständlich erscheinen, denn er wird die Rückgabe- oder Rückführungspflicht als Enteignung empfinden.[76] Aus diesem Grund dürften die nachfolgenden Ausführungen zu den gesetzlichen Grundlagen, dem öffentlichen Interesse und der Verhältnismässigkeit der Massnahmen nicht ganz überflüssig sein, zumal diese Fragen gerade in der Schweiz heftig diskutiert werden.

2. Gesetzliche Grundlage

Ob der kraft Notrecht ergangene Bundesratsbeschluss vom 10. Dezember 1945 als genügende gesetzliche Grundlage für den Eigentumseingriff galt, wurde in einem der ersten Verfahren vor Bundesgericht bestritten. Die Frage konnte vom Gericht nicht überprüft werden, denn es war aufgrund seiner Praxis zu Art. 113 Abs. 3 aBV zur Anwendung des (kriegsrechtlichen) Beschlusses verpflichtet. Das Bundesgericht stellte darüber hinaus fest, der Eingriff in wohlerworbene Rechte sei zulässig, da das öffentliche Interesse gegeben sei und die betroffene Person entschädigt werde.[77]

Auch das Kulturgütertransfergesetz sowie die Unidroit-Konvention 1995 wären für das Bundesgericht verbindlich und könnten nicht wie kantonale Gesetze als verfassungswidrig erkärt werden.[78]

3. Öffentliches Interesse

Der Bundesratsbeschluss vom 10. Dezember 1945 war ein Beitrag der Schweiz zur Wiedergutmachung von völkerrechtswidrigem Unrecht, diente aber auch dem internationalen Ansehen der Schweiz und sollte das wirtschaftliche Verhältnis zu den Alliierten entlasten. Das öffentliche Interesse war gegeben.[79]

Importbestimmungen und Rückführungen, wie sie gemäss Art. 7 Entwurf KGTG mit anderen Staaten vereinbart werden können, sowie Rückgabepflichten

---

76 Vgl. *Aubert*, Avis 26; *ders.*, Conclusions 95 („quasi-expropriation").

77 BGer 3.6.1948 *(Paul Rosenberg c. Theodor Fischer et consorts)*, wiedergegeben bei *Guggenheim* 139f. und *Thilo* (1948) 421–422.

78 Art. 191 BV.

79 BGer 3.6.1948 *(Paul Rosenberg c. Theodor Fischer et consorts)*, wiedergegeben bei *Guggenheim* 139f. und *Thilo* (1948) 422; *Weiss* 270.

gemäss der Unidroit-Konvention 1995 scheinen auf den ersten Blick vornehmlich dem Interesse fremder Staaten und Privater zu dienen, nicht öffentlichen Interessen der Schweiz: begünstigt werden diejenigen Eigentümer, die ihr Gut zurückfordern können. Dass eine Massnahme dem öffentlichen Interesse dient, wird nicht dadurch ausgeschlossen, dass gleichzeitig auch Private begünstigt werden.[80]

Die Massnahmen sind auf den zweiten Blick durchaus auch im öffentlichen Interesse:[81] Der internationale Kulturaustausch basiert auf gegenseitigem Vertrauen, welches durch die Regelung des Kulturgütertransfers geschaffen werden kann. Die Massnahmen dienen der internationalen Kooperation und Solidarität wie auch dem Schutz von Treu und Glauben im Rechtsverkehr.[82] Dies gilt auch für Rückführungspflichten gemäss Unidroit-Konvention 1995, welche dem Schutz des „kulturellen Erbes" von Vertragsstaaten dienen.[83] Das Bundesgericht hat in einem Fall der Rechtshilfe das internationale öffentliche Interesse am Schutz von Kulturgütern ausdrücklich beachtet und dabei auf die Wertungen der UNESCO- und Unidroit-Konventionen abgestellt.[84]

4. Verhältnismässigkeit

Insbesondere die Unidroit-Konvention 1995 wird aus Sicht der Kunstsammler und -museen als unverhältnismässig erachtet.[85] Einige Aspekte der Rückgabe- und Rückführungsverpflichtungen sind unter diesem Gesichtspunkt näher zu beleuchten:

a. Sachlicher Geltungsbereich

Das Kulturgütertransfergesetz schränkt den Anwendungsbereich für die Rückgabe von Kulturgütern ein auf so genannte „Kulturgüter im engeren Sinn", was eine unverhältnismässige Ausdehnung des Schutzes ausschliesst.[86] Demgegenüber erstreckt sich der Geltungsbereich für Rückführungen i. S. v. Art. 5–7 Unidroit-Konvention 1995 auf rechtswidrig ausgeführtes Kulturgut, welches

---

80 BGer 14. 11. 1962, BGE 88 I 248ff., 253–254 *(Dafflon)* betreffend Enteignungen, die letztlich Mietern zugute kommen.

81 *Aubert*, Avis 26.

82 *Aubert*, Avis 17–18, 26; Botschaft über die UNESCO-Konvention 1970 und das Bundesgesetz über den internationalen Kulturgütertransfer 547–549.

83 Vgl. Art. 5 Abs. 3 und 7 Unidroit-Konvention 1995.

84 BGer 1. 4. 1997, BGE 123 II 134ff., 143–144 *(L.)*.

85 Vgl. *Vischer*, Rechtsgutachten 12, 15, 18–20; *ders.*, Unidroit-Konvention; *Wiederkehr Schuler* 19–21, 30.

86 Art. 7 Abs. 2a i. V. m. Art. 2 Abs. 2 Entwurf KGTG (vorne Fn. 68). *Raschèr* 121–122; *Wiederkehr Schuler* 42.

„für den ersuchenden Staat von wesentlicher kultureller Bedeutung" ist. Kritisiert wird, diese Massnahme sei nur für Kulturgüter von ausserordentlicher Bedeutung sachgerecht. Der Anwendungsbereich der Konvention sei zu weit.[87] Die Kritik ist m. E. unberechtigt, denn Rückführungsbegehren werden in der Regel vom Richter des ersuchten Staates, am Ort der gelegenen Sache, beurteilt. Der schweizerische Richter hat es in der Hand, die kulturelle Bedeutung einer Sache angemessen zu beurteilen.[88]

b. Importverbot

Grundsätzlich können nur geeignete Massnahmen verhältnismässig sein. Wie wirkungsvoll das Importverbot für Kulturgut gemäss Art. 7 Entwurf KGTG sein kann, ist im Voraus schwierig abzuschätzen.[89] Nach der Praxis des Bundesgerichts gilt eine Massnahme indessen bereits dann als geeignet, wenn sie als tauglicher Versuch angesehen werden kann.[90] Das Importverbot ist m. E. mindestens ein tauglicher Versuch zur Einschränkung des illegalen Kunsthandels.

c. Verjährungsfristen

Die Rückführungsklage anderer Staaten für rechtswidrig in die Schweiz eingeführte Kulturgüter gemäss Art. 9 Entwurf KGTG verjährt spätestens 30 Jahre nach der rechtswidrigen Ausfuhr des Kulturguts. Die speziellen Fahrnisklagen für Kulturgut der Unidroit-Konvention 1995 verjähren nach 50,[91] 75 Jahren oder länger[92] oder gar nicht.[93] Wer in der Schweiz gutgläubig ein Kulturgut erwirbt,

---

87 *Böckli* 77; *Vischer*, Rechtsgutachten 12f., 18; *ders.*, Unidroit-Konvention. *A. A. Aubert*, Avis 26.

88 Entwurf Art. 98a IPRG (Art. 32 Entwurf KGTG); Botschaft über die UNESCO-Konvention 1970 und das Bundesgesetz über den internationalen Kulturgütertransfer 606 f.; *Aubert*, Avis 26; *ders.*, Conclusions 93; *Raschèr* 91 f. *Wiederkehr Schuler* 24 befürchtet, dass sich die Gerichte in der Regel auf die Ausführungen des klagenden Staates über die kulturelle Bedeutung stützen würden.

89 *Geisinger-Mariéthoz* 293–295, 297 zweifelt an der Wirksamkeit und Verhältnismässigkeit der Massnahme.

90 BGer 21.3.1985, BGE 111 Ia 93ff., 99 *(Schweizerische Kreditanstalt)*.

91 Art. 3 Abs. 3 Unidroit-Konvention 1995.

92 Art. 3 Abs. 5 Unidroit-Konvention 1995: wenn ein Vertragsstaat eine entsprechende Erklärung abgibt. Eine längere Verjährungsfrist muss im Recht des Vertragsstaates vorgesehen sein.

93 Bei Rückforderung von Kulturgütern, die „Bestandteil eines identifizierten Denkmals oder einer identifizierten archäologischen Stätte" sind oder einer „öffentlichen Sammlung" angehören (Art. 3 Abs. 4 Unidroit-Konvention 1995; zum Begriff der „öffentlichen Sammlung" vgl. Art. 3 Abs. 7 Unidroit-Konvention 1995) sowie bei der Rückforderung gewisser sakraler oder „für eine Gemeinschaft bedeutungsvoller" Kulturgüter (Art. 3 Abs. 8 Unidroit-Konvention 1995).

welches unter den Geltungsbereich einer Vereinbarung über die Einfuhr und Rückführung von Kulturgut[94] oder der Unidroit-Konvention 1995 fällt, würde somit erst nach 30, 50 oder 75 Jahren, u. U. noch später dessen Eigentümer: Erst nach dieser Zeit wäre er „nach den Besitzesregeln im Besitze der Sache geschützt".[95] Diese Verlängerung der Fristen[96] erweist sich als notwendig und geeignet für einen wirkungsvollen Kulturgüterschutz.[97]

Fraglich ist, ob diese Verjährungsfristen „exzessiv" und „stossend lange" sind, wie Kritiker anmerken.[98] Dies ist zu verneinen. Der Besitzer einer Sache geniesst die Vermutung des Eigentums.[99] Er kann die Sache unbeschränkt nutzen und über sie verfügen. Die relativen Verjährungsfristen sind kurz.[100] Dass der gutgläubige Erwerber einer gestohlenen Sache bereits nach fünf Jahren Eigentum erwirbt, gehört nicht zu den unverletzbaren Grundsätzen der schweizerischen Rechtsordnung.[101] Der mit dieser Regel bezweckte Verkehrsschutz kann gegenüber anderen öffentlichen Interessen zurücktreten: Der Kampf gegen den Diebstahl von Kulturgut und die „Moralisierung" des Kunsthandels rechtfertigen andere Lösungen.[102]

d. Entschädigung nur für gutgläubige Erwerber

Wer Kulturgüter erwirbt, untersteht einer erhöhten Sorgfaltspflicht, denn der Kauf von solchen Gütern zählt zu den risikoreichen Rechtsgeschäften. Dies fordert die Praxis des Bundesgerichts zu Art. 936 und zu Art. 3 Abs. 2 ZGB. Besteht Anlass zu Misstrauen über die Veräusserungsbefugnis des Veräusserers, hat der Erwerber sich danach zu erkundigen und Abklärungen zu treffen.[103] An diesem

---

[94] Vgl. Art. 7 Entwurf KGTG.

[95] Art. 714 Abs. 2 ZGB; *Office fédéral de la justice* 774f.

[96] Gemäss Art. 934 i. V. m. Art. 714 Abs. 2 ZGB erwirbt der gutgläubige Erwerber einer gestohlenen Sache bereits nach fünf Jahren Eigentum.

[97] Botschaft über die UNESCO-Konvention 1970 und das Bundesgesetz über den internationalen Kulturgütertransfer 602–603; *Raschèr* 118 f.

[98] *Böckli* 77; *Klein* 284; *Vischer*, Rechtsgutachten 15; *ders.*, Unidroit-Konvention.

[99] Art. 930 Abs. 1 ZGB.

[100] Sobald dem Kläger bekannt ist, wo und bei wem sich das Kulturgut befindet: ein Jahr gemäss Art. 9 Abs. 4 Entwurf KGTG, drei Jahre laut Art. 3 Abs. 3 und Art. 5 Abs. 5 Unidroit-Konvention 1995.

[101] *Aubert*, Avis 28; *Office fédéral de la justice* 775.

[102] *Office fédéral de la justice* 776.

[103] BGer 5.3.1996, BGE 122 III 1ff., 3–4 *(Versicherung X)* betreffend eine gestohlene antike Waffensammlung; BGer 1.4.1997, BGE 123 II 134ff., 142 *(L.)* zum Kauf eines Bildes ohne die notwendigen Vorsichtsmassnahmen; Botschaft über die UNESCO-Konvention 1970 und das Bundesgesetz über den internationalen Kulturgütertransfer 581f., 604. Vgl. auch BGer 5.4.1944, BGE 70 II 103ff., 106–110 *(Boesch & Cie)*; BGer 24.9.1987, BGE 113 II

strengen Massstab wird wohl auch gemessen werden, wer ein Kulturgut in Anwendung von Art. 9 Entwurf KGTG an den klagenden Herkunftsstaat zurückgeben muss, denn auch gemäss dieser Bestimmung hat nur Anspruch auf eine angemessene Entschädigung, wer das Objekt in gutem Glauben erworben hat.[104] Die Unidroit-Konvention 1995 geht in ihren Anforderungen an den Erwerber noch einen Schritt weiter: Der rückgabepflichtige Besitzer eines gestohlenen Kulturguts hat nur dann ein Recht auf eine angemessene Entschädigung, wenn er[105] „weder wusste, noch vernünftigerweise hätte wissen müssen, dass das Gut gestohlen war" und „nachweisen kann, beim Erwerb des Gutes mit gebührender Sorgfalt gehandelt zu haben".[106] Bei der Prüfung der gebührenden Sorgfalt werden „alle für den Erwerb erheblichen Umstände berücksichtigt, namentlich die Eigenschaften der Parteien und das gezahlte Entgelt, sowie die Konsultation des Besitzers eines vernünftigerweise zugänglichen Verzeichnisses gestohlener Kulturgüter, sowie sonstige diesbezügliche Auskünfte und Unterlagen, die er vernünftigerweise hätte erlangen können, und ob er Organisationen zu Rate gezogen hat, zu denen er Zugang haben konnte, und ob er jeden anderen Schritt unternommen hat, den eine vernünftige Person unter denselben Umständen unternommen hätte."[107] Eine Rolle bei der Beurteilung spielen Art und Herkunft des Objekts, besondere Bestimmungen des Kaufvertrags und die Umstände bei dessen Abschluss wie auch die Tatsache, dass der Veräusserer das Gut unter besonderen Umständen erworben hat und dies dem Besitzer bekannt ist.[108] Dies wird als „Umkehr der Beweislast" teilweise kritisiert, da der gutgläubige Erwerber nach Jahren in Beweisnot geraten kann und auch der bloss unachtsame Besitzer mit der entschädigungslos zu duldenden Rückgabe „bestraft" wird.[109] Ähnliches gilt für den Fall der Rückführung unrechtmässig ausgeführter Objekte: nur wer nicht wusste, dass das Gut rechtswidrig ausgeführt worden war und dies vernüftigerweise auch nicht hätte wissen müssen, hat Anspruch auf eine Entschädigung. Bei der Beurteilung sind die Umstände des Erwerbs zu berücksichtigen, insbesondere das Fehlen einer Ausfuhrbescheinigung.[110] Die Beweislast für diese innere Tatsache ist nach dem Recht des Verfahrensortes zu ver-

---

397ff. *(L. AG)* betreffend einen Ferrari, der in Paris gestohlen worden war. Auch laut Art. 4 Bundesratsbeschluss vom 10. Dezember 1945 konnte nur ein gutgläubiger Erwerber eine Entschädigung für die Rückgabe von beweglichen Sachen oder Wertpapieren beanspruchen, wobei erhöhte Aufmerksamkeit gefordert war; *Weiss* 273.

[104] Art. 9 Abs. 5 Entwurf KGTG.

[105] Oder die Person, die dem Besitzer die Sache vererbt, vermacht oder geschenkt hat: Art. 4 Abs. 5 Unidroit-Konvention 1995.

[106] Art. 4 Abs. 1 Unidroit-Konvention 1995.

[107] Art. 4 Abs. 4 Unidroit-Konvention 1995.

[108] *Lalive*, Convention d'UNIDROIT 40; *Prott*, Preliminary Draft 162.

[109] *Böckli* 78; *Vischer*, Rechtsgutachten 13–14, 19; *ders.*, Unidroit-Konvention.

[110] Art. 6 Abs. 1 und 2 Unidroit-Konvention 1995.

teilen, obliegt somit nicht automatisch dem Besitzer.[111] Im Ergebnis ist die Verschärfung der Sorgfaltspflicht gegenüber der bundesgerichtlichen Rechtsprechung jedoch gering.[112] Zudem besteht mit Art. 74a Abs. 1 und 4c Rechtshilfegesetz[113] bereits eine bundesrechtliche Regelung, die die (entschädigungslose) Herausgabe von gestohlenen Gütern ermöglicht, wenn der Erwerber einer gestohlenen Sache seinen guten Glauben nicht glaubhaft machen kann.[114] Hohe Anforderungen an die Sorgfalt beim Erwerb von Kulturgütern sind notwendig, um den illegalen Handel mit Kulturgütern einzuschränken. Die Anforderungen an den Nachweis des guten Glaubens gemäss der Unidroit-Konvention 1995 sind nicht unverhältnismässig.

e. Nur „angemessene" Entschädigung

In Anwendung der Bestimmungen des internationalen Kulturgüterschutzes kann ein rückgabe- oder rückführungspflichtiger gutgläubiger Besitzer Anspruch erheben auf eine „angemessene" Entschädigung für den Verlust seines Eigentums.[115] Eine „angemessene" Entschädigung ist nicht zwangsläufig eine „volle" Entschädigung.[116]

Es ist davon auszugehen, dass zumindest in der Schweiz die Praxis dem gutgläubigen Rückgabepflichtigen i. d. R. volle Entschädigung zusprechen würde. Zu berücksichtigen ist, dass der Rückgabepflichtige wegen kaufrechtlicher Gewährleistung auf den Veräusserer zurückgreifen kann.[117] Eine verhältnismässige Anwendung der Bestimmung ist durchaus möglich.

---

[111] So auch Art. 9 Abs. 2 RL 93/7/EWG. Die Beweislastverteilung unterscheidet sich somit von der Bestimmung in Art. 4 Abs. 1 und 4 Unidroit-Konvention 1995.

[112] *Aubert*, Conclusions 94; *Lalive*, Convention d'UNIDROIT 38–39; *Raschèr* 86f.; *Schnyder* 13, 31 mit dem Hinweis, dass die Beweislastverteilung wegen der Erkundigungspflicht des Erwerbers keine grosse Rolle spielt.

[113] Bundesgesetz über internationale Rechtshilfe in Strafsachen vom 20. 3. 1981, Systematische Sammlung des Bundesrechts 351.1.

[114] Illustrativ BGer 1. 4. 1997, BGE 123 II 134ff., 141–142 *(L.)* betreffend ein in Frankreich gestohlenes Bild, welches der Beschwerdeführer in Genf erworben hatte, ohne die elementarsten Vorsichtsregeln zu beachten.

[115] Art. 9 Abs. 5 Entwurf KGTG: „… eine angemessene Entschädigung, die sich am Kaufpreis und an den notwendigen und nützlichen Aufwendungen zur Bewahrung und Erhaltung des Kulturguts orientiert." Art. 4 Abs. 1 und Art. 6 Abs. 1 Unidroit-Konvention 1995: „fair and reasonable compensation".

[116] *Aubert*, Avis 26; *ders.*, Conclusions 93, 95 mit Hinweis auf eine mögliche Abstufung der Entschädigung nach dem Mass des guten Glaubens; *Schnyder* 15. Pointiert *Vischer*, Rechtsgutachten 15–16; *ders.*, Unidroit-Konvention.

[117] Die kaufrechtliche Gewährleistung verjährt nach dem Entwurf von Art. 196bis OR und Art. 210 Abs. 1bis OR (Art. 32 Entwurf KGTG) erst 30 Jahre nach Vertragsabschluss; Botschaft über die UNESCO-Konvention 1970 und das Bundesgesetz über den internationalen Kulturgütertransfer 605–606. Zweifelnd *Vischer*, Rechtsgutachten 16.

5. Fazit

Der Bundesratsbeschluss vom 10. Dezember 1945 statuierte eine einschneidende Rückgabepflicht für bewegliche Sachen und Wertpapiere, welche zu Enteignungen führte und nur unter den speziellen Umständen der Nachkriegszeit gebilligt werden konnte.[118] Nicht tangiert würde die Bestandesgarantie durch die internationalen Rückgabepflichten, welche eine allfällige Ratifikation von UNESCO- und Unidroit-Konvention zur Folge hätten. Diese Bestimmungen lägen im Übrigen im öffentlichen Interesse und liessen sich verhältnismässig anwenden. Die Regelungen sind indessen auch unter dem Aspekt der Institutsgarantie des Eigentums zu beleuchten.[119]

IV. Enteignung von Kulturgütern

Der Staat kann Private enteignen, wenn dafür eine gesetzliche Grundlage und ein öffentliches Interesse bestehen und der Eigentümer voll entschädigt wird.[120] Kulturelle Interessen gelten als anerkannte öffentliche Interessen.[121] Enteignungen privater beweglicher Kulturgüter sind grundsätzlich möglich, dürften in der Praxis aber kaum vorkommen.

V. Weitere Handelsbeschränkungen

1. Grabungsfunde

Gemäss Art. 724 Abs. 1 ZGB gelangen „herrenlose ... Altertümer von erheblichem wissenschaftlichen Wert“, d. h. archäologische Fundstücke, in das Eigentum des Kantons.[122] Durch diese Regelung wird kein Eigentum entzogen oder beschränkt, sondern bloss der Eigentumserwerb verhindert. Die Regelung ist für den Schutz des archäologischen Erbes notwendig[123] und nicht unverhältnismässig. Dass das Eigentum an Grabungsfunden eo ipso an den Staat fällt, ist mit der Eigentumsgarantie ohne weiteres vereinbar.[124]

---

[118] *Weiss* 269f., 274.

[119] Hinten § 2 D II.

[120] BGer 14.11.1962, BGE 88 I 248ff., 252 *(Dafflon)*. Beispiele: *Basel-Stadt:* § 25 Gesetz über den Denkmalschutz; *Graubünden:* Art. 10 Abs. 1a Verordnung über den Natur- und Heimatschutz; *Waadt:* Art. 64 Loi sur la protection de la nature, des monuments et des sites. Hinweise bei *Joller* 131; *Knapp* 243.

[121] BGer 14.11.1962, BGE 88 I 248ff., 253 *(Dafflon)*.

[122] In Art. 32 Entwurf KGTG ist eine Präzisierung dieser Bestimmung vorgesehen („Herrenlose ... Altertümer *sind* Eigentum des Kantons, in dessen Gebiet sie gefunden worden sind.“), Botschaft über die UNESCO-Konvention 1970 und das Bundesgesetz über den internationalen Kulturgütertransfer 546, 602. Vgl. *Knapp* 245–246.

[123] *Raschèr* 105–106.

[124] A. A. (ohne nähere Begründung) *Geisinger-Mariéthoz* 302.

2. Unveräusserlichkeit

Laut Art. 3 Entwurf KGTG sollen Kulturgüter im Eigentum des Bundes, die wegen ihrer wesentlichen Bedeutung für das kulturelle Erbe in ein Bundesverzeichnis eingetragen worden sind, weder ersessen noch gutgläubig erworben werden können. Als *res extra commercium* sollen künftig auch archäologische Fundstücke im Eigentum der Kantone gelten.[125] Unveräusserlich sind auch weitere Kulturgüter im öffentlichen Eigentum.[126] Die Qualifizierung von beweglichen Gütern als *res extra commercium* verhindert den Eigentumserwerb, greift aber nicht in die Bestandesgarantie ein. Die Massnahme schützt Kulturgüter im öffentlichen Eigentum wirkungsvoll. Sie ist mit der Eigentumsgarantie vereinbar.

3. Pflicht zur Aufbewahrung an bestimmtem Ort

Folge des Veränderungsverbots, das mit der Unterschutzstellung von Mobilien regelmässig verbunden ist, kann auch eine Bewilligungspflicht für die Veränderung des Lageorts eines Kulturguts innerhalb des Kantons sein.[127] Gemäss Bundesgericht handelt es sich dabei um eine einfache verfahrensmässige Auflage.[128] Das Verbot der Ortsveränderung muss sich auf eine gesetzliche Grundlage stützen, es muss denkmalschützerisch begründet sein und darf sich nicht in unverhältnismässiger Art und Weise auswirken, damit es mit der Eigentumsgarantie vereinbar ist.

4. Mitteilungspflichten

In einigen Kantonen sind Eigentümer geschützter Denkmäler verpflichtet, der zuständigen Behörde mitzuteilen, wenn sie das Eigentum oder den Besitz an der geschützten Sache an Dritte übertragen oder deren Standort ändern.[129] Die Mit-

---

[125] Entwurf eines neuen Art. 724 Abs. 1bis ZGB (Art. 32 Entwurf KGTG), Botschaft über die UNESCO-Konvention 1970 und das Bundesgesetz über den internationalen Kulturgütertransfer 602.

[126] Beispiele: *Basel-Landschaft:* § 4 Abs. 2 Verordnung betreffend die Erhaltung von Altertümern (Ausschluss der Ersitzung); *Jura:* Art. 5 Abs. 2 und Art. 7 Abs. 3 Loi sur la conservation des objets d'art et monuments historiques; *Waadt:* Art. 66 Abs. 1 Loi sur la protection de la nature, des monuments et des sites.

[127] Verwaltungsgericht Solothurn, 18.10.1982, 7 *(G. gegen Erziehungs-Departement des Kantons Solothurn)* betreffend die Wegnahme eines unter Denkmalschutz stehenden Brunnens von seinem ursprünglichen Standort.

[128] BGer 23.12.1987, BGE 113 Ia 368ff., 377 = Pra 78 (1989) 522ff., 531f. *(Balli c. Stato del Cantone Ticino).*

[129] Beispiele: *Basel-Landschaft:* § 3 Abs. 2 Verordnung betreffend die Erhaltung von Altertümern; *Freiburg:* Art. 26 Abs. 2 Gesetz über den Schutz der Kulturgüter; *Luzern:* § 11 Abs. 1 und § 12 Gesetz über den Schutz der Kulturdenkmäler; *Nidwalden:* Art. 52 Abs. 1 und Art. 53 Abs. 1 Heimatschutzgesetz; *Tessin:* Art. 26 und 28 Legge sulla protezione dei beni

teilung löst gegebenenfalls die Frist aus, innert der die Behörde ein Vorkaufs- oder Erwerbsrecht ausüben kann.

Bei diesen Pflichten handelt es sich um einfache verfahrensmässige und nicht besonders einschneidende Auflagen. Sie sind durch den Schutzzweck gerechtfertigt. Das Bundesgericht dürfte sie als nicht erhebliche Beschränkungen des Eigentums qualifizieren.[130]

C. Wertgarantie

Wenn der Staat in den Bestand geschützter Eigentumsrechte eingreift, hat er den Eigentümer unter gewissen Voraussetzungen zu entschädigen. Art. 26 Abs. 2 BV bestimmt, dass Enteignungen und Eigentumsbeschränkungen, die einer Enteignung gleichkommen, voll zu entschädigen sind.[131] Das Bundesgericht definiert die Enteignung als Entzug eines privaten Rechts und dessen Übertragung auf den Enteigner.[132] Eine so genannte „materielle Enteignung" liegt vor, „wenn dem Eigentümer der bisherige oder ein voraussehbarer künftiger Gebrauch einer Sache untersagt oder in einer Weise eingeschränkt wird, die besonders schwer wiegt, weil der betroffenen Person eine wesentliche aus dem Eigentum fliessende Befugnis entzogen wird. Geht der Eingriff weniger weit, so wird gleichwohl eine materielle Enteignung angenommen, falls einzelne Personen so betroffen werden, dass ihr Opfer gegenüber der Allgemeinheit unzumutbar erschiene und es mit der Rechtsgleichheit nicht vereinbar wäre, wenn hierfür keine Entschädigung geleistet würde. In beiden Fällen ist die Möglichkeit einer künftigen besseren Nutzung der Sache indessen nur zu berücksichtigen, wenn im massgebenden Zeitpunkt anzunehmen war, sie lasse sich mit hoher Wahrscheinlichkeit in naher Zukunft verwirklichen."[133] Das Bundesgericht verneint das Vorliegen einer materiellen Enteignung, wenn die bestimmungsgemässe Nutzung in wirtschaftlich sinnvoller Art und Weise weiterhin möglich bleibt.[134]

---

culturali; *Waadt:* Art. 66 Abs. 2 Loi sur la protection de la nature, des monuments et des sites.

130 Vgl. BGer 23.12.1987, BGE 113 Ia 368ff., 377 = Pra 78 (1989) 522ff., 531–532 *(Balli c. Stato del Cantone Ticino)* betreffend die Pflicht, eine Bewilligung einzuholen.

131 Der Eigentümer wird sich in der Regel vorerst gegen die Beschränkung und anschliessend für die Entschädigung wehren. Er ist jedoch nicht verpflichtet, die Beschränkung anzufechten; *Auer/Malinverni/Hottelier* Rz. 758; *Riva* 229f.

132 BGer 22.2.1967, BGE 93 I 130ff., 142 *(Erben Schulthess und Erben Bäggli)*.

133 Statt vieler BGer 16.6.1999, BGE 125 II 431ff., 433 *(Arthur Wiederkehr)*. Die Formel blieb seit BGer 13.10.1965, BGE 91 I 329ff., 339 *(Barret)* praktisch unverändert. Zur Definition vgl. *Riva* 217.

134 So in BGer 15.5.1991, BGE 117 Ib 262ff., 264 *(Société de l'immeuble Petite-Fusterie 2 SA)*,

Alle Eingriffe in die Bestandesgarantie, welche die Schwelle einer materiellen Enteignung nicht erreichen, werden nicht entschädigt.[135] Nicht entschädigt werden ferner „Konkretisierungen" des Eigentums durch den Gesetzgeber oder die Verwaltung, die von „Beschränkungen" zu unterscheiden sind.[136] Unter anderem wird das private Eigentum konkretisiert durch Bestimmungen des Denkmalschutzes.[137]

Aufgrund von Art. 26 Abs. 2 BV ist bei formellen Enteignungen der volle Verkehrswert zu entschädigen. Der bezahlte Kaufpreis und Aufwendungen des Eigentümers spielen bei der Bemessung der Entschädigung keine Rolle.[138]

Die Verhältnisse sind zu beurteilen zum Zeitpunkt, in dem die Beschränkungen wirksam geworden sind. Auch der Schaden ist auf diesen Moment zu berechnen. Die Entschädigung ist zu verzinsen.[139]

Die Praxis des Bundesgerichts ist in Bezug auf das Institut der materiellen Enteignung stark fallbezogen. Eigentumsbeschränkungen aus Gründen des Denkmalschutzes gelten in aller Regel nicht als schwere Eingriffe in die Rechte Privater und nicht als materielle Enteignungen.[140] Der Fall Balli betreffend das Ausfuhrverbot für eine Sammlung archäologischer Fundstücke[141] ist auch in dieser Hinsicht eine Ausnahme, welche in der Folge zu analysieren ist.

---

da trotz Unterschutzstellung der äusseren Gebäudehülle die Nutzung und Veräusserung möglich blieb; *Auer/Malinverni/Hottelier* Rz. 767.

135 BGer 12.11.1997, BGE 123 II 560ff., 570 *(Kanton Luzern)*.

136 BGer 29.11.1979, BGE 105 Ia 330ff., 338 *(Gemeinde Zizers)*; BGer 12.11.1997, BGE 123 II 560ff., 565–566 *(Kanton Luzern)*; *Auer/Malinverni/Hottelier* Rz. 736; *Riva/ Müller-Tschumi* Rz. 24.

137 *Auer/Malinverni/Hottelier* Rz. 739.

138 Kantonsgericht Wallis, 4.2.1999, Baurecht 2000 Nr. 299 betreffend eine zu einem Liebhaberpreis gekaufte Liegenschaft.

139 BGer 22.2.1967, BGE 93 I 130ff., 144–146 *(Erben Schulthess und Erben Bäggli)*; BGer 14.1. 1991, BGE 117 Ib 4ff., 6 *(Christoph Merian Stiftung)*; *Riva* 187, 189.

140 BGer 29.9.1965, BGE 91 I 340ff., 341 *(Geisseler)* betreffend die Unterschutzstellung von vorderer Fassade und Dach eines Hauses aus dem 18. Jahrhundert; BGer 10.7.1985, BGE 111 Ib 257ff., 267 *(Dr. A)*; BGer 15.5.1991, BGE 117 Ib 262ff., 264 *(Société de l'immeuble Petite-Fusterie 2 SA)*; *Gyr* 27; *Joller* 146–150. Anders BGer 28.6.2000, BGE 126 I 219ff., 221f. *(Epoux A.)*, wonach die Klassifizierung einer Liegenschaft ein schwerer Eingriff sei (in diesem Fall wurde die Verfügung aufgehoben).

141 Vgl. vorne § 2 B I 2. Der Fall ist in Bezug auf die Entschädigungsfrage noch nicht rechtskräftig entschieden.

I. Ausfuhrverbote für Kulturgüter

Wie bereits ausgeführt, sind Ausfuhrverbote für private Kulturgüter in der Schweiz wenig verbreitet. Ein entsprechendes Verbot, das ohne Einverständnis des Eigentümers verfügt werden kann, kennt lediglich der Kanton Tessin.[142]

Zu prüfen ist, unter welchen Voraussetzungen private Eigentümer wegen Ausfuhrverboten für Kulturgüter einen Entschädigungsanspruch haben.

1. Verhinderung einer künftigen besseren Nutzung

Eine materielle Enteignung kommt nur dann in Betracht, wenn der bisherige oder ein voraussehbarer künftiger Gebrauch einer Sache untersagt oder eingeschränkt wird. Kulturgüter werfen, anders als Immobilien, keinen „sinnvollen Ertrag" ab. „Das wirtschaftliche Interesse des Eigentümers einer beweglichen Sache liegt ... im Gewinn, den er bei Veräusserung des Objekts unter freien Marktbedingungen erzielt."[143] Ein absolutes Ausfuhrverbot oder die Verweigerung der Ausfuhrgenehmigung kann eine bessere Nutzung in naher Zukunft – d.h. in aller Regel einen Verkauf der Sache – durchaus verhindern. Dies gilt jedoch nicht für eine blosse Unterschutzstellung eines Kulturgutes, welche die Bewilligungspflicht für die Ausfuhr des Objekts aus dem Kanton zur Folge hat.[144]

Es stellt sich somit insbesondere die Frage, ob die betroffenen Objekte trotz des Ausfuhrverbots noch veräussert werden können. Im Fall Balli hatten die Eigentümer erklärt, sie beabsichtigten nicht, die Sammlungen zu veräussern. Das erstinstanzliche Gericht ging deshalb davon aus, dass sich eine bessere Nutzung in naher Zukunft nicht mit hoher Wahrscheinlichkeit verwirklichen lasse und die Voraussetzungen einer materiellen Enteignung nicht vorlägen.[145] Die Argumentation ist nur scheinbar schlüssig. Die Möglichkeit eines Verkaufs sollte realistisch beurteilt werden.[146] Der Verkauf der Sammlungen (oder zumindest einzelner Stücke daraus) wäre durchaus möglich gewesen; die Eigentümer verhandelten auch mit dem Kanton Tessin über den Verkauf. In der Folge gingen die Gerichte im Fall Balli zu Recht davon aus, dass die Eigentümerbefugnisse eingeschränkt worden sind.

---

142 Vorne § 2 B I.

143 BGer 23.12.1987, BGE 113 Ia 368ff., 379f. = Pra 78 (1989) 522ff., 533f.

144 Tribunale delle espropriazioni della giurisdizione sopracenerina, Cantone del Ticino, 23.8. 2000, 143/51, Erw. 3.2 *(Balli)*. *Ayer* 84 hält eine Entschädigung nur bei Verkaufsabsichten der Eigentümer für angezeigt.

145 Tribunale di espropriazione della giurisdizione sopracenerina, Cantone del Ticino, 4.1.1982, 143/51, 15 Erw. 5 *(Balli)*.

146 *Riva* 281 f.

2. Besonders schwerer Eingriff

Ist zu beurteilen, ob ein Ausfuhrverbot als materielle Enteignung gilt, ist zu prüfen, ob es sich um einen besonders schweren Eingriff handelt, weil dem Eigentümer eine wesentliche aus dem Eigentum fliessende Befugnis entzogen wird. Relevant sind grundsätzlich die wirtschaftlichen Auswirkungen der Massnahme.[147] Generell lässt sich die Frage aber kaum beantworten. Nach einer „Faustregel" gelten jedenfalls Wertverminderungen bis 20 % nicht als schwer, wenn eine sinnvolle Nutzung möglich bleibt.[148]

Im Fall Balli waren verschiedene Sammlungen archäologischer Fundstücke einem absoluten Ausfuhrverbot unterstellt worden. Ein Verkauf der Sammlungen wäre innerhalb des Kantons weiterhin möglich gewesen. Die erste und zweite Instanz, die über das Entschädigungsbegehren der Eigentümer zu befinden hatten, erkannten zwar an, dass der Markt für solche Sammlungen archäologischer Objekte im Tessin beschränkt sei. Weil die Verfügungsfreiheit, das wichtigste Element des Eigentums, gewahrt blieb, qualifizierten sie den Eingriff aber nicht als besonders schwer und lehnten das Entschädigungsbegehren wegen materieller Enteignung ab.[149] Für das Bundesgericht war bei der Beurteilung der Auswirkungen des Verbots hingegen einerseits entscheidend, dass die Behörden von den Eigentümern die Erhaltung der Sammlungen auf eigene Kosten forderten, was mit entsprechenden Kosten verbunden war. Die Erhaltungspflicht war unter den Umständen des Falls als schwere Verbindlichkeit anzusehen.[150] Anderseits ging das Gericht davon aus, dass im Kanton Tessin wegen der beschränkten Nachfrage kaum Käufer für die Sammlungen vorhanden sind und sich potentielle ausserkantonale Interessenten wegen des Ausfuhrverbots vom Kauf abhalten lassen. Der Staat war nicht bereit, die Objekte formell zu enteignen oder mittels Vorkaufs- oder Erwerbsrecht zu übernehmen und die Eigentümer auf diese Weise schadlos zu halten. Das Bundesgericht hielt diese Kombination von Erhaltungsgebot und Ausfuhrverbot für eine besonders schwere Beschränkung des Eigentums.[151] Es hiess die Beschwerde gut.

Bevor die Streitsache erneut vom Enteignungsgericht beurteilt wurde, war im Kanton Tessin das neue Denkmalschutzgesetz in Kraft getreten. Nach den

---

147 *Riva* 122.

148 *Gyr* 20–21 mit Hinweisen auf die Rechtsprechung des Bundesgerichts; *Riva* 276f., 283. Differenziert BGer 10.7.1985, BGE 111 Ib 257ff., 264 *(Dr. A)*.

149 Tribunale di espropriazione della giurisdizione sopracenerina, Cantone del Ticino, 4.1.1982, 143/51, Erw. 5; Tribunale cantonale amministrativo, Cantone del Ticino, 30.6.1982, ES 1/82, Erw. 3 *(Balli)* unter Hinweis auf das ebenfalls zulässige Verbot der Veräusserung von Immobilien an Personen mit Wohnsitz im Ausland.

150 BGer 23.12.1987, BGE 113 Ia 368ff., 377–379 = Pra 78 (1989) 522ff., 532–533 *(Balli c. Stato del Cantone Ticino)*.

151 BGer 23.12.1987, BGE 113 Ia 368ff., 379–381 = Pra 78 (1989) 522ff., 533–535. Vgl. *Ayer* 84.

neuen Bestimmungen können private bewegliche Güter weiterhin auch gegen den Willen der Eigentümer unter Denkmalschutz gestellt werden.[152] Die bisherigen Eintragungen privater Güter bleiben weiterhin verbindlich.[153] Neuerdings sind auch werterhaltende Massnahmen an denkmalgeschützten Kulturgütern subventionsberechtigt.[154] Die definitive Ausfuhr von Kulturgütern ist nicht mehr absolut verboten, sondern bloss bewilligungspflichtig.[155] Das Gericht kam zum Schluss, unter diesen neuen Umständen sei die Unterschutzstellung beweglicher Kulturgüter nicht als besonders schwerer Eingriff zu qualifizieren. Die Massnahme wirke nur latent. Erst bei Verweigerung einer Ausfuhrgenehmigung könne wegen des dadurch bewirkten Wertverlustes eine Entschädigung wegen materieller Enteignung geltend gemacht werden, falls der Staat sein Vorkaufsrecht nicht ausübe.[156]

Diese Argumentation, wonach ein bloss latent wirkendes Ausfuhrverbot nicht als besonders schwerer Eingriff gilt, wirkt überzeugend. Im Fall Balli dürfte sie jedoch nicht ausschlaggebend sein, wie aus den nachfolgenden Ausführungen hervorgeht.

Als besonders schwerer Eingriff gälte womöglich auch die Verweigerung der Ausfuhrbewilligung bei Wohnsitzwechsel des Eigentümers.

3. Sonderopfer

Eingriffe, welche nicht besonders schwer sind, können eine materielle Enteignung bewirken, wenn sie nur einzelne Personen treffen (Sonderopfer). Im Fall Balli war zu prüfen, ob die Unterschutzstellung der Sammlungen als Sonderopfer gelten konnte. Die Frage wurde vom Verwaltungsgericht zunächst verneint mit der Begründung, die Beschränkungen seien für alle beweglichen Kulturgüter Privater gleichermassen anwendbar.[157] Das Bundesgericht bemängelte, dass der

---

[152] Art. 2, 19 und 21 Legge sulla protezione dei beni culturali.

[153] Art. 53 Abs. 1 Legge sulla protezione dei beni culturali statuiert eine Übergangsfrist bis 2007, während der die altrechtlichen Beschränkungen in Kraft bleiben; Tribunale delle espropriazioni della giurisdizione sopracenerina, Cantone del Ticino, 23.8.2000, 143/51, Erw. 2.2 *(Balli)*.

[154] Art. 8 Legge sulla protezione dei beni culturali. Vgl. auch Art. 155 Abs. 3 Legge tributaria del 21 giugno 1994 (Raccolta delle leggi vigenti del Cantone Ticino 10.2.1.1) betreffend steuerliche Erleichterungen für Eigentümer öffentlich zugänglicher geschützter Kulturgüter.

[155] Art. 29 Legge sulla protezione dei beni culturali. Auch die neue Regelung dürfte die Verfügungsfreiheit noch immer stark einschränken; *Cattaneo Beretta* 151.

[156] Tribunale delle espropriazioni della giurisdizione sopracenerina, Cantone del Ticino, 23.8. 2000, 143/51, Erw. 3.2 *(Balli)*. Einen Entschädigungsanspruch wegen Bewilligungspflichten verneint auch *Joller* 144.

[157] Tribunale cantonale amministrativo, Cantone del Ticino, 30.6.1982, ES 1/82, Erw. 4 *(Balli)*.

Sachverhalt diesbezüglich zu wenig genau abgeklärt worden sei.[158] Das Enteignungsgericht, erneut angerufen, bejahte schliesslich das Vorliegen eines Sonderopfers und einer materiellen Enteignung, weil die Sammlungen Balli im Kanton Tessin die einzigen inventarisierten privaten Objekte waren.[159]

Der Fall Balli zeigt sich auch in diesem Punkt als Sonderfall. In den meisten anderen Kantonen sind von den Folgen des Denkmalschutzes privater Objekte zahlreiche Personen betroffen, was das Vorliegen eines Sonderopfer-Tatbestands ausschliesst.

4. Bemessung der Entschädigung

Materielle Enteignungen sind in vollem Umfang zu entschädigen.[160] Der Schaden bemisst sich nach der Wertdifferenz der Sache vor und nach dem Eingriff.[161] Die Entschädigung ist auf den Zeitpunkt hin zu berechnen, an welchem die Beschränkungen ihre Wirkung entfalten.[162]

Es stellt sich die Frage, wie stark ein Ausfuhrverbot den Wert privater Objekte beeinträchtigt. Rein ökonomisch betrachtet, würde Unverkäuflichkeit Wertlosigkeit bedeuten. Eine volle Entschädigung der Eigentümer ohne Übergang des Eigentums an den Kanton wäre jedoch stossend.[163] Die Geschwister Balli machten geltend, die Verkehrsfähigkeit der Objekte sei praktisch aufgehoben, und gingen von einer Werteinbusse von neun Zehnteln aus.[164] Das Enteignungsgericht ging in Übereinstimmung mit dem Bundesgericht davon aus, dass eine „bessere Nutzung“ privater Kulturgüter ausschliesslich deren Verkauf bedeute und das Ausfuhrverbot die Verfügungsfreiheit in schwerer Weise beeinträchtige. Zur Bemessung der Entschädigung fand es eine originelle Lösung: es gewichtete die Verfügungsfreiheit mit einem Faktor von drei, die (bestimmungsgemässe) Nutzungsbefugnis und das Recht, zivile Früchte zu ziehen, je mit einem Faktor von eins und gelangte so zum Schluss, die Unterschutzstellung entwerte die

---

158 BGer 23.12.1987, BGE 113 Ia 368ff., 383 = Pra 78 (1989) 522ff., 536 *(Balli c. Stato del Cantone Ticino)*.

159 Tribunale delle espropriazioni della giurisdizione sopracenerina, Cantone del Ticino, 23.8.2000, 143/51, Erw. 3.3 *(Balli)*.

160 Dies gilt laut BGer 25.1.1984, BGE 110 Ib 29ff., 32f. *(Gemeinde Oberstammheim)* auch für Sonderopfer-Tatbestände, da diese sich auf Art. 26 BV und auf Art. 8 BV abstützen; ebenso *Riva* 298, 300 und *Gyr* 19 mit dem Hinweis, dass aufgrund von Art. 8 BV allein keine volle Entschädigung geboten wäre.

161 *Riva* 252.

162 BGer 22.2.1967, BGE 93 I 130ff., 145 *(Erben Schulthess und Erben Bäggli)*; BGer 14.1.1991, BGE 117 Ib 4ff., 6 *(Christoph Merian Stiftung)*.

163 *Ayer* 84.

164 Tribunale di espropriazione della giurisdizione sopracenerina, Cantone del Ticino, 4.1.1982, 143/51, Sachverhalt C *(Balli)*.

Sammlungen zu drei Fünfteln. Auf dieser Grundlage wurde die Entschädigung für die materielle Enteignung berechnet, d. h. durch die Multiplikation des Verkehrswerts mit drei Fünfteln.[165]

Schliesslich bemisst sich die Höhe der Entschädigung nach dem Verkehrswert der vom Ausfuhrverbot betroffenen Gegenstände. Die Schätzungen können sehr weit auseinanderliegen: Im Fall Balli gingen die Eigentümer offenbar von einem gesamten Verkehrswert im Jahre 1979 von ca. 780 000 Franken aus,[166] während die gerichtlich bestellten Gutachter den – internationalen und Tessiner – Marktwert zum gleichen Zeitpunkt auf ca. 130 000 Franken festsetzten.[167]

5. Bemerkungen zum Fall Balli

Grundsätzlich sind Eingriffe nach den Verhältnissen zu beurteilen, wie sie sich zu dem Zeitpunkt darstellen, in dem sie wirksam werden. Die Unterschutzstellung der Sammlungen Balli war im Jahr 1979 rechtskräftig geworden. Fraglich ist, ob das Gericht bei der Beurteilung der Massnahme das 1997 in Kraft getretene mildere Tessiner Denkmalschutzgesetz überhaupt hätte berücksichtigen dürfen. Meines Erachtens war dies unzulässig. Die Sammlungen waren während 18 Jahren einem absoluten Ausfuhrverbot unterworfen. Dies allein wäre wohl schon Grund genug gewesen für eine Entschädigung wegen materieller Enteignung unter dem Titel „besonders schwerer Eingriff".[168]

Weiter fällt auf, dass zwar der Verkehrswert der Sammlungen von den Experten korrekterweise zum Zeitpunkt von 1979 erhoben, die gesprochene Entschädigung aber nicht verzinst wurde.[169] Dies mag auf einen fehlenden Antrag der Eigentümer zurückzuführen sein. In der Sache ist die fehlende Verzinsung während über 20 Jahren nicht haltbar.

6. Fazit

Ein Ausfuhrverbot für Kulturgüter kann sich für den Eigentümer ganz unterschiedlich auswirken. Unter Umständen kann das Objekt faktisch nicht mehr verkauft werden, was die weitgehende oder völlige Aufhebung des wirtschaft-

---

165 Tribunale delle espropriazioni della giurisdizione sopracenerina, Cantone del Ticino, 23. 8. 2000, 143/51, Erw. 5–6.1 *(Balli)*.

166 Tribunale di espropriazione della giurisdizione sopracenerina, Cantone del Ticino, 4. 1. 1982, 143/51, Sachverhalt C.

167 Von den total 948 unter Schutz gestellten Fundstücken konnten im Jahr 2000 nicht alle beigebracht und geschätzt werden; Tribunale delle espropriazioni della giurisdizione sopracenerina, Cantone del Ticino, 23. 8. 2000, 143/51, Erw. 1.3, 4.2 *(Balli)*.

168 Vgl. *Riva* 291–292 mit Bezug auf temporäre Bausperren.

169 Tribunale delle espropriazioni della giurisdizione sopracenerina, Cantone del Ticino, 23. 8. 2000, 143/51 *(Balli)*.

lichen Nutzens der Sache zur Folge hat und dem Entzug einer wesentlichen Eigentümerbefugnis entspricht.[170]

Die Unterstellung eines Kulturguts unter die Bewilligungspflicht verunmöglicht den Export und Verkauf des Guts (noch) nicht. Die Massnahme ist an sich nicht als besonders schwer zu qualifizieren. Trifft sie jedoch im konkreten Fall nur einzelne Eigentümer, ist sie unter dem Titel Sonderopfer dennoch Grund für eine Entschädigung wegen materieller Enteignung.

Die Entschädigung gilt die Vorteile ab, welche sich das Gemeinwesen durch die Verfügung des Ausfuhrverbots verschafft.[171] Sie bemisst sich nach einem Bruchteil – zwischen 50 und 80 % – des Verkehrswerts der Sache zum Zeitpunkt, in dem das Verbot wirksam geworden ist. Die Entschädigung ist zu verzinsen.

II. Vorkaufs- und Erwerbsrechte

Die Ausübung des Vorkaufsrechts oder des Erwerbsrechts hebt das Eigentum auf.[172] Die Massnahme ist wegen der Wertgarantie voll zu entschädigen. Da Vorkaufsrechte grundsätzlich zum vereinbarten Kaufpreis und Erwerbsrechte zum Verkehrswert ausgeübt werden, sind sie mit der Eigentumsgarantie vereinbar.

Keinen Entschädigungsanspruch hat der ausgeschlossene Erwerber, der durch den Staat am Erwerb von Eigentum verhindert wird: Der Begriff der formellen oder materiellen Enteignung setzt voraus, dass ein Eigentumsrecht besteht.[173]

III. Internationale Rückgabe und Rückführung von Kulturgütern

Bei Eingriffen in die Bestandesgarantie tritt die Wertgarantie an ihre Stelle.[174] Wer ein gestohlenes Kulturgut in Anwendung des Kulturgütertransfergesetzes oder der Unidroit-Konvention 1995 an den ursprünglichen Eigentümer oder Besitzer zurückgeben muss, erleidet jedoch keinen Eingriff in die Bestandesgarantie.[175] Die *angemessene* Entschädigung gutgläubiger Erwerber[176] ist keine Entschädigung i. S. v. Art. 26 Abs. 2 BV für eine formelle oder materielle Enteig-

---

170 *Riva* 158, 285.

171 *Riva* 312–313, 318 f.

172 *Auer/Malinverni/Hottelier* Rz. 784. Vgl. vorne § 2 B II.

173 BGer 23.12.1987, BGE 113 Ia 368 ff., 383 = Pra 78 (1989) 522 ff., 536 *(Balli c. Stato del Cantone Ticino)*.

174 *Auer/Malinverni/Hottelier* Rz. 784.

175 Vorne § 2 B III 1.

176 Art. 9 Abs. 5 Entwurf KGTG (Umsetzung von Art. 7 lit. b (ii) UNESCO-Konvention 1970); Art. 4 Abs. 1 und Art. 6 Abs. 1 Unidroit-Konvention 1995.

nung, denn die Rückgabe oder Rückführung ist nicht dem Entzug eines Rechts gleichzusetzen, das unter dem Schutz der Eigentumsgarantie steht.[177]

Gemäss dem Bundesratsbeschluss vom 10. Dezember 1945 hatte ein rückgabepflichtiger, selbst gutgläubiger Erwerber nicht automatisch Anspruch auf volle Entschädigung für die Enteignung der Sache. Er wurde nicht Zug um Zug entschädigt, sondern hatte sich für die Vergütung des bezahlten Kaufpreises an seinen Vormann zu halten. Allenfalls war er auf eine „billige Entschädigung" durch den Staat angewiesen. Keinesfalls wurde ein höherer Verkehrswert entschädigt; Anspruch auf volle Entschädigung bestand in diesem Sinne nicht. Da die Rückgabepflicht wohlerworbene Rechte tangieren konnte, war die Regelung mit der Eigentumsgarantie kaum vereinbar.[178] Nach der Praxis des Bundesgerichts wurden gutgläubige Erwerber jedoch offenbar in jedem Fall voll entschädigt, so dass die Eigentumsgarantie im Ergebnis gewahrt blieb.[179]

D. Institutsgarantie

Der Gesetzgeber hat die Institutsgarantie zu respektieren, wenn er Normen erlässt, die das Eigentum (neu) definieren. Die Institutsgarantie schützt vor der Aushöhlung des Eigentums. Die wesentlichen Verfügungs- und Nutzungsrechte des Eigentümers muss der Gesetzgeber respektieren.[180]

I. Vorkaufsrechte

Vorkaufsrechte an (denkmalgeschützten) Kulturgütern berechtigen den Staat, Kulturgüter zu erwerben, die von ihren Eigentümern veräussert werden. Da-

---

[177] *Office fédéral de la justice* 778, 787. Für die Vereinbarkeit des Konzepts der angemessenen Entschädigung mit Art. 26 BV aufgrund der Rückgabepflicht als „elementare Folge der Eigentumsgarantie" *Raschèr* 87. A. A. offenbar *Aubert*, Avis 26 und *Vischer*, Rechtsgutachten 18.

[178] Art. 4 Bundesratsbeschluss vom 10. 12. 1945. Kritik bei *Engstler* 176 und *Weiss* 270f.

[179] BGer 3. 6. 1948 *(Paul Rosenberg c. Theodor Fischer et consorts)*, wiedergegeben bei *Guggenheim* 140 und *Thilo* (1948) 422. Entgegen der Intervention der Eidgenossenschaft konnte sich der Kunstsammler Emil Bührle auf seinen guten Glauben berufen, der in den Jahren 1941 und 1942 bei der Luzerner Galerie Fischer zahlreiche Gemälde erworben und sie 1948 an deren ursprüngliche Eigentümer zurückgegeben hatte. Er konnte den bezahlten Kaufpreis zuzüglich Zinsen zu 5% zurückfordern; BGer 5. 7. 1951 *(Bührle c. Theodor Fischer)*, wiedergegeben bei *Thilo* (1952) 388–391. Fischer, der die fraglichen Gemälde in Deutschland erworben hatte, kriegte vom Bund eine reduzierte Entschädigung, da er vorsichtiger hätte sein sollen; Hinweis auf das Urteil des BGer vom Juni 1952 bei *Thilo* (1952) 391.

[180] Art. 26 Abs. 1 BV; BGer 14. 11. 1962, BGE 88 I 248ff., 256–257 *(Dafflon)*; BGer 17. 11. 1993, BGE 119 Ia 348ff., 353 *(Chambre genevoise immobilière)*; *Auer/Malinverni/Hottelier* Rz. 728; *J. P. Müller* 605, 625–626; *Schefer* 282, 292.

durch werden die ursprünglichen Käufer vom Erwerb ausgeschlossen.[181] Gemäss der bundesgerichtlichen Rechtsprechung ist der Erwerb von Eigentum durch die Eigentumsgarantie gewährleistet.[182] Das Vorkaufsrecht darf nicht zur Folge haben, dass der gesamte private Kulturbesitz oder dessen grösster Teil in den Besitz der öffentlichen Hand übergeht.[183] In der Schweiz gibt es keinen Grund zur Befürchtung, der Staat könnte den privaten Kulturbesitz sukzessive an sich ziehen und so die Institutsgarantie des Eigentums verletzen.

II. Internationale Rückgabe und Rückführung von Kulturgütern

Das Kulturgütertransfergesetz sowie die Unidroit-Konvention 1995 führen, falls sie in der Schweiz in Kraft treten, zu Änderungen der zivilrechtlichen Bestimmungen über Erwerb von Eigentum a non domino. Sie führen ein öffentlich-rechtliches Rückführungsgebot für unrechtmässig aus Vertragsstaaten ausgeführte Kulturgüter ein. Wie bereits ausgeführt, greifen die Massnahmen nicht in den Bestand von bestehenden verfassungsrechtlich geschützten Eigentumsrechten ein.[184] Sie ändern die Voraussetzungen, unter denen Eigentum an Kulturgut erworben werden kann. Die neuen Regeln über den Erwerb von Kulturgut, die Rückgabeverpflichtungen und die Entschädigung gutgläubiger Erwerber sind im öffentlichen Interesse und verhältnismässig, denn sie belassen den Eigentümern die wesentlichen Verfügungs- und Nutzungsrechte.

Das „Lösungsrecht" des Klägers bei Erstattung des bezahlten Kaufpreises[185] ist kein unverzichtbarer Teil der schweizerischen Rechtsordnung. Es verletzt die Institutsgarantie nicht, wenn Rückgabe- und Rückführungspflichtige nicht wie bei einer formellen oder materiellen Enteignung voll entschädigt werden. Es verstösst auch nicht gegen den schweizerischen ordre public, deutsches Mobiliarsachenrecht anzuwenden,[186] das dem gutgläubigen Erwerber in der Schweiz kein Lösungsrecht gewährt.[187] Die Erhöhung der Sorgfaltspflicht des Erwerbers von Kulturgut wie auch die Beweislastverteilung sind mit der Institutsgarantie vereinbar.[188] Im Übrigen sind zwischenstaatliche Rechtsdurchsetzungshilfe und die Anerkennung ausländischen öffentlichen Rechts i. S. v. Art. 13 Satz 2 IPRG dem

---

[181] Vgl. vorne § 2 B II und C II.

[182] BGer 1.4.1987, BGE 113 Ia 126ff., 130 *(Giovanna Armengol)*; BGer 20.1.1988, BGE 114 Ia 14ff., 16 *(G.)* betreffend das staatliche Vorkaufsrecht an Immobilien in Genf.

[183] BGer 14.11.1962, BGE 88 I 248ff., 255, 256–257 *(Dafflon)*; *Plutschow* 181–182; *Riva* 300f.

[184] Vorne § 2 B III 1.

[185] Art. 934 Abs. 2 ZGB.

[186] Vgl. Art. 100 Abs. 1 IPRG.

[187] *Siehr*, Lösungsrecht 115.

[188] *Aubert*, Avis 26, 28.

schweizerischen Recht bereits heute bekannt[189] und keine völlig unbekannten Neuregelungen der Unidroit-Konvention 1995. Die neuen Bestimmungen stehen mit der Institutsgarantie des Eigentums im Einklang.[190]

E. Zusammenfassung

I. Ausfuhrverbote

Bis heute kann nur im Kanton Tessin die Ausfuhr von denkmalgeschützten privaten Kulturgütern verboten werden, wenn die Eigentümer mit der Unterschutzstellung nicht einverstanden sind. Es ist denkbar, dass nach der Ratifikation der UNESCO-Konvention 1970 auch andere Kantone in ihrer Gesetzgebung ein Ausfuhrverbot statuieren werden. Im Hinblick auf die Eigentumsgarantie sind solche Verbote zulässig, wenn sie wegen eines sehr engen Bezugs der geschützten Objekte zur Schweiz oder zum lokalen Kulturerbe im öffentlichen Interesse stehen und verhältnismässig sind.

Absolute Ausfuhrverbote oder die Verweigerung einer Ausfuhrbewilligung für private Kulturgüter können eine materielle Enteignung bewirken, insbesondere wenn sie faktisch den Verkauf der Objekte verunmöglichen. Eine Unterschutzstellung, die lediglich eine Bewilligungspflicht für die Ausfuhr von Kulturgütern zur Folge hat, kann allenfalls als materielle Enteignung gelten, wenn sie nur einzelne Eigentümer betrifft (Sonderopfer). Materielle Enteignungen sind voll zu entschädigen. Die Entschädigung bemisst sich nach einem bestimmten Bruchteil des Verkehrswerts der betroffenen Sache zum Zeitpunkt, in welchem die Beschränkung wirksam geworden ist. Falls wegen des Ausfuhrverbots der Verkauf der Sache unmöglich wird, dürfte eine Entschädigung in der Höhe von 50–80% des Verkehrswerts angemessen sein.

II. Staatlicher Erwerb

Der Staat kann Kulturgüter auf verschiedene Weise erwerben. Unproblematisch im Hinblick auf die Eigentumsgarantie ist der freihändige Erwerb. Die Ausübung eines Vorkaufsrechts setzt regelmässig die Unterschutzstellung voraus. Als Eingriff in die Rechte des Verkäufers wie des Erwerbers muss die Ausübung eines Vorkaufsrechts im öffentlichen Interesse liegen, was einen engen Bezug der Sache zum einheimischen Kulturerbe bedingt. Vorkaufs- wie auch Erwerbsrechte sind zum vollen Verkehrswert zu entschädigen.

---

[189] *Raschèr* 92–93.

[190] *Aubert*, Avis 26; *Office fédéral de la justice* 775–776.

Die Enteignung beweglicher Kulturgüter ist grundsätzlich möglich. Das Eigentum an Grabungsfunden schliesslich fällt dem Staat ipso iure zu.

III. Internationale Rückgabe und Rückführung von Kulturgütern

Falls die Schweiz die UNESCO- oder die Unidroit-Konvention ratifiziert, führt sie neue Rückgabe- und Rückführungsverpflichtungen ins schweizerische Recht ein und modifiziert so die privatrechtlichen Regeln des Eigentumserwerbs. Wird ein Erwerber von gestohlenem oder unrechtmässig ausgeführtem Kulturgut verpflichtet, dieses zurückzugeben, bedeutet das keinen Eingriff in die Bestandesgarantie des Eigentums. Die Eigentumsgarantie gewährt diesfalls auch keinen Anspruch auf „volle Entschädigung", auch nicht bei gutgläubigem Erwerb.

Die Rückgabe- und Rückführungspflichten liegen im öffentlichen Interesse und lassen sich verhältnismässig anwenden. Sie sind auch mit der Institutsgarantie des Eigentums vereinbar. Die Eigentumsgarantie kann nicht als Argument gegen eine verbesserte internationale Zusammenarbeit im Kulturgüterschutz dienen. Die Frage der Ratifikation der UNESCO- und der Unidroit-Konvention ist vielmehr als politische Frage zu diskutieren.[191]

---

[191] *Aubert*, Avis 26, 28; *ders.*, Conclusions 92; *Schnyder* 19.

§ 3 Deutschland

A. Eigentumsgarantie gemäss Art. 14 GG

Die Garantie des privaten Eigentums findet sich in Art. 14 GG. Die Bestimmung lautet wie folgt:

Art. 14
(1) Das Eigentum und das Erbrecht werden gewährleistet. Inhalt und Schranken werden durch die Gesetze bestimmt.
(2) Eigentum verpflichtet. Sein Gebrauch soll zugleich dem Wohle der Allgemeinheit dienen.
(3) Eine Enteignung ist nur zum Wohle der Allgemeinheit zulässig. Sie darf nur durch Gesetz oder auf Grund eines Gesetzes erfolgen, das Art und Ausmass der Entschädigung regelt. Die Entschädigung ist unter gerechter Abwägung der Interessen der Allgemeinheit und der Beteiligten zu bestimmen. Wegen der Höhe der Entschädigung steht im Streitfalle der Rechtsweg vor den ordentlichen Gerichten offen.

Die Eigentumsgarantie sichert dem Träger des Grundrechts einen „Freiraum im vermögensrechtlichen Bereich" und soll ihm „eine eigenverantwortliche Gestaltung seines Lebens" ermöglichen.[1] Es werden verschiedene Teilgehalte der Eigentumsgarantie unterschieden:

Art. 14 Abs. 1 GG enthält die Bestandesgarantie und regelt die Inhalts- und Schrankenbestimmung von Eigentum durch Gesetz. Der Bestandesschutz umfasst nur Rechtspositionen, die der Gesetzgeber geschaffen hat.[2] Art. 14 Abs. 2 GG statuiert den Grundsatz der Sozialpflichtigkeit des Eigentums. Thema von Art. 14 Abs. 3 GG sind Enteignungen und der Wertschutz. Als Enteignung gilt nur der Entzug von konkreten, durch Art. 14 Abs. 1 GG geschützten Rechtspositionen zur Erfüllung öffentlicher Aufgaben, sei es durch Gesetz oder Vollzugsakt.[3] Aus Art. 14 GG folgt kein unmittelbarer Entschädigungsanspruch für Beeinträchtigungen des Eigentums.[4]

Die Eigentumsgarantie gemäss Art. 1 ZP EMRK geniesst in Deutschland keinen Verfassungsrang.[5]

---

[1] BVerfG 31.10.1984, BVerfGE 68, 193, 222; BVerfG 31.3.1998, BVerfGE 97, 350, 371 *(Währungsunion)*; *Jarass/Pieroth* Rz. 1 zu Art. 14 GG.

[2] *Rozek* 27.

[3] BVerfG 12.6.1979, BVerfGE 52, 1, 27f. *(Kleingartenpacht)*; BVerfG 12.3.1986, BVerfGE 72, 66, 76; BVerfG 2.3.1999, BVerfGE 100, 226, 239f. = NJW 1999, 2877.

[4] *Jarass/Pieroth* Rz. 3 zu Art. 14 GG.

[5] *Bleckmann*, Verfassungsrang 150; *Polakiewicz/Jacob-Foltzer* 79.

Verletzungen der verfassungsmässigen Eigentumsgarantie können angefochten werden, sei es im Verfahren der abstrakten Normenkontrolle oder im Zusammenhang mit einem Anwendungsfall.[6]

B. Inhalts- und Schrankenbestimmungen

Die Eigentumsgarantie gewährt die Innehabung und die Nutzung von Eigentum sowie die Freiheit, Eigentum zu veräussern oder sonstwie darüber zu verfügen.[7] Der Gesetzgeber legt Inhalt und Grenzen des Eigentums bzw. die Rechte und Pflichten der Eigentümer generell-abstrakt fest.[8] Ein Gesetz ist mit der Eigentumsgarantie von Art. 14 GG vereinbar, wenn es den Wesensgehalt des Eigentums nicht antastet, Zuordnungsverhältnisse und Substanz des Eigentums wahrt, den Gleichheitssatz respektiert und die Prinzipien des Rechtsstaats einhält.[9] Im Einzelnen wird für Inhalts- und Schrankenbestimmungen eine gesetzliche Grundlage und ein öffentliches Interesse (Sozialbindung) gefordert; ferner müssen die Bestimmungen verhältnismässig sein, d. h. geeignet, notwendig und angemessen bzw. zumutbar.[10] Unzumutbare Inhalts- und Schrankenbestimmungen sind verfassungswidrig, „können jedoch nicht in Enteignungen umschlagen“.[11] Inhalts- und Schrankenbestimmungen müssen jedoch keine Entschädigungsregelungen enthalten; auch ist der Rechtsweg verfassungsrechtlich nicht garantiert.[12]

Gesetz und Vollzugsakte bilden eine Einheit der Inhalts- und Schrankenbestimmung.[13] In der Folge ist die Verfassungsmässigkeit gesetzlicher Bestimmungen wie auch der Praxis der Behörden im Einzelfall zu prüfen.

---

6 Art. 93 Abs. 1 Ziff. 4a und Art. 100 Abs. 1 GG.

7 BVerfG 12.6.1979, BVerfGE 52, 1, 30–31 *(Kleingartenpacht)*; BVerfG 9.10.1991, BVerfGE 84, 382, 384; BVerfG 31.3.1998, BVerfGE 97, 350, 370–371 *(Währungsunion)*; *Jarass/Pieroth* Rz. 19 zu Art. 14 GG.

8 Art. 14 Abs. 1 2 GG; BVerfG 12.6.1979, BVerfGE 52, 1, 27 *(Kleingartenpacht)*; BVerfG 12.3.1986, BVerfGE 72, 66, 76; *Jarass/Pieroth* Rz. 36 zu Art. 14 GG; *Rozek* 21.

9 *Kreft* 112f.

10 *Jarass/Pieroth* Rz. 37ff. zu Art. 14 GG.

11 BVerfG 12.6.1979, BVerfGE 52, 1, 27f. *(Kleingartenpacht)*; BVerfG 15.7.1981, BVerfGE 58, 300, 320 = NJW 1982, 745, 746 *(Nassauskiesung)*; insbesondere zur Abgrenzung von neuen Inhaltsbestimmungen und Legalenteignungen BVerfG 9.1.1991, BVerfGE 83, 201, 211–212; BVerfG 2.3.1999, BVerfGE 100, 226, 240 = NJW 1999, 2877f.; BGH 9.10.1986, BGHZ 99, 24, 28; BGH 12.3.1987, BGHZ 100, 136, 144; *Jarass/Pieroth* Rz. 36 zu Art. 14 GG; *Melchinger* 139; *Rozek* 34, 62.

12 BVerfG 2.3.1999, BVerfGE 100, 226, 240–241 = NJW 1999, 2877, 2878; BGH 9.10.1986, BGHZ 99, 24, 27–28.

13 *Rozek* 219.

I. Eintragung ins Verzeichnis national wertvollen Kulturgutes

Laut Gesetz zum Schutz deutschen Kulturgutes gegen Abwanderung kann die Ausfuhr von Kulturgut aus Deutschland beschränkt werden. „Kunstwerke und anderes Kulturgut – einschliesslich Bibliotheksgut –, deren Abwanderung aus dem Geltungsbereich dieses Gesetzes einen wesentlichen Verlust für den deutschen Kulturbesitz bedeuten würde, werden … in ein ‚Verzeichnis national wertvollen Kulturgutes' eingetragen." Die Ausfuhr von Kulturgut, das im „Verzeichnis national wertvollen Kulturgutes" oder im „Verzeichnis national wertvoller Archive" eingetragen ist, bedarf einer Genehmigung.[14]

Die Eintragung ins Verzeichnis national wertvollen Kulturgutes beschränkt die Nutzung von und die Verfügung über Sacheigentum. Sie legt i. S. v. Art. 14 Abs. 1 Satz 2 GG Inhalt und Schranken des Eigentums an national wertvollem Kulturgut fest.[15]

Gemäss der publizierten Gerichtspraxis ist die Eintragung mit der Eigentumsgarantie vereinbar.[16] Die Frage ist jedoch bis anhin vom Bundesverfassungsgericht nicht entschieden worden.[17]

1. Gesetzliche Grundlage

Inhalts- und Schrankenbestimmungen müssen gemäss Art. 14 Abs. 1 GG durch die Gesetze erfolgen. Die Eigentumsordnung wird geschaffen durch das bürgerliche Recht einerseits und öffentlichrechtliche Vorschriften anderseits.[18]

---

[14] § 1 Abs. 1 und 4 sowie § 10 Abs. 1 Gesetz zum Schutz deutschen Kulturgutes gegen Abwanderung. Vgl. die Bekanntmachung der Gesamtverzeichnisse national wertvollen Kulturgutes und national wertvoller Archive vom 19. April 1999, Bundesanzeiger Nr. 97a vom 28. 5. 1999.

[15] VGH München, 22.3.1963, Bayerische Verwaltungsblätter 1963, 254–255; VGH Mannheim, 14.3.1986, NJW 1987, 1440; OVG Lüneburg, 19.5.1992, NVwZ-RR 1993, 79ff., 80 und BVerwG 27.5.1993, BVerwGE 92, 288ff., 291 = NJW 1993, 3280ff., 3281 = DVBl. 1993, 1099 *(Silberzimmer der Welfen)*; *Hipp* 81; *Kohls* 36f.; *Müller-Katzenburg* 87; *Pieroth/Kampmann* 1386. Als Inhalts- und Schrankenbestimmungen gelten auch Einschränkungen der Nutzungs- und Verfügungsbefugnis durch Eintragung eines Objekts in die Denkmalliste (BVerwG 10.7.1987, NJW 1988, 505), Nutzungsverbote aus Gründen des Naturschutzes (BVerwG 24.6.1993, BVerwGE 94, 1, 3f. *[Herrschinger Moos]*) und die Genehmigungspflicht für die Zerstörung, den Abbruch, die Zerlegung oder die Beseitigung eines geschützten Kulturdenkmales (BVerfG 2.3.1999, BVerfGE 100, 226, 239 = NJW 1999, 2877).

[16] VGH München, 22.3.1963, Bayerische Verwaltungsblätter 1963, 254–255; Verwaltungsgericht Sigmaringen, 21.4.1983, 4 K 1746/81, 6 (unveröffentlicht); Verwaltungsgericht Sigmaringen, 31.1.1985, 2 K 874/83, 5f. (unveröffentlicht); VGH Mannheim, 14.3.1986, NJW 1987, 1440; VGH München, 4.12.1991, NJW 1992, 2584ff., 2585 *(Käfersammlung)*; BVerwG 27.5.1993, BVerwGE 92, 288ff., 291–293 = NJW 1993, 3280ff., 3281 = DVBl. 1993, 1099–1100 *(Silberzimmer der Welfen)*; *Hönes* 41.

[17] VGH Mannheim 14.3.1986, NJW 1987, 1440; *Bila* 69; *Pieroth/Kampmann* 1386.

[18] BVerfG 15.7.1981, BVerfGE 58, 300, 335f. = NJW 1982, 745ff., 749 *(Nassauskiesung)*.

Die deutsche Ausfuhrregelung basiert auf der Grundlage des Gesetzes zum Schutz deutschen Kulturgutes gegen Abwanderung. Dieses Gesetz wurde gestützt auf die konkurrierende Gesetzgebungskompetenz gemäss ex-Art. 74 Abs. 1 Nr. 5 GG erlassen, gilt jedoch auch nach Aufhebung dieser Norm fort.[19] Der Gesetzgeber hat seine Kompetenz nicht ausgeschöpft, denn der Anwendungsbereich des Gesetzes ist durch die Beschränkung auf „wertvolles" Kulturgut in Privatbesitz enger gefasst als es die verfassungsrechtliche Grundlage in § 74 Abs. 1 Nr. 5 GG erlaubt hätte.[20] Die erforderliche gesetzliche Grundlage ist gegeben.

Gesetze müssen hinreichend bestimmt sein. Die Verwendung von auslegungsbedürftigen Begriffen ist jedoch zulässig.[21] Dass im Gesetz zum Schutz deutschen Kulturgutes gegen Abwanderung Begriffe wie „national wertvolles Kulturgut" und „wesentlicher Verlust" verwendet werden, verstösst nicht gegen das Bestimmtheitsgebot von Art. 20 Abs. 3 GG. Die Eintragung geschützter Kulturgüter in ein Verzeichnis dient der Transparenz und der Rechtssicherheit und ist daher zu begrüssen.[22]

Kulturgut muss sich im Geltungsbereich des Gesetzes, d. h. in Deutschland, befinden, damit es den entsprechenden Beschränkungen unterworfen ist.[23] Entgegen dieser Bestimmung wurde die Ptolemäus Cosmographie von 1468, eine Handschrift auf Pergament, ins Verzeichnis eingetragen, als sie sich „vorübergehend" in der Schweiz befand.[24] Die Eintragung erfolgte m. E. ohne gesetzliche Grundlage.[25]

---

19 Neu ist der „Schutz deutschen Kulturgutes gegen Abwanderung ins Ausland" der Rahmengesetzgebung zugewiesen (Art. 75 Abs. 1 Nr. 6 GG). Das bisherige Recht gilt aufgrund von Art. 125a Abs. 1 GG fort (Änderung vom 27.10.1994, BGBl. 1994 I 3146f.). Kritik der Änderung bei *Hipp* 37 und 298.

20 OVG Lüneburg, 19. 5. 1992, NVwZ-RR 1993, 79ff., 81 *(Silberzimmer der Welfen)*; *Hönes* 41; *Uhl* 53.

21 Vgl. BVerfG 18. 5. 1988, BVerfGE 78, 205, 212f. = EuGRZ 1989, 41 ff., 43 *(Schatzregal)* zum Begriff „hervorragender wissenschaftlicher Wert".

22 *Kohls* 74, 76.

23 § 1 Abs. 1 Gesetz zum Schutz deutschen Kulturgutes gegen Abwanderung.

24 Verwaltungsgericht Sigmaringen, 25.11.1985, 1 K 313/84 (unveröffentlicht). Der Eigentümer konnte nicht beweisen, dass er die Handschrift schon in ein Bankschliessfach in der Schweiz verbracht hatte, bevor ihm die Eintragungsverfügung zugestellt wurde. Nach Ansicht des Gerichts wäre die Handschrift auch im gegenteiligen Fall nicht „abgewandert", da der in Deutschland wohnhafte Eigentümer keine Verkaufsabsichten hegte, als er die Handschrift in die Schweiz verbrachte. Vgl. Gesamtverzeichnis (vorne Fn. 14) Nr. 01408.

25 Kritisch zum Entscheid auch *Uhl* 59.

2. Sozialbindung

Befugnisse der Eigentümer können durch Gesetz eingeschränkt werden, soweit es die sozialen Aufgaben und Funktionen des Objekts rechtfertigen.[26]

Das Gesetz zum Schutz deutschen Kulturgutes gegen Abwanderung stützt sich auf die Kompetenzbestimmung von ex-Art. 74 Abs. 1 Nr. 5 GG.[27] Die Eigentumsgarantie wird durch die Kompetenznorm von Art. 75 Abs. 1 Nr. 6 GG beschränkt. Der Abwanderungsschutz als Folge der Sozialbindung nationalen Kulturgutes ist im Grundgesetz vorgesehen und daher verfassungsmässig. Der Schutz national wertvollen Kulturgutes gilt gar als überragendes öffentliches Interesse.[28] Das Gesetz ist in diesem Sinne mit der Verfassung vereinbar.

Ins Verzeichnis national wertvollen Kulturgutes sind Kunstwerke und anderes Kulturgut aufzunehmen, deren Abwanderung einen „wesentlichen Verlust für den deutschen Kulturbesitz bedeuten würde".[29] Zu prüfen ist, wie das Gesetz im Einzelfall angewendet wird. Die Praxis orientiert sich dabei an den Gesetzesmaterialien[30] sowie an (nicht rechtsverbindlichen[31]) Empfehlungen der Konferenz der Kultusminister vom 20. 5. 1983[32].

---

26 Art. 14 Abs. 2 GG; *Kreft* 30, 111.

27 Zur Fortgeltung des Bundesrechts, das sich auf diese aufgehobene Bestimmung stützt, vgl. Art. 125a GG und vorne Fn. 19.

28 VGH München, 22. 3. 1963, Bayerische Verwaltungsblätter 1963, 254–255; Verwaltungsgericht Sigmaringen, 21. 4. 1983, 4 K 1746/81, 6 (unveröffentlicht); OVG Lüneburg, 19. 5. 1992, NVwZ-RR 1993, 79ff., 80–81 und BVerwG 27. 5. 1993, BVerwGE 92, 288ff., 291–292 = NJW 1993, 3280ff., 3281 = DVBl. 1993, 1099f. *(Silberzimmer der Welfen)*; *Bila* 69–70; *Bleckmann*, Kompetenzbestimmungen 129; *Uhl* 53.

29 § 1 Abs. 1 und 4 Gesetz zum Schutz deutschen Kulturgutes gegen Abwanderung. Betreffend Archivgut vgl. § 10 Gesetz zum Schutz deutschen Kulturgutes gegen Abwanderung.

30 Begründung des Entwurfs eines Gesetzes zum Schutz deutschen Kulturgutes gegen Abwanderung aus dem Gebiet der Bundesrepublik, Bundestag-Drucksache 2/76, 6ff.

31 VG Hannover, 9. 6. 1989, NVwZ-RR 1991, 643ff., 645 *(Silberzimmer der Welfen)*; *Bila* 60.

32 Kriterienkatalog zum Vollzug des Gesetzes zum Schutz deutschen Kulturgutes gegen Abwanderung (Gemeinsames Ministerialblatt 1983, 442):
„1. Das Gesetz erfasst neben anderem Kulturgut alte und neue Kunst bis in die unmittelbare Gegenwart.
2. Das Gesetz erfasst auch Kulturgut, das nicht aus Deutschland stammt. Auch Kunstwerke, die erst kürzlich aus dem Ausland eingeführt wurden, sind nicht anders zu beurteilen als solche, die sich schon längere Zeit im Geltungsbereich des Gesetzes befinden.
3. Das Gesetz umfasst neben den Objekten, die in Museen öffentlich zugänglich sind, auch Objekte, die sich im Privatbesitz befinden.
4. Das Gesetz schützt auch Sammlungen; soweit dies möglich ist, sollten die Bestandteile der Sammlung tunlichst auch als Einzelstücke eingetragen werden.
5. Das Gesetz nimmt die im Gesetz selbst genannten öffentlichen Eigentümer aus.
6. In das Verzeichnis national wertvollen Kulturgutes sind in der Regel einzutragen:
a) wichtige Objekte von Künstlern, die internationalen Rang haben;

Kriterien für *wertvollen* Kulturbesitz sind die künstlerische Eigenart, der (kunst-)historische Rang, der kulturelle Wert und die Bedeutung für die kulturelle Entwicklung in Deutschland, aber auch die Einzigartigkeit und Seltenheit des Objekts.[33]

Als *deutscher* Kulturbesitz wird der Kulturbesitz geschützt, „der sich im Geltungsbereich des Gesetzes befindet, gleichgültig, ob er deutscher oder ausländischer Herkunft ist und ob er schon lange oder erst seit kurzem hier ist.“[34] Auch regional bedeutende Objekte können als nationales Kulturgut gelten.[35] Eine etwas aussagekräftigere Definition des „nationalen Kulturgutes“ findet sich in einem Urteil des Verwaltungsgerichts Sigmaringen:[36]

Wird eine Nation als eine soziale Grossgruppe definiert, die durch die Gemeinsamkeit von Abstammung, Wohngebiet, Sprache, Religion, Welt- und Gesellschaftsvorstellungen, Rechts- und Staatsordnung, Kultur und Geschichte sowie durch die Intensität der Kommunikation konstituiert wird, so ist unter einem nationalen Kulturgut etwas zu verstehen, das zur Nation gehört, diese betrifft, für diese charakteristisch ist … Es geht also um eine Repräsentanz der nationalen Kultur durch bestimmte Kulturgüter. Als bestimmende Faktoren werden dabei zu berücksichtigen sein ein besonderer künstlerischer Wert des Künstlers bzw. des Kulturgutes, die Seltenheit bzw. Einzigartigkeit des Kulturgutes und die Bedeutung des Kulturgutes innerhalb eines geschichtlichen nationalen Zusammenhangs. Regional geprägte Kulturgüter können dabei bei Beachtung der genannten Faktoren auch nationale Bedeutung

---

b) wichtige Objekte von Künstlern, die für die deutsche Kunst und Kunstentwicklung von besonderer Bedeutung sind;
c) alle Objekte, die für die deutsche Kunst, Kunst- und Kulturgeschichte von herausragender Bedeutung sind;
d) alle Objekte, die für bestimmte Bereiche oder Zeitabschnitte der Landesgeschichte von herausragender Bedeutung sind;
e) die wichtigsten Objekte, die für die regionale oder lokale Geschichte von besonderer Bedeutung sind.“

33 Begründung des Entwurfs eines Gesetzes zum Schutz deutschen Kulturgutes gegen Abwanderung aus dem Gebiet der Bundesrepublik, Bundestag-Drucksache 2/76, 7; BVerwG 27.5. 1993, BVerwGE 92, 288ff., 289 = NJW 1993, 3280 = DVBl. 1993, 1099 *(Silberzimmer der Welfen)*. Vgl. Kriterienkatalog der Konferenz der Kultusminister Ziff. 1, 4 und 6 (vorne Fn. 32).

34 VGH Mannheim, 14.3.1986, NJW 1987, 1440, 1441; VG Hannover, 9.6.1989, NVwZ-RR 1991, 643ff., 644 *(Silberzimmer der Welfen)*; VGH München, 4.12.1991, NJW 1992, 2584ff., 2586 *(Käfersammlung)*; Begründung des Entwurfs eines Gesetzes zum Schutz deutschen Kulturgutes gegen Abwanderung aus dem Gebiet der Bundesrepublik, Bundestag-Drucksache 2/76, 7; Kriterienkatalog der Konferenz der Kultusminister, Ziff. 2 und 6 (vorne Fn. 32); ebenso *Bila* 61–62; *Müller-Katzenburg* 145f.; *Uhl* 54–55. Kritik dieser Praxis bei *Pieroth/Kampmann* 1387, die einen „irgendwie gearteten Bezug zur deutschen Kultur“ für notwendig halten.

35 Verwaltungsgericht Sigmaringen, 21.4.1983, 4 K 1746/81, 8 (unveröffentlicht); Verwaltungsgericht Sigmaringen, 31.1.1985, 2 K 874/83, 9 (unveröffentlicht); VGH Mannheim, 14.3. 1986, NJW 1987, 1440, 1441.

36 Verwaltungsgericht Sigmaringen, 21.4.1983, 4 K 1746/81, 8 (unveröffentlicht).

erlangen, insbesondere auch unter dem Gesichtspunkt der geschichtlichen Entwicklung der deutschen Nation.

Ein *wesentlicher Verlust* im Sinn des Gesetzes läge insbesondere dann vor, wenn das Kulturgut im Fall einer Ausfuhr nicht ersetzbar wäre.[37]

Der Entscheid über die Eintragung fällt nach Anhörung eines gemischten Sachverständigen-Ausschusses.[38] Die Auslegung der unbestimmten Gesetzesbegriffe ist gerichtlich voll überprüfbar.[39]

Aufgrund dieser Kriterien wären zwar die allermeisten Kunstobjekte eintragungsfähig.[40] Insgesamt umfassen die Gesamtverzeichnisse national wertvollen Kulturgutes und national wertvoller Archive aber bloss 508 Nummern Kulturgut, insbesondere aus dem 10.–15. Jahrhundert, sowie 240 Archive, fast ausschliesslich private Objekte.[41] Die Eintragungspraxis ist von Bundesland zu Bundesland verschieden.[42] Eingetragen wurden beispielsweise:

- das Gebetbuch Otto III., eine Pergamenthandschrift, entstanden um 984/985,[43]
- Reste der Chorverglasung der Pfarrkirchen in Dühren und Ottersweier mit Glasmalereien aus dem 15. Jahrhundert („Dührener Zyklus" und „Ottersweierer Zyklus"), gegen den Willen ihres Eigentümers in das Verzeichnis eingetragen aufgrund ihrer herausragenden regionalen Bedeutung, als „Beleg einer einzigartigen historischen Situation" und weil es gleichartige Objekte nicht in grosser Zahl gibt,[44]
- ein elfenbeinernes Relieftäfelchen aus der Hofschmiede Karl des Grossen (10. Jahrhundert) mit einer ikonografisch aufschlussreichen Darstellung der Himmelfahrt Christi, als wichtiges Objekt eingeschätzt, weil die Elfenbeinschnitzer- und Buchmalereischule des 9./10. Jahrhunderts für die spätere deutsche und französische Kunst richtungsweisend war, und weil für die Eintra-

---

[37] VGH München, 4. 12. 1991, NJW 1992, 2584ff., 2586 *(Käfersammlung)*; *Bila* 62.

[38] § 2 Abs. 2 Gesetz zum Schutz deutschen Kulturgutes gegen Abwanderung.

[39] VGH Mannheim, 14. 3. 1986, NJW 1987, 1440f.; VG Hannover, 9. 6. 1989, NVwZ-RR 1991, 643ff., 644 *(Silberzimmer der Welfen)*. Anders noch Verwaltungsgericht Sigmaringen, 21. 4. 1983, 4 K 1746/81, 7f. und Verwaltungsgericht Sigmaringen, 31. 1. 1985, 2 K 874/83, 6–8 (beide unveröffentlicht).

[40] *Jayme*, Anknüpfungsmaximen 40.

[41] Vorne Fn. 14.

[42] *Schmeinck* 75.

[43] *Berndt* 2.

[44] Verwaltungsgericht Sigmaringen, 21. 4. 1983, 4 K 1746/81 (unveröffentlicht); Verwaltungsgericht Sigmaringen, 31. 1. 1985, 2 K 874/83 (unveröffentlicht); VGH Mannheim, 14. 3. 1986, NJW 1987, 1440f. Gesamtverzeichnis (vorne Fn. 14) Nr. 01205 und Nr. 01207.

gung auch sein Seltenheitswert sprach: von 20 erhaltenen Objekten befanden sich nur sieben in deutschem Besitz,[45]

- „überdurchschnittliche“ Gemälde von Bernhard Strigel (1460–1528) am Marienaltar in der Liebfrauenkapelle des ehemaligen Zisterzienserklosters Salem,[46]
- die Ptolemäus Cosmographia, eine Handschrift auf Pergament aus dem Jahr 1468,[47]
- das so genannte „Silberzimmer der Welfen“, ein einzigartiges, berühmtes und vollständiges Ensemble von Silbermobiliar, in wesentlichen Teilen das Werk von Augsburger Silberschmieden. Das Silberzimmer befand sich beinahe durchgängig in deutschem Besitz; es repräsentiert fürstlichen Reichtum an deutschen absolutistischen Höfen. Dass einzelne Stücke des Ensembles möglicherweise von Londoner Silberschmieden geschaffen worden sind, hinderte eine Eintragung nicht,[48]
- eine Käfersammlung, eine naturwissenschaftliche Sammlung mit systematischem Aufbau, als „anderes Kulturgut“ i. S. v. § 1 Abs. 1 des Gesetzes zum Schutz deutschen Kulturgutes gegen Abwanderung, wobei die Sammlung von Käfern aus aller Welt als deutsches Kulturgut galt, weil sie ihren Standort in Deutschland hatte; die Unersetzbarkeit war Grund, eine allfällige Abwanderung als „wesentlichen Verlust“ zu betrachten,[49]
- verschiedene Gemälde von Francesco Guardi[50] und von Francisco José de Goya.[51]

---

[45] Verwaltungsgericht Sigmaringen, 21.4.1983, 4 K 1746/81 (unveröffentlicht); Verwaltungsgericht Sigmaringen, 31.1.1985, 2 K 874/83 (unveröffentlicht); VGH Mannheim, 14.3.1986, NJW 1987, 1440f. Gesamtverzeichnis (vorne Fn. 14) Nr. 01505.

[46] Verwaltungsgericht Sigmaringen, 21.4.1983, 4 K 1746/81 (unveröffentlicht). Gesamtverzeichnis (vorne Fn. 14) Nr. 01110.

[47] Verwaltungsgericht Sigmaringen, 25.11.1985, 1 K 313/84 (unveröffentlicht). Die Eigenschaft als nationales Kulturgut wurde nicht näher begründet, war jedoch im Verfahren unbestritten. Gesamtverzeichnis (vorne Fn. 14) Nr. 01408.

[48] VG Hannover, 9.6.1989, NVwZ-RR 1991, 643ff., 644–645; OVG Lüneburg, 19.5.1992, NVwZ-RR 1993, 79ff., 82; BVerwG 27.5.1993, BVerwGE 92, 288ff., 289–290=NJW 1993, 3280ff., 3281 = DVBl. 1993, 1099 *(Silberzimmer der Welfen)*. Das sog. Hildesheimer Silber wurde durch eine deutsche Händlerkommission zum Preis von 5,5 Mio. DM erworben; *Schorlemer* 402f.; Gesamtverzeichnis (vorne Fn. 14) Nr. 09907.

[49] VGH München, 5.2.1988, Bayerische Verwaltungsblätter 1989, 50 = NVwZ 1988, 742; VGH München, 4.12.1991, NJW 1992, 2584–2586, bestätigt durch BVerwG 30.3.1992, NJW 1992, 2584 *(Käfersammlung)*. In der Folge gelangte die Käfersammlung nach Basel; vgl. hinten § 3 B II.

[50] Gesamtverzeichnis (vorne Fn. 14) Nr. 02120–02124.

[51] Gesamtverzeichnis (vorne Fn. 14) Nr. 02112 und 02136.

Hingegen wurden nicht in das Verzeichnis eingetragen:

- die „Stammheim-Misseale“, Messbuch aus dem 12. Jahrhundert, ein Werk der Hildesheimer Malerschule,[52]
- Gegenstände einer völkerkundlichen Sammlung, nämlich ein „Kult-Gross-Krokodil, Korowori-NG Holz“, ein „Grosskrokodil Kambot, rotes Hartholz“, drei Tanzanzüge sowie ein Prunkkanu aus dem Sepikmündungsgebiet, ausserdem ein Nagelfetisch und ein Häuptlingsstab (Kongo) sowie diverse neuguineische Korowori-Kultfiguren. Das Begehren des Eigentümers auf Eintragung wurde abgelehnt, da die Gegenstände nicht zur deutschen Kunst zählen und aufgrund der höchstens durchschnittlichen Qualität der Objekte auch nicht als Werke von Künstlern von internationalem Rang ins Verzeichnis aufgenommen werden konnten.[53]

Ungewöhnlich war der Fall des Evangeliars Heinrich des Löwen. Das Evangeliar wurde 1961 ins Verzeichnis eingetragen, doch wenig später aus unbekannten Gründen wieder gestrichen. Es konnte 1983 an einer Auktion in London u. a. mit Hilfe öffentlicher Gelder ersteigert und nach Deutschland zurückgebracht werden.[54]

Fraglich ist, ob ein öffentliches Interesse gegeben ist an der Retention von Kulturgütern, die für die Öffentlichkeit unzugänglich sind und die auch der einheimischen Forschung und Wissenschaft nicht zur Verfügung stehen. Die Ausfuhr solcher Güter kann u. U. eine Chance sein, dass der Erwerber sie – wenn auch im Ausland – der Öffentlichkeit zugänglich macht.[55]

Zusammenfassend lässt sich festhalten, dass das Gesetz zum Schutz deutschen Kulturgutes gegen Abwanderung ein anerkanntes öffentliches Interesse verfolgt und insofern mit der Eigentumsgarantie im Einklang steht. Die Eintragungspraxis in Deutschland gilt als eher zurückhaltend; es sind keine Fälle bekannt, in denen das öffentliche Interesse an der Eintragung offensichtlich nicht vorlag. Wenig überzeugend scheint einzig, dass in der Praxis die Eigenschaft des „nationalen Kulturgutes“ in einigen Fällen bloss mit dessen territorialer Belegenheit begründet wird.

---

[52] *Berndt* 3; kritisch *Hipp* 391. Das Messbuch befindet sich nun im Getty Museum, Kalifornien.

[53] Verwaltungsgericht Gelsenkirchen, 5.6.1985, 4 K 1357/84 (unveröffentlicht). Das Gericht überprüfte die Voraussetzungen einer Eintragung nur eingeschränkt. Es stützte sich auf den Kriterienkatalog der Kultusministerkonferenz (vgl. vorne Fn. 32).

[54] *Schorlemer* 403; *Uhl* 66.

[55] *Berndt* 146, 148. Dieses Kriterium spielte eine Rolle bei der Gutheissung des Ausfuhrgesuchs für die Waldseemüller-Karte von 1507 zu Gunsten der Kongressbibliothek in Washington, vgl. hinten § 3 B II.

3. Verhältnismässigkeit

Der Gesetzgeber darf Eigentümerbefugnisse nur innerhalb gewisser Grenzen beschränken. Einschränkungen dürfen nur so weit gehen, wie es der Schutzzweck erfordert. Die Schwere und Intensität des Eingriffs bzw. die Bindung des Eigentümers und der soziale Bezug des Eigentumsobjekts müssen in einem angemessenen Verhältnis stehen; Eigentümern dürfen keine übermässigen und unzumutbaren Belastungen zugemutet werden. Art. 14 GG gewährt jedoch kein Recht auf die einträglichste Nutzung und den höchstmöglichen Gewinn aus dem Eigentum.[56]

Die Beurteilung der Verhältnismässigkeit hängt von der geschichtlichen, politischen, sozialen und wirtschaftlichen Situation ab. Der Schutzzweck, der sachliche Grund für die Massnahme und die Zumutbarkeit sind zu beurteilen.[57] Die Grenzen der Sozialbindung werden regelmässig überschritten „bei Eingriffen in bereits verwirklichte Nutzungen und ... beim Ausschluss von Nutzungsmöglichkeiten, die sich nach Lage der Dinge objektiv anbieten oder sogar aufdrängen."[58]

Grundsätzlich sind Inhalts- und Schrankenbestimmungen entschädigungslos zu dulden. Gesetzliche Bestimmungen, die zu unzumutbaren Einschränkungen führen, sind unwirksam. Eingriffe, die auf solchen Bestimmungen beruhen, können – und müssen – abgewehrt werden; sie begründen indessen keinen Entschädigungsanspruch.[59] In gewissen Fällen können die Nachteile so ausgeglichen werden, dass die Belastung für den Eigentümer zumutbar bleibt.[60] Unter bestimmten Umständen besteht ein aussergesetzlicher Entschädigungsanspruch für enteignende und enteignungsgleiche Eingriffe, der sich indessen nicht auf Art. 14 GG stützt.

Unter diesen Gesichtspunkten sind im Folgenden die Bestimmungen des Gesetzes zum Schutz deutschen Kulturgutes gegen Abwanderung zu beleuchten.

---

[56] BVerfG 12.6.1979, BVerfGE 52, 1, 29f. *(Kleingartenpacht)*; BVerfG 14.7.1981, BVerfGE 58, 137, 148 *(Pflichtexemplarentscheidung)*; BVerfG 15.7.1981, BVerfGE 58, 300ff., 338 = NJW 1982, 745ff., 750 *(Nassauskiesung)*; BVerfG 9.10.1991, BVerfGE 84, 382, 385–386 (wonach Kündigungsschutzvorschriften, welche beim Verkauf einer Eigentumswohnung einen Mindererlös von ca. einem Drittel zur Folge haben, mit der Eigentumsgarantie im Einklang stehen); BVerfG 22.11.1994, BVerfGE 91, 294, 308, 310 *(Mietpreisbindung in den neuen Bundesländern)*; BVerfG 2.3.1999, BVerfGE 100, 226, 241–243 = NJW 1999, 2877, 2878; *Jarass/Pieroth* Rz. 38ff. zu Art. 14 GG; *Kreft* 114–115.

[57] *Kreft* 114.

[58] BGH 8.6.1978, NJW 1979, 210ff., 211 = DVBl. 1979, 232ff., 234; BGH 26.1.1984, BGHZ 90, 17, 24–25 *(Sandabbau)*; BGH 7.7.1994, BGHZ 126, 379, 383 mit weiteren Hinweisen.

[59] Vorrang des „Primärrechtsschutzes": BVerfG 12.6.1979, BVerfGE 52, 1, 27f. *(Kleingartenpacht)*; BVerfG 15.7.1981, BVerfGE 58, 300, 324 = NJW 1982, 745ff., 747 *(Nassauskiesung)*; BVerfG 2.3.1999, BVerfGE 100, 226, 246 = NJW 1999, 2877, 2879.

[60] Grundlegend BVerfG 14.7.1981, BVerfGE 58, 137, 150 *(Pflichtexemplarentscheidung)*.

a. Eignung und Erforderlichkeit

Das Ausfuhrverbot mit Genehmigungsvorbehalt ist eine geeignete Massnahme, die Abwanderung von Kulturgut aus Deutschland zu verhindern.[61]

Eine andere Frage ist, ob die Massnahme notwendig ist. Staatliche und private Vorkaufsrechte und die Kräfte des Marktes würden in einzelnen Fällen genügen, den Verbleib von Kulturgütern im Inland sicherzustellen. Sie sind jedoch weniger wirksam als ein Ausfuhrverbot mit Genehmigungsvorbehalt, denn ihre Wirkung hängt von den staatlichen Mitteln ab, die für den Erwerb von Kulturgütern zur Verfügung stehen.[62]

b. Schwere des Eingriffs

Die Eintragung ins Verzeichnis national wertvollen Kulturgutes hat – streng genommen – nur eine Verfahrenspflicht zur Folge: Der Eigentümer hat für die Ausfuhr eines eingetragenen Gegenstands aus Deutschland eine Genehmigung zu beantragen. Diese Verfahrenspflicht ist entschädigungslos zu dulden.[63] Solange der Eigentümer das Objekt nicht ausführen oder an einen Interessenten im Ausland verkaufen will, wirkt der Eingriff ins Eigentum nur latent.[64] Die Eintragung von Kulturgütern in das Verzeichnis national wertvollen Kulturgutes bedeutet kein absolutes Ausfuhrverbot. Es gibt in der Praxis Fälle, in denen die Ausfuhr bewilligt worden ist.[65]

Innerhalb der Bundesrepublik Deutschland ist die Veräusserung von eingetragenem Kulturgut uneingeschränkt zulässig. Eingetragene Objekte lassen sich aber nur erschwert und regelmässig zu einem tieferen Preis verkaufen. Fraglich ist, ob dies im Hinblick auf die Eigentumsgarantie von Bedeutung ist. Zwar garantiert das Eigentumsgrundrecht, dass Sachgüter ge- und verkauft werden können.[66] Art. 14 GG gewährleistet jedoch weder einen Marktpreis,[67] noch sind künftige Erwerbschancen und Verdienstmöglichkeiten und tatsächliche Mög-

---

[61] Gemäss *Mussgnug* 584 sind keine Fälle von unrechtmässig ausgeführten eingetragenen Kulturgütern bekannt.

[62] *Hipp* 233; *Berndt* 146–147 mit positiven Gegenbeispielen. In OVG Lüneburg, 19. 5. 1992, NVwZ-RR 1993, 79ff., 81 *(Silberzimmer der Welfen)* erscheint der Ausfuhrgenehmigungsvorbehalt als milderer Eingriff gegenüber einem staatlichen Vorkaufsrecht.

[63] VG Hannover, 9. 6. 1989, NVwZ-RR 1991, 643 *(Silberzimmer der Welfen)*. Ebenso betreffend die Anordnung der Unterschutzstellung von Gebäuden BGH 9. 10. 1986, BGHZ 99, 24, 33; BGH 11. 2. 1988, DVBl. 1988, 1213ff., 1214; *Moench*, Baurecht 24 (1993) 422; *Parodi* 140.

[64] Analog zur Eintragung ins Denkmalbuch, vgl. *Moench*, NJW 1980, 1550.

[65] Beispiele hinten § 3 B II.

[66] BVerfG 31. 3. 1998, BVerfGE 97, 350, 371 *(Währungsunion)*.

[67] BGH 8. 6. 1978, NJW 1979, 210ff., 211 = DVBl. 1979, 232ff., 234; BGH 9. 10. 1986, BGHZ 99, 24, 33 (betreffend Unterschutzstellung von Immobilien); BVerfG 22. 11. 1994, BVerfGE 91, 294, 310 *(Mietpreisbindung in den neuen Bundesländern)*.

lichkeiten als eigentumsrechtlich geschützte Rechtspositionen anerkannt.[68] Der Tauschwert ist in diesem Sinn eigentumsrechtlich nicht garantiert. Dass der Marktwert eines Objekts wegen der Eintragung ins Verzeichnis sinkt, bedeutet mithin keinen Eingriff in eine eigentumsrechtlich geschützte Rechtsposition; für die Qualifizierung der Schwere des Eingriffs durch die Eintragung ist der eingetretene Wertverlust nicht von Bedeutung.[69] Dennoch ist die Beeinträchtigung des Verkehrswerts durch die Eintragung nicht irrelevant: Beim Entscheid über die Genehmigung einer Ausfuhr ist die Beeinträchtigung des Verkehrswerts bei der Abwägung der Umstände des Einzelfalls zu berücksichtigen.[70]

In den letzten Jahrzehnten sind zwar zahlreiche Objekte neu eingetragen worden, in absoluten Zahlen betrachtet erscheint die Praxis Deutschlands jedoch vergleichweise harmlos. Die Eintragungspraxis gilt denn auch als zurückhaltend.[71] Sie wird teilweise gar als zu mild beurteilt.[72]

c. Ausgleichung

Inhalts- und Schrankenbestimmungen sind ausgleichspflichtig, wenn sie Einzelnen in Einzelfällen eine unzumutbare Vermögensbelastung auferlegen. Die Ausgleichung stellt die Verhältnismässigkeit des Eingriffs wieder her, indem sie die Belastung des Eigentümers mildert.[73] Auch Vertrauensschutz oder der Gleichheitssatz können für eine Ausgleichung sprechen.[74] Beeinträchtigungen durch Inhalts- und Schrankenbestimmungen brauchen nicht voll ausgeglichen zu wer-

---

68 BVerfG 31.10.1984, BVerfGE 68, 193, 222–223; BVerfG 18.5.1988, BVerfGE 78, 205, 211 = EuGRZ 1989, 41 ff., 42 *(Schatzregal)*; BVerfG 9.1.1991, BVerfGE 83, 201, 211.

69 VG Hannover, 9.6.1989, NVwZ-RR 1991, 643 *(Silberzimmer der Welfen)*: „Die Aussicht, durch eine Ausdehnung des Interessentenkreises auf Ausländer, die den Gegenstand nicht im Bundesgebiet belassen wollen, einen erheblich höheren Preis zu erzielen, besitzt rein spekulativen Charakter. Eine solche Aussicht betrifft lediglich den Tauschwert des Eigentums, nicht aber seinen Bestand, und sie stellt ausserdem – insbesondere wenn der Eigentümer noch keine konkreten Verkaufsabsichten hegt – eine weitgehend unbestimmte Erwerbschance dar. Damit fällt dieser rein theoretische Nachteil nicht in den Schutzbereich der Eigentumsgarantie." Ebenso betreffend die Eintragung ins Denkmalbuch BGH 11.2.1988, DVBl. 1988, 1213 ff., 1214.

70 Vgl. § 1 Abs. 4 Gesetz zum Schutz deutschen Kulturgutes gegen Abwanderung.

71 *Berndt* 90–91; *Schmeinck* 75; *Uhl* 119.

72 Beispielsweise von *Schorlemer* 408.

73 BVerfG 14.7.1981, BVerfGE 58, 137, 150 *(Pflichtexemplarentscheidung)*; BVerfG 9.1.1991, BVerfGE 83, 201, 212 f.; BVerwG 24.6.1993, BVerwGE 94, 1, 5 *(Herrschinger Moos)*; BGH 7.7.1994, BGHZ 126, 379, 382; *Jarass/Pieroth* Rz. 46 zu Art. 14 GG; *Melchinger* 139; *Rozek* 76 f., 263. Gemäss BVerfG 2.3.1999, BVerfGE 100, 226, 244–246 = NJW 1999, 2877, 2879 genügt eine Ausgleichung in Geld nicht in allen Fällen, um die Unzumutbarkeit von Denkmalschutzmassnahmen zu beseitigen, sondern es sind zusätzliche Vorkehren notwendig, wie beispielsweise Übergangsregelungen, Ausnahme- und Befreiungsvorschriften oder die Übernahme durch die öffentliche Hand zum Verkehrswert.

74 *Rozek* 273.

den.[75] Die ausgleichspflichtige Inhalts- und Schrankenbestimmung ist von der Enteignung i. S. v. Art. 14 Abs. 3 GG zu unterscheiden.[76]

Die Ausgleichsentschädigung bedarf einer gesetzlichen Grundlage.[77] Das Gesetz zum Schutz deutschen Kulturgutes gegen Abwanderung enthält keinen eigentlichen Entschädigungsanspruch für Eigentümer, deren Gut in das Verzeichnis national wertvollen Kulturgutes eingetragen wird. Fraglich ist, ob für die Eintragung eine Ausgleichung geboten wäre.[78] Das Gesetz enthält den Ansatz einer Ausgleichung, indem eingetragene Gegenstände steuerlich begünstigt werden. Diese Begünstigung soll den tieferen Verkehrswert und die eingeschränkte Veräusserbarkeit ausgleichen.[79] Viele der eingetragenen Kulturgüter sind besonders teuer. Angesichts der steuerlichen Privilegierung kann die Eintragung gar im Interesse der Eigentümer liegen.[80]

d. Enteignender oder enteignungsgleicher Eingriff?

Aus dem allgemeinen Aufopferungsgrundsatz, wonach der Staat denjenigen entschädigen muss, „welcher seine besondern Rechte und Vortheile dem Wohle des gemeinen Wesens aufzuopfern genöthigt wird“,[81] hat der BGH die Haftungs-

---

75 *Rozek* 265. Selbst formelle Enteignungen müssen aufgrund von Art. 14 Abs. 3 GG nicht in allen Fällen voll entschädigt werden; *Kreft* 210; kritisch *Leisner* 1409f., 1415.

76 *Rozek* 263.

77 *Melchinger* 142–143. Salvatorische Klauseln („Wenn eine Massnahme nach diesem Gesetz enteignende Wirkung hat, kann der hiervon Betroffene eine angemessene Entschädigung in Geld verlangen“) sind zulässig gemäss BGH 7. 7. 1994, BGHZ 126, 379 (betreffend naturschutzrechtliche Ausgleichsansprüche); die Junktimklausel von Art. 14 Abs. 3 GG ist nicht anwendbar. *Jarass/Pieroth* Rz. 54 zu Art. 14 GG.

78 Gemäss *Kleeberg/Eberl* 233 besteht für die Eintragung ins Verzeichnis national wertvollen Kulturgutes keine Ausgleichspflicht des Staates.

79 § 1 Abs. 3 Gesetz zum Schutz deutschen Kulturgutes gegen Abwanderung; Begründung des Entwurfs eines Gesetzes zum Schutz deutschen Kulturgutes gegen Abwanderung aus dem Gebiet der Bundesrepublik, Bundestag-Drucksache 2/76, 7. Vgl. insbesondere § 13 Abs. 1 Nr. 2a und b (bb) Erbschaftsteuer- und Schenkungsteuergesetz, wonach ins Verzeichnis national wertvollen Kulturgutes oder national wertvoller Archive eingetragene Gegenstände in vollem Umfang von der Erbschaftssteuer ausgenommen sind, „wenn die jährlichen Kosten in der Regel die erzielten Einnahmen übersteigen und die Gegenstände in einem den Verhältnissen entsprechenden Umfang den Zwecken der Forschung oder der Volksbildung nutzbar gemacht sind oder werden“; zu den Voraussetzungen der Privilegierung *Stolz* 32ff. Da in Deutschland seit 1997 kein Vermögenssteuer mehr erhoben wird, hat die Steuererleichterung gemäss § 115 Abs. 2 Bewertungsgesetz seine Bedeutung verloren. Vgl. auch *Berndt* 108ff.; *Engstler* 38; *Uhl* 69–71.

80 Vgl. Verwaltungsgericht Gelsenkirchen, 5. 6. 1985, 4 K 1357/84 (unveröffentlicht) betreffend die vom Eigentümer beantragte Eintragung eines Kult-Grosskrokodils und anderer Objekte aus Neuguinea und Afrika; *Berndt* 91, 115. Gemäss *Kohls* 80–81 sind die Steuervorteile für den Eigentümer jedoch keine Alternative zu einem Verkauf im Ausland.

81 § 75 Einleitung des Allgemeinen Landrechts für die Preußischen Staaten von 1794.

institute des *enteignenden Eingriffs* und des *enteignungsgleichen Eingriffs* entwickelt; sie stützen sich nicht auf Art. 14 GG, sondern gelten als Richterrecht und Institute des einfachen Rechts. Die Verfassungsbeschwerde ist ausgeschlossen.[82] Als *enteignende Eingriffe* gelten in der Praxis der Zivilgerichte Fälle, in denen rechtmässiges hoheitliches Handeln privates Eigentum beeinträchtigt und einen öffentlichrechtlichen Entschädigungsanspruch (ohne gesetzliche Grundlage) begründet. In der Regel handelt es sich bei der Beeinträchtigung um eine nicht vorhergesehene, meist atypische, aber unzumutbare Nebenfolge einer Massnahme[83] oder um einen Fall des Sonderopfers.[84] Ist hingegen die Ausgleichung für einen Eigentumseingriff gesetzlich geregelt oder müsste sie gegebenenfalls gesetzlich geregelt sein, damit der Eingriff verfassungsmässig wäre, bleibt für das Institut des enteignenden Eingriffs kein Raum.[85]

Soweit ersichtlich, ist die Eintragung eines Kulturguts in das „Verzeichnis national wertvollen Kulturgutes" bislang nicht als enteignender Eingriff qualifiziert worden.[86] Meines Erachtens wird die Anwendung des Instituts durch die gesetzliche Ausgleichungsregel ausgeschlossen. Auch ein Sonderopfertatbestand liegt bei der Eintragung ins Verzeichnis nicht vor: Die Ausfuhrbeschränkung trifft alle Eigentümer nationaler Kulturgüter gleichermassen.[87]

---

82 BGH 26.1.1984, BGHZ 90, 17, 29–31 *(Sandabbau)*; BGH 9.10.1986, BGHZ 99, 24, 29; BGH 25.3.1993, BGHZ 122, 76, 77f. *(Fluglärm)*; BVerfG 20.11.1997, NVwZ 1998, 271–272; BVerfG 2.12.1999, NJW 2000, 1402 *(Villa in den Elbvororten)*; *Külpmann* 94–95.

83 BVerwG 24.6.1993, BVerwGE 94, 1, 8 *(Herrschinger Moos)*; BGH 12.3.1987, BGHZ 100, 136, 144; *Jarass/Pieroth* Rz. 56ff. zu Art. 14 GG; *Külpmann* 71. Typische Fallgruppen sind Beeinträchtigungen durch Infrastrukturmassnahmen, durch Immissionen oder als Folge von Unfällen; vgl. *Külpmann* 28ff., 40ff. und 61ff. Nach – heute überholter – Praxis des BGH wurde die Grenze zwischen Sozialbindung und Enteignung überschritten, „wenn eine bisher ausgeübte oder zulässige Nutzung, die der Lage und Beschaffenheit des Eigentums entspricht und von einem vernünftig denkenden Eigentümer ins Auge gefasst wird, untersagt wird"; der „enteignende Eingriff" umfasste somit auch andere Fallgruppen. Vgl. BGH 8.6.1978, NJW 1979, 210ff., 211 = DVBl. 1979, 232ff., 234 betreffend Beschränkungen aus Gründen des Denkmalschutzes und *Külpmann* 16.

84 BGH 25.3.1993, BGHZ 122, 76, 77f. und BGH 16.3.1995, BGHZ 129, 124, 133–134 *(Fluglärm)*; *Jarass/Pieroth* Rz. 58 zu Art. 14 GG.

85 BVerwG 24.6.1993, BVerwGE 94, 1, 8 *(Herrschinger Moos)*; *Külpmann* 91, 210, 226. „Weder der enteignungsgleiche noch der enteignende Eingriff bieten eine geeignete Grundlage, um die generellen und typischen Folgen einer in einem formellen Gesetz enthaltenen Inhalts- und Schrankenbestimmung finanziell abzugelten"; BGH 29.1.1998, NJW 1998, 1398, 1399 *(Vermarktungsverbot für Elfenbein)*.

86 Keine enteignende Wirkung hat „für sich genommen" die Anordnung, mit welcher ein bestimmtes Gebäude unter Denkmalschutz gestellt wird; BGH 9.10.1986, BGHZ 99, 24, 32f. Entschädigungspflichtige enteignende Wirkungen hatte jedoch die Anordnung, dass in den privaten Räumen des geschützten Gebäudes ein öffentlich zugängliches Museum belassen werden musste; BGH 9.10.1986, BGHZ 99, 24, 34–35.

87 BVerwG 27.5.1993, BVerwGE 92, 288, 293–294 = NJW 1993, 3280ff., 3282 *(Silberzimmer der Welfen)*.

Unter einem *enteignungsgleichen Eingriff* versteht man die Beeinträchtigung einer Eigentumsposition durch eine hoheitliche Massnahme (Regelung oder Realakt), welche rechtswidrig ist, aber vom Betroffenen mit zumutbaren Rechtsmitteln nicht abgewendet werden konnte (Staatsunrecht). Legislatives Unrecht, das auf ein verfassungswidriges formelles Gesetz zurückzuführen ist, kann nicht unter dem Titel des enteignungsgleichen Eingriffs abgegolten werden; dies ist Sache des Gesetzgebers.[88] Da die Eigentumsgarantie in erster Linie den Bestandesschutz verfolgt, geht der Primärrechtsschutz dem Institut des enteignungsgleichen Eingriffs vor.[89]

Es sind keine Fälle denkbar, in denen ein Objekt unrechtmässig ins Verzeichnis national wertvollen Kulturgutes eingetragen wird, ohne dass dies mit zumutbaren Rechtsmitteln abgewehrt werden kann. Es bleibt kein Raum für eine Entschädigungsforderung wegen enteignungsgleichen Eingriffs.[90]

e. Erwerb durch die öffentliche Hand

Das Gesetz zum Schutz deutschen Kulturgutes gewährt den von einer Eintragung betroffenen Eigentümern keinen eigentlichen Übernahmeanspruch. Dies ist verfassungsrechtlich zulässig: Die Eigentumsgarantie gewährleistet bloss die Verfügungsfreiheit, nicht aber die Nachfrage.[91] Indessen gibt es Fälle, in denen die öffentliche Hand Kulturgüter erwirbt.[92]

f. Fazit

Die Bestimmungen im Gesetz zum Schutz deutschen Kulturgutes gegen Abwanderung sind geeignet, die Ausfuhr national wertvollen Kulturgutes zu verhindern. Sie sind für die Erhaltung des nationalen Kulturgüterbestands notwendig. Grundsätzlich ist das öffentliche Interesse am Abwanderungsschutz überragend

---

88 BGH 12.3.1987, BGHZ 100, 136, 145–146.

89 „Ein Entschädigungsanspruch wegen enteignungsgleichen Eingriffs ist regelmässig für diejenigen Nachteile ausgeschlossen, die durch die verwaltungsprozessuale Anfechtung hätten vermieden werden können, wenn eine zumutbare Anfechtung des Verwaltungsakts unterlassen worden ist“: BVerfG 2.12.1999, NJW 2000, 1402 *(Villa in den Elbvororten)* betreffend Denkmalschutz; BGH 26.1.1984, BGHZ 90, 17, 31–32 *(Sandabbau)*; BGH 21.12.1989, BGHZ 110, 12, 14f. *(Hamburgisches Denkmalschutzgesetz)*; *Jarass/Pieroth* Rz. 84 zu Art. 14 GG.

90 Ebensowenig für die Beeinträchtigung eines Grundstücks durch Nutzungsverbote aus Gründen des Naturschutzes: BVerwG 24.6.1993, BVerwGE 94, 1, 16 *(Herrschinger Moos)*. Vgl. *Uhl* 70 Fn. 229.

91 BVerfG 31.3.1998, BVerfGE 97, 350, 371 *(Währungsunion)*.

92 Die Bayrische Staatsbibliothek erwarb das Gebetbuch Otto III. mit Hilfe des Bundesinnenministeriums, der Kulturstiftung der Länder und des Freistaats Bayern; *Berndt* 2f. Der Evangeliar Heinrich des Löwen wurde zum Preis von 32,6 Mio. DM an einer Auktion in London von privaten und öffentlichen Geldgebern gemeinsam erworben; *Uhl* 66.

und rechtfertigt die Einschränkung der Verfügungsfreiheit,[93] jedenfalls für hochrangige Kulturgüter. Die Eintragung verpflichtet zur Einholung einer Genehmigung für die Ausfuhr, schliesst aber eine spätere Ausfuhr nicht absolut aus. Innerhalb Deutschlands können eingetragene Objekte uneingeschränkt genutzt und veräussert werden; solange der Eigentümer das Objekt nicht ausführen will, wirkt der Eingriff ins Eigentum nur latent. Die Minderung des Verkehrswerts, weil der internationale Markt nicht offen steht, ist unter dem Gesichtspunkt der Eigentumsgarantie irrelevant. Sie wird nicht entschädigt, aber durch eine steuerliche Begünstigung ausgeglichen. Die Voraussetzungen eines enteignenden oder eines enteignungsgleichen Eingriffs liegen nicht vor.

Die Bestimmungen über die Eintragung ins Verzeichnis national wertvollen Kulturgutes des Gesetzes zum Schutz deutschen Kulturgutes gegen Abwanderung sind verhältnismässig. Auch die Eintragungspraxis der deutschen Behörden ist grundsätzlich als verhältnismässig zu qualifizieren.

4. Fazit

Die Eintragung von Kulturgut in eine Liste mit der Wirkung, dass die Ausfuhr der eingetragenen Gegenstände nur mit Genehmigung zulässig ist, gilt als Inhalts- und Schrankenbestimmung. Sie beruht auf einer gesetzlichen Grundlage. Das Gesetz zum Schutz deutschen Kulturgutes gegen Abwanderung liegt im öffentlichen Interesse und beschränkt das Eigentum an Kulturgut nur in verhältnismässiger Art und Weise. Das Gesetz ist daher mit der Eigentumsgarantie vereinbar. Die Eintragungspraxis respektiert in den meisten Fällen die Eigentumsgarantie. Als unzulässig ist die Eintragung von Gütern zu beurteilen, die sich ausserhalb des Geltungsbereichs des Gesetzes befinden.

II. Verweigerung der Ausfuhrgenehmigung

Die Eintragung eines Objekts ins Verzeichnis national wertvollen Kulturgutes bewirkt ein „Ausfuhrverbot mit Genehmigungsvorbehalt".[94] Wer ein eingetragenes Objekt ausführen will, hat beim Beauftragten der Bundesregierung für Angelegenheiten der Kultur und der Medien ein Gesuch um Ausfuhr zu stellen. Die Ausfuhr kann auch bloss unter einschränkenden Bedingungen bewilligt werden.[95] Wird die Ausfuhrgenehmigung verweigert, konkretisiert dies den Inhalt

---

[93] OVG Lüneburg, 19.5.1992, NVwZ-RR 1993, 79ff., 81 und BVerwG 27.5.1993, BVerwGE 92, 288, 292–293 = NJW 1993, 3280ff., 3281 = DVBl. 1993, 1099, 1100 *(Silberzimmer der Welfen)*.

[94] *Bila* 67; *Uhl* 64.

[95] § 1 Abs. 4 Satz 1 und 2 sowie § 5 Gesetz zum Schutz deutschen Kulturgutes gegen Abwanderung. Die Ausfuhr der „Käfersammlung" wurde unter den Bedingungen gewährt, dass die

und die Schranken des Eigentums im Einzelfall. Ein ablehnender Entscheid kommt keiner Enteignung gleich.[96]

Der Entscheid fällt nach der Anhörung eines fünfköpfigen gemischten Sachverständigen-Ausschusses[97] und kann gerichtlich voll überprüft werden.[98]

Die gesetzliche Grundlage und das öffentliche Interesse des Ausfuhrverbots sind bereits geprüft und grundsätzlich bejaht worden.[99]

Es stellt sich die Frage nach der Verhältnismässigkeit einer Verfügung, durch welche ein Gesuch um Ausfuhr abgelehnt wird. Gemäss den gesetzlichen Bestimmungen sind beim Entscheid die Interessen des Eigentümers und der Bundesrepublik gegeneinander abzuwägen. Auch wirtschaftliche Interessen sind beim Entscheid zu berücksichtigen.[100] In dieser Bestimmung widerspiegelt sich der Verhältnismässigkeitsgrundsatz.[101] In der Regel ist die Ausfuhrgenehmigung für eingetragene Objekte wohl zu verweigern, da ins Verzeichnis nur Kulturgut eingetragen wird, dessen Abwanderung einen wesentlichen Verlust für den deutschen Kulturbesitz bedeuten würde. Eine Interessenabwägung findet bereits bei der Eintragung statt.[102] Dass ein Ausfuhrverbot u. U. einen Gewinn verunmöglicht, macht die Massnahme nicht schon unverhältnismässig, denn es gibt kein verfassungsmässiges Recht auf die einträglichste Nutzung des Eigentums.[103] Ist jedoch die Bewahrung des Objekts im Inland mit beträchtlichen Kosten verbunden, kann die Verweigerung der Ausfuhrbewilligung als schwerer und unzumut-

---

Sammlung nicht veräussert, in ihrer Gesamtheit erhalten, wissenschaftlich erschlossen und Benutzern unentgeltlich zur Verfügung stehen soll; *Hipp* 75f.; Schreiben des Beauftragten der Bundesregierung für Angelegenheiten der Kultur und der Medien an den Verfasser vom 11.9.2002.

[96] *Hipp* 90; *Kohls* 37.

[97] § 5 Abs. 2 Gesetz zum Schutz deutschen Kulturgutes gegen Abwanderung.

[98] *Bila* 70; *Hipp* 90; *Kohls* 37.

[99] Vorne § 3 B I 1–2.

[100] § 1 Abs. 4 Satz 3 Gesetz zum Schutz deutschen Kulturgutes gegen Abwanderung: „Die Genehmigung zur Ausfuhr ist zu versagen, wenn bei Abwägung der Umstände des Einzelfalls wesentliche Belange des deutschen Kulturbesitzes überwiegen"; *Uhl* 65.

[101] Verfassungswidrig war demgegenüber die Bestimmung, wonach der Abbruch eines geschützten Kulturdenkmals nur genehmigt werden kann, „wenn andere Erfordernisse des Gemeinwohls die Belange des Denkmalschutzes und der Denkmalpflege überwiegen", da so die privaten Interessen der Eigentümer nicht berücksichtigt und unverhältnismässige Belastungen nicht ausgeschlossen werden konnten; BVerfG 2.3.1999, BVerfGE 100, 226, 242–243 = NJW 1999, 2877, 2878 betreffend § 13 Abs. 1 Satz 2 des rheinland-pfälzischen Denkmalschutz- und pflegegesetzes vom 23.3.1978.

[102] *Berndt* 86f.; *Bila* 70.

[103] BGH 8.6.1978, NJW 1979, 210ff., 211 = DVBl. 1979, 232ff., 234; BGH 9.10.1986, BGHZ 99, 24, 33 (betreffend Unterschutzstellung von Immobilien); BVerfG 22.11.1994, BVerfGE 91, 294, 310 *(Mietpreisbindung in den neuen Bundesländern)*.

barer Nachteil gelten.[104] Bis anhin gibt es jedoch, soweit ersichtlich, keinen entsprechenden Präzedenzfall.

Unter Umständen ziehen die Nachteile, welche die Verweigerung einer Ausfuhrgenehmigung mit sich bringt, eine Ausgleichungspflicht nach sich. Das Gesetz enthält zwei entsprechende Ansätze:

- Wie bereits erwähnt, werden eingetragene Gegenstände steuerlich begünstigt.[105] Dieser Vorteil vermag zwar die Nachteile der Beschränkung auf den nationalen Markt im Fall einer Veräusserung nicht wettzumachen.[106] Die während der Dauer der Eintragung genossenen Steuervorteile können aber als vorweggenommene Ausgleichsleistung verstanden werden.[107]
- Eine weitere Ausgleichsbestimmung enthält § 8 des Gesetzes zum Schutz deutschen Kulturgutes gegen Abwanderung: „Wird die Genehmigung zur Ausfuhr rechtskräftig versagt und ist der Eigentümer des geschützten Kulturgutes infolge einer wirtschaftlichen Notlage zum Verkauf gezwungen, so hat die oberste Landesbehörde[108] des Landes, in dem sich das Kulturgut befindet, im Benehmen mit dem Beauftragten der Bundesregierung für Angelegenheiten der Kultur und der Medien auf einen billigen Ausgleich unter Berücksichtigung der dem § 1 Abs. 3 entsprechenden Steuervorteile hinzuwirken." Laut dieser Bestimmung wird die Zumutbarkeit eines Ausfuhrverbots nicht objektbezogen, sondern im Hinblick auf die sonstigen wirtschaftlichen Verhältnisse des Eigentümers beurteilt. Die Norm gibt keinen Anspruch auf Ausgleichszahlungen der öffentlichen Hand.[109]

Ein voller Ausgleich der Beeinträchtigung, die eine Inhalts- und Schrankenbestimmung bewirkt, ist verfassungsrechtlich nicht geboten.[110] Es besteht somit kein Anspruch auf Entschädigung des ganzen Minderwerts eines Objekts, dessen Ausfuhr verweigert wird. Der „billige Ausgleich" braucht nicht der ganzen Differenz zwischen Handelswert im In- und Ausland zu entsprechen. § 8 des Gesetzes scheint im Zusammenhang mit der Verweigerung eines Ausfuhrgesuchs übrigens noch nie zur Anwendung gekommen zu sein.[111]

---

104 VG Hannover, 9.6.1989, NVwZ-RR 1991, 643 *(Silberzimmer der Welfen)*. Vgl. auch BGH 8.6.1978, NJW 1979, 210ff., 211f. = DVBl. 1979, 232ff., 234–235 betreffend Verweigerung einer Abbruchgenehmigung für eine denkmalgeschützte Villa.

105 § 1 Abs. 3 Gesetz zum Schutz deutschen Kulturgutes gegen Abwanderung und vorne Fn. 79.

106 *Kohls* 80–81.

107 *Hipp* 93; *Kleeberg/Eberl* 236.

108 Zusammenstellung der Obersten Landesbehörden bei *Kleeberg/Eberl* 232.

109 *Pieroth/Kampmann* 1389.

110 *Rozek* 265. Auch formelle Enteignungen brauchen nicht in allen Fällen voll entschädigt zu werden; *Kreft* 210; kritisch *Leisner* 1409f., 1415.

111 *Bila* 70f.; *Uhl* 65. Nach Ansicht von *Kleeberg/Eberl* 236 haben aufgrund einer verfassungs-

Wird die Ausfuhrgenehmigung verweigert, liegt angesichts der geltenden Ausgleichsregeln kein enteignender Eingriff vor. Da eine unrechtmässige Verweigerung einer Ausfuhrgenehmigung mit Rechtsmitteln angefochten werden kann, kommt auch kein enteignungsgleicher Eingriff in Betracht.[112]

Bis heute wurde bloss viermal eine Ausfuhrgenehmigung für ein eingetragenes Objekt erteilt. Folgende Werke konnten aus Deutschland ausgeführt werden:

- das Texas-Archiv (um 1860), Informationen für Auswanderer, verkauft nach New York und entgegen anderslautenden Zusicherungen teilweise aufgelöst,[113]
- ein Gemälde des Schweizer Malers Tobias Stimmer (1539–1584) nach Schaffhausen,[114]
- die Käfersammlung von Georg Frey, die von Bayern nach Basel ins Naturhistorische Museum gelangte,[115]
- die „Waldseemüller-Weltkarte", geschaffen 1507 von Martin Waldseemüller in Freiburg als erste Karte, die der Neuen Welt den Namen „Amerika" gab, verkauft an die Kongressbibliothek in Washington. Der Entscheid fiel, gegen den Willen der Mehrheit des Sachverständigen-Ausschusses, zwecks Förderung der transatlantischen Beziehungen und um der öffentlichen Zugänglichkeit der Karte willen.[116]

Die Ausfuhrgenehmigungen wurden jeweils nur unter bestimmten Auflagen erteilt, namentlich über den öffentlichen Zugang und die Erhaltung der Objekte.[117] Bei der Behandlung von Ausfuhrgesuchen werden offenbar ein enger Bezug des Kulturguts zum Staat, in den das Gut verbracht werden soll, die öffentliche Zugänglichkeit oder sehr hohe angebotene Kaufpreise aus dem Ausland berücksichtigt.

---

konformen Auslegung von § 8 des Gesetzes zum Schutz deutschen Kulturgutes gegen Abwanderung Land und Bund das Objekt zu übernehmen, wenn wegen der Verweigerung der Ausfuhrgenehmigung die Veräusserung unmöglich oder nur zu einem unangemessen tiefen Preis möglich ist.

[112] Vgl. dazu vorne § 3 B I 3d.

[113] *Herstatt*; Schreiben des Beauftragten der Bundesregierung für Angelegenheiten der Kultur und der Medien an den Verfasser vom 11.9.2002.

[114] *Herstatt;* Schreiben des Beauftragten der Bundesregierung für Angelegenheiten der Kultur und der Medien an den Verfasser vom 11.9.2002.

[115] *Herstatt*; *Hipp* 75f. Vgl. zur Eintragung dieser Sammlung vorne § 3 B I 2.

[116] *Herstatt*; Schreiben des Beauftragten der Bundesregierung für Angelegenheiten der Kultur und der Medien an den Verfasser vom 11.9.2002. Vgl. Gesamtverzeichnis (vorne Fn. 14) Nr. 01301.

[117] Schreiben des Beauftragten der Bundesregierung für Angelegenheiten der Kultur und der Medien an den Verfasser vom 11.9.2002.

III. Vorläufiges Ausfuhrverbot

Während des Eintragungsverfahrens ist die Ausfuhr des Kulturguts untersagt.[118] Das vorläufige Ausfuhrverbot dient der Sicherung der Ausfuhrkontrolle während des Eintragungsverfahrens. Die Beschränkung der freien Nutzung basiert auf gesetzlicher Grundlage und liegt im öffentlichen Interesse. Sie ist zur Erreichung des Zwecks, nationales Kulturgut in Deutschland zu behalten, notwendig und geeignet. Da die Beschränkung nur für die Dauer des Verfahrens gilt, wiegt sie in der Regel nicht allzu schwer und ist verhältnismässig. Das vorläufige Ausfuhrverbot ist mit Art. 14 GG vereinbar.

IV. Länderrechtliche Verbringungsverbote

Länder können das Verbringen von denkmalgeschützten beweglichen Kulturgütern an einen anderen Ort einer Bewilligungspflicht unterstellen.[119] Solche Bestimmungen, Folge des Denkmalschutzes, gelten als Inhalts- und Schrankenbestimmungen.[120]

Verbringungsverbote können den Schutz von Denkmalen, die Einheit von Sammlungen und die Erhaltung von Ausstattung und Zugehör am Ursprungsort bezwecken. Sie dienen einem öffentlichen Interesse. Aufgrund der bisherigen konkurrierenden Gesetzgebungskompetenz[121] waren die Länder nicht befugt, Verbringungsverbote zum Schutz von nationalem Kulturgut vor Abwanderung zu verfügen.[122] Obwohl sie andere Ziele verfolgen als das Gesetz zum Schutz deutschen Kulturgutes gegen Abwanderung, bewirken auch die länderrechtlichen Verbringungsverbote eine faktische Ausfuhrkontrolle.[123]

---

[118] § 4 Gesetz zum Schutz deutschen Kulturgutes gegen Abwanderung. Die vorläufige Eintragung war Gegenstand des Entscheids VGH München, 5.2.1988, Bayerische Verwaltungsblätter 1989, 50 = NVwZ 1988, 742 *(Käfersammlung)*.

[119] Beispiele: *Brandenburg:* § 15 Abs. 1 Denkmalschutzgesetz; *Hessen:* § 16 Abs. 1 Nr. 2 Denkmalschutzgesetz; *Schleswig-Holstein:* § 9 Abs. 1 Nr. 2 Denkmalschutzgesetz. Der Anwendungsbereich dieser Genehmigungspflichten ist regelmässig weiter als laut Gesetz zum Schutz deutschen Kulturgutes gegen Abwanderung, denn die Güter sind bereits dann einer Ausfuhrkontrolle unterstellt, wenn ihre (materielle) Erhaltung im öffentlichen Interesse liegt; *Berndt* 98–100; *Hönes* 41 f.

[120] So bezüglich Unterschutzstellung von Immobilien durch Eintragung in Denkmalregister BGH 9.10.1986, BGHZ 99, 24, 32f.; BVerwG 10.7.1987, NJW 1988, 505; *Bila* 77; *Jarass/Pieroth* Rz. 61 zu Art. 14 GG.

[121] Vgl. ex-Art. 74 Abs. 1 Nr. 5 GG.

[122] Art. 70 GG; *Bila* 72–73. Neu ist der Abwanderungsschutz gemäss Art. 75 Abs. 1 Nr. 6 GG als blosse Rahmenkompetenz des Bundes ausgestaltet, die Länder haben jedoch im Bereich des Abwanderungsschutzes bisher noch nicht legiferiert. Vgl. vorne § 3 B I 1.

[123] *Hipp* 13–14. *Hönes* 42 betrachtet sie gar als wirkungsvoller als diejenigen des Gesetzes zum Schutz deutschen Kulturgutes gegen Abwanderung.

Beim Entscheid über die Genehmigung einer Verbringung sind öffentliche und private Interessen gegeneinander abzuwägen.[124] Die Missachtung privater Interessen wäre verfassungswidrig.[125] Unter Umständen ist eine Ausgleichsleistung in Geld geboten.[126] Problematisch wäre es, wenn ein Objekt mangels Genehmigung nicht an den neuen Wohnort des Eigentümers mitgenommen werden könnte.[127] Ist eine sinnvolle Nutzung des Objekts nicht mehr möglich, so dass es „nur noch Denkmal" ist, liegt u. U. – nach alter Dogmatik – ein enteignender Eingriff vor.[128] Falls es dem Eigentümer wirtschaftlich nicht zugemutet werden kann, das Objekt zu behalten, kann er im Sinne einer Ausgleichsleistung u. U. die Übernahme des Objekts durch das Gemeinwesen gegen Ausgleich in Geld fordern.[129]

Zusammenfassend: Verbringungsverbote, die sich auf Denkmalschutzgesetze der Länder stützen, sind nur aus Gründen des Denkmalschutzes gerechtfertigt, nicht zur Verhinderung der Abwanderung von nationalem Kulturgut aus Deutschland. Schwere Eingriffe sind nur verfassungsmässig, wenn sie mit Ausgleichungsmassnahmen gemildert werden, allenfalls gar durch die Übernahme der Objekte durch die öffentliche Hand.

V. Weitere Handelsbeschränkungen

Ortsveränderungen im Inland, Verlust und Beschädigung von Gegenständen, die in das „Verzeichnis national wertvollen Kulturgutes" eingetragen sind, müssen

---

[124] Vgl. OVG Nordrhein-Westfalen, 23. 4. 1992, Nordrhein-Westfälische Verwaltungsblätter 1993, 224ff., 225 betreffend die Verwendung von Kunststofffenstern in einem Baudenkmal; *Bila* 79.

[125] BVerfG 2. 3. 1999, BVerfGE 100, 226, 242–243 = NJW 1999, 2877, 2878: § 13 Abs. 1 Satz 2 des rheinland-pfälzischen Denkmalschutz- und pflegegesetzes vom 23. 3. 1978, wonach der Abbruch eines geschützten Kulturdenkmals nur genehmigt werden kann, „wenn andere Erfordernisse des Gemeinwohls die Belange des Denkmalschutzes und der Denkmalpflege überwiegen", war verfassungswidrig, da die privaten Interessen der Eigentümer nicht berücksichtigt und unverhältnismässige Belastungen nicht ausgeschlossen werden konnten. Vgl. auch *Moench*, Baurecht 24 (1993) 427.

[126] Zur Ausgleichung vgl. vorne § 3 B I 3c. Eine Ausgleichsleistung kann in vielen Fällen auf eine sog. „salvatorische Klausel" gestützt werden, vgl. § 30 Abs. 2 des Brandenburgischen Denkmalschutzgesetzes und § 26 Abs. 1 des Hessischen Denkmalschutzgesetzes. Salvatorische Klauseln gelten als wirksam (BGH 9. 10. 1986, BGHZ 99, 24, 28), teilweise aber als unzureichend (BVerfG 2. 3. 1999, BVerfGE 100, 226, 246–247 = NJW 1999, 2877, 2879). Vgl. *Bila* 79.

[127] *Bila* 79.

[128] BGH 8. 6. 1978, NJW 1979, 210ff., 211f. = DVBl. 1979, 232ff., 234–235. Eine entschädigungspflichtige enteignende Wirkung kam beispielsweise der Anordnung zu, dass in einem privaten Barockgebäude ein öffentlich zugängliches Museum belassen werden müsse; BGH 9. 10. 1986, BGHZ 99, 24, 34–35. *Bila* 78.

[129] § 26 Abs. 1 Satz 2 des Hessischen Denkmalschutzgesetzes; § 31 Denkmalschutzgesetz Nordrhein-Westfalen; *Moench*, Baurecht 24 (1993) 426.

der obersten Landesbehörde mitgeteilt werden.[130] Regelmässig sind Anzeigepflichten bei Veräusserung auch in den Denkmalschutzgesetzen der Länder enthalten.[131] Diese *Mitteilungs- und Verfahrenspflichten* beeinträchtigen das Eigentum nicht.[132] Es liegt kein Eingriff in die Eigentumsgarantie vor.

Das *Schatzregal* verhindert den Eigentumserwerb Privater an wissenschaftlich bedeutenden Funden, indem solche Gegenstände ipso iure ins Eigentum der öffentlichen Hand fallen. Dies ist verfassungsrechtlich ohne weiteres zulässig.[133]

VI. Öffentlich-rechtliche Dienstbarkeit?

Sachen, die der Erfüllung öffentlicher Aufgaben unmittelbar dienen, werden durch Widmung zur „öffentlichen Sache". Fraglich ist, ob auch ohne entsprechende gesetzliche Grundlage eine öffentlichrechtliche Dienstbarkeit besteht, die den Rechtsnachfolger im Eigentum einer öffentlichen Sache bindet und deren gutgläubigen Erwerb ohne Belastung ausschliesst.[134] Solche Dienstbarkeiten vermöchten den Handel mit Kulturgut aus öffentlichen Sammlungen zu beschränken.

Die Frage nach den Voraussetzungen und Folgen von öffentlichrechtlichen Dienstbarkeiten stand im Zentrum des „Hamburger Stadtsiegelfalls"[135]: Das IV. Hamburger Stadtsiegel aus dem 14. Jahrhundert (samt Tasche), bis 1810 in Gebrauch und vermutlich nach Ende des 2. Weltkrieges aus dem Hamburgischen Archiv entwendet, wurde 1986 von der Inhaberin eines Antiquitätengeschäfts auf einer Auktion in Deutschland erworben und im folgenden Jahr auf einer Kunstmesse in Köln feilgeboten. Die Freie und Hansestadt Hamburg forderte das Objekt zurück, nachdem sie das Siegeltypar identifiziert hatte. Ein bürgerlichrechtlicher Anspruch gemäss § 985 BGB wurde verneint, da es sich beim Siegel nicht um eine *res extra commercium* handelte und die Antiquitätenhändlerin

---

[130] § 9 Gesetz zum Schutz deutschen Kulturgutes gegen Abwanderung.

[131] Beispiele: *Brandenburg:* § 24 Abs. 2 Denkmalschutzgesetz; *Hessen:* § 17 Abs. 2 Denkmalschutzgesetz; *Nordrhein-Westfalen:* § 10 Denkmalschutzgesetz (auch bei Verbringen von beweglichen Denkmalen an einen anderen Ort); *Schleswig-Holstein:* § 10 Denkmalschutzgesetz.

[132] *Melchinger* 278 f.; *Parodi* 140.

[133] Gemäss Art. 73 Einführungsgesetz zum Bürgerlichen Gesetzbuche gehen landesgesetzliche Vorschriften über Regalien dem BGB vor; von § 984 BGB kann somit abgewichen werden. Die Zulässigkeit des Schatzregals wurde bestätigt in BVerfG 18. 5. 1988, BVerfGE 78, 205 = EuGRZ 1989, 41 betreffend § 23 des baden-württembergischen Denkmalschutzgesetzes vom 25. 5. 1971. Weitere Beispiele: *Brandenburg:* § 20 Denkmalschutzgesetz; *Schleswig-Holstein:* § 21 Denkmalschutzgesetz. *Jarass/Pieroth* Rz. 61 zu Art. 14 GG.

[134] Nachweise in OVG Münster, 25. 2. 1993, NJW 1993, 2635.

[135] BGH 5. 10. 1989, NJW 1990, 899; VG Köln, 20. 3. 1991, NJW 1991, 2584; OVG Münster, 25. 2. 1993, NJW 1993, 2635; BVerwG 12. 8. 1993, NJW 1994, 144 *(Hamburger Stadtsiegel)*. Gesamtverzeichnis (vorne Fn. 14) Nr. 1046.

laut § 935 Abs. 2 BGB an einer Auktion gutgläubig das Eigentum am Objekt erworben hatte.[136] Das Verwaltungsgericht hiess in der Folge die öffentlichrechtliche Klage gestützt auf die öffentliche Sachherrschaft gut, um den Siegelstempel wieder seinem widmungsgemässen Zweck zuzuführen. Der Siegelstempel sei nach wie vor eine öffentliche Sache, deren Widmung durch konkludenten Verwaltungsakt erfolgt sei, nämlich „durch seine Indienststellung spätestens Anfang des 14. Jahrhunderts". Nach 1810 habe das Siegel dazu gedient, die Echtheit von Urkunden zu überprüfen, es habe mithin eine Umwidmung zu einem anderen öffentlichen Zweck stattgefunden. Eine weitere Umwidmung sei in der Aufnahme des Siegels ins Hamburger Staatsarchiv zu sehen. Das Eigentum der Antiquitätenhändlerin sei belastet durch diese Widmung, welche das Privateigentum überlagere. Ein Eingriff in die Eigentumsgarantie sei lediglich in der Widmung zu erblicken, die jedoch im Einverständnis mit der damaligen Eigentümerin erfolgt sei.[137] Dieses Urteil wurde vom Oberverwaltungsgericht umgestossen mit der Begründung, aufgrund der Eigentumsgarantie i. S. v. Art. 14 Abs. 1 GG könne ein Herausgabeanspruch gestützt auf die Widmung zur öffentlichen Sache nur bejaht werden, wenn dies aus Rechtssätzen abgeleitet werden könne. Eine öffentlichrechtliche Dienstbarkeit müsse sich auf (Landes-)Gesetz gründen. Das Hamburger Recht enthalte jedoch keine Normen, welche einen Herausgabeanspruch begründen könnten.[138]

Inhalt und Schranken des Eigentums werden ausschliesslich durch Gesetz bestimmt.[139] Am Beispiel des Hamburger Stadtsiegelfalls zeigte sich, dass in Deutschland Kulturgüter, an denen ein öffentliches Interesse besteht, ohne entsprechende gesetzliche Grundlage keiner dinglichen Belastung unterliegen.[140]

VII. UNESCO-Konvention 1970

Die UNESCO-Konvention 1970 bezweckt, mit einheitlichen Bestimmungen die Rückforderung gestohlener Objekte zu erleichtern. In Art. 7 lit. b (ii) UNESCO-Konvention 1970 ist ein privatrechtlicher Anspruch auf Rückgabe von Kulturgütern[141] statuiert, die „aus einem Museum oder einem religiösen oder

---

[136] BGH 5.10.1989, NJW 1990, 899ff., 900 mit folgender bemerkenswerter Feststellung: „Dieses vom Gesetz gewollte Ergebnis der Privilegierung des gutgläubigen Erwerbers in der öffentlichen Versteigerung hält sich innerhalb der gesetzlich möglichen Schranken der Eigentumsgarantie nach Art. 14 I GG."

[137] VG Köln, 20.3.1991, NJW 1991, 2584, 2585–2586.

[138] OVG Münster, 25.2.1993, NJW 1993, 2635–2637, bestätigt durch BVerwG 12.8.1993, NJW 1994, 144f.

[139] Art. 14 Abs. 1 Satz 2 GG.

[140] *Müller-Katzenburg* 78f., 259f.

[141] Zum sachlichen Geltungsbereich vgl. Art. 1 UNESCO-Konvention 1970.

weltlichen Bauwerk oder einer ähnlichen Einrichtung" entwendet worden sind.[142]

1. Eingriff in die Bestandesgarantie

Die Bundesrepublik Deutschland hat die UNESCO-Konvention 1970 wegen dieser Bestimmung nicht ratifiziert,[143] da sie „tiefgreifende Eingriffe" in das deutsche Privatrecht befürchtete: Wer nach deutschem Privatrecht Eigentümer oder Besitzer von Kulturgut ist, wäre gegen Rückforderungen nicht gefeit.[144] Es ist zu prüfen, ob die Bedenken gegen eine Ratifikation der UNESCO-Konvention 1970 wegen der Eigentumsgarantie gerechtfertigt sind.

Änderungen der Gesetzgebung *(Reformgesetze)* sind in Bezug auf die Eigentumsgarantie heikel, wenn sie bestehende Zuordnungsverhältnisse verändern oder in bestehende Rechtspositionen eingreifen, die verfassungsrechtlich geschützt sind. Rechtssicherheit und Vertrauensschutz sind zu beachten.[145] Unter diesem Gesichtspunkt wäre eine Ratifikation der UNESCO-Konvention 1970 unbedenklich, denn die Konvention wirkt nicht zurück. Massgeblich ist im konkreten Fall, wann die jeweilige Konvention für die beiden betroffenen Vertragsstaaten in Kraft getreten ist.[146] Die Ratifikation der UNESCO-Konvention 1970 würde keine Eingriffe in bereits bestehende Rechte erfordern.

2. Zulässigkeit neuer Bestimmungen

Eigentumsrechte können neu umschrieben werden. Der Gesetzgeber kann neue Rechte schaffen, aber auch „das Entstehen von Rechten, die nach bisherigem Recht möglich waren, für die Zukunft ausschliessen".[147] Die Eigentumsgarantie schützt keine künftigen Rechtspositionen; sie garantiert keine Erwerbsmöglichkeiten (Chancen).[148] Einschränkungen müssen im öffentlichen Interesse liegen und verhältnismässig sein. Diese Voraussetzungen würde die UNESCO-Konvention 1970 m. E. erfüllen.[149]

---

142 Das Rückgabegebot der UNESCO-Konvention 1970 basiert auf dem *Importverbot* gemäss Art. 7 lit. b (i); *Fraoua*, Convention 74.

143 Möglicherweise gilt sie jedoch aufgrund der Ratifikation durch die DDR für das Gebiet der Neuen Bundesländer; vgl. *Schorlemer* 437f. Fn. 224.

144 Antwort der Bundesregierung auf die Grosse Anfrage der Abgeordneten Frau Dr. Wex u. a., Bundestag-Drucksache 10/2237 vom 31. 10. 1984, Frage 44; *Hipp* 142; *Müller-Katzenburg* 92; *Schorlemer* 437; Bernhard *Walter* 51–52.

145 *Kreft* 30–32.

146 Vorne § 2 B III 1.

147 BVerfG 9. 1. 1991, BVerfGE 83, 201, 212.

148 BVerfG 31. 10. 1984, BVerfGE 68, 193, 222–223; BVerfG 18. 5. 1988, BVerfGE 78, 205, 211 = EuGRZ 1989, 41ff., 42f. *(Schatzregal)*; BVerfG 9. 1. 1991, BVerfGE 83, 201, 211; *Jarass/Pieroth* Rz. 22 zu Art. 14 GG.

149 Vgl. dazu die Ausführungen unter § 2 B III 3–4.

3. Institutsgarantie

Eine andere Frage ist, ob die Bestimmungen der UNESCO-Konvention 1970 dem Grundsatz der Institutsgarantie des Eigentums entsprechen.

Der Gesetzgeber muss sich an verschiedene Grundsätze halten, wenn er die Eigentumsordnung gestaltet oder umgestaltet. Die Privatnützigkeit und die grundsätzliche Verfügungsbefugnis über Eigentum gehören zum Kernbereich der Eigentumsgarantie. Ferner sind das Gebot der sozialgerechten Eigentumsordnung, die Rechtsstaatlichkeit, die Verhältnismässigkeit und der Gleichheitsgrundsatz zu berücksichtigen.[150] Die Institutsgarantie ist in der Praxis bedeutungslos.[151]

Zu prüfen ist, ob es mit der Institutsgarantie vereinbar wäre, dass Eigentümer oder Besitzer von Kulturgut – entgegen deutschem Privatrecht – ihre Objekte u. U. zurückgeben müssten.

Bedenken gegen die UNESCO-Konvention 1970 werden insbesondere wegen deren weiten Geltungsbereichs und der langen Verjährungsfristen geltend gemacht. Wie das Beispiel der Schweiz zeigt,[152] liessen sich angemessene Regelungen durch den Erlass eines Umsetzungsgesetzes schaffen. Der gutgläubige Erwerber, der ein Kulturgut in Anwendung der UNESCO-Konvention 1970 an den ursprünglichen Eigentümer zurückgeben muss, hat immerhin Anspruch auf eine angemessene Entschädigung.[153] Die UNESCO-Konvention 1970 liesse sich in verhältnismässiger Art und Weise umsetzen, so dass die Eigentumsgarantie kein Hindernis einer Ratifikation wäre. Letztlich ist die Übernahme zusätzlicher Inhalts- und Schrankenbestimmungen im Kulturgüterschutz aber nicht eine (verfassungs-)rechtliche, sondern eine politische Frage, die hier nicht weiter zu erörtern ist.

C. Enteignung

Laut Art. 14 Abs. 3 GG bedarf eine Enteignung einer gesetzlichen Grundlage und ist nur „zum Wohl der Allgemeinheit" zulässig. Das Gesetz hat Art und Ausmass der Enteignungsentschädigung zu regeln. Der Begriff der Enteignung bezeichnet den Entzug von konkreten, durch Art. 14 Abs. 1 GG geschützten Rechtspositionen zur Erfüllung öffentlicher Aufgaben, sei es durch Gesetz

---

[150] BVerfG 22.11.1994, BVerfGE 91, 294, 208 (*Mietpreisbindung in den neuen Bundesländern*).

[151] *Jarass/Pieroth* Rz. 4 zu Art. 14 GG.

[152] Vorne § 2 B III.

[153] Art. 7 lit. b (ii) UNESCO-Konvention 1970.

(Legalenteignung) oder Vollzugsakt (Administrativenteignung). Enteignung ist von der Inhalts- und Schrankenbestimmung funktional zu unterscheiden.[154]

I. Enteignung von Kulturgütern

Denkmalschutzgesetze der Länder können die Enteignung von Kulturgütern vorsehen, wenn dies zu ihrer Erhaltung und Bewahrung im öffentlichen Interesse geboten ist.[155] Die allgemeinen Voraussetzungen sind dabei zu berücksichtigen. Die Enteignung von Kulturgütern scheint in der Praxis keine besonderen Probleme zu bieten.

II. Abwanderungsschutz als Enteignung?

Durch die Ausfuhrbeschränkungen im Gesetz zum Schutz deutschen Kulturgutes gegen Abwanderung wird die Nutzungs- und Verfügungsfreiheit für bestimmte private Kulturgüter eingeschränkt. Die Eintragung eines Objekts in das Verzeichnis national wertvollen Kulturgutes entzieht keine konkreten subjektiven Rechtspositionen, die unter die Eigentumsgarantie i. S. v. Art. 14 Abs. 1 GG fallen: Die Verfügung über eingetragene Objekte im Inland ist weiterhin möglich; Veräusserungen ins Ausland sind nicht schlechterdings verboten, sondern „nur" genehmigungspflichtig. Weder entwertet die Massnahme das Eigentum am eingetragenen Kulturgut völlig, noch verunmöglicht sie rechtlich oder faktisch jegliche Nutzung. Die Minderung des Verkehrswerts, welche mit der Eintragung verbunden ist, gilt als verlorene „Chance", nicht als eigentumsrechtlich anerkannte Rechtsposition. Art. 14 Abs. 3 GG ist somit nicht anwendbar.[156] Im Einzelfall unverhältnismässige Einschränkungen gelten nach neuerer Dogmatik des BVerfG nicht als enteignende Eingriffe.[157] Wie schmal der Grat zwischen Inhalts- und Schrankenbestimmung und Enteignung ist, zeigt sich indessen am Beispiel der Belastung von Grundstücken mit einer Dienstbarkeit, die vom

---

154 BVerfG 12.6.1979, BVerfGE 52, 1, 27f. *(Kleingartenpacht)*; BVerfG 12.3.1986, BVerfGE 72, 66, 76; BVerfG 2.3.1999, BVerfGE 100, 226, 239f. = NJW 1999, 2877; *Jarass/Pieroth* Rz. 69ff. zu Art. 14 GG; *Kreft* 53.

155 Beispiele: *Brandenburg:* §§ 29–30 Denkmalschutzgesetz; *Hessen:* § 25 Denkmalschutzgesetz; *Schleswig-Holstein:* § 26 Abs. 1 Denkmalschutzgesetz. Vgl. BGH 11.2.1988, DVBl. 1988, 1213ff., 1214 betreffend die Voraussetzungen für die Enteignung eines Ackerbürgerhauses.

156 VGH München, 22.3.1963, Bayerische Verwaltungsblätter 1963, 254–255; OVG Lüneburg, 19.5.1992, NVwZ-RR 1993, 79ff., 80 und BVerwG 27.5.1993, BVerwGE 92, 288, 290–291 = NJW 1993, 3280ff., 3281 *(Silberzimmer der Welfen)*; *Bila* 68; *Hipp* 81–82; *Kleeberg/Eberl* 233; *Kohls* 35f. A. A. *Bleckmann*, Kompetenzbestimmungen 130.

157 BVerfG 12.6.1979, BVerfGE 52, 1, 27f. *(Kleingartenpacht)*; BVerfG 15.7.1981, BVerfGE 58, 300, 320 = NJW 1982, 745, 746 *(Nassauskiesung)*; BVerfG 2.3.1999, BVerfGE 100, 226, 240 = NJW 1999, 2877f.; BGH 9.10.1986, BGHZ 99, 24, 28; BGH 12.3.1987, BGHZ 100, 136, 144; *Jarass/Pieroth* Rz. 36 zu Art. 14 GG; *Melchinger* 139; *Rozek* 34, 62.

BVerfG als Teilenteignung aufgefasst wird[158] – sicherlich zu Recht. Eine öffentlichrechtliche Dienstbarkeit belastet das Eigentum in ähnlicher Weise. Von daher könnte die strenge und konsequente Dogmatik des BVerfG betreffend Inhalts- und Schrankenbestimmung in Zweifel gezogen werden.[159]

Grundsätzlich gleich verhält es sich, wenn im konkreten Fall das Ausfuhrgesuch abgelehnt wird. Auch dies kommt keiner Enteignung gleich. Die bisherige Nutzung ist nach wie vor möglich.[160] Nichts anderes kann auch für das vorläufige Ausfuhrverbot während der Dauer des Eintragungsverfahrens gemäss § 4 des Gesetzes zum Schutz deutschen Kulturgutes gegen Abwanderung gelten. Es handelt sich dabei nicht um eine Legalenteignung.[161]

Zusammenfassend: Weder die Eintragung in ein „Verzeichnis wertvollen Kulturgutes" noch die Verweigerung der Ausfuhrgenehmigung im konkreten Fall noch das vorläufige Ausfuhrverbot sind Enteignungen i. S. v. Art. 14 Abs. 3 GG.

D. Zusammenfassung

I. Ausfuhrregelung und Verbringungsverbote

Kulturgüter mit nationaler Bedeutung können in das „Verzeichnis national wertvollen Kulturgutes" eingetragen werden. Eingetragene Objekte dürfen nur nach vorgängiger Genehmigung aus Deutschland ausgeführt werden. Diese Bestimmungen im Gesetz zum Schutz deutschen Kulturgutes gegen Abwanderung gelten als Inhalts- und Schrankenbestimmungen, nicht als Enteignungen. Sie sind im öffentlichen Interesse erlassen und verhältnismässig ausgestaltet. Die Beeinträchtigungen werden durch steuerliche Begünstigung der Eigentümer ausgeglichen. Der Abwanderungsschutz ist, zumindest für Objekte mit hervorragender Bedeutung, mit der Eigentumsgarantie von Art. 14 GG vereinbar. Dies gilt wegen der zeitlichen Befristung der Massnahme auch für das vorläufige Ausfuhrverbot während der Dauer des Eintragungsverfahrens.

Die Eintragung ins Verzeichnis löst keine Entschädigungspflicht aus, weder aufgrund des Gesetzes zum Schutz deutschen Kulturgutes gegen Abwanderung noch wegen Art. 14 GG noch aufgrund enteignenden oder enteignungsgleichen

---

[158] BVerfG 10. 3. 1981, BVerfGE 56, 249, 259f. betreffend Dienstbarkeiten zum Überfliegen von Grundstücken durch eine Seilbahn.

[159] Eine entsprechende Andeutung im Zusammenhang mit Unterschutzstellungen findet sich bei *Degenhart* 199 Fn. 31.

[160] A. A. offenbar *Parodi* 143, wonach bei Versagung der Genehmigung, mit der Folge, dass das präventiv ausgesprochene Verbot definitiv wird, eine Enteignung zu prüfen wäre.

[161] *Bila* 68. Dass das vorläufige Ausfuhrverbot als Legalenteignung gelten soll, wurde im Fall des *Silberzimmers der Welfen* vorgebracht, aus verfahrensrechtlichen Gründen jedoch nicht geprüft; OVG Lüneburg, 19. 5. 1992, NVwZ-RR 1993, 79ff., 80.

Eingriffs. Nicht mit der Eigentumsgarantie vereinbar wäre es, wenn die Verweigerung der Ausfuhrgenehmigung im konkreten Fall den wirtschaftlich sinnvollen Verkauf eines nationalen Objekts verunmöglichte.

Verbringungsverbote innerhalb Deutschlands können nur aus denkmalschützerischen Gründen verfügt werden.

II. Weitere Massnahmen des Kulturgüterschutzes

Mitteilungs- und Anzeigepflichten, die insbesondere bei der Veräusserung von Kulturgütern zu erfüllen sind, greifen nicht ins grundrechtlich geschützte Eigentum ein.

Mit der Eigentumsgarantie vereinbar sind Bestimmungen, welche das Eigentum an Bodenfunden der öffentlichen Hand zuerkennen und so den Eigentumserwerb Privater verhindern (Schatzregal).

Ohne gesetzliche Grundlage kann dem Erwerber eines Kulturguts, das der Erfüllung öffentlicher Aufgaben unmittelbar dient, keine „öffentlichrechtliche Dienstbarkeit" entgegengehalten werden, die den Eigentumserwerb verhindern würde.

III. UNESCO-Konvention 1970

Deutschland hat die UNESCO-Konvention 1970 nicht ratifiziert. Die Eigentumsgarantie würde jedoch nicht gegen eine Ratifikation der Konvention sprechen. Die Konvention greift mangels Rückwirkung nicht in bestehende Rechte ein. Die in der Konvention enthaltene internationale Rückgabepflicht läge im öffentlichen Interesse und könnte mittels einer Ausführungsgesetzgebung verhältnismässig ausgestaltet werden. Die Institutsgarantie des Eigentums spricht nicht gegen eine Ratifikation der Konvention.

§ 4 Österreich

A. Eigentumsgarantie

Die Eigentumsgarantie beruht auf zwei Grundlagen: einerseits auf dem Staatsgrundgesetz von 1867[1], anderseits auf der EMRK.

Art. 5 StGG lautet wie folgt:

Das Eigenthum ist unverletzlich. Eine Enteignung gegen den Willen des Eigenthümers kann nur in den Fällen und in der Art eintreten, welche das Gesetz bestimmt.

Art. 1 ZP EMRK hat in Österreich Verfassungsrang.[2]

Auf Gesetzesstufe enthalten die §§ 364 Abs. 1 und 365 ABGB Bestimmungen über die Ausübung des Eigentumsrechts und die Enteignung, die bei der Auslegung des verfassungsmässigen Eigentumsbegriffs beigezogen werden:[3]

§ 364 Abs. 1 ABGB
Überhaupt findet die Ausübung des Eigentumsrechtes nur insofern statt, als dadurch weder in die Rechte eines Dritten ein Eingriff geschieht, noch die in den Gesetzen zur Erhaltung und Beförderung des allgemeinen Wohles vorgeschriebenen Einschränkungen übertreten werden.

§ 365 ABGB
Wenn es das allgemeine Beste erheischt, muss ein Mitglied des Staates gegen eine angemessene Schadloshaltung selbst das vollständige Eigentum einer Sache abtreten.

Die Eigentumsgarantie gilt als verfassungsrechtlich gewährleistetes subjektives Recht i. S. v. Art. 144 B-VG.[4] Durch die Eigentumsgarantie ist das Institut Eigentum gewährleistet.[5] „Unverletzlichkeit des Eigentums" bedeutet, dass Eingriffe ins Eigentum nur mit spezieller gesetzlicher Ermächtigung und im öffentlichen Interesse zulässig sind und dass Eigentumseingriffe den Wesenskern des Eigentums nicht verletzen dürfen.[6] Nach neuerer Praxis müssen Eigentumseingriffe

---

[1] Das StGG gilt gemäss Art. 149 Abs. 1 B-VG als Verfassungsgesetz.

[2] Art. II Ziff. 7 Bundesverfassungsgesetz vom 4. 3. 1964, mit dem Bestimmungen des Bundes-Verfassungsgesetzes in der Fassung von 1929 über Staatsverträge abgeändert und ergänzt werden, BGBl. 59/1964 vom 6. 4. 1964, mit Verweis auf den Text der EMRK und des Zusatzprotokolls, BGBl. 210/1958 vom 24. 9. 1958; *Polakiewicz/Jacob-Foltzer* 67.

[3] *Berka* 403 Rz. 715.

[4] *Barfuss* 692; *Öhlinger* 657.

[5] *Barfuss* 692; *Berka* 415 Rz. 743; *Öhlinger* 659–660; 681 f.

[6] Übersicht bei *Barfuss* 691–692. Eine Prüfung des Allgemeininteresses gestützt auf Art. 1 ZP

verhältnismässig, insbesondere wirtschaftlich zumutbar sein.[7] Das verfassungsrechtliche Eigentumsrecht umfasst die Privatautonomie, d. h. die Freiheit, privatrechtliche Verträge abzuschliessen.[8]

Grundsätzlich lehnt es der VfGH in konstanter Praxis ab, aus der Eigentumsgarantie verfassungsrechtliche Entschädigungsansprüche abzuleiten, sei es für Enteignungen oder für Eigentumsbeschränkungen.[9] Ausgenommen sind zwei Fallgruppen: Gestützt auf Art. 1 ZP EMRK haben Ausländer Anspruch auf Entschädigung,[10] und aufgrund des Gleichheitssatzes können für „Sonderopfer" Entschädigungen zugesprochen werden.[11]

Gemäss Art. 140 B-VG können Bundes- und Landesgesetze vom Verfassungsgerichtshof auf ihre Verfassungsmässigkeit hin überprüft werden. Der Verfassungsgerichtshof entscheidet auch über Beschwerden gegen Bescheide der Verwaltungsbehörden wegen Verletzung verfassungsmässiger Rechte.[12] Bescheide verletzen das Recht auf Unversehrtheit des Eigentums, wenn die Behörde das Gesetz in denkunmöglicher Weise anwendet, d. h., wenn sie einen schweren Fehler begeht, welcher der Gesetzlosigkeit gleichzusetzen ist, oder gesetzliche Bestimmungen anwendet, unter welche der Sachverhalt unter keinen Umständen subsumiert werden kann, oder bei denkunmöglicher Annahme oder Würdigung des massgeblichen Sachverhalts.[13]

Das Eigentum wird auch durch einzelne Landesverfassungen garantiert, teilweise umfassender als gemäss Art. 5 StGG.[14] Diese Bestimmungen werden in der vorliegenden Untersuchung nationaler Handelsbeschränkungen nicht weiter berücksichtigt.

EMRK erfolgt bei Eigentumsbeschränkungen erst seit VfGH 16.12.1983, VfSlg 9911/1983, Erw. 2.2.2.4.1. = EuGRZ 1984, 324ff., 328 *(Atomsperrgesetz)*. Anders noch VfGH 17.12. 1977, VfSlg 8212/1977, Erw. IV.3.b. *(Kraftfahrgesetz)*, wonach bei Eigentumsbeschränkungen Art. 1 ZP EMRK nicht anzuwenden war.

7 VfGH 14.10.1993, VfSlg 13.587/1993, Erw. II.2. betreffend die wirtschaftliche Zumutbarkeit von Sanierungsmassnahmen; VfGH 6.12.1994, VfSlg 13.963/1994, Erw. III.1.a.; VfGH 6.12.1994, VfSlg 13.964/1994 zum als unverhältnismässig erachteten ausnahmslosen Verbot von Zubauten zu Freizeitwohnsitzen.

8 VfGH 22.6.1989, VfSlg 12.100/1989, Erw. II.1. = EuGRZ 1990, 425ff., 426 *(Außenhandelsgesetz)*; VfGH 30.11.1989, VfSlg 12.227/1989, Erw. III.2.c. mit Hinweisen; *Öhlinger* 654.

9 Statt vieler VfGH 16.12.1983, VfSlg 9911/1983, Erw. 2.2.2.4.3. = EuGRZ 1984, 324ff., 328 *(Atomsperrgesetz)*; *Barfuss* 699; *Berka* 407 Rz. 725; *Öhlinger* 686. Diese Praxis des VfGH wird von der h. L. (wohl zu Recht) kritisiert; *Barfuss* 700, 710; *Öhlinger* 687.

10 *Barfuss* 699.

11 Vgl. VfGH 20.3.1986, VfSlg 10.841/1986 *(Atomsperrgesetz)*; *Barfuss* 700; *Öhlinger* 686.

12 Art. 144 B-VG.

13 VfGH 6.3.1978, VfSlg 8266/1978, Erw. II.3.b. *(Naturschutzgesetz)*.

14 Nachweise bei *Berka* 401 Rz. 709.

B. Eigentumsbeschränkungen

Das Eigentum ist nur im Rahmen der Gesetzgebung gewährleistet.[15] Eigentumsbeschränkungen und der Grundsatz der Sozialbindung des Eigentums gehören nach der Konzeption des StGG zum Wesen des Eigentums.[16]

Als Eigentumsbeschränkungen gelten in der Praxis des VfGH alle Eingriffe ins Eigentum, die nicht als Enteignung qualifiziert werden. Der Enteignungsbegriff wird nur in denjenigen Fällen verwendet, in denen „eine Sache durch Verwaltungsakt oder unmittelbar kraft Gesetzes dem Eigentümer zwangsweise entzogen und auf den Staat, eine öffentliche Körperschaft oder eine gemeinnützige Unternehmung übertragen wird oder wenn an der Sache auf die gleiche Weise fremde Rechte begründet werden."[17]

Aus der Eigentumsgarantie gemäss Art. 5 StGG und Art. 1 ZP EMRK wird abgeleitet, dass Eigentumsbeschränkungen auf Gesetz beruhen müssen, dass sie im Allgemeininteresse liegen müssen und den Wesensgehalt des Grundrechtes der Unverletzlichkeit des Eigentums nicht berühren dürfen. Verletzt wird das Eigentumsrecht durch Bescheide, die auf einer verfassungswidrigen Rechtsgrundlage beruhen oder gesetzlos sind, „wobei eine denkunmögliche Gesetzesanwendung einer Gesetzlosigkeit gleichkommt".[18] Der VfGH prüft seit neuerer Zeit auch die Verhältnismässigkeit von Massnahmen.[19]

---

[15] *Öhlinger* 661.

[16] Vgl. § 364 Abs. 1 ABGB; *Öhlinger* 662–663.

[17] VfGH 3.3.1971, VfSlg 6390/1971, Erw. C; VfGH 3.12.1980, VfSlg 8981/1980, Erw. II.3. Als Eigentumsbeschränkung galt gemäss VfGH 16.12.1983, VfSlg 9911/1983, Erw. 2.2.2.3. = EuGRZ 1984, 324ff., 328 *(Atomsperrgesetz)* das Verbot der Inbetriebnahme des nahezu betriebsbereiten Kernkraftwerks Zwentendorf durch Gesetz, denn dies liess das Eigentumsrecht an Grundstück und Werk unangetastet. Nicht als Enteignungen gelten auch die Besteuerung von Zinsen zu Lasten des Vermögensstamms (VfGH 17.3.1976, VfSlg 7770/1976), Eingriffe in bestehende Versicherungsverträge (VfGH 17.12.1977, VfSlg 8212/ 1977, Erw. IV.3.b. *[Kraftfahrgesetz]*) und die Nichtgenehmigung der Aufstockung eines Bauobjektes aus Gründen des Landschaftsschutzes (VfGH 6.3.1978, VfSlg 8266/1978, Erw. II.3.b. *[Naturschutzgesetz]*). *Barfuss* 696; *Öhlinger* 665.

[18] VfGH 17.12.1977, VfSlg 8212/1977, Erw. IV.3.b. *(Kraftfahrgesetz)*; VfGH 3.12.1980, VfSlg 8981/1980, Erw. II.3–4; VfGH 1.10.1981, VfSlg 9189/1981, Erw. 2.1. *(Denkmalschutzgesetz)* betreffend die Unterschutzstellung von Immobilien. Die entsprechende Formel des VfGH lautet seit neuerer Zeit wie folgt: „Der Gesetzgeber kann daher verfassungsrechtlich einwandfreie Eigentumsbeschränkungen verfügen, sofern er dadurch nicht den Wesensgehalt des Grundrechtes der Unverletzlichkeit des Eigentums berührt oder in anderer Weise gegen einen auch ihn bindenden Verfassungsgrundsatz verstösst und soweit die Eigentumsbeschränkung im öffentlichen Interesse liegt": VfGH 22.6.1989, VfSlg 12.100/1989, Erw. II.1. = EuGRZ 1990, 425ff., 426 *(Außenhandelsgesetz)*; VfGH 30.11.1989, VfSlg 12.227/1989, Erw. III.2.c.; VfGH 6.12.1994, VfSlg 13.963/1994; VfGH 6.12.1994, VfSlg 13.964/1994; *Barfuss* 697–698; *Berka* 409 Rz. 729; *Helfgott*, Ausfuhrverbotsgesetz 11; *Öhlinger* 667–668, 677.

[19] VfGH 11.3.1976, VfSlg 7759/1976, Erw. IV. *(Bauordnung für Wien)*: Denkmalschutzmass-

I. Schutz vor widerrechtlicher Verbringung ins Ausland

Es ist verboten, Kulturgut ohne Bewilligung oder Bestätigung über die österreichische Staatsgrenze zu verbringen.[20] Diese Bewilligungspflicht gilt für Kulturgut, das unter Denkmalschutz steht, dessen Unterschutzstellung beabsichtigt wird[21] oder das gemäss Verordnung einer Ausfuhrbewilligung bedarf,[22] sowie für Archivalien.[23] Keiner Bewilligungspflicht unterliegt in der Regel die Ausfuhr von Werken lebender Künstler und Werken von Künstlern, deren Tod noch nicht 20 Jahre zurückliegt.[24] Verweigert der Staat die Ausfuhrbewilligung, ist er deswegen nicht verpflichtet, das Gut zu erwerben.[25] Kulturgut, das nicht ausgeführt werden darf, darf an Personen verkauft werden, die im Ausland wohnhaft sind.[26]

Die Ausfuhrbewilligung für denkmalgeschütztes Kulturgut und Archivalien wird nach einer Abwägung der privaten und öffentlichen Interessen nur in „besonders berücksichtigungswürdigen Fällen" erteilt.[27] Betrifft das Ausfuhr-

---

nahmen, die unter dem Vorbehalt der wirtschaftlichen Zumutbarkeit stehen, verstossen nicht gegen das Eigentumsgrundrecht; ebenso VfGH 27.2.1984, VfSlg 9929/1984 *(Grazer Altstadterhaltungsgesetz 1980)*. Laut VfGH 3.12.1980, VfSlg 8981/1980, Erw. II.4. dürfen Opfer, die dem Eigentümer (i.c. mit der Enteignung) auferlegt werden, „nicht über das zur Erfüllung einer öffentlichen Aufgabe unbedingt notwendige Ausmass" hinausgehen. Gemäss VfGH 14.6.1995, VfSlg 14.142/1995 ist der Verhältnismässigkeitsgrundsatz bei der Festsetzung einer Abbruchzone zu berücksichtigen.

20 Zur Geschichte der Ausfuhrverbotsgesetzgebung in Österreich vgl. *Zykan*, Zum österreichischen Ausfuhrverbotsgesetz 1–2.

21 § 16 Abs. 1 Ziff. 1 DMSG.

22 § 16 Abs. 1 Ziff. 2 und Abs. 3 DMSG. Massgebend ist die 484. Verordnung des Bundesministers für Unterricht und kulturelle Angelegenheiten, mit welcher Kategorien von Kulturgütern festgesetzt werden, die auf Grund der Bestimmungen des Denkmalschutzgesetzes für die Ausfuhr keiner Bewilligung bedürfen. Die Verordnung ist auf den Anhang der EG-Verordnung 3911/92 EWG abgestimmt; vgl. 483. Verordnung des Bundesministers für Unterricht und kulturelle Angelegenheiten, mit welcher Kategorien von Kulturgütern im Sinne des Bundesgesetzes zur Umsetzung der Richtlinie 93/7/EWG über die Rückgabe von unrechtmässig aus dem Hoheitsgebiet eines Mitgliedstaates der Europäischen Gemeinschaft verbrachten Kulturgütern festgestellt werden.

23 § 16 Abs. 1 Ziff. 3 DMSG.

24 § 16 Abs. 4 DMSG.

25 *Zykan*, Zum österreichischen Ausfuhrverbotsgesetz 1; kritisch *Helfgott*, Neue Tendenzen 92.

26 Die Republik Österreich konnte in einer Exekutionssache die Herausgabe der historischen Handschrift „Eusebius von Caesarea: Historica ecclesiastica" aus dem 12. Jahrhundert an deren Eigentümerin nicht verweigern, obwohl diese in Slowenien wohnhaft war, keine Ausfuhrgenehmigung vorlag und die Handschrift ohne Deklaration nach Österreich eingeführt worden war. Ausschlaggebend war, dass die Exekution in Österreich zu vollziehen war; Oberster Gerichtshof, 24.11.1999, 3 Ob 322/98v, unveröffentlicht; Oberster Gerichtshof, 21.3.2001, 3 Ob 253/00b, unveröffentlicht *(Franciska G*****)*.

27 § 17 Abs. 1 Ziff. 1 DMSG.

gesuch ein nicht denkmalgeschütztes Gut, ist vorerst zu prüfen, ob die Sache überhaupt schutzwürdig ist.[28]

Für Güter, die nach Österreich eingeführt worden sind, besteht unter den Voraussetzungen von § 22 Abs. 3 DMSG ein Rechtsanspruch auf Wiederausfuhr.[29]

Das Ausfuhrverbot gemäss § 16 DMSG gilt als Eigentumsbeschränkung.[30] Es schränkt die Freiheit ein, private Rechtsgeschäfte abzuschliessen, es greift demnach in die Privatautonomie und damit in die Freiheit des Eigentums ein.[31] Die Verfassungsmässigkeit der Bestimmung war zwar Thema der parlamentarischen Beratungen, wurde aber vom VfGH bislang nicht geprüft.

1. Gesetzliche Grundlage

Gemäss Art. 18 Abs. 1 B-VG darf die gesamte staatliche Verwaltung nur auf Grund der Gesetze ausgeübt werden. Der Gesetzesvorbehalt gilt insbesondere auch für Eigentumsbeschränkungen.[32] Als gesetzliche Grundlage gelten Gesetze im formellen Sinn oder völkerrechtliche Verträge.[33]

Die Gesetzgebung und die Vollziehung im Bereich des Denkmalschutzes sind Bundessache.[34] Das Ausfuhrverbot für Kulturgüter ist im DMSG enthalten. Die

---

[28] Wird die Ausfuhrbewilligung für ein nicht unter Denkmalschutz stehendes Objekt verweigert, ist die Unterschutzstellung einzuleiten (§ 17 Abs. 1 Ziff. 2 DMSG). Gemäss § 1 Ausfuhrverbotsgesetz für Kulturgut (aufgehoben per 1. 1. 2000 durch Art. II Abs. 1 und 2 DMSG) konnte die Freigabe zur Ausfuhr noch ohne Unterschutzstellung verweigert werden; es genügte bereits, dass ein öffentliches Interesse an der Aufbewahrung eines Kulturguts im Inland gegeben war wegen dessen geschichtlicher, künstlerischer oder sonstiger kultureller Bedeutung. Die Neuerung im Gesetz führte dazu, dass ab dem Jahr 2000 weniger Ausfuhrbewilligungen verweigert wurden; vgl. *Ausfuhrabteilung*, Jahresbericht 2000 195; *Geuder* 35.

[29] Ebenso, aber restriktiver in Bezug auf Fristen lautete § 7 Abs. 2–3 Ausfuhrverbotsgesetz für Kulturgut .

[30] So ausdrücklich die Erläuternden Bemerkungen zur Regierungsvorlage der Novelle 1985 zum Ausfuhrverbotsgesetz, zitiert nach *Helfgott*, Ausfuhrverbotsgesetz 10: „Das Ausfuhrverbotsgesetz bewirkt in der geltenden Fassung gleichermassen wie in der Fassung des Entwurfes Eigentumsbeschränkungen. Dazu wäre grundsätzlich festzuhalten, dass diese Eingriffe nicht unter den Enteignungsbegriff des Art. 5 des Staatsgrundgesetzes fallen. Der Verfassungsgerichtshof hat in seiner Judikatur den Begriff der ‚Enteignung im engeren oder eigentlichen Sinn' bereits früh dem Begriff der ‚Eigentumsbeschränkungen' gegenübergestellt. ... Auch die Herabminderung des ökonomischen Wertes von Vermögensstücken kann als solche nicht als Enteignung im Rechtssinne aufgefasst werden." Vgl. auch VfGH 22. 6. 1989, VfSlg 12.100/1989, Erw. II.1. = EuGRZ 1990, 425ff., 426 *(Außenhandelsgesetz)* betreffend die Verweigerung einer Ausfuhrbewilligung für Kupferschrott.

[31] Vgl. VfGH 30. 11. 1989, VfSlg 12.227/1989, Erw. III.2.c.

[32] Vgl. *Berka* 148f. Rz. 255.

[33] *Öhlinger* 671.

[34] Art. 10 Abs. 1 Ziff. 13 B-VG; Art. 102 Abs. 2 B-VG.

gesetzliche Grundlage für die Eigentumsbeschränkung ist gegeben. Einige Bemerkungen zur gesetzlichen Grundlage sind dennoch angezeigt:

Eine Besonderheit des österreichischen Denkmalschutzrechts ist die *Unterschutzstellung kraft gesetzlicher Vermutung*. Ohne Bescheid der Behörden als vorläufig unter Schutz gestellt gelten Denkmale, die sich im alleinigen oder überwiegenden Eigentum der öffentlichen Hand befinden oder die ohne Bewilligung des Bundesdenkmalamtes an Private veräussert worden sind.[35] Im Zusammenhang mit dem Ausfuhrverbot ist jedoch darauf hinzuweisen, dass die Ausfuhr von Kulturgut letztlich nur verweigert werden kann für Kulturgüter, die bescheidmässig unter Denkmalschutz stehen; allenfalls ist ein entsprechendes Verfahren durchzuführen.[36] Der Eigentümer muss sich somit das Ausfuhrverbot nicht aufgrund einer gesetzlichen Vermutung entgegenhalten lassen.

Gemäss Territorialitätsprinzip kann ein Staat mittels Hoheitsakt den rechtlichen Status von beweglichen Sachen verändern, die auf seinem Staatsgebiet gelegen sind.[37] Demgegenüber können laut Art. 3 Abs. 2 DMSG in gewissen Fällen auch Mobilien unter Schutz gestellt werden, die sich im Ausland befinden. Solche Unterschutzstellungen von (bereits ausser Landes verbrachten) Objekten können im Ausland in der Regel nicht durchgesetzt werden,[38] dürften aber nach der Rückkehr der Objekte nach Österreich wirksam sein.

Ausnahmen vom Territorialitätsprinzip können sich aus Völkerrecht ergeben. Dies zeigte sich im Fall der Liechtenstein-Sammlung zu Ungunsten Österreichs. Während des Zweiten Weltkriegs war diese Sammlung in Wien unter Denkmalschutz gestellt worden. Zum Schutz vor Luftangriffen wurde sie 1944 von Wien nach Vaduz verbracht. Obwohl die Sammlung bei Unterschutzstellung in Österreich belegen war, konnte sich der Fürst von Liechtenstein später mit Erfolg darauf berufen, die Sammlung sei extraterritoriales Vermögen Liechtensteins gewesen, Österreich habe deswegen keinen Anspruch auf ihre Rückführung. Die Sammlung blieb in Vaduz.[39]

Auch in einem anderen Fall, der sich 1987 zugetragen hat, verhinderte Völkerrecht die Anwendung der Ausfuhrregelung: Der amerikanische Gesandte Lauder in Wien hatte aus einem staatlichen österreichischen Museum eine Art déco-Garderobe ausgeliehen. Bei seiner Rückkehr in die Staaten wollte er die Garde-

---

[35] § 2 DMSG. Diese Bestimmung hat historische Gründe und scheint sich in der Praxis zu bewähren, trotz der formalen Schwächen und auch wenn offenbar nicht einmal dem Bundesdenkmalamt bekannt ist, welche und wieviele Objekte als vorläufig unter Schutz gestellt gelten; *Bacher* 152, 159–160; *Geuder* 2ff., 30; *Helfgott*, Neue Tendenzen 83f.; *Schorlemer* 85–86.

[36] § 17 Abs. 4 und § 18 Abs. 3 DMSG; *Geuder* 36.

[37] Bernhard *Walter* 30.

[38] Vgl. aber Art. 1 Nr. 1, 1. Spiegelstrich RL 93/7/EWG; hinten § 9 C I 1 und *Geuder* 77.

[39] *Seidl-Hohenveldern*, Austria 169f.; *ders.*, Ausfuhr und Rückführung 141f.

robe erwerben und ausführen. Ebenso wollte er ein Gemälde von Egon Schiele ausführen.[40] Garderobe und Gemälde unterstanden zwar dem Ausfuhrverbot. Lauder konnte sich jedoch darauf berufen, dass er als Person mit völkerrechtlicher Immunität das österreichische Hoheitsgebiet mitsamt seinen Vermögensgegenständen verlassen könne.[41]

2. Öffentliches Interesse

Privates Eigentum ist sozial gebunden.[42] Eigentumsbeschränkungen dürfen aber nur im öffentlichen Interesse (Allgemeininteresse) verfügt werden.[43] Im Bereich des Denkmalschutzes ist das öffentliche Interesse gleichbedeutend mit dem nationalen Interesse.[44]

Die Ausfuhrregelung bezweckt die Erhaltung des Bestandes des Kulturguts und dessen Niveau in Österreich in seiner Vielzahl und Vielfalt.[45] Bei wichtigen Objekten muss die besondere individuelle Bedeutung für den Kulturgutbestand gewürdigt werden. Bei durchschnittlichem Kulturgut soll nicht am Einzelstück „geklebt" werden.[46] Ausgenommen von der Ausfuhrregelung sind Güter, die für den inländischen Kulturgutbestand nebensächlich sind: beispielsweise „archäologische Gegenstände", die weniger als 100 Jahre alt sind, Bilder, Gemälde, Aquarelle, Mosaiken etc., die weniger als 50 Jahre alt sind oder ihren Urhebern

---

[40] *Seidl-Hohenveldern*, Austria 97–98.

[41] Vgl. Art. 44 und (e contrario) Art. 39 Abs. 4 des Wiener Übereinkommens über diplomatische Beziehungen vom 18.4.1961. Die Angelegenheit war 1987 Gegenstand einer parlamentarischen Anfrage; *Seidl-Hohenveldern*, Ausfuhr und Rückführung 140–141; *ders.*, Kulturgüterschutz 115.

[42] § 364 Abs. 1 ABGB; *Öhlinger* 663.

[43] Art. 1 Abs. 2 ZP EMRK; VfGH 16.12.1983, VfSlg 9911/1983, Erw. 2.2.2.4.1. = EuGRZ 1984, 324ff., 328 *(Atomsperrgesetz)*; VfGH 22.6.1989, VfSlg 12.100/1989, Erw. II.1. = EuGRZ 1990, 425ff., 426f. *(Außenhandelsgesetz)*, wonach ein Ausfuhrverbot für Kupferschrott einzig im privaten Interesse eines inländischen Unternehmens lag und als verfassungswidrig aufzuheben war; gemäss VfGH 30.11.1989, VfSlg 12.227/1989 war die Verpflichtung von Erdölimporteuren, die Vorratspflicht für Erdöl auf Lagerhalter zu überbinden, nicht im Allgemeininteresse erforderlich; VfGH 8.10.1990, VfSlg 12.485/1990, Erw. II.3.a. *(Nachtfahrverbot)*; laut VfGH 6.12.1994, VfSlg 13.964/1994 lag das ausnahmslose Verbot von Zubauten zu Freizeitwohnsitzen nicht im öffentlichen Interesse; *Berka* 410 Rz. 32; *Öhlinger* 677.

[44] Ausdrücklich § 1 Abs. 11 DMSG; *Geuder* 25, 54. Auf Verfassungsebene sind im Hinblick auf den Denkmalschutz nur Zuständigkeiten geregelt, vgl. Art. 10 Abs. 1 Ziff. 13 und Art. 102 Abs. 2 B-VG.

[45] Vgl. § 17 Abs. 2 DMSG. Deutlich (zum aufgehobenen Gesetz) *Helfgott*, Ausfuhrverbotsgesetz 9: „Zweck des Gesetzes ist es, das im Inland befindliche Kulturgut im inländischen Besitz zu behalten, gleichgültig wer Eigentümer ist (Inländer oder Ausländer), gleichgültig ob es sich um sogenannte ‚Austriaca' handelt (Objekte mit besonderem Bezug auf Österreich) oder nicht."

[46] *Helfgott*, Neue Tendenzen 90.

gehören oder eine bestimmte Wertgrenze nicht erreichen, Wiegendrucke (Inkunabeln), die höchstens 50 Jahre alt sind oder ihren Urhebern gehören (!) etc.[47] In diesen Fällen fehlt es offenkundig am öffentlichen Interesse, das eine Ausfuhrbeschränkung rechtfertigen könnte.

Es ist davon auszugehen, dass ein öffentliches Interesse an einer Ausfuhrregelung für Kulturgüter grundsätzlich besteht.[48] Es stellt sich jedoch die Frage, in welchen Fällen Kultugüter nicht zur Ausfuhr freigegeben werden. Folgende Beispiele mögen die Praxis der Behörden illustrieren:[49]

- eine Bleistiftzeichnung des Kärntners Hanns Gasser (1817–1886), „Der gotische Altar in der Stiftskirche in Ossiach",[50]
- ein Werk von Ernst Klimt (Bruder von Gustav Klimt), „Vor der Hochzeit. Paar mit Amouretten in Landschaft", als Kunstwerk von grosser Seltenheit und hervorragender Bedeutung für den Bestand an Kulturgut in Österreich eingeschätzt, da Ernst Klimt, 1892 im Alter von nur 28 Jahren verstorben, nur relativ wenige Werke geschaffen hat,[51]
- ein Brief Ludwig van Beethovens an Erzherzog Rudolph in Olmütz aus dem Jahr 1823 mit Aussagen über das Komponieren und die Kompositionstechnik,[52]
- die Totenmaske von Adolf Eugen Schiele, seinem Sohn Egon zugeschrieben, wobei die Unterschutzstellung mit der familiengeschichtlichen Bedeutung der Maske für die Schiele-Forschung begründet wurde,[53]
- 8 000 Briefe an Marie-Louise von Frankreich (Tochter Kaiser Franz' I. von Österreich, Gemahlin Napoleons I.), die der Familie Montenuovo gehörten,[54]

---

[47] Art. I Ziff. 1, 3, 3a, 4, 8 der 484. Verordnung des Bundesministers für Unterricht und kulturelle Angelegenheiten, mit welcher Kategorien von Kulturgütern festgesetzt werden, die auf Grund der Bestimmungen des Denkmalschutzgesetzes für die Ausfuhr keiner Bewilligung bedürfen.

[48] *Geuder* 37–38. Laut § 1 Abs. 3 Ausfuhrverbotsgesetz für Kulturgut (vgl. vorne Fn. 28) wurde das öffentliche Interesse an der Aufbewahrung eines Kulturgutes im Inland bis zum gegenteiligen Bescheid vermutet. Diese Regel wurde in dieser Form nicht ins geltende Recht übernommen (vgl. § 17 Abs. 5 DMSG).

[49] Eine Auswahl von Kulturgütern, die zwischen 1970 und 1984 nicht zur Ausfuhr freigegeben wurden, findet sich bei *Zykan*, Zum österreichischen Ausfuhrverbotsgesetz 3–15. Beispiele von im Inland bewahrten Kulturgütern aus der Praxis zwischen 1984 und 1989 in: Österreichische Zeitschrift für Kunst und Denkmalpflege XLIV (1990) 28–39.

[50] *Ausfuhrabteilung*, Jahresbericht 1999 9.

[51] Ein Ausfuhrantrag der Eigentümer hat sich erledigt, da die Österreichische Galerie das Werk auf dem Weg des Ersatzkaufes erworben hat; *Ausfuhrabteilung*, Jahresbericht 1998 10.

[52] *Ausfuhrabteilung*, Jahresbericht 1999 8.

[53] *Ausfuhrabteilung*, Jahresbericht 2000 195f.

[54] Es handelte sich dabei um Archivgut. *Engstler* 31 Fn. 23.

- ein eigenhändiger Brief von Erzherzogin Gisela von Österreich, verheiratete Prinzessin von Bayern (1856–1932), an Joseph Latour von Thurmburg vom 13. September 1898 mit der Schilderung ihrer Gefühle nach der Ermordung ihrer Mutter, der Kaiserin Elisabeth, in Genf; die hervorragende Bedeutung des unter Denkmalschutz gestellten Dokuments wurde begründet mit dem historischen Anlass des Briefs und der Tatsache, dass persönliche Briefe aus dem Kaiserhaus und von Erzherzogin Gisela selten sind,[55]
- verschiedene archäologische Fundstücke aus Carnuntum.[56]

Laut § 1 des Ausfuhrverbotsgesetzes für Kulturgut in der Fassung von 1985 (in Kraft bis Ende 1999) konnte die Ausfuhr von Gütern auch verweigert werden, ohne dass diese unter Denkmalschutz gestellt werden mussten. Das Bundesdenkmalamt konnte von Amts wegen feststellen, ob ein öffentliches Interesse an der Aufbewahrung eines Kulturguts im Inland tatsächlich gegeben sei.[57] Von dieser Möglichkeit wurde ausgiebig Gebrauch gemacht, indem Auktionskataloge und Kunsthandel beobachtet und in zahlreichen Fällen die Ausfuhrbewilligung „nicht erteilt bzw. nicht in Aussicht gestellt wurde". Von Ausfuhrsperren waren auch zahlreiche Objekte betroffen, die kaum als hochrangiges Kulturgut gelten können: Bücher wie „Franz der Erste Kaiser von Oesterreich, geehrt im Tod wie im Leben. Eine Zusammenstellung von Nachrichten und Empfindungen über die Todesfeier Sr. verew. Majestät in den sämtl. k. k. österr. und den übrigen europäischen Staaten" von E. A. Zipfer, 1836 bei Brodhag in Stuttgart gedruckt,[58] eine Portraitphotographie Johannes Brahms' (von R. Krziwanek, Wien) mit eigenhändiger Widmung des Komponisten,[59] ein Aquarell „Abbildung der wunderbaren Hostien der Stadtpfarrkirchen zu Wolfsberg in Kärnten"[60] und eine römische Venusstatuette aus dem 2. Jahrhundert mit vermuteter Herkunft Österreich.[61] Die Auflistung solcher Objekte umfasste in den Jahresberichten der Abteilung für Ausfuhrangelegenheiten jeweils mehrere Seiten. Die meisten der aufgeführten Gegenstände gelangten in der Folge in den Besitz öffentlicher Institutionen.[62] Nach alter Praxis hätte wohl die Ausfuhr praktisch aller[63] Kulturgüter verhindert werden können. Das „öffentliche Interesse" an

---

55 *Ausfuhrabteilung*, Jahresbericht 2000 199f.

56 *Ausfuhrabteilung*, Jahresbericht 1996 18 und Jahresbericht 1998 18.

57 § 1 Abs. 3 Ausfuhrverbotsgesetz für Kulturgut.

58 *Ausfuhrabteilung*, Jahresbericht 1996 12.

59 *Ausfuhrabteilung*, Jahresbericht 1997 15 f.

60 *Ausfuhrabteilung*, Jahresbericht 1998 11.

61 *Ausfuhrabteilung*, Jahresbericht 1998 12.

62 *Zykan*, Zum österreichischen Ausfuhrverbotsgesetz 3.

63 Vor 1984, d. h. vor Einführung des „Bagatellverfahrens", war die Ausfuhr von sämtlichen Kulturgütern bewilligungspflichtig (ausgenommen Werke von zeitgenössischen Künstlern

einer derartigen Praxis dürfte sich beschränkt haben auf das entsprechende Interesse von öffentlichen Galerien, Bibliotheken und anderen Sammlungen, die dank der Ausfuhrsperre beim Erwerb interessanter Objekte keine ausländische Konkurrenz zu befürchten hatten.[64]

Zusammenfassend: Nach heutiger Praxis können nur denkmalgeschützte Objekte an der Abwanderung gehindert werden. Das Ausfuhrverbot wird insbesondere für Werke und Zeugnisse aus der Zeit der Monarchie, der hauptsächlichen Exponenten der Wiener Klassik sowie aus dem Umkreis von Gustav Klimt und Egon Schiele durchgesetzt. Die frühere Praxis war weit restriktiver und lag nicht immer im öffentlichen Interesse.

3. Entschädigung?

Kulturgüter, deren Ausfuhr verboten ist, erleiden eine Werteinbusse. Ein Entschädigungsanspruch für solche Wertverminderungen ist im Denkmalschutzgesetz nicht statuiert.[65] Es fragt sich, ob sich Entschädigungsansprüche aus dem verfassungsmässigen Eigentumsrecht herleiten liessen. Dies ist zu verneinen: In konstanter Rechtsprechung lehnt es der VfGH ab, aus Verfassungsrecht Entschädigungsansprüche für Eigentumsbeschränkungen herzuleiten.[66] Ein Anspruch auf Entschädigung bejaht der Verfassungsgerichtshof einzig bei Sonderopfern.[67] Bis anhin wurde bei Ausfuhrverboten, soweit ersichtlich, nie ein Sonderopfer-Tatbestand geltend gemacht. Meines Erachtens bewirkt das Ausfuhrverbot kein Sonderopfer, denn Ausfuhrverbote treffen alle Eigentümer nationaler Kulturgüter in gleicher Weise.

4. Verhältnismässigkeit

Von Belang sind finanzielle Gründe hingegen bei der Abwägung der öffentlichen und privaten Interessen, wenn ein Ausfuhrantrag zu behandeln ist.

---

oder von Künstlern, deren Tod weniger als 20 Jahre zurücklag). Dies war in der Praxis nicht durchzuführen; *Helfgott*, Neue Tendenzen 89–90.

64 Vgl. die Hinweise zur Zusammenarbeit des Bundesdenkmalamts mit Museen, Sammlungen und Institutionen bei *Zykan*, Zum österreichischen Ausfuhrverbotsgesetz 2.

65 Unverbindlich § 32 Abs. 1 DMSG: „Zu den Kosten, die bei der Sicherung ... von Denkmalen ... entstehen, ... können im Rahmen der finanzgesetzlichen Möglichkeiten Zuschüsse ... gewährt werden. ... Förderungen können für alle Massnahmen geleistet werden, die die Rettung von Denkmalen vor Veränderung, Zerstörung oder Verbringung direkt oder indirekt bewirken und zwar auch als Mittel der Motivation der durch den Denkmalschutz in ihren Rechten eingeschränkten Eigentümer."

66 Statt vieler VfGH 16.12.1983, VfSlg 9911/1983, Erw. 2.2.2.4.3. = EuGRZ 1984, 324ff., 328 *(Atomsperrgesetz)*; *Barfuss* 699; *Berka* 407 Rz. 725, 411 Rz. 733; *Öhlinger* 667–668, 686. Zur Kritik dieser Praxis des VfGH vgl. *Barfuss* 700, 710; *Berka* 411f. Rz. 734; *Öhlinger* 687.

67 *Berka* 412 Rz. 735.

Eigentumsbeschränkungen dürfen nur verfügt werden, wenn sie geeignet sind, den angestrebten Zweck zu verfolgen, wenn sie erforderlich sind und wenn zwischen dem öffentlichen Interesse an der Beschränkung und der Einschränkung Privater ein angemessenes Verhältnis besteht. Insbesondere müssen Eigentumseingriffe für die betroffenen Privaten wirtschaftlich zumutbar bleiben.[68] Die Interessen sind umfassend abzuwägen.[69] Das Verhältnismässigkeitsprinzip bindet sowohl den Gesetzgeber als auch die Verwaltungsbehörden bei der Vollziehung der Gesetze.[70]

Ausfuhrbeschränkungen für Mobilien sind grundsätzlich notwendig zum Schutz von nationalem Kulturgut.[71] Die Ausfuhrbewilligung wird daher nur in „besonders berücksichtigungswürdigen Fällen" erteilt, d. h., falls Gründe vorliegen, die das öffentliche Interesse an der Aufbewahrung des Kulturgutes im Inland überwiegen.[72] Die Bewilligungsbehörde hat sämtliche Gründe zu prüfen, die der Gesuchsteller für die Begründung der Ausfuhr anführt, d. h. wirtschaftliche Gründe, aber auch Gründe familiärer Natur.[73] Wirtschaftliche Gründe führten 1986 zur Freigabe von Egon Schieles „Winterbäumen" aus dem Jahr 1912, doch wurde in diesem Fall mitberücksichtigt, dass die Antragstellerin bereit war, der Republik Österreich das „Porträt der Amalie Zuckerkandl" von Gustav Klimt zu schenken.[74] Aus (nicht näher bekannten) rücksichtswürdigen Gründen wurde die Ausfuhr bewilligt beispielsweise für Teile des Nachlasses Emilie Flöges (1874–1952), der Gefährtin Gustav Klimts,[75] für das Gemälde „Helene Klimt", eines Frühwerks von Gustav Klimt, sowie eines Hammerklaviers von Anton Walter.[76]

Wirtschaftliche Gründe können laut § 20 DMSG nicht berücksichtigt werden, wenn sich ein inländischer Kaufinteressent bereit erklärt, das Kulturgut zum inländischen Wert[77] oder zu einem allenfalls höheren kosten- und abgabeberei-

---

[68] VfGH 14.10.1993, VfSlg 13.587/1993, Erw. II.2. betreffend die wirtschaftliche Zumutbarkeit von Sanierungsmassnahmen; VfGH 6.12.1994, VfSlg 13.963/1994, Erw. III.1.a.; VfGH 6.12.1994, VfSlg 13.964/1994 zum als unverhältnismässig erachteten ausnahmslosen Verbot von Zubauten zu Freizeitwohnsitzen; VfGH 14.6.1995, VfSlg 14.142/1995 mit vagem Verweis auf den Verhältnismässigkeitsgrundsatz; *Berka* 154f. Rz. 263, 156–157 Rz. 266f., 409 Rz. 731; *Öhlinger* 678–679.

[69] *Berka* 410 Rz. 732.

[70] *Berka* 164 Rz. 280.

[71] *Geuder* 38.

[72] § 17 Abs. 1 Ziff. 1 und Abs. 2 DMSG.

[73] *Helfgott*, Neue Tendenzen 91; *Zykan*, Zum österreichischen Ausfuhrverbotsgesetz 3.

[74] *Zykan*, Ausfuhr von Kulturgut 27.

[75] *Ausfuhrabteilung*, Jahresbericht 1998 9–10.

[76] *Ausfuhrabteilung*, Jahresbericht 1999 8.

[77] Als inländischer Wert gilt „der voraussichtlich erzielbare höchste Verkaufspreis (einschliess-

nigten ausländischen Wert[78] zu erwerben (Ersatzkauf). Die Erklärung des Kaufinteressenten an das Bundesdenkmalamt gilt als rechtsverbindliches Kaufangebot gegenüber dem Eigentümer. Der Interessent hat 10% des Kaufpreises zu hinterlegen. Das Bundesdenkmalamt braucht keine Kaufinteressenten zu suchen oder zu verständigen.[79]

Sind bei der Abwägung neben den erwähnten finanziellen und familiären Gründen auch Interessen Dritter oder andere öffentliche Interessen zu berücksichtigen? Diese Frage war 1951 Gegenstand der Auseinandersetzung um die Ausfuhr des Gemäldes „Liegende Frau" von Egon Schiele.[80] Das Bild hätte als Leihgabe im Museum of Modern Art in New York ausgestellt werden sollen. Die Eigentümerin beabsichtigte damit, dass der österreichische Künstler Egon Schiele in der wichtigsten Galerie für moderne Kunst würdig vertreten sei. Das Bundesdenkmalamt und das Bundesministerium beurteilten dies nicht als „rücksichtswürdigen Fall" und verweigerten die Ausfuhrbewilligung. Der Verwaltungsgerichtshof wies die Angelegenheit zur Ergänzung des Sachverhalts zurück an die Vorinstanz und verlangte, die Interessenabwägung sei unter Berücksichtigung des staatlichen Interesses an der „Propagierung österreichischer Kunst im Auslande" neu vorzunehmen.[81]

In der Folge wurde das Gesetz verschärft: Gründe, die nicht den Eigentümer oder den Erwerber, sondern dritte Personen betrafen, konnten vom Antragsteller nicht mehr geltend gemacht werden.[82] Nach der Revision des Denkmalschutzgesetzes können solche Gründe im Ausfuhrgesuch zwar wieder angeführt werden, das Bundesdenkmalamt braucht darauf jedoch nicht einzugehen.[83]

In der Praxis und in der Gesetzgebung werden andere öffentliche Interessen durchaus berücksichtigt. Aus kulturpolitischen Gründen wurde die Ausfuhr von Johann Peter Kraffts Ölgemälde „Siegesmeldung des Fürsten Schwarzenberg

---

lich Umsatzsteuer) an Letztkäufer (Verkehrswert)" (§ 20 Abs. 2 DMSG). Der Wert braucht nicht unbedingt einem privat vereinbarten Verkaufspreis zu entsprechen. Es kann sich um einen Schätzwert handeln; *Helfgott*, Ausfuhrverbotsgesetz 17f.; *ders.*, Neue Tendenzen 90.

78 Der Wert wird auf 80% des ausländischen Verkehrswerts festgesetzt, unter Berücksichtigung der (eingesparten) Unkosten, die bei einer Ausfuhr ins Ausland anfallen; *Helfgott*, Ausfuhrverbotsgesetz 29.

79 § 20 Abs. 1 DMSG.

80 Vgl. *Seidl-Hohenveldern*, Ausfuhr und Rückführung 139–140.

81 VwGH 11.4.1951, VwSlg 2031/1951 *(Anne K.)*. Aufgrund eines Vergleichs zwischen der Eigentümerin und dem Bundesministerium verblieb das Gemälde schliesslich in Österreich (Sammlung Rudolf Leopold); *Seidl-Hohenveldern*, Ausfuhr und Rückführung 140. Kritik an der Behinderung des Kulturaustausches in diesem Fall übt *Knott* 133f.

82 Vgl. § 3 Abs. 2 Ausfuhrverbotsgesetz für Kulturgut; *Seidl-Hohenveldern*, Ausfuhr und Rückführung 140.

83 § 17 Abs. 3 DMSG.

nach der Schlacht bei Leipzig, 1813, an die aliierten Monarchen" zugunsten des Deutschen Historischen Museums Berlin bewilligt, dies nach erfolgloser Durchführung eines Ersatzkaufverfahrens.[84] Auch das Gemälde „Dame mit Federhut" von Gustav Klimt wurde 1979 aus kulturpolitischen Gründen zur Ausfuhr freigegeben, damit es im Museum of Modern Art in New York ausgestellt werden konnte.[85] Wieder andere politische Gründe stehen hinter der Ausnahmebestimmung zur Ausfuhrregelung im Bundesgesetz über die Rückgabe von Kunstgegenständen aus den Österreichischen Bundesmuseen und Sammlungen. Unentgeltlich oder aufgrund eines nichtig erklärten Rechtsgeschäfts ins Eigentum des Bundes gelangte Kunstgegenstände sollen dank dieses Gesetzes an ihre ursprünglichen Eigentümer oder deren Erben rückübereignet werden. Während der nationalsozialistischen Herrschaft oder als deren Folge hatten Auswanderungswillige dem Staat Kunstgegenstände „geschenkt" oder „gewidmet", um im Gegenzug Ausfuhrbewilligungen für andere Objekte zu erlangen. Andere Güter waren von Museen gutgläubig erworben worden, dies jedoch nach unrechtmässigem Besitzerwechsel, oder sie wurden als herrenloses Gut ins Staatseigentum überführt.[86] Die vormaligen Eigentümer oder deren Erben befinden sich heute grossenteils im Ausland. Die Rückgabe verkäme zur Farce, wenn die Güter dem Ausfuhrverbot unterlägen. Das Ausfuhrverbot wird deshalb für 25 Jahre nicht angewendet.[87]

Im Übrigen ist darauf hinzuweisen, dass Eigentümer von Kulturgütern in Österreich ein relativ günstiges Steuerklima vorfinden.[88]

Zusammenfassend kann festgehalten werden, dass das Ausfuhrverbot geeignet und erforderlich ist, den Kulturgutbestand im Inland zu erhalten. Im Einzelfall ist die Verhältnismässigkeit der Massnahme zu prüfen. Die gesetzlichen Grundlagen der Ausfuhrregelung können verfassungskonform angewendet werden. Die frühere Praxis galt als restriktiv[89] und war wohl nicht durchwegs verhältnismässig. Heute scheint das Ausfuhrverbot nur mehr zurückhaltend verfügt zu werden; die Praxis dürfte in vielen Fällen verhältnismässig sein.

---

84 *Ausfuhrabteilung*, Jahresbericht 1996 9.

85 *Zykan*, Ausfuhr von Kulturgut 27.

86 Votum von Bundesrat Wolfram *Vindl*, in: Stenographisches Protokoll des Bundesrates, 646. Sitzung vom 19.11.1998, 61; Votum Dr. Peter *Böhm*, in: Stenographisches Protokoll des Bundesrates, 646. Sitzung vom 19.11.1998, 61 ff.; vgl. Bericht der Bundesministerin für Bildung, Wissenschaft und Kultur an den Nationalrat vom 27.10.1999 über die Rückgabe von Kunstgegenständen aus den Österreichischen Bundesmuseen und Sammlungen gemäss § 2 Abs. 3 des Bundesgesetzes BGBl. I 181/1998.

87 § 4 Bundesgesetz über die Rückgabe von Kunstgegenständen aus den Österreichischen Bundesmuseen und Sammlungen.

88 *Geuder* 38 unter Hinweis auf die Belastung durch Erbschaftssteuern in Staaten mit vermeintlich „liberalerer" Ausfuhrregelung.

89 *Schorlemer* 410.

5. Wesensgehalt des Eigentums

Gesetze dürfen keine „exzessiven Regelungen" enthalten, welche den Wesensgehalt von Grundrechten aushöhlen oder so weit einschränken, dass sie das Grundrecht gleichsam aufheben. Wirtschaftliche Einbussen gelten in der Regel nicht als Verletzung des Wesensgehalts des Eigentums.[90] Seitdem der VfGH auch die Verhältnismässigkeit von Eigentumseingriffen überprüft, hat der Wesensgehalt des Eigentums bei der Überprüfung von Eingriffen ins Grundrecht an Bedeutung verloren.[91]

Wird die Ausfuhr eines Objekts verweigert, bleiben Nutzungs- und Verfügungsrechte des Eigentümers im Inland erhalten. Kulturgut kann auch an Personen mit Wohnsitz im Ausland veräussert werden. Faktisch ist die wirtschaftliche Verwertbarkeit von Kulturgut eingeschränkt. Im Lichte der Praxis ist davon auszugehen, dass der VfGH das Ausfuhrverbot nicht als Verletzung des Wesensgehalts des Eigentums qualifizieren würde.

6. Fazit

Die heutige Ausfuhrregelung, eine Eigentumsbeschränkung, ist in Bezug auf die verfassungsrechtliche Eigentumsgarantie grundsätzlich zulässig. Sie beruht auf einer gesetzlichen Grundlage und verfolgt öffentliche Interessen. Der Kreis der Objekte, deren Ausfuhr verboten werden kann, ist eingeschränkt durch das Erfordernis einer Unterschutzstellung. Andere private und öffentliche Interessen werden bei der Behandlung von Ausfuhrgesuchen berücksichtigt.

II. Rückholung und Anheimfall

Das Denkmalschutzgesetz ermöglicht verschiedene Massnahmen zur Rückführung von Kulturgut, das sich widerrechtlich im Ausland befindet. Ein Mittel sind Geldstrafen[92] und – nach bewilligter vorübergehender Ausfuhr – der Verfall

---

[90] VfGH 11.3.1977, VfSlg 7996/1977, Erw. 3; VfGH 3.12.1980, VfSlg 8981/1980, Erw. II.4. Der Verfassungsgerichtshof verneinte verschiedentlich die Verletzung des Wesensgehalts des Eigentums wegen wirtschaftlicher Einbussen. In VfGH 17.3.1976, VfSlg 7770/1976 wurde das Vorliegen einer exzessiven Regelung verneint bei der Besteuerung von Zinsen, die aufgrund der Inflation vom Vermögensstamm zu tragen sind; gemäss VfGH 1.10.1981, VfSlg 9189/1981, Erw. 2.1.2. *(Denkmalschutzgesetz)*, verletzen die §§ 1 und 3 Denkmalschutzgesetz den Wesensgehalt des Eigentums nicht, trotz der Minderung der wirtschaftlichen Verwertbarkeit der betroffenen Gebäude, die sie u. U. nach sich ziehen; laut VfGH 16.12.1983, VfSlg 9911/1983, Erw. 2.2.2.4.2. = EuGRZ 1984, 324ff., 328 *(Atomsperrgesetz)* verletzt das Verbot der Nutzung der Kernspaltung den Wesensgehalt des Eigentumsrechts nicht, weil es „die weitgespannten Möglichkeiten der Energiegewinnung im Grunde nur partiell einengt"; *Öhlinger* 679–681.

[91] *Öhlinger* 660, 682.

[92] § 37 DMSG, insbesondere Abs. 2 Ziff. 1 zweiter Spiegelstrich.

von Kautionen.[93] Ausserdem „können ... auf Kosten des Schuldtragenden ... geeignete Massnahmen zur Rückführung der Gegenstände (einschliesslich des Ankaufes) verfügt werden.“[94] Ein Anwendungsbeispiel für eine solche „geeignete Massnahme“ ist der Fall der 8000 Briefe an Marie-Louise von Frankreich (Tochter Kaiser Franz' I. von Österreich und Gemahlin Napoleons I.), die der Familie Montenuovo gehörten und die unrechtmässig nach München verbracht worden waren. Österreich erreichte 1958/59 die Rückführung von 7000 Briefen, nachdem der Eigentümerin Geldstrafen und Erbschaftssteuern angedroht worden waren. In München wurden schliesslich nur 1000 Briefe versteigert.[95] Ein weiteres Beispiel einer Rückholung ist das Aquarell von Rudolf von Alt, „Die Bucht von Cattaro in Dalmatien“ von 1840, dessen Ausfuhr 1988 verweigert worden war. Es wurde in einem Münchner Auktionskatalog entdeckt und wegen einer Anzeige des Österreichischen Bundesdenkmalamtes nicht versteigert, sondern vom Einbringer (freiwillig?) nach Österreich zurückgeführt.[96]

Die Norm ermöglicht keinen direkten Zugriff auf Objekte, die ausserhalb Österreichs gelegen sind. Die Rückholung ist daher keine eigentumsbeschränkende Massnahme.

Rückgeführtes Kulturgut fällt ins Eigentum des Staates (Anheimfall), es sei denn, der frühere Eigentümer habe die widerrechtliche Ausfuhr nicht verschuldet.[97] Der Anheimfall ist eine Sanktion für unrechtmässiges Verhalten durch zwangsweise Vermögensübertragung rückgeführter Objekte auf den Bund. Gesetzlich vorgesehen, dient er der Einhaltung der Vorschriften über die Ausfuhr von Kulturgut. Der Anheimfall ist vereinbar mit der Eigentumsgarantie, die nur rechtmässiges Handeln schützt.

III. Weitere Bewilligungspflichten

Die „Veränderung“ von Denkmalen, die beispielsweise deren künstlerische Wirkung beeinflussen könnte, ist ohne Bewilligung verboten.[98] Als Veränderung gilt u. U. auch die Verbringung von Bildern, die als Zubehör eines unbeweglichen Denkmals gelten, an einen anderen Ort innerhalb Österreichs.[99] Der Bewilli-

---

[93] § 22 Abs. 2 DMSG.

[94] § 36 Abs. 2 DMSG.

[95] *Engstler* 31 Fn. 23.

[96] *Ausfuhrabteilung*, Jahresbericht 1996 8f.

[97] § 36 Abs. 2 i.Verb.m. § 34 DMSG. Gemäss § 36 Abs. 3 DMSG gehen die Bestimmungen des Bundesgesetzes zur Umsetzung der Richtlinie 93/7/EWG über die Rückgabe von unrechtmässig aus dem Hoheitsgebiet eines Mitgliedstaates der Europäischen Gemeinschaft verbrachten Kulturgütern vor.

[98] §§ 4 Abs. 1 und 5 Abs. 1 DMSG.

[99] Abgelehnt wurde die beantragte Verbringung eines Altarbildes mit der Darstellung des Hl.

gungsentscheid liegt im Ermessen des Bundesdenkmalamtes. Das öffentliche Interesse an der unveränderten Erhaltung von Denkmalen ist abzuwägen mit den entgegenstehenden privaten und öffentlichen Interessen.[100]

Weitere Bewilligungspflichten betreffen Gegenstände aus denkmalgeschützten Sammlungen, welche nur mit Bewilligung des Bundesdenkmalamtes veräussert oder belastet werden dürfen. Ohne Bewilligung erfolgte Veräusserungen oder Belastungen sind nichtig i. S. v. § 879 AGBG.[101]

Diese Eigentumsbeschränkungen beruhen auf gesetzlicher Grundlage und liegen grundsätzlich im öffentlichen Interesse. Sie sind mit der Eigentumsgarantie vereinbar, soweit die Verhältnismässigkeit im Einzelfall gewahrt bleibt.

IV. Internationale Rückgaben

Österreich hat weder die UNESCO-Konvention 1970 noch die Unidroit-Konvention 1995 unterzeichnet. Eigentümer von Kulturgütern können aufgrund dieser Instrumente in Österreich nicht zu Rückgaben oder Rückführungen verpflichtet werden.

Rückgabeverpflichtungen aufgrund europäischen Rechts werden später untersucht.[102]

C. Enteignungen

Eine Enteignung liegt vor, wenn „eine Sache durch Verwaltungsakt oder unmittelbar kraft Gesetzes dem Eigentümer zwangsweise entzogen und auf den Staat, eine öffentliche Körperschaft oder eine gemeinnützige Unternehmung übertragen wird oder wenn daran auf gleiche Weise fremde Rechte begründet werden." Enteignungen sind immer mit einer Vermögensverschiebung verbunden.[103] Ent-

---

Nepomuk von Mart. Joh. Schmidt („Kremserschmidt") von 1769 aus der Schlosskapelle Rohrbach; dass die Eigentümer des Bildes offenbar keinen Zugang zur Schlosskapelle hatten, spielte keine Rolle; VwGH 29. 10. 1997, 95/09/0299, unveröffentlicht *(Johann Baar-Baarenfels und Ernst Üblacker-Risenfels)*.

100 § 5 Abs. 1 DMSG; VfGH 1. 10. 1981, VfSlg 9189/1981, Erw. 2.1.2. *(Denkmalschutzgesetz)*; VfGH 1. 10. 1986, VfSlg 11.019/1986, Erw. II.3. *(Denkmalschutzgesetz)* zum (möglichen) Nachweis wirtschaftlicher Härte; VwGH 29. 10. 1997, 95/09/0299, unveröffentlicht *(Johann Baar-Baarenfels und Ernst Üblacker-Risenfels)*.

101 § 6 Abs. 5 DMSG.

102 Hinten § 9 C I.

103 VfGH 3. 3. 1971, VfSlg 6390/1971, Erw. C; VfGH 6. 3. 1978, VfSlg 8266/1978, Erw. II.3.b. *(Naturschutzgesetz)*; VfGH 3. 12. 1980, VfSlg 8981/1980, Erw. II.3.; VfGH 16. 12. 1983, VfSlg 9911/1983, Erw. 2.2.2.2. = EuGRZ 1984, 324ff., 327 *(Atomsperrgesetz)*; *Barfuss* 696; *Öhlinger* 665.

eignungen bedürfen laut Art. 5 StGG und Art. 1 ZP EMRK einer gesetzlichen Grundlage und sind nur im öffentlichen Interesse zulässig.

I. Enteignung von Kulturgut

Für eigentliche Enteignungen von Kulturgut gibt es keine gesetzliche Grundlage. Zum Erlass entsprechender Bestimmungen wäre der Bund zuständig.[104]

II. Ersatzkauf

Liegt ein Kaufangebot für ein Kulturgut vor, dessen Ausfuhr beantragt worden ist, werden im Verfahren um Erteilung der Ausfuhrbewilligung keine wirtschaftlichen Gründe berücksichtigt.[105] Massgeblicher Kaufpreis ist der inländische Wert, d. h. „der voraussichtlich erzielbare höchste Verkaufspreis (einschliesslich Umsatzsteuer) an Letztkäufer (Verkehrswert)", oder ein allfälliger höherer internationaler Wert abzüglich Kosten und Abgaben. Das Kaufangebot muss gegenüber dem Bundesdenkmalamt und dem Eigentümer rechtsverbindlich erfolgen und durch eine Hinterlegung in der Höhe von 10% des Kaufpreises sichergestellt werden.[106] Das Bundesdenkmalamt braucht keine Kaufinteressenten zu suchen.[107]

Im Ergebnis kann das sog. Ersatzkaufverfahren eine Vermögensverschiebung, eine Übertragung des Eigentums auf eine öffentliche oder auf eine private Person bewirken. Das Eigentum wird jedoch durch den Ersatzkauf nicht zwangsweise entzogen. Ob die Behörden bei einem Ersatzkauf eine aktive Rolle spielen oder nicht, in jedem Fall bleibt der Eigentümer frei, das Kaufangebot abzulehnen. Dies entspricht der verfassungsrechtlich geschützten Privatautonomie[108]. Der Ersatzkauf kann weder als Enteignung noch als Eingriff in die Privatautonomie noch als sonstige Eigentumsbeschränkung qualifiziert werden.

III. Ablöserecht

Bodenfunde fallen gemäss § 399 ABGB zur Hälfte ins Eigentum des Grundeigentümers, zur anderen Hälfte ins Eigentum des Finders. Hat eine Gebietskörperschaft die Grabung veranlasst, steht ihr ein Ablöserecht an der Eigentums-

---

[104] Art. 10 Abs. 1 Ziff. 13 B-VG.

[105] Vorne § 4 B I 4.

[106] § 20 DMSG (vormals § 5 Ausfuhrverbotsgesetz für Kulturgut).

[107] § 20 Abs. 1 DMSG. Anders für hochrangiges Kulturgut noch § 5 Abs. 2 Ausfuhrverbotsgesetz für Kulturgut.

[108] Zum verfassungsmässigen Schutz der Privatautonomie vgl. VfGH 22.6.1989, VfSlg 12.100/1989, Erw. II.1.= EuGRZ 1990, 425ff., 426 *(Außenhandelsgesetz)*; VfGH 30.11.1989, VfSlg 12.227/1989, Erw. III.2.c. mit Hinweisen; *Öhlinger* 654.

hälfte des Grundeigentümers zu. Die Gebietskörperschaft hat auch gegenüber dem Bund ein Ablöserecht im Fall, dass wegen unerlaubter Handlungen des Finders eines Bodendenkmals in Anwendung von § 400 ABGB der Bund Hälfteeigentümer wird. Das Ablöserecht ist innert dreier Jahre schriftlich geltend zu machen. Der Hälfteeigentümer ist zum Verkehrswert zu entschädigen.[109]

In der Sache handelt es sich beim Ablöserecht um ein Enteignungsrecht der Gebietskörperschaft.[110] Es lässt sich auch gegen den Willen des Hälfteeigentümers geltend machen. Das Ablöserecht beruht auf gesetzlicher Grundlage und dient „dem Interesse einer gesicherten Verwahrung in der wissenschaftlichen Sammlung einer Gebietskörperschaft", liegt somit im öffentlichen Interesse. Aufgrund der Entschädigung des Hälfteeigentümers zum Verkehrswert dürfte die Massnahme in der Regel verhältnismässig sein. Aus verfassungsrechtlicher Sicht ist gegen das Ablöserecht nichts einzuwenden.

Nach der Konzeption des Denkmalschutzgesetzes handelt es sich beim Ablöserecht wohl weniger um ein Enteignungsrecht als um eine Art Dienstbarkeit, d. h. eine Eigentumsbeschränkung. Dies zeigt sich darin, dass Streitigkeiten auf dem Zivilrechtsweg auszutragen sind.[111]

D. Zusammenfassung

I. Ausfuhr- und Verbringungsverbote

Gestützt auf das Denkmalschutzgesetz kann die Ausfuhr von Denkmalen verboten werden. Über Ausfuhrgesuche ist unter Abwägung öffentlicher und privater Interessen zu entscheiden, wobei finanzielle Gesichtspunkte auf Seiten des Eigentümers eine Rolle spielen. Die finanzielle Einbusse, die ein Ausfuhrverbot nach sich zieht, wird nicht entschädigt. Dies ist mit der Eigentumsgarantie gemäss der Praxis des VfGH vereinbar.

Unter der Geltung des Ausfuhrverbotsgesetzes für Kulturgut, d. h. bis Ende 1999, wurde die Ausfuhr zahlreicher Objekte aus Österreich verhindert, an deren Bewahrung im Inland kaum ein öffentliches Interesse bestand. Heute ist eine Unterschutzstellung unter Denkmalschutz vorausgesetzt, damit die Ausfuhrbewilligung verweigert werden kann. Aus diesem Grund wird heute die Ausfuhr von vergleichsweise weniger Objekten verhindert. Im Einzelfall könnte ein Ausfuhrverbot allenfalls unter Berufung auf fehlendes öffentliches Interesse oder wegen Unverhältnismässigkeit der Massnahme beim Verfassungsgerichtshof

---

109 § 10 DMSG.

110 *Geuder* 130.

111 § 10 Abs. 2 DMSG.

angefochten werden. Die Aussichten einer entsprechenden Beschwerde sind schwer abzuschätzen.

Mobilien, die als Zugehör eines unbeweglichen Denkmals unter Denkmalschutz gestellt sind, und Sammlungsgüter unterliegen auch innerhalb Österreichs einem Veränderungs- und Verbringungsverbot. Dies kann sich einschneidend auswirken. Private Interessen an einer Verbringung werden in der Praxis nicht allzu hoch gewichtet.

II. Erwerb durch die öffentliche Hand

Die österreichische Gesetzgebung kennt keine Zwangsmittel zum Erwerb von Objekten, deren Ausfuhr beantragt wird. Das Zustandekommen eines Ersatzkaufs oder – nach widerrechtlicher Ausfuhr – einer Rückholung ist letztlich vom Einverständnis des Eigentümers abhängig. Diese Massnahmen bilden keine Eigentumsbeschränkungen. Der sog. „Anheimfall" ist als Sanktion für rechtswidriges Verhalten zu qualifizieren; die Eigentumsgarantie vermag diesfalls keinen Schutz zu gewähren.

Eine Art Enteignung kann im Ablöserecht von Gebietskörperschaften betreffend Bodenfunde gesehen werden. Dieses Recht ist so ausgestaltet, dass es mit der Eigentumsgarantie vereinbar ist.

III. Internationale Rückgaben und Rückführungen

Mangels Unterzeichnung der einschlägigen internationalen Konventionen sind in Österreich internationale Rückgaben und Rückführungen ausserhalb des europarechtlichen Kontextes kein Thema.

§ 5 Frankreich

A. Eigentumsgarantie

Die Eigentumsgarantie ist vom Conseil constitutionnel erst seit 1982 als volles verfassungsrechtliches Recht anerkannt, und zwar auf der Grundlage der Präambeln der Verfassungen von 1958 und 1946, welche auf die Déclaration des Droits de l'Homme et du Citoyen von 1789 verweisen.[1] Die Bestimmungen der Déclaration des Droits de l'Homme et du Citoyen über das Eigentum lauten wie folgt:

Art. 2
Le but de toute association politique est la conservation des droits naturels et imprescriptibles de l'homme. Ces droits sont la liberté, la propriété, la sûreté et la résistance à l'oppression.

Art. 17
La propriété étant un droit inviolable et sacré, nul ne peut en être privé, si ce n'est lorsque la nécessité publique, légalement constatée, l'exige évidemment, et sous la condition d'une juste et préalable indemnité.

Der Umfang des Eigentumsschutzes ergibt sich aus den Art. 544 und 545 CC:

Art. 544 CC
La propriété est le droit de jouir et disposer des choses de la manière la plus absolue, pourvue qu'on n'en fasse pas un usage prohibé par les lois ou par les règlements.

Art. 545 CC
Nul ne peut être contraint de céder sa propriété, si ce n'est pour cause d'utilité publique, et moyennant une juste et préalable indemnité.

Laut Art. 34 Const. werden die „grundlegenden Prinzipien“[2] der Eigentumsordnung durch das Gesetz festgelegt.

Gemäss der Praxis des Conseil constitutionnel gehören zur Eigentumsgarantie auch die Einhaltung von Verfahrensgarantien[3] und der Rechtsschutz.[4]

---

1 Cons. const. 16.1.1982, 81-132 DC, Rec. 18, Erw. 13–16 = La Semaine Juridique 1982 II 19788 *(Loi de Nationalisation)*; *Bauer* 178; *Pauliat*, Bd. I 1. Die französische Verfassung verfügt über keinen eigentlichen Grundrechtekatalog; vgl. *Grewe* 209-210; *Itin* 6, 10. Merkwürdigerweise können sich auch der Staat und andere öffentlichrechtliche juristische Personen auf die Eigentumsgarantie berufen: Cons. const. 25.–26.6.1986, 86-207 DC, Rec. 61, Erw. 58 *(Privatisations)*; Cons. const. 21.7.1994, 94-346 DC, Rec. 96, Erw. 3 *(Loi complétant le code du domaine de l'Etat et relative à la constitution de droits réels sur le domaine public)*.

2 In Art. 34 Const. wird unterschieden zwischen *règles* und *principes fondamentaux*; die Unterscheidung spielt jedoch in der Praxis des Cons. const. keine Rolle; *Itin* 31.

3 Cons. const. 26.7.1984, 84-172 DC, Rec. 58 ff., 61 *(Loi relative au contrôle des exploitations*

In Frankreich besitzt heute auch die Eigentumsgarantie gemäss Art. 1 ZP EMRK übergesetzlichen Rang. Sie wird aber nicht zum eigentlichen Verfassungsrecht gezählt.[5]

Die verfassungsgerichtliche Kontrolle der Gesetzgebung ist eingeschränkt. Der Conseil constitutionnel[6] prüft Gesetze unter gewissen Voraussetzungen *vor dem Inkrafttreten* abstrakt und objektiv auf ihre Verfassungskonformität.[7] So kann beispielsweise überprüft werden, ob das öffentliche Interesse an einer Regelung gegeben ist.[8] *Geltende* Gesetze können weder vom Conseil constitutionnel noch von den ordentlichen Gerichten und Verwaltungsgerichten auf Verfassungsmässigkeit überprüft werden.[9] Wenn hier die Vereinbarkeit der Bestimmungen über Handelsbeschränkungen für Kulturgüter mit der Eigentumsgarantie untersucht wird, hat dies insofern theoretischen Charakter, als sich in der Praxis handelsbeschränkende Massnahmen nicht mit Hinweis auf die Verfassungswidrigkeit von Gesetzen anfechten lassen. Zudem stammen die zu untersuchenden Bestimmungen zum Teil aus einer Zeit, in der das Eigentumsrecht noch nicht wie heute als verfassungsmässiges Recht anerkannt war.[10]

Die Rechtmässigkeit eines verwaltungsrechtlichen Aktes im Einzelfall kann mit *recours pour excès de pouvoir tendant à l'annulation d'un décret* vor dem Conseil d'Etat bestritten werden, u. a. mit Berufung auf Verfassungswidrigkeit, Gesetzesverletzung, Ermessensmissbrauch, wegen Verstosses gegen die EMRK oder gegen die *principes généraux du droit*.[11] Wie bereits erwähnt, existiert keine Ver-

---

agricoles et au statut du fermage); Cons. const. 13.12.1985, 85-198 DC, Rec. 78, 80–81 *(Communication audiovisuelle)*; *Favoreu/Philip* 475.

4 Cons. const. 25.7.1989, 89-256 DC, Rec. 53, Erw. 16 (der Satz „... l'autorité judiciaire est garante de la propriété" gilt als *principe fondamental reconnu par les lois de la République* auf Verfassungsebene); *Itin* 131.

5 Frankreich hat die EMRK und das Zusatzprotokoll im Jahr 1974 ratifiziert; *Itin* 38; *Polakiewicz/Jacob-Foltzer* 75. Gemäss Art. 55 Const. gehen völkerrechtliche Verträge den Gesetzen vor und bedürfen keiner Transformation ins Landesrecht. Betreffend den Vorrang internationaler Konventionen vor nationalem Recht Cons. d'Ét., Assemblée, 20.10.1989, n. 108243, AJDA 1989, 788 (Note Denys *Simon*) *(Nicolo)*; *Bleckmann*, Verfassungsrang 151; *Grewe* 212; *Itin* 39.

6 Der Conseil constitutionnel soll im System der V. Republik die Aktivitäten des Parlaments überwachen. Zur Zusammensetzung und Funktion dieses Gremiums vgl. Art. 56 Const. sowie *Grewe* 209 und *Itin* 188, 190–192.

7 Art. 61 Const.; *Grewe* 212; *Itin* 40, 192f., 196, 198ff.

8 *Pauliat*, Bd. II 39.

9 *Itin* 220; *Pauliat*, Bd. II 81.

10 Eine ähnliche Untersuchung mit Bezug auf den Denkmalschutz von Immobilien findet sich bei *Frier*, Propriété privée 405ff.

11 *Itin* 206–209.

fassungsbeschwerde an den Conseil constitutionnel, die für eine einheitliche Praxis bei der Einhaltung der Grundrechte sorgen könnte.[12]

In der Doktrin werden Eigentumseingriffe in Nutzungsregelungen für Eigentum *(servitudes adminstratives)*, Enteignungen und Nationalisationen eingeteilt.[13]

B. Nutzungsregelungen

Das Eigentum, die Verfügung über privates Eigentum und dessen Gebrauch können im öffentlichen Interesse eingeschränkt werden.[14] Der Gebrauch einer Sache gehört nicht zu den geschützten Eigentumsrechten; er kann durch Gesetze und Reglemente beschränkt werden.[15] Auch ein eigentliches verfassungsmässiges Recht der Verfügungsfreiheit ist in Frankreich nicht anerkannt. Die freie Verfügbarkeit über Privateigentum kann durch Gesetz eingeschränkt werden.[16] Nutzungs- und Verfügungsbeschränkungen sind nur verfassungswidrig, wenn sie so einschneidend sind, dass das Eigentumsrecht seinen Inhalt verliert.[17]

---

[12] *Grewe* 212.

[13] Cons. const. 13.12.1985, 85-198 DC, Rec. 78, 80 *(Communication audiovisuelle)*; *Pollet*, Servitudes administratives Ziff. 11.

[14] Art. 544 CC; zum *intérêt général* Cons. const. 16.1.1982, 81-132 DC, Rec. 18, Erw. 16 = La Semaine Juridique 1982 II 19788 *(Loi de Nationalisation)*; Cons. const. 20.7.2001, 2000-434 DC, Rec. 107, Erw. 24, 31, 34 *(Loi relative à la chasse)*; *Itin* 135; *Pauliat*, Bd. I 152, 153, Bd. II 36f.

[15] Art. 544 CC; Cons. const. 19.–20.7.1983, 83-162 DC, Rec. 49ff., 53 *(Loi relative à la démocratisation du secteur public)* betreffend die Beschränkung der Stimmrechte von Aktionären; Cons. const. 13.12.1985, 85-198 DC, Rec. 78, 80 *(Communication audiovisuelle)* betreffend zu duldende Installationen auf Hausdächern; Cons. const. 22.1.1990, 89-267 DC, Rec. 27, Erw. 5 *(Adaption à l'exploitation agricole)* betreffend Nutzungsbeschränkungen für Landwirtschaftsbetriebe; Cons. const. 16.1.1991, 90-287 DC, Rec. 24, Erw. 22 *(Loi portant dispositions relatives à la santé publique et aux assurances sociales)*, wonach die Bindung von Privatspitälern an Tarife u. U. eine Nutzungsbeschränkung für privates Eigentum, mangels Übergang von Rechten jedoch keine Enteignung darstelle und im Interesse der Beschränkung der Kosten im Gesundheitswesen gerechtfertigt sei; *Favoreu/Philip* 474–475; *Pauliat*, Bd. I 116f., 209, Bd. II 16f.

[16] Cons. const. 26.7.1984, 84-172 DC, Rec. 58ff., 59 *(Loi relative au contrôle des exploitations agricoles et au statut du fermage)*, wonach Bewilligungspflichten für die Veränderung und die Bewirtschaftung von Landwirtschaftsbetrieben das Eigentum zwar beschränken und die Veräusserung erschweren, aber nicht so schwer wiegen, dass sie das verfassungsrechtliche Eigentum ihres Gehaltes entleeren; gemäss Cons. const. 17.7.1985, 85-189 DC, Rec. 49ff., 51 *(Loi relative à l'aménagement foncier)* ist eine Bewilligungspflicht für Veräusserungen und Aufteilungen von Grundstücken in geschützten Zonen eine zulässige Nutzungsregelung; Cons. const. 4.7.1989, 89-254 DC, Rec. 41, Erw. 7–10, wonach ein Gesetz, das für eine Übergangszeit eine Bewilligungspflicht für gewisse Verfügungen über Aktien privatisierter Gesellschaften statuiert, Grenzen und Ausübung des Eigentums in verfassungskonformer Weise festlege; *Bauer* 212; *Pauliat*, Bd. I 242.

[17] Die Verfassungsmässigkeit von Gesetzesbestimmungen wurde in folgenden Fällen verneint:

Entschädigungen werden vom Conseil constitutionnel allenfalls gefordert bei Inanspruchnahme privaten Eigentums durch öffentliche Werke, nicht aber bei Einschränkungen des Eigentums durch Anzeige- und Bewilligungspflichten o. Ä. Fehlende Entschädigungsregelungen für Nutzungsbeschränkungen sind demnach mit der Verfassung vereinbar.[18]

I. Ausfuhrverbot für klassifizierte Objekte

Mobilien, deren Bewahrung im Hinblick auf Geschichte, Kunst, Wissenschaft oder Technik im öffentlichen Interesse sind, können klassifiziert werden.[19] Klassifizierte Objekte gelten als *trésors nationaux*,[20] deren Ausfuhr aus Frankreich absolut verboten ist.[21] Der Eigentümer darf das klassifizierte Objekt an jedermann veräussern, nicht aber ausserhalb Frankreichs nutzen oder verkaufen. Mit Bewilligung können klassifizierte Güter vorübergehend ins Ausland verbracht werden, beispielsweise für Ausstellungen, Expertisen, Restaurationen oder als Leihgaben.[22]

Klassifiziert werden staatliche und private Kulturgüter. Thema der vorliegenden Untersuchung sind nur Güter im Eigentum Privater.

Cons. const. 20.1.1993, 92-316 DC, Rec. 14, Erw. 16 *(Loi relative à la prévention de la corruption ...)* betreffend einer Bestimmung, welche Untersuchungsbehörden ermächtigt hätte, Dokumente uneingeschränkt zu behändigen, ohne dass dies hätte begründet werden müssen oder der Zeitpunkt der Rückgabe definiert gewesen wäre; Cons. const. 9.4.1996, 96-373 DC, Rec. 43, Erw. 20–22 *(Autonomie de la Polynésie française)* betreffend einer Bestimmung, welche die Übertragung von Eigentumsrechten und Gesellschaftsanteilen an gewisse Personen in Französisch-Polynesien nur mit vorgängiger Bewilligung des Ministerialrates zugelassen hätte, wobei die Kriterien für die Erteilung von Bewilligungen unbestimmt gewesen wären; *Bauer* 180, 181, 212; *Favoreu/Philip* 475ff.; *Pauliat*, Bd. II 16f.

[18] Cons. const. 19.–20.7.1983, 83-162 DC, Rec. 49ff., 53 *(Loi relative à la démocratisation du secteur public)*: „... l'article 17 de la Déclaration des droits de l'homme et du citoyen ... n'implique nullement que les lois ne puissent restreindre l'exercice du droit de propriété sans une indemnisation corrélative"; *Frier*, Propriété privée 407f. betreffend Denkmalschutzmassnahmen.

[19] Art. 14 Abs. 1 Loi du 31 décembre 1913 sur les monuments historiques. Für private Archivalien gilt Art. 11 Loi 79-18 du 3 janvier 1979 sur les archives.

[20] Art. 4 Loi 92-1477 du 31 décembre 1992 relative aux produits soumis à certaines restrictions de circulation.

[21] Art. 21 Loi du 31 décembre 1913 sur les monuments historiques. Gesuche um Ausfuhr klassifizierter Objekte können ohne weitere Begründung abgelehnt werden, vgl. Cons. d'Ét. 31.7.1992, La Semaine Juridique 1993 II 22044 *(Jacques Walter)*. Für private Archivalien besteht eine Bewilligungspflicht für die Ausfuhr; Art. 21 Loi 79-18 du 3 janvier 1979 sur les archives. Auf dieses Gesetz wird in der Folge nur mehr vereinzelt eingegangen.

[22] Art. 10 Loi 92-1477 du 31 décembre 1992 relative aux produits soumis à certaines restrictions de circulation. Gemäss *Frier*, Exportation 266 wären im Rahmen dieser Bestimmung auch Leihverhältnisse über lange Zeit möglich.

Das Ausfuhrverbot gemäss dem Gesetz von 1913 bewirkt eine Nutzungs- und Verfügungsbeschränkung für private Kulturgüter *(servitude administrative)*, keine Enteignung.[23]

1. Gesetzliche Grundlage

Gemäss Art. 34 Constitution sind die grundlegenden Prinzipien der Eigentumsordnung in der Form des Parlamentsgesetzes zu erlassen. Art. 21 Loi du 31 décembre 1913 sur les monuments historiques bildet eine genügende gesetzliche Grundlage für das Ausfuhrverbot für Kulturgüter.

Objekte können aufgrund des Territorialitätsprinzips nur klassifiziert werden, solange sie sich auf französischem Staatsgebiet befinden.[24] Nach der Praxis des Conseil d'État ist eine definitive Klassifizierung auch möglich, wenn das Objekt während der Dauer des Klassifizierungsverfahrens unrechtmässig aus Frankreich verbracht worden ist.[25]

2. Öffentliches Interesse

Das Eigentum und die Ausübung des Eigentumsrechts können beschränkt werden, wenn dies im öffentlichen Interesse *(intérêt général)* liegt. Das öffentliche Interesse muss aus dem Gesetz ersichtlich sein.[26]

Bewegliche Objekte können klassifiziert werden, wenn ihre Erhaltung im Hinblick auf Geschichte, Kunst, Wissenschaft oder Technik im öffentlichen Interesse liegt.[27] Das öffentliche Interesse an der Erhaltung solcher Gegenstände ist aus denkmalschützerischen Gründen gegeben. Aus dem Text des Gesetzes von 1913 ist hingegen nicht ersichtlich, welchem öffentlichen Interesse das mit der

---

23 *Frier*, Patrimoine culturel 437; *Pollet*, Servitudes administratives Ziff. 36.

24 *Frier*, Patrimoine culturel 433.

25 Laut Art. 14 i. V. m. Art. 1 Abs. 3 Loi du 31 décembre 1913 sur les monuments historiques gilt das Ausfuhrverbot bereits nach der Notifikation des Vorschlags zur Klassifizierung, längstens während eines Jahres. Anwendungsbeispiel: Cons. d'Ét. 31. 7. 1992, La Semaine Juridique 1993 II 22044 *(Jacques Walter)*.

26 Cons. const. 16. 1. 1982, 81-132 DC, Rec. 18, Erw. 16 = La Semaine Juridique 1982 II 19788 *(Loi de Nationalisation)*; Cons. const. 13. 12. 1985, 85-198 DC, Rec. 78, 80 *(Communication audiovisuelle)*; Cons. const. 25. 7. 1989, 89-256 DC, Rec. 53, Erw. 18; Cons. const. 20. 7. 2001, 2000-434 DC, Rec. 107, Erw. 24, 31, 34 *(Loi relative à la chasse)*, wonach Nutzungsbeschränkungen gegen das verfassungsmässige Eigentumsrecht verstossen, falls deren Motive des öffentlichen Interesses weder aus dem Gesetzestext noch aus den parlamentarischen Beratungen ersichtlich sind; *Bauer* 179; vgl. *Pauliat*, Bd. I 152, 153, Bd. II 36f., 39.

27 Art. 14 Loi du 31 décembre 1913 sur les monuments historiques. Der materiellen Erhaltung dient insbesondere die Bestimmung von Art. 22 Loi du 31 décembre 1913 sur les monuments historiques betreffend die Bewilligungspflicht für Veränderungen und Restaurationen klassifizierter Objekte.

Klassifizierung zwingend verbundene Ausfuhrverbot dient. Es fehlt jede Berufung auf den *patrimoine culturel* oder einen *intérêt national,* welche das Ausfuhrverbot rechtfertigen könnten. Das Ausfuhrverbot dürfte in dieser Form den verfassungsrechtlichen Anforderungen nicht genügen.

Die Praxis behilft sich in dieser Situation damit, dass sie den Begriff der Erhaltung *(conservation)* weit auslegt: Das Interesse an der Erhaltung wird gleichgesetzt mit dem Interesse des Staates an der Retention.[28] Von der territorialen Lage abgesehen, ist ein Bezug des zu klassifizierenden Objekts zu Frankreich nach konstanter Praxis nicht erforderlich. Das öffentliche Interesse wird von einer Kommission beurteilt. Klassifiziert wurden u. a. folgende private Kulturgüter:

- eine Sammlung seltener Oldtimer der Brüder Hans und Fritz Schlumpf, die als aussergewöhnliches Zeugnis der Technologie des 20. Jahrhunderts gelten und deren Erhaltung aus der Sicht der Geschichte und der Technik im öffentlichen Interesse war,[29]
- das Gemälde „Jardin à Auvers" von Vincent van Gogh als wichtiges Zeugnis der Kunst und Malerei des ausgehenden 19. Jahrhunderts, bei dem öffentliches Interesse bejaht wurde, obwohl sich das in Frankreich von einem ausländischen Künstler gemalte Bild zwischen 1890 und 1955 ausserhalb Frankreichs befunden hatte,[30]
- das Portrait des Duc d'Orléans, gemalt im Jahr 1842 von Ingres, da es aufgrund der Bedeutung des Künstlers und der Rolle, die der Portraitierte für die französische Geschichte gespielt hat, ein öffentliches Interesse der Geschichte und Kunst verkörpert,[31]
- eine Daguerreotypie der Kathedrale Notre-Dame von Paris.[32]

Nicht als *patrimoine national* i. S. v. Art. 14ff. Loi du 31 décembre 1913 sur les monuments historiques können Objekte klassifiziert werden, die rechtmässig vor weniger als fünfzig Jahren nach Frankreich eingeführt worden sind.[33]

---

[28] Die Schutzbedürftigkeit eines Portraits des Duc d'Orléans von Ingres wurde mit der drohenden Ausfuhr durch den (in der Schweiz wohnhaften) Erwerber begründet; Cons. d'Ét. 24. 1. 1990, n. 103292–105007, Rec. 13ff., 14 = AJDA 1990, 420ff., 421 (Conclusions Maryvonne de *Saint-Pulgent*), 423 *(Amon)*.

[29] Cons. d'Ét. 27. 3. 1981, 12.999, Rec. 168ff., 169 *(Schlumpf)*.

[30] Cons. d'Ét. 31. 7. 1992, La Semaine Juridique 1993 II 22044 *(Jacques Walter)*.

[31] Cons. d'Ét. 24. 1. 1990, n. 103292–105007, Rec. 13ff., 15 = AJDA 1990, 420, 422 (Conclusions Maryvonne de *Saint-Pulgent* mit Ausführungen über das Schicksal des Portraitierten), 424 *(Amon)*. Der Eigentümer hatte offenbar diese Begründung für die Klassifizierung als ungenügend gerügt; zu Unrecht, wie der Conseil d'État befand.

[32] Ministère de la culture et de la communication, 26. 2. 1988, J. O. 3. 3. 1988, 2912.

[33] Art. 7 Abs. 2 Loi 92-1477 du 31 décembre 1992 relative aux produits soumis à certaines

Zusammenfassend: Die gesetzliche Grundlage enthält keinen spezifischen Hinweis auf das öffentliche Interesse am absoluten Ausfuhrverbot für klassifizierte Mobilien. Dies ist im Hinblick auf die Eigentumsgarantie problematisch. Unbefriedigend ist, dass die Behörden Kulturgüter klassifiziert haben, die abgesehen von der territorialen Lage keinen Bezug zum französischen *patrimoine culturel* aufweisen. In anderen Fällen kann das öffentliche Interesse Frankreichs am Ausfuhrverbot anerkannt werden.

3. Verhältnismässigkeit

a. Klassifizierung als Anwendungsfall der Eigentumsgarantie?

Wie bereits ausgeführt, fallen Nutzungsregelungen nur dann in den Anwendungsbereich des verfassungsrechtlichen Eigentumsrechts, wenn sie so einschneidend und exzessiv sind, dass das Eigentumsrecht seinen Inhalt verliert.[34] Eingriffe, die im *intérêt général* erfolgen und nicht besonders schwer wiegen, muss der Eigentümer entschädigungslos dulden.[35] Konsequenzen des Eingriffs und der konkrete Schaden, den der Eigentümer dabei erleidet, spielen in der Praxis des Conseil constitutionnel keine Rolle.[36]

Klassifizierte Objekte im Eigentum Privater können innerhalb Frankreichs beinahe uneingeschränkt genutzt und verkauft werden.[37] Die temporäre Ausfuhr klassifizierter Objekte kann bewilligt werden zur Restauration, Expertise, Teilnahme an einer kulturellen Veranstaltung oder als Leihgabe in einer öffentlichen Sammlung.[38]

---

restrictions de circulation in der Fassung gemäss Art. 2 Loi 2000-643 du 10 juillet 2000 relative à la protection des trésors nationaux. Nach früherer Praxis konnte die temporäre Einfuhr von Gütern einer Klassifizierung nur während 30 Jahren entgegen gehalten werden. Aufgehoben wurde die Klassifizierung einzelner Automobile aus einer Sammlung, die bloss temporär eingeführt worden waren; Cons. d'Ét. 27. 3. 1981, 12.999, Rec. 168ff., 169f. *(Schlumpf)*. Das Vorliegen einer temporären Einfuhr wurde hingegen verneint in Cons. d'Ét. 31. 7. 1992, La Semaine Juridique 1993 II 22044 *(Jacques Walter)*. Nicht als temporär eingeführt galt 1990 das Gemälde von Ingres im Fall *Amon*, welches in Frankreich gemalt, durch einen in Frankreich wohnhaften Eigentümer 1953 wieder nach Frankreich eingeführt und 1983 klassifiziert worden war, vgl. Conclusions Maryvonne de *Saint-Pulgent*, commissaire du Gouvernement, AJDA 1990, 423.

[34] Vorne Fn. 17–18.

[35] Cons. const. 16. 1. 1982, 81-132 DC, Rec. 18, Erw. 16 = La Semaine Juridique 1982 II 19788 *(Loi de Nationalisation)*; Cons. const. 25. 7. 1989, 89-256 DC, Rec. 53, Erw. 18; vgl. *Pauliat*, Bd. I 152–153, Bd. II 36ff. Dies lässt sich mit der – meist unausgesprochenen – Berufung auf ein „domaine eminent" erklären, das, wie die Regalrechte des Königs im Ancient Régime, über dem Privateigentum steht; *Pauliat*, Bd. I 155f.

[36] *Pauliat*, Bd. II 45.

[37] Vgl. Art. 18 Abs. 2 und 3 Loi du 31 décembre 1913 sur les monuments historiques.

[38] Art. 10 Loi 92-1477 du 31 décembre 1992 relative aux produits soumis à certaines restrictions de circulation.

Unter diesen Umständen höhlt das Ausfuhrverbot das Eigentum nicht vollständig aus und ist nicht einer Enteignung gleichzusetzen. Das mit einer Klassifizierung verbundene Ausfuhrverbot fällt nicht in den Anwendungsbereich von Art. 17 Déclaration des Droits de l'Homme et du Citoyen.

b. Verhältnismässigkeit im weiteren Sinn[39]

Wie bereits erwähnt, wird das öffentliche Interesse am Ausfuhrverbot im Gesetz nicht näher umschrieben. Dies hat zur Folge, dass u. U. klassifizierte Objekte einem Ausfuhrverbot unterliegen, ohne dass dies für den Schutz des nationalen Erbes notwendig ist. In solchen Fällen ist das Ausfuhrverbot m. E. unverhältnismässig. Art. 21 Loi du 31 décembre 1913 sur les monuments historiques verbietet zudem die Ausfuhr klassifizierter *monuments historiques* absolut. Ein absolutes Ausfuhrverbot ist zur Kontrolle des Kulturgüterverkehrs nicht notwendig und m. E. grundsätzlich unverhältnismässig, da es die Ablehnung von Ausfuhrgesuchen ohne Berücksichtigung der konkreten Umstände ermöglicht.

Die Klassifizierung bringt dem Eigentümer u. U. auch Vorteile: Der Bekanntheitsgrad klassifizierter Kulturgüter ist höher. Kommt ein klassifiziertes Objekt abhanden, kümmert sich wegen seiner öffentlichen Bedeutung auch der Staat um die Suche; das Objekt ist zudem unverjährbar, d. h., es kann nicht ersessen werden.[40]

Klassifiziert der Staat ein Objekt, kann es auf dem internationalen Markt faktisch nicht mehr verkauft werden: Ausländische Käufer haben wenig Interesse, ein Kunstwerk zu erwerben, das in Frankreich bleiben muss. Der Wert des Objekts hängt von Angebot und Nachfrage ab sowie von seiner juristischen Verfügbarkeit. Die Klassifizierung schränkt den Kreis der Interessenten ein; sie bewirkt, dass das Objekt auf dem Markt weniger wert ist.[41] Wer mit der Klassifizierung einverstanden ist, hat keinen Anspruch auf Entschädigung für diesen Minderwert. Dies lässt sich damit begründen, dass eine Klassifizierung mit Zustimmung des Eigentümers vergleichbar ist mit einem verwaltungsrechtlichen Vertrag.[42] Unter bestimmten Voraussetzungen wird der Eigentümer aber für den Minderwert des klassifizierten Objekts entschädigt.

---

[39] Zu den Ansätzen einer Verhältnismässigkeitsprüfung des Conseil constitutionnel im Zusammenhang mit der Eigentumsgarantie vgl. *Favoreu/Philip* 476.

[40] *Brichet*, Anmerkung zu Cons. d'Ét. 31. 7. 1992, 176; *Frier*, Patrimoine culturel 437; *Poli*, Protection 154.

[41] *Carducci* 69; *Frier*, Patrimoine culturel 437.

[42] Vgl. *Frier*, Propriété privée 405. *Poli*, Protection 154 hält die geltende Regelung für nicht sachgerecht, da sie die Opposition gegen die Klassifizierung fördert.

c. Gesetzliche Entschädigung

Wird ein Objekt gegen den Willen des Eigentümers klassifiziert, kann der Eigentümer aufgrund Art. 16 Abs. 2 Loi du 31 décembre 1913 sur les monuments historiques die Entschädigung des unmittelbaren, materiellen und bestimmten Schadens fordern, der ihm durch die Klassifizierung entstanden ist.[43] Einen solchen Schaden kann wohl nur nachweisen, wer sein Objekt auf dem französischen Markt zu einem schlechteren Preis verkauft hat, als er auf dem internationalen Markt hätte lösen können.[44]

Die erwähnte Bestimmung fand während Jahrzehnten keine Beachtung, bis sie in zwei Aufsehen erregenden Fällen angerufen und vom Kassationsgericht gegensätzlich ausgelegt wurde. Sie sollte für die französische Kulturpolitik eine zentrale Bedeutung erhalten.

(1) Fall Schlumpf[45]

Die *collection Schlumpf*, eine Sammlung wertvoller und seltener Oldtimer, war nach ihrer Klassifizierung für 44 Millionen Franc an die Association du musée national de l'automobile de Mulhouse verkauft worden. Die Konkursverwalter der Brüder Schlumpf und ihrer Gesellschaften forderten vom Staat eine Entschädigung von 25 Millionen Franc für den Schaden, den die Klassifizierung, d.h. das mit der Klassifizierung verbundene Ausfuhrverbot, verursacht hatte. Das *tribunal d'instance* wies die Klage ab. Das Appellationsgericht kam jedoch zur sicheren Überzeugung, dass beim Verkauf der Sammlung ein höheres Ergebnis erzielt worden wäre, wäre sie nicht klassifiziert gewesen. Gestützt auf Art. 16 des Gesetzes von 1913 sprach es den Klägern 12 Millionen Franc samt Zinsen seit Klageeinreichung zu.[46] Das Kassationsgericht, angerufen vom *agent judiciaire du Trésor* und vom Kulturminister, argumentierte anders: Die Ausfuhr hätte, ohne Klassifizierung, auch mit Hilfe der Bewilligungspflicht für die Aus-

---

[43] Vgl. Art. 5 Abs. 2 Loi du 31 décembre 1913 sur les monuments historiques; *Pollet*, Anmerkung zu Cass. civ. 28.5.1991 190. Der Anspruch besteht erst, wenn die Klassifizierung rechtskräftig ist, Cons. d'Ét. 27.3.1981, 12.999, Rec. 168ff., 169 *(Schlumpf)*. *Poli*, Protection 154 kritisiert, dass nur Eigentümer entschädigt werden, welche der Klassifizierung opponieren.

[44] Vgl. die Ausführungen von Pierre-Alain *Jeanneney*, commissaire du gouvernement, zu Cons. d'Ét. 14.3.1986, n. 40.310, AJDA 1986, 319 *(Commune de Gap-Romette c/ Crts Béraud)* betreffend eine spezielle Baubewilligungspflicht wegen eines benachbarten Friedhofs: „… cette servitude cause au propriétaire … un préjudice certain seulement s'il était établi qu'une autorisation de construire lui a été ou lui sera refusée."

[45] Cass. civ. 28.5.1991, La Semaine Juridique 1992 II 21864 *(Agent judiciaire du Trésor et Ministre de la culture c. MM. Dufay et Trensz, ès-qual. de syndics à la liquidation des biens de MM. Schlumpf)*. Vgl. zu diesem Fall auch vorne § 5 B I 2.

[46] Vgl. die Hinweise auf Cour d'appel de Colmar, 23.1.1989, in Cass. civ. 28.5.1991, La Semaine Juridique 1992 II 21864.

fuhr von Kunstgegenständen gemäss Art. 1 des Gesetzes vom 23. Juni 1941 untersagt werden können. Der Schaden der Kläger wäre auch in diesem Fall entstanden, hätte jedoch nicht entschädigt werden müssen. Der Schaden sei somit nicht bestimmt. Die Kläger gingen – vorerst – leer aus.

Der Entscheid Schlumpf gilt als Fehlurteil, da er mit einer unzulässigen Hypothese begründet ist und die Entschädigungsbestimmung des Gesetzes von 1913 zu Unrecht nicht angewendet wurde.[47] Das Kassationsgericht blieb denn auch nicht bei seiner Argumentation, sondern änderte seine Praxis bei der nächsten Gelegenheit:

(2) Fall Walter[48]

Jacques Walter konnte Vincent van Goghs „Jardin à Auvers" nach dessen Klassifizierung in Paris für 55 Millionen Franc verkaufen. Auf Walters Entschädigungsklage hin stellte das Pariser Appellationsgericht fest, dass der Eigentümer das Gemälde wegen der Klassifizierung nicht auf dem internationalen, sondern nur auf dem engeren französischen Markt habe verkaufen können, dass er verglichen mit den auf dem internationalen Markt erzielten Preisen für Werke van Goghs einen niedrigeren Preis erzielt und dass er deswegen einen bestimmten und unmittelbaren Schaden i. S. v. Art. 16 des Gesetzes von 1913 erlitten habe. Walter bekam eine Entschädigung von 145 Millionen Franc zugesprochen. Dieser Entscheid wurde vom Kassationsgericht bestätigt.

In der Folge dieses Entscheids wurde auch der Fall Schlumpf neu aufgerollt und analog entschieden.[49]

(3) Weitere Praxis und Folgen

Kapitelle der ehemaligen Abtei Saint-Martial, Limoges, wurden klassifiziert. Die Eigentümerin verkaufte sie der Stadt Limoges und forderte eine Entschädigung für den Schaden, den die Klassifizierung verursacht hatte. Ihre Klage wurde abgewiesen, da der Schaden nicht belegt werden konnte.[50]

---

47 *Carducci* 81, 82; *Pollet*, Anmerkung zu Cass. civ. 28. 5. 1991 191. A. A. *Poli*, Protection 156.

48 Cour d'appel de Paris, 6. 7. 1994, Recueil Dalloz Sirey 1995, 254; Cass. civ. 20. 2. 1996, La Semaine Juridique 1996 II 22672 (*Agent judiciaire du Trésor c/Walter*).

49 Cour d'appel de Metz, 22. 5. 1996, La Gazette du Palais 1997, Sommaires des courts et tribunaux 149 (*Mes Dufay et Trensz ès qualités, liquidateurs à la liquidation de biens de MM. Fritz et Hans Schlumpf c. ministre de la Culture et de la Communication, Trésor publique Etat français et Mme Nass veuve Schlumpf*). Der Entscheid wurde bestätigt in Cass. 1re civ. 16. 7. 1998, Bulletin des arrêts de la Cour de Cassation, Chambres civiles, 1998 I 178, n. 254 = La Semaine Juridique 1998 IV 3107 (*Agent judiciaire du Trésor c. M. Dufay et autre, ès qualités de syndics de la liquidation des biens de MM. Schlumpf*). *Frier*, Patrimoine culturel 439.

50 Tribunal d'instance de Limoges, 13. 12. 1995, unveröffentlicht (*SCI du domaine de la Bastide c. Agent judiciaire du Trésor*), zitiert nach *Frier*, Patrimoine culturel 439 Fn. 4.

Die Walter-Praxis hat weitere Klassifizierungen privater Objekte in Frankreich faktisch verunmöglicht. Wohlgemerkt blieb das Gemälde „Jardin à Auvers" auch nach dem Verkauf in Privatbesitz, unzugänglich für die Öffentlichkeit.[51] Was aus Sicht des Eigentumsschutzes vertretbar ist, hat sich für die Kulturpolitik als Sackgasse erwiesen. Ein wirksamer Schutz des nationalen Kulturguts ist faktisch verunmöglicht.[52]

d. Steuerrecht

Klassifizierte Objekte sind von der Vermögenssteuer befreit. Die Steuervorteile scheinen indessen nur gering zu sein.[53]

e. Fazit

Das Ausfuhrverbot für klassifizierte Kulturgüter gilt weder als Eigentumsentzug, noch höhlt die Massnahme das Eigentum vollständig aus, da dem Eigentümer wesentliche Nutzungs- und Verfügungsbefugnisse verbleiben. Das Ausfuhrverbot fällt nicht in den Anwendungsbereich der Eigentumsgarantie. Im Lichte der Rechtsprechung des Conseil constitutionnel brauchten daher die Eigentümer für die Folgen eines Ausfuhrverbots nicht entschädigt zu werden.[54] Eigentümer, die mit der Klassifizierung ihres Kulturguts nicht einverstanden sind, haben jedoch kraft Gesetz Anspruch auf den Ersatz des vollen Schadens, den sie im konkreten Fall erleiden. Eigentümer klassifizierter Objekte geniessen zudem gewisse steuerliche Vorteile.

Dem absoluten Ausfuhrverbot unterliegen auch Objekte, deren (materielle) Erhaltung zwar geboten ist, deren Retention durch Frankreich sich aber mit dem Schutz des nationalen Erbes nicht rechtfertigen lässt. In solchen Fällen ist das Ausfuhrverbot unverhältnismässig, umso mehr, als Ausfuhrgesuche ohne weiteres abgelehnt werden können.

Angesichts der hohen Entschädigungszahlungen, die der Staat einem privaten Eigentümer u. U. leisten muss, erscheint die Klassifizierung aus der Sicht der Behörden als Massnahme, die für den Staat unverhältnismässig (geworden) ist. Seit dem Fall Walter scheinen die französischen Behörden auf weitere Klassifizierungen privater Kulturgüter zu verzichten, da sich die Kosten der Massnahme nicht durch das öffentliche Interesse an der Erhaltung privater Güter in Frankreich rechtfertigen lassen.

---

51 Vgl. *Weber* 110f.

52 *Poli*, Anmerkung zu Cass. civ. 20. 2. 1996 305.

53 *Frier*, Patrimoine culturel 436 f.

54 So offenbar auch *Poli*, Protection 157.

4. Verfahren und Rechtsschutz

Die verfassungsrechtlichen Freiheitsrechte erfordern, dass die Adressaten einer Nutzungsbeschränkung vorgängig informiert werden und dass das Gesetz Verfahrensgarantien bietet.[55] Entscheidungen, wodurch die Ausübung der *libertés publiques* eingeschränkt oder eine Bewilligung verweigert wird, sind unter Hinweis auf den zugrunde liegenden Sachverhalt und das anwendbare Recht zu begründen.[56]

Zu klassifizierende Objekte werden von der *Commission supérieure des monuments historiques* vorgeschlagen.[57] Das Kulturministerium muss den Vorschlag, ein Objekt zu klassifizieren, vorgängig dem Eigentümer zur Stellungnahme unterbreiten. Ist dieser damit einverstanden, erfolgt die Klassifizierung durch Entscheid des Kulturministers, andernfalls mittels Dekret des *Conseil d'État*. Entscheide des Ministeriums über den Vorschlag zur Klassifizierung und Entscheide über die Verweigerung der Ausfuhrbewilligung können beim *Tribunal administratif* angefochten und dem Conseil d'État vorgelegt werden. Dekrete über die Klassifizierung lassen sich mit *recours pour excès de pouvoir* beim Conseil d'État anfechten.[58] Relativ knappe Begründungen werden als ausreichend erachtet.[59] Einigen sich Behörde und der Eigentümer nicht über eine Entschädigung für den Schaden, den die Klassifizierung verursacht hat, entscheidet das Zivilgericht *(tribunal d'instance)*.[60] Der Entscheid kann weitergezogen werden.

Verfahren und Rechtsschutz dürften den verfassungsrechtlichen Anforderungen genügen.[61]

5. Fazit

Das mit der Klassifizierung von Kulturgütern verbundene Ausfuhrverbot beschränkt die Nutzungs- und Verfügungsmöglichkeiten des Eigentümers. Die Beschränkung erfolgt aufgrund des Gesetzes von 1913. Das öffentliche Interesse

---

55 Cons. const. 13.12.1985, 85-198 DC, Rec. 78, 80–81 *(Communication audiovisuelle)*; *Frier*, Propriété privée 408.

56 Art. 1er und Art. 3 Loi 79-587 du 11 juillet 1979 relative à la motivation des actes administratifs et à l'amélioration des relations entre l'administration et le public.

57 Art. 37 Loi du 31 décembre 1913 sur les monuments historiques.

58 Vgl. zu diesen Verfahrensfragen Cons. d'Ét. 24.1.1990, n. 103292–105007, Rec. 13f. = AJDA 1990, 420ff. (Conclusions Maryvonne de *Saint-Pulgent*) *(Amon)*; Cons. d'Ét. 31.7.1992, La Semaine Juridique 1993 II 22044 *(Jacques Walter)*; *Brichet*, Monuments historiques Ziff. 14–17.

59 Cons. d'Ét. 24.1.1990, n. 103292–105007, Rec. 13ff., 14–15 = AJDA 1990, 420ff., 421 (Conclusions Maryvonne de *Saint-Pulgent*), 423, 424 *(Amon)*.

60 Art. 16 Abs. 2 Loi du 31 décembre 1913 sur les monuments historiques.

61 Einschränkend *Frier*, Propriété privée 409 in Bezug auf die Klassifizierung von Immobilien.

am Ausfuhrverbot geht aus dem Gesetz nicht hervor. Es ist in denjenigen Fällen gegeben, in denen der Schutz des nationalen Erbes verfolgt wird. Eigentümer klassifizierter Objekte geniessen steuerliche Vorteile; falls sie mit der Klassifizierung nicht einverstanden sind, können sie eine Entschädigung für den konkreten Schaden fordern, den sie wegen der Massnahme erlitten haben. Das Ausfuhrverbot ist nicht so einschneidend, dass es das Eigentumsrecht vollständig aushöhlte und einer Enteignung gleichkäme. Würde die Regelung heute vom *Conseil constitutionnel* überprüft, würde sie möglicherweise wegen des undefinierten öffentlichen Interesses beanstandet, ansonsten aber geschützt. Womöglich wäre das Ausfuhrverbot selbst dann verfassungsmässig, wenn kein Entschädigungsanspruch bestünde. Durch Verfahrensvorschriften, Entschädigung und steuerliche Erleichterungen bleiben die Rechte der Eigentümer gewahrt.

II. Ausfuhrbeschränkungen für nicht klassifizierte Objekte

Bestimmte Kulturgüter,[62] die ein geschichtliches, künstlerisches oder archäologisches Interesse aufweisen, dürfen nur mit einer Ausfuhrbescheinigung *(certificat)* ausgeführt werden. Diese Bescheinigung bestätigt, dass das fragliche Gut nicht den Charakter eines *trésor national* aufweist. Sie gilt für über hundertjährige Objekte unbeschränkt, für andere Objekte während 20 Jahren, ist aber erneuerbar.[63] Die Ausfuhrbescheinigung wird für alle Objekte gewährt, die vor weniger als 50 Jahren eingeführt worden sind.[64]

Die Ausfuhrbescheinigung kann verweigert werden für Güter, die aufgrund ihrer Bedeutung als *trésor national* gelten[65] oder die unrechtmässig eingeführt worden

---

62 Zum Beispiel über hundertjährige archäologische Objekte, Bilder und Gemälde mit einem Wert von über 150 000 Ecu, zoologische Sammlungen mit einem Wert von über 50 000 Ecu etc.; vgl. Anhang des Décret 93-124 du 29 janvier 1993 relatif aux biens culturels soumis à certaines restrictions de circulation.

63 Art. 5 und 6 Loi 92-1477 du 31 décembre 1992 relative aux produits soumis à certaines restrictions de circulation in der Fassung gemäss Art. 1 Loi 2000-643 du 10 juillet 2000 relative à la protection des trésors nationaux.

64 Art. 7 Loi 92-1477 du 31 décembre 1992 relative aux produits soumis à certaines restrictions de circulation in der Fassung gemäss Art. 2 Loi 2000-643 du 10 juillet 2000 relative à la protection des trésors nationaux. Vgl. auch das Votum von Serge Lagauche, Berichterstatter der Kulturkommission, Protokoll der Sitzung des Senats vom 26. 1. 2000, wonach es schwierig sei, Werke als *patrimoine culturel* zu bezeichnen, die vor weniger als 50 Jahren eingeführt worden sind.

65 Art. 4 Loi 92-1477 du 31 décembre 1992 relative aux produits soumis à certaines restrictions de circulation: „Les biens appartenant aux collections publiques, les biens classés en application de la loi du 31 décembre 1913 sur les monuments historiques ou de la loi 79-18 du 3 janvier 1979 sur les archives ainsi que les autres biens qui présentent un intérêt majeur pour le patrimoine national au point de vue de l'histoire, de l'art ou de l'archéologie sont considérés comme trésors nationaux." Als *trésors nationaux* im Sinne der letzten Fallgruppe sind Objekte zu verstehen, deren Ausfuhr verweigert worden ist; *Frier*, Exportation 267 Fn. 20.

sind.[66] Wird keine Ausfuhrbescheinigung ausgestellt, besteht in keinem Fall Anspruch auf Entschädigung.[67] Nach mindestens 30 Monaten kann ein neues Gesuch um die Ausstellung der Ausfuhrbescheinigung gestellt werden, das nur abgelehnt werden kann, wenn das Objekt klassifiziert oder enteignet wird oder aber der Eigentümer eine allfällige Kaufsofferte des Staates zum internationalen Marktwert ablehnt.[68]

Trésors nationaux dürfen mit Bewilligung vorübergehend ausgeführt werden.[69]

Vor 1993 galt für nicht klassifizierte Güter ein ähnliches, etwas einschneidenderes Regime: Objekte, die ein nationales geschichtliches oder künstlerisches Interesse verkörperten, konnten nur mit Bewilligung aus Frankreich ausgeführt werden.[70]

Die Bewilligungspflicht für die Ausfuhr nicht klassifizierter Objekte schränkt die Nutzungs- und Verfügungsfähigkeit der Eigentümer ein. Aufgrund der geltenden Regelung kann die Realisierung des internationalen Marktwerts nur während 30 Monaten aufgeschoben werden. Das Eigentumsrecht ist dadurch nur unwesentlich tangiert. Die neue Regelung wurde dem Conseil constitutionnel nicht zur Prüfung unterbreitet; sie scheint keine Bedenken hervorgerufen zu haben. Dennoch sind die Voraussetzungen dieser Nutzungsregelung zu prüfen:

1. Gesetzliche Grundlage

Die Bewilligungspflicht für die Ausfuhr von Kulturgütern und das Ausfuhrverbot für *trésors nationaux* haben ihre Grundlage in Art. 4ff. Loi 92-1477 du 31 décembre 1992, einem Parlamentsgesetz. Die gemäss Art. 34 Const. erforderliche gesetzliche Grundlage der Ausfuhrbeschränkung ist gegeben.

---

[66] Art. 7 Loi 92-1477 du 31 décembre 1992 relative aux produits soumis à certaines restrictions de circulation in der Fassung gemäss Art. 2 Loi 2000-643 du 10 juillet 2000 relative à la protection des trésors nationaux.

[67] Art. 7 Loi 92-1477 du 31 décembre 1992 relative aux produits soumis à certaines restrictions de circulation in der Fassung gemäss Art. 2 Loi 2000-643 du 10 juillet 2000 relative à la protection des trésors nationaux.

[68] Art. 9 und 9-1 Loi 92-1477 du 31 décembre 1992 relative aux produits soumis à certaines restrictions de circulation in der Fassung gemäss Art. 3 und 4 Loi 2000-643 du 10 juillet 2000 relative à la protection des trésors nationaux (mit detaillierten Verfahrensbestimmungen betreffend die Bestimmung des internationalen Marktwerts). Die Revision glich das französische Kontrollsystem dem britischen an; vgl. Votum von Serge Lagauche, Berichterstatter der Kulturkommission, Protokoll der Sitzung des Senats vom 26.1.2000. Verpasst die Behörde die Frist, um das Klassifizierungsverfahren zu eröffnen, darf ein zweites Gesuch um Ausfuhr nicht abgelehnt werden: Tribunal administratif de Paris, 30.6.1999, n. 9807698/7 und 9807732/7, zitiert nach J-Cl. Adm., Fasc. 465-20, Ziff. 35 *(Rodolphe Hottinger)*.

[69] Art. 10 Loi 92-1477 du 31 décembre 1992 relative aux produits soumis à certaines restrictions de circulation.

[70] Art. 1er Loi du 23 juin 1941 relative à l'exportation des œuvres d'art.

Auch die Loi du 23 juin 1941 relative à l'exportation des œuvres d'art war als genügende gesetzliche Grundlage anerkannt, allerdings mit Einschränkungen: Gemäss Art. 3 der ursprünglichen Fassung des Gesetzes konnten rechtmässig nach Frankreich importierte Objekte frei wieder ausgeführt werden. Der entsprechende Artikel wurde mit Dekret vom 7. November 1958 aufgehoben, so dass auch für importierte Objekte die Ausfuhr aus Frankreich verhindert werden konnte und das Eigentum an solchen Objekten demnach zusätzlich beschränkt wurde. Gemäss Art. 34 Const. hätte diese Beschränkung in Gesetzesform ergehen müssen, das Dekret war verfassungswidrig. Verfügungen, die rechtmässig importierte Werke betrafen, fehlte die notwendige gesetzliche Grundlage.[71]

Problematisch war m. E. auch eine weitere spätere Verschärfung des Gesetzes: Gemäss Art. 1er Abs. 1 Loi du 23 juin 1941 galten die Bestimmungen des Gesetzes für *objets présentant un intérêt national d'histoire ou d'art*. In Art. 1 Abs. 2 Loi du 23 juin 1941 wurde der Anwendungsbereich eingeschränkt[72] auf *objets d'ameublement* vor 1830 und *œuvres des peintres, graveurs, dessinateurs, sculpteurs, décorateurs* vor 1900 sowie archäologische Objekte aus Frankreich und Algerien. Dieser Geltungsbereich wurde später durch diverse *avis aux exportateurs* erweitert; ausgenommen von der Bewilligungspflicht blieben einzig Werke lebender oder vor höchstens 20 Jahren verstorbener Künstler. Es ist zweifelhaft, ob dies im Hinblick auf Art. 34 Const. zulässig war.[73]

2. Öffentliches Interesse

Eigentum und die Ausübung des Eigentumsrechts können beschränkt werden, wenn dies im öffentlichen Interesse *(intérêt général)* liegt.[74] Das öffentliche

---

71 Cons. d'Ét., Assemblée, 12.12.1969, Conclusions de M. *Kahn*, AJDA 1970, 34ff., 40, 41–42 = La Semaine Juridique 1972 II 17105, note André-Hubert *Mesnard (Héli de Talleyrand-Périgord)* und Cons. d'Ét. 5.10.1977, Rec. 721 *(Secrétaire d'État à la Culture c/ Société Elido World Corporation)*. Wegen dieses Mangels im Gesetz konnte das im Jahr 1953 (wieder) nach Frankreich importierte Gemälde von Ingres, Portrait des Duc d'Orléans, 1983 nur durch die Klassifizierung an der Ausfuhr gehindert werden, vgl. Conclusions Maryvonne de *Saint-Pulgent*, commissaire du Gouvernement, AJDA 1990, 421 *(Amon)*.

72 Im Wortlaut: „Ces dispositions sont applicables aux … "

73 In Cons. d'Ét. 18.2.1966, Rec. 123f. *(Biekens)* betreffend einen Oldtimer und in Cass. crim. 11.6.1990, Recueil Dalloz Sirey 1990 II, informations rapides 206 *(Grouet)* betreffend ein Manuskript des Marquis de Sade wurde die Anwendbarkeit des Gesetzes bejaht, gestützt allein auf den Grundsatz von Art. 1er Abs. 1 Loi du 23 juin 1941 relative à l'exportation des œuvres d'art und entgegen des klaren Wortlauts von Abs. 2. Vgl. auch Cons. d'Ét. 17.6. 1985, Rec. 184–185 *(Dauberville)*, wo die Frage des Geltungsbereichs nicht entschieden, sondern die Verweigerung der Ausfuhrbewilligung für ein Werk Cézannes wegen mangelnder Begründung aufgehoben wurde.

74 Cons. const. 16.1.1982, 81–132 DC, Rec. 18, Erw. 16 = La Semaine Juridique 1982 II 19788 *(Loi de Nationalisation)*; Cons. const. 25.7.1989, 89–256 DC, Rec. 53, Erw. 18; *Bauer* 179; vgl. *Pauliat*, Bd. I 152–153, Bd. II 36f., 39.

Interesse an der Verhinderung der Ausfuhr eines Kulturgutes kann im Einzelfall überprüft werden.[75]

Gemäss Art. 4–5 Loi 92-1477 kann die Ausfuhr von Objekten aus öffentlichen Sammlungen und von klassifizierten Gütern verhindert werden. Dies bedarf keiner weiteren Erläuterung.[76] Zu untersuchen sind im Folgenden die Fälle, in denen die Ausfuhrbewilligung verweigert werden kann für andere Güter, die einen *intérêt (majeur) pour le patrimoine national au point de vue de l'histoire, de l'art ou de l'archéologie* verkörpern.[77]

Aus dieser Bestimmung ist das verfolgte öffentliche Interesse ersichtlich, nämlich der Schutz des *patrimoine culturel.* Der Staat hat ein legitimes Interesse, den Verkehr mit Kulturgütern durch eine Bewilligungspflicht zu kontrollieren und zu beschränken. In Bezug auf die Eigentumsgarantie ist die Bestimmung nicht zu beanstanden. Problematisch ist indessen, wie die Behörden diese Bestimmung auslegen. Gemäss konstanter Praxis zählen zum *patrimoine national* auch Objekte, die mit der französischen Kunst und Geschichte keine oder praktisch keine Berührungspunkte aufweisen.[78] So wurde die Ausfuhrbescheinigung für folgende (noch) nicht klassifizierte Kulturgüter verweigert:

- das Gemälde „Jardin à Auvers" von Vincent van Gogh,[79]
- eine chinesische Porzellanvase aus der Yuan-Epoche (13./14. Jahrhundert),[80]
- ein Manuskript des Marquis de Sade,[81]
- ein Portrait von Mr Levett, engl. Kaufmann und Konsul, in Begleitung von Mlle Glavani, Tochter eines ehemaligen französischen Konsuls, auf einem Divan sitzend (Öl, 27×37 cm), gemalt zwischen 1738 und 1742 in Konstantinopel von Jean-Etienne Liotard, einem Sohn eines ausgewanderten Franzosen mit Genfer Bürgerrecht,[82] das zum nationalen Kulturgut Frankreichs gehören soll, weil dies „für Frankreich gut sei",[83]

---

[75] Cons. d'Ét. 18.2.1966, Rec. 123–124 *(Biekens).*

[76] Vgl. dazu vorne § 5 B I 2.

[77] Zur Loi du 23 juin 1941 relative à l'exportation des œuvres d'art vgl. vorne § 5 B II 1.

[78] Zur Entwicklung dieser Praxis vgl. Conclusions de M. *Kahn*, Commissaire du Gouvernement, zum Fall *Héli de Talleyrand-Périgord*, AJDA 1970, 35–36.

[79] Hinweis auf den Entscheid des Ministre de la Culture vom 4.6.1982 in Cour d'appel de Paris, 6.7.1994, Recueil Dalloz Sirey 1995, 254ff., 255 *(Jacques Walter).* Das Gemälde wurde in der Folge klassifiziert, vgl. vorne § 5 B I 2.

[80] Cons. d'Ét. 7.10.1987, Recueil Dalloz Sirey 1988, 269 *(Min. de la Culture c. Consorts Genty).* Der Conseil d'État bejahte ausdrücklich, dass das Ausfuhrverbot für dieses Objekt im *nationalen* Interesse liege. Anwendbar war Art. 1er Loi du 23 juin 1941 relative à l'exportation des œuvres d'art. Zustimmend zum Entscheid *Poli*, Protection 28.

[81] Cass. crim. 11.6.1990, Recueil Dalloz Sirey 1990 II, informations rapides 206 *(Grouet).*

[82] *Hanisch* 25f. Grundlage war Loi 92-1477 du 31 décembre 1992 in der ursprünglichen Fassung.

[83] Der Berichterstatter der Kontrollkommission, Chef-Kurator der Gemäldesammlung des

- das Gemälde „Le cercle de la rue Royale“ von James Tissot,[84]
- das Gemälde „Portrait de Vallier“ von Paul Cézanne als Meisterwerk und eines der letzten monumentalen Bildnisse des Künstlers.[85]

Wegen des nationalen Interesses an ihrer Retention wurden – im Zusammenhang mit dem Erwerbsrecht des Staates[86] – folgende Objekte den Bestimmungen des Gesetzes von 1941 unterworfen:

- ein seltener Oldtimer,[87]
- die „Croix de Bonneval“ aus dem 13. Jahrhundert,[88]
- ein Pastell von Jean-Baptiste Siméon Chardin mit dem Titel „Autoportrait“ (1773).[89]

Nicht entschieden wurde die Frage, ob eine vor 25 Jahren eingeführte Sammlung von 24 Zeichnungen venetianischer Meister aus dem 18. Jahrhundert, u. a. von Tiepolo und von Guardi, tatsächlich ein nationales Interesse gewonnen habe.[90] Kaum als nationales Kulturgut hätte wohl eine unbekannte italienische Aphro-

---

Louvre, Pierre Rosenberg, wird dazu wie folgt wiedergegeben: „Il en fait partie parce qu'il est bon pour la nation qu'il en fasse partie.“ Ganz unkritisch schien er trotzdem nicht zu sein, wie die folgende Aussage belegt: „La France étant la France, la pésanteur administrative peut transformer une loi libérale, encourageant l'exportation, en outil protectionniste.“ (zitiert nach *Hanisch* 27).

84 Tribunal administratif de Paris, 30. 6. 1999, n. 9807698/7 und 9807732/7, zitiert nach J-Cl. Adm., Fasc. 465-20, Ziff. 35 *(Rodolphe Hottinger)*. Die Klassifizierung dieses Gemäldes war beabsichtigt, scheiterte aber an der verpassten Frist.

85 Tribunal administratif de Paris, 30. 6. 1999, n. 9616664/7, zitiert nach J-Cl. Adm., Fasc. 465-20, Ziff. 58 *(Germaine de Chaisemartin)*.

86 Hinten § 5 C II.

87 Cons. d'Ét. 18. 2. 1966, Rec. 123–124 *(Biekens)*.

88 Cons. d'Ét. 3. 4. 1987, Conclusions Sylvie *Hubac*, AJDA 1987, 534–536 *(Crts Heugel)*.

89 Cons. d'Ét. 30. 11. 1990, n. 100812-100941, Rec. 339 = La Semaine Juridique 1991 II 21778 (note Jean *Chatelain)* = Revue française de droit administratif 7 (1991) 773 (Conclusions Cyrille de *Montgolfier*) *(Ville d'Orléans et Ministre de la Culture c/ Woodner)*.

90 Cons. d'Ét., Assemblée, 12. 12. 1969, AJDA 1970, 34 ff. = La Semaine Juridique 1972 II 17105 *(Héli de Talleyrand-Périgord)*. Bejaht wurde dies vom commissaire du Gouvernement *Kahn*, AJDA 1970, 39: „Il nous semble, en définitive, que ce qui fait l'intérêt national d'un ouvrage ou d'une entreprise, c'est, bien plus que la nationalité de son auteur, l'intérêt que lui porte ou qu'est supposée lui porter la nation. Les deux choses, certes, sont parfois liées, du moins jusqu'à un certain point, mais elles ne le sont pas d'une manière assez étroite, assez rigide, pour que l'origine de l'œuvre d'art soit davantage qu'un simple élément de fait dans l'appréciation de l'intérêt qu'elle présente pour le public ou pour la nation.“ A. a. O. 40: „… la France est intéressée à conserver sur son sol les œuvres de maîtres vénitiens qui, jusqu'ici, sont peu représentés dans nos musées.“ Aus formellen Gründen war das Gesetz in diesem Fall indessen nicht anwendbar, vgl. vorne § 5 B II 1.

dite-Statue aus weissem Marmor, Ende 19. Jahrhundert, qualifiziert werden können.[91]

Frankreich versteht den Begriff der französischen Kultur als universell.[92] Die Praxis der französischen Behörden bei der Handhabung der Ausfuhrkontrolle und die damit verbundenen Handelsbeschränkungen werden in der Literatur z. T. heftig kritisiert.[93] Nach der hier vertretenen Auffassung fehlt ein öffentliches Interesse an der Retention von Objekten ohne Bezug zu Frankreich, so von chinesischen Vasen, venezianischer Kunst oder Gemälden eines Genfer Malers. Bislang fehlt es jedoch an einem Entscheid, wonach Exportverbote für „fremde" Kulturgüter nicht im öffentlichen Interesse lägen.

Das rein finanzielle oder spekulative Interesse des Staates vermag Eigentumseingriffe nicht zu rechtfertigen.[94] Die Verweigerung der Ausfuhrbescheinigung mindert den Wert der Sache. Dies kann durchaus im Interesse des Staates liegen, der beabsichtigt, das Vorkaufsrecht auszuüben. Dass die französischen Behörden die Ausfuhrregelung gezielt zu diesem Zweck einsetzen, lässt sich jedoch kaum belegen.[95]

3. Verhältnismässigkeit

a. Verweigerung der Ausfuhrbescheinigung als Eingriff in die Eigentumsgarantie?

Nutzungsregelungen fallen nur dann in den Anwendungsbereich des verfassungsrechtlichen Eigentumsrechts, wenn sie so einschneidend und exzessiv sind, dass das Eigentumsrecht seinen Inhalt verliert.[96] Die Bestimmungen gemäss Loi 92-1477 können kaum als „exzessiv" beurteilt werden: Sie statuieren kein abso-

---

[91] Cons. d'Ét. 30.11.1990, n. 100940, Rec. 341 = La Semaine Juridique 1991 II 21778 (vgl. die Bemerkung von Jean *Chatelain* auf Seite 453) = Revue française de droit administratif 7 (1991) 773ff., 782 (Conclusions Cyrille de *Montgolfier*) *(Ministre de la Culture c/ Société Alex Wengraf Limited)*. Die Frage war irrelevant, da die Eigentümerin das Ausfuhrgesuch nach Ansicht des Conseil d'État rechtzeitig zurückgezogen hatte.

[92] *Hanisch* 27f.

[93] Vgl. *Hanisch* 28ff.

[94] *Pauliat*, Bd. II 96.

[95] Zur Praxis der Behörden, die Ausfuhr nur zu verbieten, wenn der Erwerb mittels Vorkaufsrecht zu teuer gekommen wäre, und zu den Verhandlungen über die Erteilung von Ausfuhrbewilligungen für Kollektionen im Gegenzug zum Verkauf eines Bruchteils zu „etwas günstigerem Preis" vgl. Jean *Châtelain*, Diskussionsbeitrag, in: *Lalive*, International Sales 615. Solche Verhandlungen hinterliessen einen etwas zwiespältigen Eindruck, vgl. die Kritik („missbräuchlich") von Jaques *Ghestin*, Diskussionsbeitrag, in: *Lalive*, International Sales 616.

[96] Cons. const. 26.7.1984, 84–172 DC, Rec. 58ff. *(Loi relative au contrôle des exploitations agricoles et au statut du fermage)*; *Bauer* 181; *Pauliat*, Bd. II 16f.

lutes Ausfuhrverbot, sondern eine Bewilligungspflicht. Die zuständige Behörde kann die Ausfuhrbescheinigung nur verweigern, wenn sie das fragliche Kulturgut als *trésor national* einstuft. Für innerhalb der letzten 50 Jahre rechtmässig eingeführte Objekte wird die Bescheinigung erteilt.[97] 30 Monate nach Verweigerung der Ausfuhrbescheinigung kann ein erneutes Gesuch nurmehr verweigert werden, wenn die Behörde das fragliche Gut in der Zwischenzeit klassifiziert hat oder der Eigentümer ein Kaufangebot zum internationalen Wert ablehnt.[98] Im Inland können die Güter uneingeschränkt genutzt und verkauft werden. Die heutige Regelung präsentiert sich moderat und eigentümerfreundlich. Selbst die strengeren Bestimmungen des Gesetzes von 1941 hätten nicht zu einer kompletten Aushöhlung des Eigentums geführt. Die Bewilligungspflicht für die Ausfuhr von Kulturgütern fällt nicht in den Anwendungsbereich der Eigentumsgarantie.[99]

b. Entschädigung

Verweigert der Staat die Genehmigung der Ausfuhr eines Kulturguts, kann dem verkaufswilligen Eigentümer ein Schaden entstehen, da ihm der ausländische Markt verschlossen bleibt.[100] Ein Entschädigungsanspruch des Eigentümers ist gesetzlich ausdrücklich ausgeschlossen.[101]

Es stellt sich die Frage, ob entgegen den gesetzlichen Bestimmungen ein Entschädigungsanspruch nach allgemeinen Grundsätzen des Verfassungs- und Verwaltungsrechts bestünde. Rechtsprechung und Lehre bejahen unter gewissen

---

97 Art. 7 Loi 92-1477 du 31 décembre 1992 relative aux produits soumis à certaines restrictions de circulation in der Fassung gemäss Art. 2 Loi 2000-643 du 10 juillet 2000 relative à la protection des trésors nationaux.

98 Art. 9 und 9-1 Loi 92-1477 du 31 décembre 1992 relative aux produits soumis à certaines restrictions de circulation in der Fassung gemäss Art. 3 und 4 Loi 2000-643 du 10 juillet 2000 relative à la protection des trésors nationaux.

99 Vgl. Cons. const. 26. 7. 1984, 84-172 DC, Rec. 58ff., 59 *(Loi relative au contrôle des exploitations agricoles et au statut du fermage)*, wonach Bewilligungspflichten für die Veränderung und die Bewirtschaftung von Landwirtschaftsbetrieben das Eigentum zwar beschränken und die Veräusserung erschweren, aber nicht so schwer wiegen, dass sie das verfassungsrechtliche Eigentum ihres Gehalts entleeren; gemäss Cons. const. 17. 7. 1985, 85-189 DC, Rec. 49ff., 51–52 *(Loi relative à l'aménagement foncier)* ist eine Bewilligungspflicht für Veräusserungen und Aufteilungen von Grundstücken in geschützten Zonen eine zulässige Nutzungsregelung und kein Entzug von Eigentumsrechten; Cons. const. 4. 7. 1989, 89-254 DC, Rec. 41, Erw. 7–10, wonach ein Gesetz, das für eine Übergangszeit eine Bewilligungspflicht für gewisse Verfügungen über Aktien privatisierter Gesellschaften statuiert, Grenzen und Ausübung des Eigentums in verfassungskonformer Weise festlegt.

100 *Pollet*, Anmerkung zu Cass. civ. 28. 5. 1991 191.

101 Art. 7 Abs. 1 und 9-1 Loi 92-1477 du 31 décembre 1992 relative aux produits soumis à certaines restrictions de circulation in der Fassung gemäss Art. 2 und 4 Loi 2000-643 du 10 juillet 2000 relative à la protection des trésors nationaux.

Umständen, abgeleitet vom verfassungsrechtlichen Gleichheitssatz, die Entschädigungspflicht des Staates für Verwaltungsmassnahmen, die einen unmittelbaren, bestimmten, schweren und speziellen Schaden[102] bewirken, selbst wenn für eine Entschädigung die gesetzliche Grundlage fehlt. Vorausgesetzt wird jedoch, dass der Gesetzgeber die Entschädigung nicht ausschliessen wollte.[103] Im Zusammenhang mit der Verweigerung von Ausfuhrbescheinigungen kann diese Praxis somit nicht angerufen werden.[104] Abgesehen davon ist zweifelhaft, ob das Ausfuhrverbot unter geltendem Recht zu einem „schweren Schaden" führen kann, nachdem die Ausfuhr nur temporär verweigert werden kann,[105] es sei denn, der Eigentümer lehne ein Kaufangebot zum internationalen Marktwert ab. Unter diesen Umständen besteht kein Entschädigungsanspruch für die Verweigerung der Ausfuhrbescheinigung gestützt auf die allgemeinen Grundsätze des Verwaltungsrechts.

In der Loi du 23 juin 1941 relative à l'exportation des œuvres d'art, die eine dauerhafte Verweigerung der Ausfuhr nicht klassifizierter Kulturgüter ermöglichte und welche keine Bestimmungen über ein Kaufangebot enthielt, war eine Entschädigung nicht ausdrücklich ausgeschlossen.[106] Soweit ersichtlich, hat der Staat wegen der Verweigerung einer Ausfuhrbewilligung nie eine Entschädigung bezahlt.[107] Ausdrücklich abgelehnt wurde die Haftung des Staates für den Schaden, der den Eigentümern einer chinesischen Porzellanvase erwuchs, als der Direktor der Museen Frankreichs kurz vor der Versteigerung bekanntgab, die Vase unterliege dem Ausfuhrverbot, und sich zahlreiche ausländische Kaufinteressenten zurückzogen. Der Direktor hatte mit seinem – zutreffenden – Hinweis die Steigerung nicht verfälscht und nichts Unrechtmässiges getan, zumal der Staat vom relativ niedrigen Kaufpreis nicht profitierte.[108]

---

[102] „Préjudice direct, certain, grave et spécial".

[103] *Principe de l'égalité devant les charges publiques;* Vgl. Cons. const. 13.12.1985, 85-198 DC, Rec. 78, 81 *(Communication audiovisuelle)* betreffend die Verfassungswidrigkeit einer gesetzlichen Entschädigungsregelung, die nicht alle möglichen Schadenselemente abdeckte; Cons. d'Ét. 14.3.1986, n. 40.310, Rec. 73 = AJDA 1986, 317 (Conclusions Pierre-Alain *Jeanneney*) *(Commune de Gap-Romette c/ Crts Béraud)* betreffend i.c. nicht nachgewiesenem Schaden einer Dienstbarkeit *non aedificandi*; Cons. const. 22.1.1990, 89-267 DC, Rec. 27, Erw. 18 *(Adaption à l'exploitation agricole)* betreffend die Entschädigung für Güter, die einer Genossenschaft überlassen werden; *Carducci* 78; *Pauliat*, Bd. II 55f.; *Pollet*, Anmerkung zu Cass. civ. 28.5.1991 191; *ders.*, Servitudes administratives Ziff. 82ff., 88. Das Prinzip hat keinen Verfassungsrang; *Frier*, Propriété privée 407–408.

[104] *Frier*, Patrimoine culturel 480.

[105] *Frier*, Patrimoine culturel 480 mit Verweis auf eine mögliche Wertsteigerung wegen der Qualifizierung als *trésor national.*

[106] Ebensowenig in der ursprünglichen Fassung von Loi 92-1477 du 31 décembre 1992.

[107] Zur Kontroverse über die Entschädigungspflicht vgl. *Carducci* 78–79; *Pollet*, Anmerkung zu Cass. civ. 28.5.1991 191.

[108] „Considérant que … les actes ou décisions de l'administration en matière d'interdiction d'ex-

c. Fazit

Die gesetzliche Regelung ist geeignet und erforderlich für den wirkungsvollen Schutz des *patrimoine culturel*. Sie erlaubt eine angemessene Ausfuhrkontrolle. Verglichen mit den Bestimmungen, die vor 1993 anwendbar waren, ist die heutige Regelung als eigentümerfreundlich zu qualifizieren. Im Sinne der Praxis des Conseil constitutionnel dürfte sie mit der Eigentumsgarantie nicht in Konflikt geraten, trotz der fehlenden Entschädigungsmöglichkeit. In der Praxis wird die Regelung nicht in allen Fällen verhältnismässig gehandhabt.

4. Verfahrensgarantien und Rechtsschutz

Gesetze, welche Nutzungsbeschränkungen zur Folge haben, müssen Verfahrensgarantien beinhalten, um mit den verfassungsrechtlichen Freiheitsrechten im Einklang zu stehen.[109] Dieser Grundsatz ist in der Loi 92-1477 eingehalten. Die Verweigerung der Ausfuhrbescheinigung erfolgt in einem begründeten Entscheid der zuständigen Kommission, die paritätisch zusammengesetzt ist aus staatlichen Vertretern und *personnalités qualifiées*.[110] Der Entscheid kann wegen Rechtsverletzung angefochten werden.[111]

Entscheide müssen begründet werden unter Hinweis auf den zugrunde liegenden Sachverhalt und das anwendbare Recht, sofern durch sie die Ausübung der *libertés publiques* eingeschränkt oder eine Bewilligung verweigert wird.[112] Verstösse gegen die Begründungspflicht können zur Aufhebung eines Entscheids führen: Die Verweigerung der Ausfuhrbewilligung für ein Gemälde von Paul Cézanne, das nach 1900 entstanden war, wurde in erster Instanz gar nicht begründet, in zweiter Instanz mit dem Hinweis, der Kulturminister könne die Ausfuhr dieses offensichtlich herausragenden Werkes nicht genehmigen. Die anwendbaren Rechtsgrundlagen wurden nicht erwähnt. Der Conseil d'État hob die Verweigerung der Ausfuhrgenehmigung auf Beschwerde des Eigentümers hin aus diesem Grund auf.[113]

---

portation des œuvres présentant un intérêt national d'histoire ou d'art ne peuvent ouvrir droit à indemnisation que s'ils sont entachés d'illégalité": Cons. d'Ét. 7.10.1987, Recueil Dalloz Sirey 1988, 269, 270 *(Min. de la Culture c. Consorts Genty)*. Vgl. *Poli*, Protection 38–39.

[109] Cons. const. 13.12.1985, 85-198 DC, Rec. 78, 80–81 *(Communication audiovisuelle)*; *Frier*, Propriété privée 408.

[110] Art. 7 Loi 92-1477 du 31 décembre 1992 relative aux produits soumis à certaines restrictions de circulation in der Fassung gemäss Art. 2 Loi 2000-643 du 10 juillet 2000 relative à la protection des trésors nationaux.

[111] *Pollet*, Servitudes administratives Ziff. 137–138.

[112] Art. 1er und Art. 3 Loi 79-587 du 11 juillet 1979 relative à la motivation des actes administratifs et à l'amélioration des relations entre l'administration et le public.

[113] Cons. d'Ét. 17.6.1985, Rec. 184–185 *(Dauberville)*.

5. Fazit

Die Bewilligungspflicht für die Ausfuhr nicht klassifizierter Kulturgüter beruht auf Gesetz. Sie liegt zum Schutz des nationalen Kulturerbes grundsätzlich im öffentlichen Interesse. Die Praxis legt den Begriff des *patrimoine culturel national* allerdings sehr weit aus. Die Ausfuhr kann nur für maximal 30 Monate verweigert werden, falls der Eigentümer kein Kaufangebot der öffentlichen Hand ablehnt oder das Objekt klassifiziert wird. Durch diese Bestimmungen ist die verfassungsrechtliche Eigentumsgarantie nicht tangiert. Eine Entschädigung, gesetzlich ausgeschlossen, wäre aufgrund des Verfassungsrechts nicht geboten. Verfahrensgarantien gewähren dem Eigentümer ausreichenden Schutz. Das Gesetz ist mit Art. 17 Déclaration des Droits de l'Homme et du Citoyen vereinbar.

III. Vorkaufsrecht

Bei öffentlichen Versteigerungen und gewissen freihändigen Verkäufen von Kunstwerken[114] kann der Staat gegenüber dem Ersteigerer ein Vorkaufsrecht geltend machen und die Sache an sich ziehen.[115] Kaufrechtlich ist der Staat einem Privaten gleichgestellt.[116]

Der freie Handel zwischen Verkäufer und Käufer wird nicht beeinträchtigt, da der Staat sein Vorkaufsrecht erst nachträglich ausübt. Es ist fraglich, ob das Vorkaufsrecht des Staates überhaupt einen Eingriff in das Eigentumsrecht bewirkt. Der Eigentümer ist frei, zu verkaufen oder nicht zu verkaufen. Es entsteht ihm kein Schaden, wenn der Staat an die Stelle des Käufers tritt.[117] Einen faktischen

---

[114] Der Begriff *œuvre d'art* wird weit ausgelegt; *Poli*, Protection 256. Auf dem Weg des Vorkaufsrechts hat beispielsweise die französische Nationalbibliothek im Jahr 2001 das Manuskript des Romans „Voyage au bout de la nuit" von Louis-Ferdinand Céline zum Preis von 12,184 Millionen Franc erworben; „Millionenschwerer Céline", in: NZZ vom 17.5.2001 (Nr. 113) 61.

[115] Art. 37 Loi du 31 décembre 1921 portant fixation du budget général de l'exercice 1922 in der Fassung gemäss Art. 59 i. V. m. Art. 9 Abs. 3 Loi 2000-642 du 10 juillet 2000 portant réglementation des ventes volontaires de meubles aux enchères publiques. Vgl. *Brichet*, Monuments historiques Ziff. 49. Das Vorkaufsrecht kann auch von den monegassischen Behörden bzw. bei Verkäufen in Monaco ausgeübt werden; Art. 1er Accord entre le Gouvernement de la République française et le Gouvernement de S. A. S. le Prince de Monaco concernant la protection des patrimoines historiques ou culturels des deux pays, signé le 1er août 1977. Das staatliche Vorkaufsrecht für private Archivalien ist in Art. 20 Loi 79-18 du 3 janvier 1979 sur les archives geregelt.

[116] Der Staat muss sich insbesondere einen Irrtum des Verkäufers entgegenhalten lassen; Cons. d'Ét. 2.6.1975, n. 2004, Rec. 795–796 *(Epoux Saint Arroman c. Réunion des musées nationaux et ministre des Affaires culturelles)* betreffend ein verkanntes Bild von Poussin.

[117] *Frier*, Patrimoine culturel 385; *Pauliat*, Bd. II 34; *Pollet*, Anmerkungen zu Cass. civ. 28.5. 1991 190. Das Vorkaufsrecht für Kulturgüter ist weniger einschneidend als das staatliche Vorkaufsrecht an Immobilien und Gesellschaftsanteilen in Französisch-Polynesien, welches

Nachteil erleidet bloss der vom Staat verdrängte Steigerer, der den Zuschlag erhalten hat, aber weder das Kaufobjekt noch eine Entschädigung kriegt.[118] Er ist zu diesem Zeitpunkt indessen noch nicht Eigentümer geworden und kann sich nicht auf die Eigentumsgarantie berufen; er erleidet in der Regel auch keinen Schaden.[119]

Nach neuer Rechtsprechung des Conseil constitutionnel zählt auch die Vertragsfreiheit *(liberté contractuelle)* zu den verfassungsmässigen Rechten.[120] Inwiefern sich Verkäufer oder Käufer bei Ausübung des Vorkaufsrechts durch den Staat auf eine Verletzung der Vertragsfreiheit berufen könnten, ist aufgrund der Praxis (noch) nicht ersichtlich.

Falls der Staat sein Vorkaufsrecht konsequent ausüben und die privaten Kulturgüter sukzessive an sich ziehen würde, könnte dies die Institutsgarantie des Eigentums beeinträchtigen.[121]

IV. Res extra commercium

Gemäss Art. 18 Loi du 31 décembre 1913 sur les monuments historiques sind alle beweglichen klassifizierten Objekte unverjährbar, sie können somit nicht ersessen werden. Gehören sie dem Staat, sind sie unveräusserlich. Klassifizierte staatliche Güter gelten somit als *res extra commercium*, die – entgegen Art. 2279 CC – nicht gutgläubig erworben werden können. Sie können jederzeit zurückgefordert werden. Der gutgläubige Erwerber, der das Objekt zurückgeben muss, hat Anspruch auf Erstattung des Kaufpreises.[122] Diese Bestimmungen schränken den Handel mit Kulturgütern ein, indem sie den Eigentumserwerb Dritter verhindern. Sie sind im Hinblick auf Art. 34 Const. und im Lichte der Eigentumsgarantie als Regelungen von Nutzung und Verfügung von Eigentum zulässig.

---

in Cons. const. 9.4.1996, 96-373 DC, Rec. 43, Erw. 23 *(Autonomie de la Polynésie française)* aufgrund der willkürlichen Ausgestaltung der Bewilligungspflicht für Veräusserungen für verfassungswidrig erklärt wurde.

118 *Carducci* 49 Fn. 34.

119 Art. 37 Abs. 4 Loi du 31 décembre 1921 portant fixation du budget général de l'exercice 1922 in der Fassung gemäss Art. 59 i. V. m. Art. 9 Abs. 3 Loi 2000-642 du 10 juillet 2000 portant réglementation des ventes volontaires de meubles aux enchères publiques; *Frier*, Patrimoine culturel 385; *Plutschow* 59; *Poli*, Protection 264–265, 268.

120 Cons. const. 19.12.2000, 2000-437 DC, Rec. 190, Erw. 31, 37 *(Loi de financement de la sécurité sociale pour 2001)*; *Favoreu/Philip* 480–481. Anders noch Cons. const. 3.8.1994, 94-348 DC, Rec. 117, Erw. 9 und Cons. const. 20.3.1997, 97-388 DC, Rec. 31, Erw. 48 *(Loi créant les plans d'épargne retraite)*.

121 *Pauliat*, Bd. II 34 (betreffend Immobilien).

122 Art. 20 Abs. 2 Loi du 31 décembre 1913 sur les monuments historiques.

Fraglich ist, ob andere Güter des *domaine public* auch ohne spezifische gesetzliche Grundlage unveräusserlich und unverjährbar wären, beispielsweise Bibliotheksgut.[123] Meines Erachtens wäre dies durch Art. 34 Const. ausgeschlossen.

V. Internationale Rückführungen

Frankreich hat die UNESCO-Konvention 1970 ratifiziert; sie ist für Frankreich am 7. April 1997 in Kraft getreten.[124] Die Unidroit-Konvention 1995 wurde von Frankreich unterzeichnet, bislang aber nicht ratifiziert.

Ob die Bestimmungen dieser Konventionen, insbesondere die statuierten Rückgabepflichten, mit der Eigentumsgarantie vereinbar seien, ist in Frankreich, soweit ersichtlich, kein Thema.

C. Enteignungen

Die Eigentumsgarantie gemäss Art. 2 i. V. m. Art. 17 Déclaration des Droits de l'Homme et du Citoyen schützt vor dem Entzug von Eigentum. Der Staat kann privates Eigentum nur im öffentlichen Interesse *(nécessité publique* oder *utilité publique)* und nur gegen angemessene vorgängige Entschädigung entziehen oder verstaatlichen.[125] Enteignungen gelten nur dann als rechtmässig, wenn die Beeinträchtigung des privaten Eigentums, die finanziellen Kosten und allfällige Nachteile der sozialen Ordnung angesichts des verfolgten Interesses nicht exzessiv

---

[123] So aus der älteren Praxis Cour de Paris, 3. 1. 1846, Dalloz Jurisprudence Générale 1846 II 212–213 *(Bibliothèque royale c. Charron)* betreffend eine 13-zeilige Quittung Molières; Cass 17. 6. 1896, chambre des requêtes, Dalloz Jurisprudence Générale 1897 I 257 *(Jean Bonnin c. Villes de Mâcon et de Lyon)* betreffend Miniaturen aus der Handschrift „La Cité de Dieu" des Heiligen Augustinus (14. Jahrhundert), die um 1850 aus dem Exemplar der Stadtbibliothek von Mâcon herausgeschnitten und von der Stadt Macôn zurückgefordert werden konnten; *Schorlemer* 520 Fn. 537. Vgl. auch Cass. crim. 16. 6. 1992, Recueil Dalloz Sirey 1993, sommaires commentés 35 *(Ville de Chartres et autre)* betreffend eine entwendete Schale aus der Sammlung eines Museums der Stadt Chartres. – Heute dürfte Art. L. 52 Code du domaine de l'État anwendbar sein, wonach die Güter des *domaine public* unveräusserlich und unverjährbar sind.

[124] Loi 83-347 du 28 avril 1983 autorisant la ratification d'une convention concernant les mesures à prendre pour interdire et empêcher l'importation, l'exportation et le transfert de propriété illicites des biens culturels und Décret 97-435 du 25 avril 1997 portant publication de la Convention concernant les mesures à prendre pour interdire et empêcher l'importation, l'exportation et le transfert de propriété illicites des biens culturels, faite à Paris le 14 novembre 1970.

[125] Art. 17 Déclaration des Droits de l'Homme et du Citoyen; Art. 545 CC; Cons. const. 25. 7. 1989, 89-256 DC, Rec. 53, Erw. 17–19 betreffend Immobilien und dingliche Rechte.

sind.[126] Der Conseil constitutionnel erkennt an, dass dem Gesetzgeber bei der Beurteilung des öffentlichen Interesses ein weites Ermessen zukommt.[127] „Angemessene Entschädigung“ bedeutet in der Regel wohl „volle Entschädigung“.[128] Der Eigentümer muss durch Verfahrensgarantien geschützt werden; für die Festsetzung der Enteignungsentschädigung muss dem Enteigneten ein angemessener Rechtsmittelweg offen stehen.[129]

I. Enteignung von Kulturgütern

In Frankreich können bloss Grabungsfunde[130] und private maritime Kulturgüter,[131] soweit ersichtlich aber keine anderen beweglichen Kulturgüter enteignet werden.[132] Die Enteignungen dürften in der Regel verfassungsrechtlich unproblematisch sein.[133]

II. Erwerbsrecht

Gemäss Art. 2 Loi du 23 juin 1941 relative à l'exportation des œuvres d'art, in Kraft bis Anfang 1993, besass der Staat ein Erwerbsrecht (Retentionsrecht) an Gütern, für die eine Ausfuhrbescheinigung beantragt wurde. Der Erwerbspreis entsprach dabei dem Wert, den der Gesuchsteller im Ausfuhrgesuch deklariert hatte.[134] Sie war im Kern ein einseitiges Erwerbsrecht des Staates[135] und griff erheblich ins Eigentum des Gesuchstellers ein.[136]

---

[126] Cons. d'Ét. 28.5.1971, n. 78.825, Rec. 409ff., 413 *(„ville nouvelle est“)*.

[127] Cons. const. 16.1.1982, 81-132 DC, Rec. 18, Erw. 20 = La Semaine Juridique 1982 II 19788 *(Loi de Nationalisation)*.

[128] Cons. const. 16.1.1982, 81-132 DC, Rec. 18, Erw. 47 = La Semaine Juridique 1982 II 19788 *(Loi de Nationalisation)*; Cons. d'Ét. 16.4.1986, n. 45.243, Rec. 110ff. *(Tequi)* betreffend Aktien einer verstaatlichten Bank; *Favoreu/Philip* 485–487. Aufgrund Art. 2 Déclaration des Droits de l'Homme et du Citoyen ist eine Entschädigung zum Marktwert auch geboten bei enteignungsähnlichen Tatbeständen ausserhalb des Anwendungsbereichs von Art. 17 Déclaration des Droits de l'Homme et du Citoyen; Cons. const. 22.1.1990, 89-267 DC, Rec. 27, Erw. 18 *(Adaption à l'exploitation agricole)*.

[129] Cons. const. 25.7.1989, 89-256 DC, Rec. 53, Erw. 19–22.

[130] Art. 5 und 16 Loi du 27 septembre 1941 relative à la réglementation des fouilles archéologiques; *Poli*, Protection 170–171.

[131] Art. 11 Loi 89-874 du 1er décembre 1989 relative aux biens culturels maritimes et modifiant la loi du 27 septembre 1941 portant réglementation des fouilles archéologiques.

[132] Immobilien können nach Art. 6 Loi du 31 décembre 1913 sur les monuments historiques enteignet werden.

[133] Vgl. *Poli*, Protection 170–171.

[134] „L'État a le droit de retenir ..., au prix fixé par l'exportateur, les objets proposés à l'exportation. Ce droit pourra s'exercer pendant une période de six mois.“

[135] Cons. d'État, 3.4.1987, Conclusions Sylvie *Hubac*, AJDA 1987, 535.

[136] Vgl. Conclusions Cyrille de *Montgolfier*, commissaire du gouvernement, Revue française de

1. Gesetzliche Grundlage

Betreffend die gesetzliche Grundlage des Erwerbsrechts, die Loi du 23 juin 1941 relative à l'exportation des œuvres d'art, kann auf die vorstehenden Ausführungen verwiesen werden.[137]

2. Öffentliches Interesse

Enteignungen sind nur im öffentlichen Interesse zulässig. Das öffentliche Interesse am Erwerbsrecht ging aus dem Gesetzestext nicht hervor. Ursprünglich mit einer Ausfuhrsteuer verbunden, war die Regelung als Sanktion gegen Falschdeklarationen konzipiert: zu tiefe Wertangaben provozierten den Verlust der Sache.[138] Nach Abschaffung der Exportsteuer bestand das öffentliche Interesse vornehmlich darin, Kunstwerke günstig erwerben zu können, falls sich der Eigentümer bei der Wertangabe verschätzt hatte. So beispielsweise Sieur Héli de Talleyrand-Périgord, 1938 von Rom nach Saint-Brice-la Forêt in Frankreich gezogen mitsamt einer (rechtmässig importierten) Sammlung von 24 Zeichnungen venetianischer Meister aus dem 18. Jahrhundert, der nach dem Tod seiner Frau nach Rom zurückzukehren beschloss. Im Ausfuhrgesuch für seine Sammlung bezifferte er deren Wert mit 562 300 Franc statt zum damaligen Verkehrswert von über drei Millionen Franc. Der Erwerb dieser Sammlung durch die Museen Frankreichs zum Preis von 562 300 Franc scheitert dann allerdings aus formellen Gründen.[139]

Wie Sieur Héli de Talleyrand-Périgord irrte sich auch M. Heugel, aber mit fataleren Folgen. 1977 beabsichtigte er, ein grosses emailliertes Kruzifix bei Sotheby's in London versteigern zu lassen. Den Wert des Objekts gab er mit 50 000 Franc an. Ein Konservator des Louvre entdeckte, dass es sich beim Kruzifix um ein einzigartiges Werk aus dem 13. Jahrhundert handelte, die „Croix de Bonneval" (Schätzwert 1 500 000 Franc). Der Staat erwarb das Objekt mit Verfügung vom 8. Dezember 1977 zu einem Dreissigstel seines Werts. Dies entsprach offenbar dem Gesetz und dem Sinn des Gesetzes.[140]

---

droit administratif 7 (1991) 778 zu Cons. d'Ét. 30.11.1990, n. 100812–100941 *(Ville d'Orléans et Ministre de la Culture c/ Woodner)*.

[137] Vorne § 5 B II 1.

[138] Zur Entstehungsgeschichte der Norm vgl. Cons. d'État, Assemblée, 12.12.1969, Conclusions de M. *Kahn*, AJDA 1970, 34–37; *Poli*, Protection 41.

[139] Cons. d'Ét., Assemblée, 12.12.1969, Conclusions de M. *Kahn*, AJDA 1970, 34ff. = La Semaine Juridique 1972 II 17105, note André-Hubert *Mesnard (Héli de Talleyrand-Périgord)*. Vgl. vorne § 5 B II 1.

[140] Cons. d'Ét. 3.4.1987, Conclusions Sylvie *Hubac*, AJDA 1987, 534–536 *(Crts Heugel)*. Weitere Fälle vgl. vorne § 5 B II 2.

Nach Ansicht der französischen Behörden lag der Erwerb von Kulturgütern auf diesem Weg durchaus im öffentlichen Interesse.[141] Trotz des weiten Ermessens, das die Praxis des Conseil constitutionnel dem Gesetzgeber bei der Beurteilung des öffentlichen Interesses zugesteht, bestehen m. E. Zweifel am öffentlichen Interesse der Bestimmung.

3. Verhältnismässigkeit

Die Ausübung des Retentionsrechts bewirkte eine Eigentumsentziehung, die jedoch zur Bewahrung des nationalen Kulturerbes nicht notwendig gewesen wäre. Das Ausfuhrverbot allein erfüllte diesen Zweck.[142]

Enteignungen sind nur gegen angemessene Entschädigung zulässig. Durch das Gesetz ist eine angemessene Entschädigung nicht zugesichert, im Gegenteil: Eine Entschädigung des Eigentümers, die den deklarierten Preis überstieg, war ausgeschlossen.[143] Bei irrtümlicher Wertangabe wurde der Eigentümer für die Ausübung des Erwerbsrechts nur unangemessen entschädigt; das Erwerbsrecht konnte einen unverhältnismässigen Eingriff ins Eigentum bewirken.[144] Qualifiziert man die Massnahme nicht als Enteignung, sondern als enteignungsähnliche Massnahme, führt dies zum gleichen Schluss. Das Erwerbsrecht vertrug sich kaum mit der Achtung vor dem Eigentum gemäss Art. 2 Déclaration des Droits de l'Homme et du Citoyen und dem *principe de l'égalité devant les charges publiques*, die auch in diesem Fall zu beachten wären.[145] Nach heutigem Recht würde das Erwerbsrecht vom Conseil constitutionnel möglicherweise als verfassungswidrig beurteilt.

4. Verfahrensgarantien und Rechtsschutz

Bei Uneinigkeit über die Höhe der Enteignungsentschädigung muss ein angemessenes Rechtsmittel zur Verfügung stehen.[146] Diese Anforderungen waren beim Erwerbsrecht nicht erfüllt. Der Eigentümer, der sein Gut zu einem Preis unter dem Verkehrswert eingebüsst hatte, konnte seinen Irrtum nicht geltend

---

141 Cons. d'Ét. 30.11.1990, n. 100812–100941, Rec. 339 = La Semaine Juridique 1991 II 21778 (note Jean *Chatelain*) = Revue française de droit administratif 7 (1991) 773, 781 (Conclusions Cyrille de *Montgolfier*) *(Ville d'Orléans et Ministre de la Culture c/ Woodner)* betreffend ein Pastell (Selbstportrait) von Chardin (ohne weitere Erwägungen). Kritisch *Poli*, Protection 52.

142 *Poli*, Protection 52.

143 *Pollet*, Anmerkung zu Cass. civ. 28.5.1991 190f.

144 Kritisch zu dieser Regelung *Poli*, Protection 64.

145 Gemäss Cons. const. 22.1.1990, 89-267 DC, Rec. 27, Erw. 18 *(Adaption à l'exploitation agricole)* gelten diese Prinzipien auch ausserhalb eigentlicher Enteignungsverfahren.

146 Cons. const. 25.7.1989, 89-256 DC, Rec. 53, Erw. 19–22.

machen.[147] Hingegen liess sich das öffentliche Interesse am Objekt gerichtlich voll überprüfen.[148] Unter gewissen Umständen konnte das Ausfuhrgesuch zurückgezogen und die Ausübung des Erwerbsrechts abgewendet werden.[149] An die Begründungspflicht für den Entscheid wurden keine allzu hohen Anforderungen gestellt.[150]

5. Fazit

Das 1992 aufgehobene Erwerbsrecht für Kunstwerke, eine Enteignung oder zumindest eine enteignungsähnliche Massnahme, stützte sich auf eine gesetzliche Grundlage, welche das öffentliche Interesse an der Massnahme nicht spezifizierte. Eine angemessene Entschädigung war nicht garantiert; die Höhe der Entschädigung konnte mit keinem Rechtsmittel korrigiert werden. Das Erwerbsrecht war wohl unvereinbar mit der Eigentumsgarantie.

Auf das Erwerbsrecht wird im Zusammenhang mit der EMRK zurückzukommen sein.[151]

D. Zusammenfassung

I. Ausfuhrbeschränkungen

In Frankreich kann die Ausfuhr von Kulturgütern auf zwei verschiedene Wege verhindert werden: dauerhaft durch Klassifizierung des Objekts, temporär durch Verweigerung einer Ausfuhrbescheinigung. Beide Massnahmen beruhen auf gesetzlicher Grundlage. Das öffentliche Interesse am Ausfuhrverbot klassifizierter Objekte geht aus dem Gesetzestext nicht hervor. Es ist nach hier vertretener Auffassung bei privaten Objekten nur dann gegeben, wenn diese einen engen Bezug zu Frankreich aufweisen und als *patrimoine national* gelten. Der Schaden,

---

[147] Cons. d'Ét. 3.4.1987, Conclusions Sylvie *Hubac*, AJDA 1987, 534–536 *(Crts Heugel)*.

[148] Cons. d'Ét. 18.2.1966, Rec. 123–124 *(Biekens)*; Cons. d'Ét., Assemblée, 12.12.1969, Conclusions de M. *Kahn*, AJDA 1970, 39f. *(Héli de Talleyrand-Périgord)*.

[149] So im Fall Cons. d'Ét. 30.11.1990, n. 100940, Rec. 341 = La Semaine Juridique 1991 II 21778 (note Jean *Chatelain*) = Revue française de droit administratif 7 (1991) 773 (Conclusions Cyrille de *Montgolfier*) *(Ministre de la Culture c/ Société Alex Wengraf Limited)*, nicht aber in Cons. d'Ét. 30.11.1990, n. 100812–100941, Rec. 339 = La Semaine Juridique 1991 II 21778 (note Jean *Chatelain*) = Revue française de droit administratif 7 (1991) 773 (Conclusions Cyrille de *Montgolfier*) *(Ville d'Orléans et Ministre de la Culture c/ Woodner)*.

[150] Cons. d'Ét. 30.11.1990, n. 100812–100941, n. 100940, Rec. 339, 341 = La Semaine Juridique 1991 II 21778 (note Jean *Chatelain)* = Revue française de droit administratif 7 (1991) 773ff., 780, 782 (Conclusions Cyrille de *Montgolfier*) *(Ville d'Orléans et Ministre de la Culture c/ Woodner* und *Ministre de la Culture c/ Société Alex Wengraf Limited)*.

[151] Hinten § 8 B I.

den das mit einer Klassifizierung verbundene absolute Ausfuhrverbot verursacht, wird auf Begehren des Eigentümers entschädigt. Temporäre Ausfuhrverbote verfolgen ausdrücklich ein öffentliches Interesse, den Schutz des nationalen kulturellen Erbes. Der Begriff wird von den Behörden (zu) weit ausgelegt. Ein Anspruch auf Entschädigung besteht nicht; das Ausfuhrverbot bleibt nach 30 Monaten jedoch nur aufrecht, wenn der Eigentümer ein ihm unterbreitetes Kaufangebot ausgeschlagen hat. Die Objekte können innerhalb Frankreichs genutzt und uneingeschränkt veräussert werden. Verfahrensgarantien stellen die Information der Eigentümer sicher; die Massnahmen können angefochten werden.

Mit dem Ausfuhrverbot werden keine Eigentumsrechte entzogen, noch wird das Eigentum exzessiv eingeschränkt oder ausgehöhlt. Im Lichte der bisherigen Praxis des *Conseil constitutionnel* tangieren die Massnahmen den Schutzbereich der Eigentumsgarantie nicht. Die Ausfuhrbeschränkungen sind – bis auf den Vorbehalt betreffend das öffentliche Interesse – mit der Verfassung vereinbar.

II. Staatlicher Erwerb

Die französische Gesetzgebung kennt das Enteignungsrecht bloss für gewisse Fundstücke, nicht für sämtliche beweglichen Kulturgüter. Der Staat kann Kulturgüter freihändig, öffentlich versteigerte Objekte durch die Ausübung des Vorkaufsrechts sowie nach beantragter Ausfuhr mittels Kaufangebot erwerben. In keinem dieser Fälle wird der Eigentümer gezwungen, ein Objekt zu veräussern. Die Bestimmungen garantieren, dass der Eigentümer vom Staat den Marktwert des Objekts erstattet bekommt. Die verfassungsrechtlichen Prinzipien der Eigentumsgarantie bleiben gewahrt, soweit sie anwendbar sind.

Dies lässt sich nicht sagen von den 1993 ausser Kraft getretenen Bestimmungen über das Erwerbsrecht des Staates, die eine Quasi-Enteignung von Kunstwerken erlaubten, für die ein Ausfuhrgesuch gestellt worden war. Da nur zum deklarierten Wert entschädigt wurde, führte ein Irrtum über den wahren Wert u. U. dazu, dass der Eigentümer sein Gut ohne angemessene Entschädigung einbüsste. Meines Erachtens widersprach diese Regelung der Eigentumsgarantie.

III. Rückgabe und Rückführung

Rückführungs- und Rückgabepflichten, wie sie die von Frankreich ratifizierten Konventionen UNESCO und Unidroit statuieren, sind in Frankreich in Bezug auf die Rechte der Eigentümer kein Thema.

§ 6 Italien

A. Eigentumsgarantie gemäss Art. 42 Cost.

Die verfassungsrechtliche Grundlage des Eigentumsschutzes in Italien findet sich in Art. 42 Abs. 1–3 Cost. Die Bestimmung lautet wie folgt:

La proprietà è pubblica o privata. I beni economici appartengono allo Stato, ad enti o a privati.
La proprietà privata è riconosciuta e garantita dalla legge, che ne determina i modi di acquisto, di godimento e i limiti allo scopo di assicurarne la funzione sociale e di renderla accessibile a tutti.
La proprietà privata può essere, nei casi preveduti dalla legge, e salvo indennizzo, espropriata per motivi d'interesse generale.

Die Verfassung gewährleistet das Eigentum im Rahmen der Gesetzgebung im Sinn einer Institutsgarantie.[1] Das Eigentum gilt nicht als unverletzliches Recht.[2] Zu unterscheiden sind Bestimmungen über Erwerb und Nutzung des privaten Eigentums (Art. 42 Abs. 2 Cost.) und Enteignungen (Art. 42 Abs. 3 Cost.). Verfassungsrechtlich ist ein Mindestgehalt des Eigentumsrechts geschützt, insbesondere ein gewisser Nutzen an der Sache, oder aber eine Entschädigung für die Enteignung.[3]

Italien hat die EMRK sowie deren Zusatzprotokoll ratifiziert.[4] Die EMRK hat in Italien lediglich den Stellenwert eines Gesetzes. Verfassungsbeschwerden lassen sich in der Praxis des Verfassungsgerichts nicht auf Bestimmungen der EMRK stützen. Später erlassene Gesetze gehen zudem den Bestimmungen der Konvention vor.[5]

---

1 C. cost. (9.5.) 29.5.1968, n. 55, Racc. Uff. 401ff., 415; C. cost. (14.7.) 27.7.1972, n. 155, Racc. Uff. 469ff., 479; C. cost. (19.12.) 22.12.1977, n. 153, Racc. Uff. 417ff., 431 (betreffend Grundeigentum); *Paladin* 689f.; *Salerno* 297, 300; *Sandulli* 470–471.

2 Dies im Gegensatz zum Recht auf persönliche Freiheit (Art. 13 Abs. 1 Cost.) und Wohnung (*domicilio*, Art. 14 Abs. 1 Cost.); *Sandulli* 467.

3 C. cost. (14.7.) 27.7.1972, n. 155, Racc. Uff. 469ff., 479; *Salerno* 297; *Sandulli* 471f.

4 *Polakiewicz/Jacob-Foltzer* 83.

5 C. cost. (16.12.) 22.12.1980, n. 188, Racc. Uff. 629ff., 646–647 (zu Art. 6 lit. c EMRK); Consiglio Superiore della Magistratura, sezione disciplinare, 5.7.1985, Foro it. 1986 III 43ff., 47 (Anmerkung A. *Pizzorusso*) (*Fausto Arrigoni*) zu Art. 6 EMRK; C. cost. (9.4.) 14.4.1986, n. 91, Giurisprudenza costituzionale 1986 I 518ff., 522; *Bleckmann*, Verfassungsrang 151, 152; *Polakiewicz/Jacob-Foltzer* 83, 84.

Streitigkeiten über die Verfassungsmässigkeit von Gesetzesbestimmungen oder deren Auslegung sind dem Verfassungsgericht zum Entscheid vorzulegen.[6]

Die italienische Gesetzgebung schränkt das private Eigentum an Kulturgütern erheblich ein. Diese Beschränkungen gelten in der Praxis und Literatur als mit der Eigentumsgarantie vereinbar.[7] Die vorliegende Untersuchung kommt teilweise zu anderen Schlüssen.

B. Bestimmungen über Erwerb und Nutzung von Eigentum

Gemäss Art. 42 Abs. 2 Cost. kann das private Eigentum durch Gesetz beschränkt werden, um dessen soziale Funktion sicherzustellen. Das Gesetz bestimmt die Arten des Erwerbs, der Nutzung und die Grenzen des Eigentums.

Der Gesetzgeber ist u. a. durch Art. 2 Cost. (Grundsatz der Solidarität) und Art. 3 Abs. 2 Cost. (Gleichheitsgrundsatz) verpflichtet auf die soziale Funktion des Eigentums, das dem geistigen und materiellen Wohl der Gemeinschaft dienen soll.[8] Mit der sozialen Funktion des Eigentums werden u. a. Nutzungsbeschränkungen für private Güter gerechtfertigt, die aus verfassungsrechtlich relevanten Gründen und im öffentlichen Interesse *(interesse pubblico)* erlassen werden.[9]

Die Corte costituzionale prüft Gesetzesbestimmungen und deren Auslegung – abstrakt oder inzident – im Zusammenhang mit der Eigentumsgarantie im Hinblick auf deren „Vernünftigkeit" *(ragionevolezza)* und Willkürfreiheit. Die Kriterien für die Beurteilung der Vernünftigkeit lassen sich nicht näher umschreiben. Die Prüfung entspricht keiner eigentlichen Verhältnismässigkeitsprüfung mit umfassender Abwägung von öffentlichen und privaten Interessen.[10]

---

6 Art. 134 Abs. 1 Cost. Zur Zusammensetzung der C. cost. vgl. Art. 135 Cost.

7 Statt vieler C. cost. (14. 6.) 20. 6. 1995, n. 269, Giurisprudenza costituzionale 1995 I 1918ff., 1927ff. = Foro it. 1996 I 807ff., 809ff. *(Verusio, Pierangeli e Beyeler c. Pres. cons. ministri)*; *Caravita* 56; *Lombardi* 196; so auch *Loosli* 33f. Die Bestimmungen der L. 1089/1939 waren unter der Geltung des Statuto albertino erlassen worden und galten damals als vereinbar mit dessen Art. 29, worin das Eigentum als ‚unverletzlich' anerkannt war; *Salerno* 295.

8 *Paladin* 691; *Sandulli* 474–475.

9 C. cost. (9. 5.) 29. 5. 1968, n. 55, Racc. Uff. 401ff., 416f.; C. cost. (9. 5.) 29. 5. 1968, n. 56, Racc. Uff. 423ff., 434–435; C. cost. (23. 4.) 6. 5. 1976, n. 106, Racc. Uff. 33ff., 40–41 betreffend ein Bauverbot aus Gründen des Landschaftsschutzes; *Caravita* 56f.

10 Vgl. C. cost. (4. 7.) 11. 7. 1989, n. 391, Racc. Uff. 447ff., 452 mit dem Hinweis, Schutzbestimmungen für den „Parco naturale delle Lame del Sesia" schränkten den Gehalt von Nutzungsrechten nicht übermässig ein und seien angesichts der Erfordernisse des Naturschutzes nicht unverhältnismässig.

Im Gegensatz zu Enteignungen sind Beschränkungen i. S. v. Art. 42 Abs. 2 Cost. grundsätzlich entschädigungslos zu dulden.[11] Der Abgrenzung zwischen Eigentumsbeschränkung und Enteignung kommt daher eine erhebliche Bedeutung zu. Gemäss konstanter Rechtsprechung der Corte costituzionale fallen generelle Nutzungsbeschränkungen für bestimmte Kategorien von Gütern, die im öffentlichen Interesse erlassen werden, unter Art. 42 Abs. 2 Cost. und gelten daher nicht als Enteignungen.[12]

I. Ausfuhrverbot für private Kulturgüter

Die Ausfuhr[13] von Kulturgütern ist verboten, wenn sie das geschichtliche und künstlerische Erbe beeinträchtigen würde.[14] Als Kulturgüter gelten sämtliche Mobilien von künstlerischem, historischem, archäologischem oder „demo-ethno-anthropologischem" Interesse,[15] insbesondere Sammlungen von aussergewöhnlichem künstlerischem oder historischem Interesse, Sachen von Bedeutung für die Paläontologie, Vorgeschichte oder die Geschichte primitiver Kulturen, Sachen von numismatischem Interesse, Manuskripte, Autographen, Briefwechsel, bedeutende Urkunden, Inkunabeln, seltene oder wertvolle Bücher, Briefmarken und Stiche[16] etc. Die Aufzählung ist nicht abschliessend: letztlich gilt jedes körperliche Zeugnis von kulturellem Wert als Kulturgut im Sinn des Gesetzes.[17]

Das Ausfuhrverbot gilt insbesondere für private Güter, die unter Denkmalschutz stehen, genauer: bei denen der Staat gegenüber den Eigentümern sein besonderes künstlerisches, historisches, archäologisches oder „demo-ethno-anthropologisches" Interesse in Form eines Verwaltungsaktes deklariert hat.[18]

---

[11] C. cost. (9.5.) 29.5.1968, n. 55, Racc. Uff. 401ff., 416f.; C. cost. (21.4.) 26.4.1971, n. 79, Racc. Uff. 485ff., 488; C. cost. (4.7.) 11.7.1989, n. 391, Racc. Uff. 447ff., 453; *Salerno* 301. Zur *espropriazione di valore* vgl. hinten § 6 C.

[12] C. cost. (9.5.) 29.5.1968, n. 56, Racc. Uff. 423ff., 433–434; C. cost. (21.4.) 26.4.1971, n. 79, Racc. Uff. 485ff., 488f. und C. cost. (21.7.) 28.7.1995, n. 417, Racc. Uff. 563ff., 575 betreffend Landschaftsschutz.

[13] Die Ausfuhr in Staaten der Europäischen Union wird korrekt als „Verbringen" *(spedizione)* bezeichnet. Auf die Differenzierung wird im Folgenden verzichtet, soweit sie für die vorliegende Untersuchung nicht relevant ist.

[14] Art. 65 Abs. 1 Testo unico.

[15] Art. 2 Abs. 1a Testo unico.

[16] Art. 2 Abs. 1c, Abs. 2a–c Testo unico.

[17] *Testimonianza (materiale) avente valore di civiltà:* Art. 4 Testo unico; vgl. C. cost. (6.3.) 9.3.1990, n. 118, Racc. Uff. 685ff., 690; *Caravita* 55; *Cavallo* 115; *Giannini* 3, 8; *Virga* 272 Fn. 3.

[18] Art. 65 Abs. 2 i. V. m. Art. 6 Testo unico. Zuständig für die Unterschutzstellung sind das Ministerium und (für private Güter i. S. v. Art. 2 Abs. 2c Testo unico, d. h. für Manuskripte etc.) die Regionen. Zum Verfahren vgl. Art. 7–8 Testo unico, zu den Rechtsfolgen allgemein vgl. Art. 10 Testo unico.

Dem Verbot unterliegt sodann die Ausfuhr von (abtrennbaren) Bestandteilen von Immobilien, von über 75-jährigen Transportmitteln und von mehr als fünfzig Jahre alten Gütern und Geräten, die von Interesse sind für die Geschichte der Wissenschaften und der Technik.[19] Werke lebender Urheber oder Werke, die noch nicht fünfzig Jahre alt sind, können hingegen frei ausgeführt werden.[20]

Das Ausfuhrverbot gilt nicht absolut. Kulturgüter dürfen jedoch nur mit Bewilligung aus Italien ausgeführt werden.[21] Bei der Beurteilung von Ausfuhrgesuchen sind die Richtlinien des zuständigen Ausschusses zu beachten.[22]

Das Ausfuhrverbot für Kulturgüter regelt und beschränkt die Nutzung von privatem Eigentum. Es ist im Lichte der Rechtsprechung des Verfassungsgerichts nicht als Enteignung zu qualifizieren.[23]

Bis heute ist kein Fall entschieden worden, bei dem die Vereinbarkeit der Ausfuhrbeschränkungen für Kulturgüter mit der Eigentumsgarantie geprüft worden wäre. Die folgende Untersuchung stützt sich auf Analogien und versucht, die Kriterien der Rechtsprechung und der Doktrin für Eigentumsbeschränkungen auf die Ausfuhrregelung zu übertragen.

1. Gesetzliche Grundlage

Nutzungsbeschränkungen bedürfen einer gesetzlichen Grundlage. Die formelle Grundlage des Ausfuhrverbots für Kulturgüter in Privatbesitz findet sich in den Art. 65 und 66 Testo unico. Der Testo unico ist kein Parlamentsgesetz, sondern ein *decreto legislativo*, d. h. ein Erlass der Exekutive. Solche Erlasse haben Gesetzeskraft, wenn sie sich auf eine Delegationsnorm in einem Parlamentsgesetz stützen, die Gegenstand, Grundsätze und Richtlinien der zu regelnden Materie umschreibt, und wenn sie innert einer bestimmten Frist erlassen worden sind.[24] Das Parlament hat die Exekutive in einem entsprechenden Gesetz[25] ausdrücklich

---

19 Art. 65 Abs. 1 i. V. m. Art. 3 Abs. 1a, e und f Testo unico.

20 Art. 2 Abs. 6 Testo unico.

21 Art. 66 Testo unico.

22 Art. 66 Abs. 5 Testo unico.

23 Vgl. die Qualifizierung von Eigentumsbeschränkungen als Nutzungsregelungen in C. cost. (9.5.) 29.5.1968, n. 55, Racc. Uff. 401ff., 416f.; C. cost. (9.5.) 29.5.1968, n. 56, Racc. Uff. 423ff., 433–434; C. cost. (21.4.) 26.4.1971, n. 79, Racc. Uff. 485ff., 488–489 betreffend Eigentumsbeschränkungen (Bewilligungspflichten) zum Schutz des Parco nazionale dello Stelvio; C. cost. (23.4.) 6.5.1976, n. 106, Racc. Uff. 33ff., 41 betreffend ein Bauverbot aus Gründen des Landschaftsschutzes; C. cost. (21.7.) 28.7.1995, n. 417, Racc. Uff. 563ff., 575f. betreffend Landschaftsschutz.

24 Art. 76 und 77 Abs. 1 Cost.

25 Art. 1 Legge 8 ottobre 1997, n. 352, Disposizioni sui beni culturali. Die Frist wurde mehrmals erstreckt, vgl. Art. 12 Abs. 6bis Legge 15 maggio 1997, n. 127 in der Fassung von Art. 2 Abs. 25 Legge 16 giugno 1998, n. 191 sowie Art. 1 Legge 5 maggio 1999, n. 122, Proroga dei

zum Erlass des Testo unico ermächtigt, worin die bestehenden Bestimmungen über Kulturgüter zusammengefasst werden sollten. Das Ausfuhrverbot von Art. 65 Testo unico entspricht ex-Art. 35 L. 1089/1939. Die Ausfuhrregelung basiert auf einer genügenden gesetzlichen Grundlage.

Beschränkungen des Eigentums müssen im Gesetz genügend bestimmt umschrieben sein und dürfen nicht im Ermessen der Verwaltungsbehörden allein liegen.[26] Diesem Grundsatz dürften die Bestimmungen des Testo unico über die Ausfuhrbeschränkungen für Kulturgüter genügen, auch wenn der Begriff des Kulturguts bewusst weit gefasst ist.[27] Dass die Bestimmungen durch behördlichen Akt im Einzelfall konkretisiert werden müssen, d. h. durch Deklaration des Interesses oder durch einen Bewilligungsentscheid, ist mit der Verfassung vereinbar.[28]

Dem Ausfuhrverbot unterstehen auch Objekte, die nicht vorgängig durch Notifikation identifiziert worden sind.[29] Die widerrechtliche Ausfuhr von Kulturgütern kann mit strafrechtlichen oder administrativen Sanktionen bestraft werden, falls die Güter bloss ein „inneres historisch-künstlerisches Interesse" aufweisen.[30] Im Recht des Eigentumsschutzes dürften kaum höhere Anforderungen an die Bestimmtheit von Normen zu stellen sein als im Strafrecht. Nach italienischer Praxis dürfte damit das Ausfuhrverbot in allen Fällen als genügend bestimmt gelten.

Gemäss dem völkerrechtlichen Territorialitätsprinzip sind die hoheitlichen Befugnisse der italienischen Behörden beschränkt auf Kulturgüter, die auf italienischem Staatsgebiet gelegen sind. Bei Notifikationen wird dieses Prinzip nicht durchwegs respektiert: Im Jahr 1979 notifizierten die italienischen Behörden ein Gemälde von Henri Matisse, „Portrait sur Fond Jaune", das um 1970 (ohne Bewilligung) aus Italien ausgeführt worden war und sich zum Zeitpunkt der Noti-

---

termini per l'emanazione del testo unico delle disposizioni legislative in materia di beni culturali e ambientali.

[26] C. cost. (12.5.) 20.5.1999, n. 179, Giurisprudenza costituzionale 1999 II 1750ff., 1761 (in Bezug auf Art. 42 Abs. 3 Cost.); *Sandulli* 476.

[27] *Giannini* 9.

[28] C. cost. (21.4.) 26.4.1971, n. 79, Racc. Uff. 485ff., 489 betreffend Bewilligungspflichten aus Gründen des Landschaftsschutzes.

[29] Vgl. Art. 65 Testo unico, ex-Art. 35 L. 1089/1939; *Giannini* 36; *Loosli* 17.

[30] Art. 123 und 134 Testo unico; ex-Art. 64 und 66 L. 1089/1939; Cass., Sez. unite civili, 3.5.1974, n. 1235, Foro it. 1974 I 2334 ff., 2336 *(Min. pubblica istruzione c. Vassallo)* wegen Ausfuhr zweier nicht notifizierter Gemälde von Francesco Guardi; Cass. pen., Sez. III, 8.1.1980, Giurisprudenza italiana 1981 II 1ff., 22f. *(Schiavo)*; Cass. pen., Sez. III, 31.10.1986, Foro it. 1987 II 642ff., 650 *(ric. Fabbri e altri)* betreffend die versuchte Ausfuhr verschiedenster Gegenstände von offenbar hohem Wert.

fikation in Genf befand.[31] Meines Erachtens hatte diese Notifikation ausserhalb Italiens keine rechtliche Wirkung. Gleiches dürfte für den Fall der Pietà Rondanini gelten, die nach der unrechtmässigen Ausfuhr in die Schweiz unter Schutz gestellt wurde.[32] Das Gemälde von Bernardo Bellotto „Il Palazzo dei Giureconsulti ed il Broletto Nuovo a Milano" aus dem Jahr 1744, seit 1750 in englischem Privatbesitz, wurde 1995 unter Denkmalschutz gestellt, als es sich nach einem kurzfristigen Aufenthalt in Italien bereits wieder im Vereinigten Königreich befand. Das Ministerium wurde jedoch in diesem Fall von der Europäischen Kommission dazu verhalten, die Notifikation rückgängig zu machen.[33]

2. Soziale Funktion

Nutzungsbeschränkungen für privates Eigentum sollen dessen soziale Funktion sicherstellen und das geistige Wohl der Gemeinschaft fördern.

In der Praxis und Doktrin Italiens ist weitgehend unbestritten, dass die soziale Funktion des Eigentums Ausfuhrverbote auch für private Objekte rechtfertigt. Dafür werden folgende Gründe angeführt:

Die Verfassung statuiert, dass der Staat das Kulturerbe schützt.[34] Das Ausfuhrverbot gemäss Art. 65 Abs. 1 Testo unico will den kulturellen Ausverkauf des Staates verhindern.[35] Italien ist überreich an Schätzen der Antike, aus der Zeit der Renaissance und des Barocks. Diese Zeugnisse sollen nach dem Willen des Gesetzgebers an ihrem Herkunftsort bleiben. Angesichts der Verluste, die Italien bereits erlitten hat, ist die Sorge um den Erhalt der eigenen Kulturgüter im Land berechtigt, seien sie in privaten Händen oder im Eigentum des Staates. Dies gilt zumindest für Kulturgüter, die seit alters her in Italien gelegen sind.

Der Schutz von privaten Kulturgütern wird auch mit der Erwartung begründet, dass sie früher oder später ins staatliche Eigentum überführt werden und dann vollumfänglich der Öffentlichkeit zur Verfügung stehen.[36] Das Ausfuhrverbot lässt die Chancen auf einen zukünftigen Erwerb des Staates intakt.[37]

---

31 Jeanneret v. Vichey, 541 F. Supp. 80, 83 Fn. 5 (S.D.N.Y. 1982), reversed and remanded 693 F.2d 259, 263 (2d Cir. 1982).

32 Cass. pen., Sez. III, 8.1.1980, Giurisprudenza italiana 1981 II 12ff., 21 *(Schiavo)*. Das Werk war nach Beschlagnahme aufgrund internationaler Rechtshilfe in Strafsachen an Italien ausgehändigt worden; Schweizerischer Bundesrat, 2.6.1976, VPB 40 (1976) Nr. 88.

33 Hinweise bei *Lemme,* Temporanea importazione, und *Weber* 143 Fn. 863.

34 Art. 9 Abs. 2 Cost: „(La Repubblica) Tutela il paesaggio e il patrimonio storico e artistico della Nazione." Vgl. Art. 1 Testo unico und C. cost. (6.3.) 9.3.1990, n. 118, Racc. Uff. 685ff., 689; *Caravita* 55.

35 *Cortese* 303.

36 *Cerulli Irelli* 176–177.

37 Vgl. in diesem Zusammenhang das Erwerbsrecht des Staates gemäss Art. 68 Testo unico.

Ausserdem soll das Ausfuhrverbot zu den Massnahmen zählen, die der materiellen Erhaltung von Kulturgütern dienen.[38] Italien kann indessen die Vielzahl seiner Kulturgüter kaum wirksam bewahren und schützen. In manch anderem Staat wären sie ebenso gut oder gar besser aufgehoben.

Das Ausfuhrverbot lässt sich im Grundsatz mit der sozialen Funktion des privaten Eigentums rechtfertigen. Die Bestimmungen von Art. 65 und 66 Testo unico sind daher nicht zu beanstanden. Problematisch ist hingegen, wie diese Bestimmungen in der Praxis ausgelegt werden:[39]

Vom Ausfuhrverbot ist eine grosse Zahl notifizierter Kulturgüter betroffen.[40] Ob sämtliche dieser Kulturgüter eine soziale Funktion ausüben, scheint zweifelhaft.

Aus den gesetzlichen Grundlagen ist es nicht ersichtlich, wann die Ausfuhr eines Kulturguts dem geschichtlichen und kulturellen Erbe Schaden zufügen würde.[41] Die Ausfuhrbewilligung kann auch verweigert werden, ohne dass ein besonderer Wert oder die enge Verbindung des Objekts mit der *italienischen* Kultur und Geschichte vorausgesetzt wären. Fraglich ist, ob auch solche Kulturgüter eine soziale Funktion ausüben (müssen), die mit der italienischen Kultur wenig oder nichts gemeinsam haben. Für die italienischen Behörden ist dies selbstverständlich. Beispielsweise machten die Behörden geltend, das Gemälde von Henri Matisse, „Portrait sur Fond Jaune", sei widerrechtlich aus Italien ausgeführt worden. Sie begründeten den Bezug des Gemäldes zu Italien mit der Tatsache, dass es im Jahr 1952 an der Biennale in Venedig ausgestellt worden war, und mit dem Mangel italienischer Sammlungen an Werken dieser Periode.[42] Vincent van Goghs Gemälde „Il Giardiniere" wurde als italienisches Kulturgut bezeichnet und durfte nicht exportiert werden.[43] Auch eine Sammlung impressionistischer und postimpressionistischer Gemälde (Cézanne, Renoir, Matisse u. a.) unterlag dem Ausfuhrverbot.[44] Oft wird das Verbringen von Gütern in Mitgliedstaaten

---

[38] *Cerulli Irelli* 155.

[39] *Lombardi* 197 f.

[40] In Italien sind ca. 36 Mio. Kulturgüter ins Register eingetragen; *Berndt* 62; *Raschèr* 19; *Uhl* 77.

[41] Vgl. Art. 65 Abs. 1 Testo unico. Bis 1972 wurde ein riesiger Schaden *(danno ingente)* vorausgesetzt. Heute wird die Ausfuhrbewilligung bereits dann verweigert, wenn eine „mittlere" Schädigung des nationalen geschichtlich-kulturellen Erbes zu befürchten ist. *Cortese* 334–335; *Loosli* 124.

[42] Jeanneret v. Vichey, 541 F. Supp. 80 (S.D.N.Y. 1982), reversed and remanded 693 F. 2d 259, 263 f. Fn. 6, 267 (2d Cir. 1982) mit Kritik an der Praxis der italienischen Behörden (das Verfahren drehte sich um die Frage, ob die Tatsache, dass das einer Genfer Kunsthändlerin verkaufte Gemälde ohne Bewilligung exportiert worden war, als *breach of implied warranty of title* zu qualifizieren sei).

[43] *Beyeler c. Italien,* 33202/96, EGMR 5. 1. 2000, 2000-I, § 15.

[44] Vgl. Cons. Stato, Sez. VI, 24. 1. 1989, ord.n. 22, Foro amm. 1989, 177 ff.; Cons. Stato, Adun-

der EU verweigert, obwohl sie keine *trésors nationaux* i. S. v. Art. 30 EG sind, d. h. auch wenn ein Bezug der Objekte zur Kultur und Geschichte Italiens fehlt.[45]

Noch stossender ist diese Praxis, wenn sie Güter betrifft, die sich erst seit relativ kurzer Zeit in Italien befinden. Die Eigentümerin der erwähnten Sammlung von Impressionisten hatte ihre Bilder Jahre zuvor selbst nach Italien importiert. Nachdem ihr Gatte verstorben war, wollte sie zurück nach England ziehen, doch da zählten die Behörden die Sammlung bereits zum nationalen Kulturerbe Italiens.[46] Eine solche Praxis ist unhaltbar. Vor relativ kurzer Zeit eingeführte private Kunstgegenstände haben keine soziale Funktion inne.[47]

Der strengen Praxis der Behörden entspricht der schwache Rechtsschutz der Eigentümer: Die Qualifizierung des künstlerischen, historischen oder archäologischen Interesses im Verfahren der Notifikation, welche das Ausfuhrverbot nach sich zieht, gilt als Ausübung eines technischen Ermessens und kann gerichtlich nur sehr eingeschränkt überprüft werden. Verwaltungsgerichte dürfen Ermessensentscheide nur wegen Tatsachenwidrigkeit, fehlender Begründung, Verstosses gegen die Gesetze der Logik oder Überschreitung der Kompetenzen aufheben. Die Verhältnismässigkeit einer Unterschutzstellung wird nicht geprüft. Bei der Auslegung des Begriffs „Kulturgut“ spielt nur das Interesse am Schutz des Objekts eine Rolle, nicht aber die Interessen von Privaten oder andere öffentliche Interessen.[48] Einwendungen und Gegenbeweise der Betroffenen müs-

---

anza plenaria, 23. 9. 1991, n. 7, Foro amm. 1991 I 2242 = Foro it. 1992 III 1 *(Pagenstecher c. Provincia di Bolzano, Min. beni culturali)*. Zum Sachverhalt vgl. *Lemme*, Il caso Pagenstecker; *Loosli* 132; *Siehr*, Freizügigkeit 484.

[45] Vgl. dazu hinten § 9 C I 4b.

[46] Nachweise vorne Fn. 44.

[47] *Siehr*, Freizügigkeit 495. Vgl. auch den Fall des temporär nach Italien eingeführten Gemäldes von Bernardo Bellotto, dessen Unterschutzstellung jedoch wieder aufgehoben wurde; vorne Fn. 33.

[48] Sog. *discrezionalità tecnica*. Vgl. Cons. Stato, Sez. VI, 13. 3. 1973, n. 199, Foro it. 1973 III 259 ff., 261–262 *(Cassa di risparmio di Trieste c. Min. pubblica istruzione)* betreffend Schutz des Palazzo Diana in Triest; Cons. Stato, Adunanza plenaria, 7. 6. 1973, n. 6, Foro it. 1973 III 408 ff., 410 *(Pres. Regione siciliana c. Soc. Cementerie siciliane)* betreffend Verfügung einer archäologischen Schutzzone über einen Steinbruch; Cons. Stato, Sez. VI, 9. 8. 1986, n. 630, Foro it. 1987 III 142 ff. *(Min. beni culturali c. Comune di Bordighera)* betreffend den Schutz des „Giardino Moreno“, einzig, weil er Claude Monet als Motiv für ca. 50 Gemälde gedient hatte; Cons. Stato, Sez. VI, 18. 10. 1993, n. 741, Foro it. 1994 III 121 ff., 122 *(Righi Parenti c. Min. beni culturali e Ceccherini)* betreffend eine Nutzungsbeschränkung für eine historische Apotheke und deren Inventar in Siena; Cons. Stato, Sez. VI, 21. 9. 1999, n. 1243, Foro it. 2000 III ff., 21–22 *(Comune di Zola Predosa c. Theodoli Braschi e altri)*; Cons. Stato, Sez. VI, 8. 2. 2000, n. 677, Giurisprudenza italiana 2000, 1298 ff., 1299 f. *(Settimo Centro Società Consortile s.r.l. c. Ministero dei beni culturali e ambientali)*. Eine Ausnahme bildet der Entscheid Cons. Stato, Sez. VI, 8. 1. 1998, n. 56, Foro it. 1998 III 326 *(Sopraintendenza per i beni ambientali e architettonici di Brescia c. Comune di Brescia)*, wonach das historische Interesse an Mauern aus venezianischer Zeit gegen die Anforderungen des Strassenverkehrs abzu-

sen im Verfahren nicht einmal gehört werden.[49] In den meisten Fällen ist es unmöglich, die Deklaration des staatlichen Interesses erfolgreich anzufechten. Die Praxis grenzt zuweilen an Willkür. Unter diesen Umständen wären präzisere gesetzliche Kriterien für den Umgang mit der Ausfuhrregelung wünschenswert.[50]

Zusammenfassend: Ausfuhrverbote zum Schutz des kulturellen Erbes sind grundsätzlich berechtigt. In vielen Fällen betrifft das Verbot jedoch private Kulturgüter, denen keine soziale Funktion zugeschrieben werden kann.

3. Vernünftigkeit

Im Anschluss an die obigen Ausführungen ist festzuhalten, dass Ausfuhrverbote an sich für Kulturgüter, die zum italienischen Kulturerbe zählen, nicht unvernünftig sind. Die entsprechenden Bestimmungen des Testo unico sind in dieser Hinsicht nicht zu beanstanden.

Nach der hier vertretenen Auffassung ist jedoch eine Auslegung der Bestimmungen unvernünftig und willkürlich, welche die Ausfuhr von Gütern ohne relevanten Bezug zur Nation verhindert unter Berufung auf eine mögliche Schädigung des nationalen Kulturvermögens. Italien wird für diese Praxis zu Recht kritisiert.[51] Das Ausfuhrverbot und dessen Handhabung in der Praxis werden insbesondere ausserhalb Italiens als unvernünftig und unverhältnismässig empfunden.

Eine Unterschutzstellung von Kulturgütern in Privatbesitz mittels Deklaration des staatlichen Interesses dürfte in zahlreichen Fällen gerechtfertigt sein, denn sie dient der Identifikation schutzwürdiger Objekte und dadurch i. S. v. Art. 9 Abs. 2 Cost. dem Schutz und der Erhaltung des kulturellen Erbes. Im Hinblick auf die Garantie des privaten Eigentums erscheint es jedoch als unvernünftig, schutzwürdige Güter automatisch dem Ausfuhrverbot zu unterstellen. Vernünftig wäre es, Ausfuhrgesuche für Kulturgüter allein nach ihrer Bedeutung für das nationale Kulturerbe zu beurteilen und nicht aufgrund ihrer Schutzwürdigkeit.

Die eigentümerfeindliche Praxis hat unerwünschte Auswirkungen: Der Schwarzmarkt mit Kunstgegenständen wird durch (zu) weitgehende Schutzbestimmun-

---

wägen war. Einlässlich *Benini*; *Cerulli Irelli* 152; *Giannini* 18; *Loosli* 20; kritisch *Cavallo* 122. In der Lehre wird gar die Meinung vertreten, was ein Kulturgut sei, ergebe sich direkt aus dem Gesetz; *Cerulli Irelli* 143 f. A. A. *Cavallo* 119 und 121, wonach die Bestimmung von Kulturgütern nur durch Werturteil möglich ist.

[49] Cons. Stato, Sez. VI, 9. 8. 1986, n. 630, Foro it. 1987 III 142 ff., 152 *(Min. beni culturali c. Comune di Bordighera)*.

[50] *Cavallo* 119.

[51] So z. B. von *Châtelain* 22; *Jayme*, Anknüpfungsmaximen 46 f.; *Siehr*, Öffentliches Recht und internationales Privatrecht 99 f.

gen gefördert.[52] Ausserdem leidet der offizielle Kunsthandel unter fehlenden Absatzmärkten im Ausland, insbesondere für italienische Altmeister.[53]

4. Entschädigung?

Sobald eine Sache kraft Deklaration des staatlichen Interesses den Beschränkungen des Testo unico unterliegt und nicht mehr frei ausgeführt werden kann, sinkt ihr Marktwert. Dies gilt in stärkerem Mass, wenn ein Ausfuhrgesuch abgelehnt worden ist.[54] Private Eigentümer haben keinen gesetzlichen Anspruch auf Entschädigung der Werteinbusse, wenn ein Kunstgegenstand durch Deklaration des besonderen Interesses dem Ausfuhrverbot unterstellt oder wenn ein Gesuch um Ausfuhr abgewiesen wird. Es stellt sich die Frage, ob Eigentümer für die Werteinbusse aufgrund der verfassungsrechtlichen Eigentumsgarantie Anspruch auf Entschädigung haben.

Nutzungsbeschränkungen i. S. v. Art. 42 Abs. 2 Cost. werden im Gegensatz zu Enteignungen i. S. v. Art. 42 Abs. 3 Cost. nicht entschädigt, falls sie alle Eigentümer objektiv in gleicher Weise betreffen, die betroffenen Güter im Voraus identifizierbar sind und die Beschränkung somit vorhersehbar ist. Die Praxis des Verfassungsgerichts und die Doktrin sprechen sich gestützt auf Art. 42 Abs. 3 Cost. und den Gleichheitssatz einzig für die Entschädigung individueller Beschränkungen aus, die den Marktwert einer Sache erheblich beeinträchtigen oder das Eigentumsrecht seines Gehaltes entleeren, weil das betroffene Gut gar nicht mehr bestimmungsgemäss genutzt werden kann.[55]

Das Ausfuhrverbot i. S. v. Art. 65 Testo unico betrifft grundsätzlich sämtliche Eigentümer von schützenswerten Kulturgütern in gleicher Art und Weise. Es handelt sich um eine generelle Nutzungsbeschränkung. Dass ein Kulturgut nicht (frei) ausgeführt werden darf, kann dessen Eigentümer vorhersehen, selbst wenn keine Deklaration des staatlichen Interesses verfügt worden ist. Es besteht unter diesen Voraussetzungen kein verfassungsrechtlicher Entschädigungsanspruch.

---

[52] *Cavallo* 131 f.; „Bestseller Fontana", in: NZZ vom 15./16. 7. 2000 (Nr. 163) 63.

[53] *Cavallo* 125; „Bestseller Fontana", in: NZZ vom 15./16. 7. 2000 (Nr. 163) 63.

[54] *Giannini* 28 Fn. 18. *Lombardi* 196 spricht in diesem Zusammenhang gar von „Aushöhlung des Eigentums".

[55] Entschädigungsanspruch bejaht in C. cost. (19. 1.) 20. 1. 1966, n. 6, Racc. Uff. 51 ff., 59–62 betreffend die Verfügung einer militärischen Sperrzone; verneint in C. cost. (9. 5.) 29. 5. 1968, n. 55, Racc. Uff. 401 ff., 416 f.; C. cost. (9. 5.) 29. 5. 1968, n. 56, Racc. Uff. 423 ff., 433–434; C. cost. (21.4.) 26. 4. 1971, n. 79, Racc. Uff. 485 ff., 488–489 betreffend Eigentumsbeschränkungen (Bewilligungspflichten) zum Schutz des Parco nazionale dello Stelvio; C. cost. (23. 4.) 6. 5. 1976, n. 106, Racc. Uff. 33 ff., 41 betreffend ein Bauverbot aus Gründen des Landschaftsschutzes; C. cost. (21. 7.) 28. 7. 1995, n. 417, Racc. Uff. 563 ff., 575 f. betreffend Landschaftsschutz. *Caravita* 56 f.; *Paladin* 692; *Salerno* 299–301; *Sandulli* 483–484; *Santaniello* 906–908.

Zu beachten ist, dass die bestimmungsgemässe Nutzung von Kulturgütern im Inland trotz Ausfuhrverbot möglich bleibt: Sie können betrachtet, ausgestellt und veräussert werden. Wenig sinnvolle Nutzungsmöglichkeiten verbleiben demjenigen Eigentümer, der aus Italien auswandert, seine Kunstsammlung indessen zurücklassen muss.[56] Die Verweigerung der Ausfuhrgenehmigung kann in diesem Fall dazu führen, dass das Eigentumsrecht am Kulturgut seinen Gehalt verliert, insbesondere wenn andere Nutzungen nicht in Frage kommen. In solchen Fällen könnte die Verweigerung der Ausfuhrbewilligung m. E. einen Entschädigungsanspruch wegen materieller Enteignung begründen.

Die fehlende Entschädigung ist ein starker Anreiz, Kulturgüter illegal auszuführen.[57]

Zusammenfassend: Das Gesetz gewährt den privaten Eigentümern keinen Anspruch auf Entschädigung für die Verminderung des Handelswerts von Kulturgütern, die nicht aus Italien ausgeführt werden dürfen. Ein Entschädigungsanspruch lässt sich grundsätzlich auch nicht aus der Eigentumsgarantie der italienischen Verfassung herleiten. Kann ein Kulturgut wegen des Ausfuhrverbots gar nicht mehr genutzt werden, ist möglicherweise ein Anspruch wegen materieller Enteignung gegeben.

5. Fazit

Das Ausfuhrverbot für Kulturgüter – mit oder ohne Deklaration des staatlichen Interesses – basiert auf einer genügenden formellen Grundlage. Die gesetzliche Grundlage genügt jedoch nicht, um Kulturgüter unter Schutz zu stellen, die sich zum Zeitpunkt der Notifikation bereits im Ausland befinden. Die durch die Ausfuhrregelung verursachte Beschränkung der Eigentumsrechte an privaten Objekten wird mit der sozialen Funktion des Eigentums begründet. Es besteht kein Anspruch auf Entschädigung für die Werteinbusse, welche das Ausfuhrverbot nach sich zieht. Die Frage nach der Vereinbarkeit mit der Eigentumsgarantie ist differenziert zu beantworten: Die gesetzlichen Regelungen dürften verfassungskonform sein. Die Behörden legen den Begriff des geschichtlichen und künstlerischen Erbes jedoch sehr weit aus und unterstellen dem Ausfuhrverbot auch private Objekte, die keinen nennenswerten Bezug zu Italien aufweisen. Dies lässt sich mit der „sozialen Funktion“ des Eigentums nicht rechtfertigen, ist unvernüftig und könnte daher als verfassungswidrig gerügt werden. Es könnte sich

---

[56] Lakonisch *Seidl-Hohenveldern*, Kulturgüterschutz 116: „Jede Auswanderung ist mit – zumutbaren – Verzichten verbunden“.

[57] Die meisten illegalen Ausfuhren haben einen ökonomischen Hintergrund. Ein frühes Beispiel bildet die „Affaire Sciarra“: Ein verarmter Graf, Colonna di Sciarra, veräusserte in Verletzung des Edikts Pacca Teile der Sammlung Barberini an einen Franzosen, um einen höheren Preis zu lösen; Cour d'appel de Paris, 1re ch., 27.4.1892, Clunet 19 (1892) 973; Cass. 20.11.1893, Clunet 21 (1894) 311; vgl. *Siehr*, Art Trade 167f. Nr. 217 und *Weber* 310–315.

jedenfalls in krassen Fällen lohnen, den Streit über die Erteilung einer Ausfuhrbewilligung vor dem Verfassungsgericht auszutragen.[58]

II. Ausfuhrverbote der Regionen

Gemäss Art. 117 Cost. ist die Gesetzgebungskompetenz betreffend *musei e biblioteche di enti locali* an die Regionen delegiert. Im Zusammenhang mit der Eigentumsgarantie ist insbesondere von Interesse, wer zum Erlass von Ausfuhrvorschriften kompetent ist. Die Abgrenzung der Befugnisse des Staates und der Regionen war Gegenstand verschiedener höchstrichterlicher Urteile.[59]

Der Staat darf keine Bewilligungspflichten betreffend die Ausfuhr von Kulturgütern mit lokaler Bedeutung einführen.[60] Verfassungsrechtlich unzulässig sind aber auch Bestimmungen über die Ausfuhr von Kulturgütern, die von einer Region erlassen werden und die Gesetzgebungskompetenz des Staates verletzen.[61]

III. Weitere Verkehrsbeschränkungen im Inland

Sammlungen von staatlichen Museen, Archiven und Bibliotheken zählen zum *demanio pubblico* und sind unveräusserlich *(res extra commercium)*.[62] Einzelne Bestandteile aus solchen Sammlungen sowie weitere staatliche Güter werden als *patrimonio indisponibile* qualifiziert. Solche Güter dürfen ihrer öffentlichen Bestimmung nicht entzogen und nur mit Bewilligung veräussert werden.[63] Ähnliche Bestimmungen gelten auch für Güter im Eigentum der Regionen, Provinzen, Gemeinden und gewisser Anstalten.[64]

Private können solche Güter nicht oder nur eingeschränkt erwerben. Nicht bewilligte Rechtsgeschäfte sind nichtig.[65] Unter Umständen lässt sich die Nich-

---

58 Vgl. *Siehr*, Richtlinie und Privatrecht 235.

59 Kompetenzkonflikte zwischen Republik und Regionen werden vom Verfassungsgericht entschieden; Art. 134 Abs. 2 Cost., Art. 123 und 127 Cost.

60 C. cost. (23. 5.) 12. 6. 1991, n. 278, Racc. Uff. 145 ff. Zur Abgrenzung der Kompetenzen vgl. C. cost. (28. 5.) 10. 6. 1993, n. 277, Racc. Uff. 49 ff.

61 C. cost. (19. 7.) 25. 7. 1994, n. 339, Foro it. 1994 I 2305 ff. betreffend ein vom Consiglio regionale del Piemonte am 12. 10. 1993 verabschiedetes Gesetz, „Norme sul prestito e l'esportazione di beni culturali conservati in Piemonte", das u. a. die Ausfuhr von Kulturgütern einer Bewilligungspflicht unterstellte.

62 Art. 822 Abs. 2, 823 Abs. 1, 824 Cod. Civ.; ex-Art. 23 L. 1089/1939. Betreffend den Fall des von einem Angestellten der Bibliothek von Camerino entwendeten Bandes *Statuta Firmanorum*, welcher über ein Antiquariat in den Besitz des *Archivio di Stato di Macerata* gelangte, vgl. Cass., Sez. I civile, 28. 8. 1998, n. 8589, Foro it. 1998 I 3167 *(Comune di Camerino c. Ministero beni culturali e ambientali)* und *Weber* 129 f.

63 Art. 826, 828 Abs. 2 Cod. Civ.; Art. 54–57 Testo unico; *Loosli* 29.

64 Vgl. Art. 54 f. Testo unico; *Loosli* 30–32.

65 Art. 135 Abs. 1 Testo unico; ex-Art. 61 Abs. 1 L. 1089/39.

tigkeit gar – entgegen Art. 1153 Cod. Civ.[66] – einem gutgläubigen (Dritt-)Erwerber entgegenhalten.[67] Diese Beschränkungen des Eigentumserwerbs an Kulturgütern sind typische Anwendungsfälle von Art. 42 Abs. 2 Cost. und verfassungsrechtlich zulässig.

Die Veräusserung von einzelnen Gegenständen aus (öffentlichen oder privaten) geschützten Sammlungen kann bewilligungspflichtig sein.[68] Diese Massnahme bewirkt eine – unter Umständen einschneidende – Handelsbeschränkung. Ein Veräusserungsverbot entwertet die Sammlungsgüter als Handelsware. Die Verweigerung der Bewilligung zum Verkauf eines Einzelstückes müsste sich m. E. im Einzelfall rechtfertigen lassen aufgrund dessen Bedeutung für die gesamte Sammlung, ansonsten sie unvernünftig und daher verfassungswidrig wäre.

Die Bestimmungen über *res extra commercium* sind nicht anwendbar auf unveräusserliche Kulturgüter fremder Staaten, die gutgläubig in Italien erworben worden sind.[69]

C. Enteignungen

Gemäss Art. 42 Abs. 3 Cost. kann privates Eigentum in den vom Gesetz vorgesehenen Fällen im öffentlichen Interesse und gegen Entschädigung enteignet werden. Bei formellen Enteignungen müssen die Begünstigten und die Belasteten einer Enteignung, die zu enteignenden Sachen, das öffentliche Interesse an einer Enteignung und die zu schützenden Interessen, die Behörden, das Verfahren und die Entschädigung im Gesetz umschrieben werden.[70] Vorausgesetzt wird, dass an der Enteignung ein aktuelles und konkretes öffentliches Interesse besteht.[71] Als Enteignungen gelten auch *espropriazioni di valore*, materielle Enteignungen: der

---

66 Gemäss dieser Bestimmung erwirbt der gutgläubige Erwerber einer Sache Eigentum auch vom Nichtberechtigten.

67 Art. 1156 Cod. Civ. betreffend „Universalità di mobili e mobili iscritti in pubblici registri". Vgl. Cass. civ., Sez. I, 7.4.1992, n. 4260, Foro it. 1992 I, 2, 2402ff. = Giurisprudenza italiana 1994 I, 1, 1242ff. *(Min. beni culturali ed ambientali c. Cucci)* betreffend den Verkauf kirchlicher Güter (Türchen eines Tabernakels) ohne die notwendige Bewilligung. Kritik an dieser Entscheidung bei *Deangeli* 1242ff. und *Loosli* 90, da kirchliche Güter nicht zum *demanio pubblico* zählen und die Nichtigkeit des Verkaufs zu unterscheiden ist von fehlender Verkehrsfähigkeit. Einlässlich *Weber* 147–150.

68 Art. 55 Abs. 1c Testo unico; ex-Art. 34 L. 1089/1939; vgl. Art. 727 Abs. 2 Cod. Civ., wonach bei Erbteilungen die Aufteilung von Bibliotheken und Sammlungen von geschichtlicher, wissenschaftlicher oder künstlerischer Bedeutung vermieden werden muss.

69 Cass., Sez. I, 24.11.1995, n. 12166, Foro it. 1996 I 907ff., 910f. *(Governo di Francia c. De Contessini, Pilone).*

70 *Salerno* 302; *Sandulli* 479.

71 C. cost. (20.4) 23.4.1998, n. 135, Racc. Uff. 237ff., 245; *Salerno* 302.

Entzug von konkreten Nutzungsmöglichkeiten im Einzelfall,[72] Beschränkungen, die einer formellen Enteignung vorgehen und das Eigentum gleichsam entleeren, welche die zeitliche Dauer überschreiten, die der Gesetzgeber festgelegt hat oder die über das normale Mass von Eigentumsbeschränkungen hinausgehen.[73]

Art. 42 Abs. 3 Cost. gewährt keinen Anspruch auf „volle" oder „angemessene" Entschädigung.[74] Enteignungen müssen nicht zum Marktwert entschädigt werden, die Enteignungsentschädigung braucht auch nicht zwingend dem bezahlten Kaufpreis zu entsprechen. Der Gesetzgeber kann die Höhe der Entschädigungsleistung unter Berücksichtigung des öffentlichen Interesses, d. h. der gesetzgeberischen Ziele und der verfügbaren staatlichen Mittel, nach seinem Ermessen festsetzen. Die Entschädigung muss sich jedoch am Marktwert der enteigneten Sache orientieren, angemessen und ein ernsthafter Ersatz des erlittenen Schadens sein; ein bloss symbolischer, lächerlicher oder scheinbarer Betrag genügt nicht.[75] Der Gesetzgeber hat ein weites Ermessen bei der Festsetzung der Voraussetzungen einer Enteignung und der Enteignungsentschädigung. Das Verfassungsgericht erklärt nur unvernünftige oder willkürliche gesetzliche Bestimmungen für verfassungswidrig. Die Verhältnismässigkeit von Enteignungen wird vom Verfassungsgericht nicht überprüft.[76]

---

[72] C. cost. (19. 1.) 20. 1. 1966, n. 6, Racc. Uff. 51 ff., 61–62; C. cost. (9. 5.) 29. 5. 1968, n. 56, Racc. Uff. 42 ff., 433.

[73] C. cost. (12. 5.) 20. 5. 1999, n. 179, Giurisprudenza costituzionale 1999 II 1750 ff., 1756–1757: „vincoli que ... superino sotto un profilo quantitativo (‚per la maggiore o minore incidenza che il sacrificio imposto ha sul contenuto del diritto' ...) la normale tollerabilità secondo una concezione della proprietà, che resta regoltata dalla legge per i modi di godimento ed i limiti preordinati alla funzione sociale (art. 42, comma 2, Cost.)." Gemäss diesem Entscheid verletzt eine Bestimmung, welche die wiederholte und entschädigungslose Verlängerung eines Bauverbots ermöglicht, Art. 42 Abs. 3 Cost. Eine Verletzung von Art. 42 Abs. 3 Cost. wurde in vergleichbaren Fällen verneint in C. cost. (19. 4.) 23. 4. 1993, n. 185, Racc. Uff. 329 ff., 337 f., in C. cost. (19. 4.) 23. 4. 1993, n. 186, Racc. Uff. 339 ff., 344 f. und in C. cost. (12. 7.) 21. 7. 1995, n. 344, Racc. Uff. 23 ff., 27–29.

[74] Vgl. demgegenüber Art. 834 Abs. 1 Cod. Civ.: „Nessuno può essere privato in tutto o in parte dei beni di sua proprietà, se non per causa di pubblico interesse, legalmente dichiarata, e contro il pagamento di una giusta indennità."

[75] C. cost. (13. 5.) 25. 5. 1957, n. 61, Racc. Uff. 135 ff., 144–146; C. cost. (22. 12.) 29. 12. 1959, n. 67, Racc. Uff. 283 ff., 291–292; C. cost. (30. 11.) 6. 12. 1977, n. 138, Racc. Uff. 35 ff., 358; C. cost. (25. 1.) 30. 1. 1980, n. 5, Racc. Uff. 35 ff., 50, 52, wonach die Enteignungsentschädigung für Bauland nicht nach dem mittleren Wert von Landwirtschaftsland berechnet werden darf; C. cost. (15. 7.) 19. 7. 1983, n. 223, Racc. Uff. 537 ff., 555–556; C. cost. (4. 4.) 19. 4. 1990, n. 216, Racc. Uff. 367 ff., 373; gemäss C. cost. (10. 6.) 16. 6. 1993, n. 283, Giurisprudenza Costituzionale 1993, 1981 ff., 1992, 1995 f. war eine Enteignungsentschädigung in der Höhe von 1/3 des Marktwerts unter Art. 42 Abs. 3 Cost. zulässig angesichts der finanziellen Situation des Staates. *Paladin* 693; *Salerno* 301, 302; *Sandulli* 480; *Virga* 365.

[76] C. cost. (4. 4.) 19. 4. 1990, n. 216, Racc. Uff. 367 ff., 373, 377; C. cost. (19. 4.) 23. 4. 1993, n. 185, Racc. Uff. 329 ff., 337 f. und C. cost. (19. 4.) 23. 4. 1993, n. 186, Racc. Uff. 339, 344 f., wonach das gesetzgeberische Ermessen bei der Festlegung der zeitlichen Dauer von Bauver-

I. Enteignung von Kulturgütern

Kulturgüter können vom zuständigen Ministerium enteignet werden, wenn zum Zweck der öffentlichen Nutzung ein wichtiges öffentliches Interesse an der Verbesserung ihrer Schutzbedingungen besteht.[77] Das öffentliche Interesse wird mittels Entscheid deklariert.[78] Die Entschädigung des Eigentümers entspricht dem Marktpreis innerhalb Italiens.[79] Akzeptiert der zu enteignende Eigentümer das Angebot des Enteignenden nicht, wird die Höhe der Entschädigung durch einen Sachverständigen festgesetzt.[80]

Einzelobjekte wie Kunstwerke, aber auch Sammlungen, sind unersetzbar. Die Enteignung von Kulturgütern kann zu ihrer Erhaltung geboten und gerechtfertigt sein.[81] Die Enteignung von beweglichen Kulturgütern stellt keine besonderen verfassungsrechtlichen Probleme. Sie scheint zudem in der Praxis selten vorzukommen.[82]

Keiner Enteignung gleichzusetzen ist die Konfiskation von Objekten durch den Richter als Sanktion für Verstösse gegen die Exportvorschriften. Als Sanktion ist diese Massnahme zulässig, sofern sie sich nicht gegen einen Dritten richtet, der mit dem Vergehen nichts zu tun und davon auch nicht profitiert hat.[83]

II. Vorkaufsrecht

Wer Eigentum oder Gewahrsam an privaten Kulturgütern überträgt, deren qualifiziertes Interesse deklariert worden ist, hat dies gemäss Art. 58 i. V. m. Art. 10 Abs. 2 Testo unico dem zuständigen Ministerium anzuzeigen. Laut Art. 59 Testo

---

boten und deren Entschädigung i.c. nicht überschritten worden war; C. cost. (12.7.) 21.7.1995, n. 344, Racc. Uff. 23ff., 27–29; C. cost. (20.4) 23.4.1998, n. 135, Racc. Uff. 237ff., 245–246; C. cost. (12.5.) 20.5.1999, n. 179, Giurisprudenza costituzionale 1999 II 1750ff., 1758.

77 Art. 91 Abs. 1 Testo unico (vgl. ex-Art. 54 L. 1089/1939); *Cortese* 322 Fn. 31.

78 Art. 94 Abs. 1 Testo unico.

79 Art. 95 Abs. 1 Testo unico *(„giusto prezzo che il bene avrebbe in una libera contrazzione di compravendita all'interno dello Stato")*. Bestand bereits vor dem Enteignungsverfahren eine wertvermindernde Nutzungsbeschränkung, wird dies bei der Berechnung der Enteignungsentschädigung berücksichtigt, d. h. nur der verminderte Wert wird entschädigt; Cass. civ., Sez. I, 23.3.1993, n. 3451, Foro it. 1993 I, 2, 2514ff. = Giurisprudenza italiana 1994 I, 1, 446ff. *(Paladino c. Assess. beni culturali e ambientali e pubblica istruzione)* betreffend Grundeigentum in der archäologischen Schutzzone von Naxos; differenziert *Cozzuto Quadri* 232–234.

80 Art. 95 Abs. 2 Testo unico.

81 *Cortese* 323; *Santaniello* 900.

82 *Cozzuto Quadri* 226; *Loosli* 73.

83 Art. 123 Abs. 3 Testo unico. Ex-Art. 66 L. 1089/1939 wurde aufgrund von Art. 27 Abs. 1 Cost. („La responsabilità penale è personale") und C. Cost. 19.1.1987, n. 2, Foro it. 1987 I 1364 *(Bottega)* entsprechend modifiziert.

unico kann das Ministerium entgeltlich übertragene Sachen erwerben. Das Vorkaufsrecht ist innerhalb zweier Monate seit der Anzeige auszuüben.

Das Vorkaufsrecht für Kulturgüter ist nicht mit den zivilrechtlichen Vorkaufsrechten vergleichbar, sondern gilt als enteignungsähnliche Massnahme.[84] Die Massnahme wird daher vorliegend unter dem Kapitel „Enteignungen" untersucht. Zu beachten ist jedoch, dass Art. 42 Abs. 3 Cost. formell nur auf Massnahmen anwendbar ist, die im Gesetz explizit als Enteignungen bezeichnet werden, demnach nicht auch auf das hier zu diskutierende Vorkaufsrecht.[85]

In Bezug auf die Vereinbarkeit des Vorkaufsrechts mit der Eigentumsgarantie ist lediglich die Position des Verkäufers zu prüfen. Der Käufer, dem der Staat zuvorkommt, ist zum Zeitpunkt der Ausübung des Vorkaufsrechts noch nicht Eigentümer geworden[86] und kann sich deswegen nicht auf die Eigentumsgarantie berufen.

Das Vorkaufsrecht des Staates an Kulturgütern gilt als vereinbar mit der verfassungsrechtlichen Eigentumsgarantie.[87] Dieser Ansicht kann weitgehend gefolgt werden:

1. Gesetzliche Grundlage

Enteignungsähnliche Massnahmen bedürfen einer genügend bestimmten formellen gesetzlichen Grundlage. Sie ist beim Vorkaufsrecht gegeben: Das Vorkaufsrecht ist in Art. 59 Testo unico gesetzlich vorgesehen.[88] Es kann nur für notifizierte Kulturgüter ausgeübt werden, die gesetzliche Grundlage ist daher genügend bestimmt.

2. Öffentliches Interesse

Das Vorkaufsrecht darf nur ausgeübt werden, wenn dies im öffentlichen Interesse angezeigt ist. Das öffentliche Interesse an der Ausübung von Vorkaufsrechten an Kulturgütern ist im Gesetz nicht umschrieben und braucht im Einzelfall

---

[84] Cass., Sez. I, 29.11.1989, n. 5206, Giurisprudenza italiana 1990 I, 1, 1125ff., 1126f. *(Bruno, Cucci c. Min. beni ambientali e culturali)*; Cass. civ., Sez. unite, 1.7.1992, n. 8079, Giurisprudenza italiana 1993 I, 1, 812ff., 814f. *(Di Salvo e Sciacca c. Assessore ai beni culturali e ambientali e della pubblica istruzione della Regione siciliana)*; *Cortese* 315 Fn. 17 *(„particolare forma di acquisto coattivo")*; *Sandulli* 479f.

[85] *Lombardi* 196. *Sandulli* 480 kritisiert den eingeschränkten Anwendungsbereich von Art. 42 Abs. 3 Cost. als „inakzeptablen Nominalismus".

[86] Art. 60 Abs. 3 Testo unico verbietet die Übergabe der Kaufsache an den Erwerber vor Ablauf der Zweimonatsfrist, während der das Vorkaufsrecht ausgeübt werden kann.

[87] C. cost. (14.6.) 20.6.1995, n. 269, Giurisprudenza costituzionale 1995 I 1918 = Foro it. 1996 I 807 *(Verusio, Pierangeli e Beyeler c. Pres. cons. ministri)*. Kritisch *Lombardi* 196.

[88] Zum Testo unico als formelle gesetzliche Grundlage vgl. vorne § 6 B I 1. Art. 59 Testo unico entspricht ex-Art. 31 L. 1089/1939.

nur summarisch begründet werden.[89] Es liegt in der Erhaltung und Konservierung der Sache, in der öffentlichen Nutzung und in der Vergrösserung der staatlichen Sammlungen, allenfalls im Schutz öffentlicher Interessen bei speziellem Benehmen der Vertragsparteien.[90] Eine „günstige Gelegenheit" allein ist kein öffentliches Interesse, das die Ausübung des Vorkaufsrechts rechtfertigen könnte.[91] Der Erwerb eines Gemäldes von Vincent van Gogh wurde u. a. mit einem Mangel von Werken dieses Malers in italienischen Museen begründet.[92] Die Einschätzung des öffentlichen Interesses hängt von den Umständen ab, beispielsweise von der öffentlichen Meinung, und kann sich im Lauf der Jahre ändern.[93]

Sind die Voraussetzungen für die Ausübung des Vorkaufsrechts gegeben, brauchen öffentliche und private Interessen nicht gegeneinander abgewogen werden.[94]

3. Kaufpreis

Wurde für das fragliche Objekt ein Kaufpreis vereinbart, ist er für den Staat verbindlich, andernfalls wird der Marktwert durch das Ministerium oder eine drei-

---

[89] Cons. Stato, Sez. IV, 7.10.1998, n. 1296, Foro it. 1998 III 606ff., 607–608 *(Soc. coop. Raiffeisenverband Südtirol c. Provincia autonoma di Bolzano)* betreffend Ausübung des Vorkaufsrechts mit der Begründung „... in futuro al pregevole edificio sia assicurata la miglior protezione possibile".

[90] Cass., Sez. I, 17.1.1985, n. 117, Foro it. 1985 I 1070ff., 1072 *(Min. beni culturali e ambientali c. Granito di Belmonte)*; Cass., Sez. I, 29.11.1989, n. 5206, Giurisprudenza italiana 1990 I, 1, 1125ff., 1126f. *(Bruno, Cucci c. Min. beni ambientali e culturali)*; Tribunale Amministrativo Regionale per il Lazio, Sez. II, 26.1.1990, n. 224, Foro it. 1991 III 37ff., 42, 44 *(Beyeler c. Min. beni culturali, Pierangeli)*. In letzerem Fall spielte es eine Rolle, dass der Käufer ausländischer Staatsangehöriger ohne Wohnsitz in Italien war. Vgl. auch Art. 91 Abs. 1 Testo unico (betreffend Enteignung) und *Cerulli Irelli* 156ff., 176–177, der gar jeglichen staatlichen Schutz von Kulturgütern mit der Erwartung begründet, dass diese eines Tages ins Staatseigentum überführt werden; *Cortese* 315; *Loosli* 99f.

[91] Cons. Stato, Sez. VI, 23.3.1982, n. 129, Foro it. 1982 III 285ff., 289 *(Soc. Tradizione Romana e Sforza Ruspoli c. Min. pubblica istruzione, Min. beni culturali)*, wonach unter den gegebenen Umständen der Hinweis „l'opportunità di acquisire al demanio dello Stato l'immobile, oggetto del predetto contratto, mediante l'esercizio del diritto di prelazione" nicht genügte und die Ausübung des Vorkaufsrechts mangels Begründung für ungültig erklärt wurde.

[92] Tribunale Amministrativo Regionale per il Lazio, Sez. II, 26.1.1990, n. 224, Foro it. 1991 III 37ff., 46f. *(Beyeler c. Min. beni culturali, Pierangeli)*. Kritisch zu dieser Art von Erwerbspolitik *Loosli* 108.

[93] Tribunale Amministrativo Regionale per il Lazio, Sez. II, 26.1.1990, n. 224, Foro it. 1991 III 37ff., 43 *(Beyeler c. Min. beni culturali, Pierangeli)* zur Rechtfertigung dafür, dass das Vorkaufsrecht an einem Werk von Vincent van Gogh im Jahr 1983 nicht ausgeübt wurde, hingegen im Jahr 1988.

[94] Tribunale Amministrativo Regionale per il Lazio, Sez. II, 26.1.1990, n. 224, Foro it. 1991 III 37ff., 43 *(Beyeler c. Min. beni culturali, Pierangeli)*; *Cortese* 315f.

köpfige Kommission festgesetzt.[95] Nach der Rechtsprechung des italienischen Verfassungsgerichts ist der Kaufpreis nicht vergleichbar mit einer eigentlichen Enteignungsentschädigung, da dessen Höhe im (privaten) Kaufvertrag vereinbart wird.[96] In den meisten Fällen spielt diese dogmatische Frage wohl keine Rolle: Erhält der Verkäufer den ursprünglich von ihm akzeptierten Kaufpreis vom Staat, ist er voll entschädigt. Es wird sich beim Kaufpreis um den Inlandpreis handeln, nicht um den Weltmarktpreis. Dies ist jedoch keine Folge des Vorkaufsrechts, sondern des Ausfuhrverbots, dem das Objekt kraft Deklaration des Interesses schon vor Ausübung des Vorkaufsrechts unterliegt.[97]

Art. 42 Abs. 3 Cost. verbietet nicht, dass eine Sache enteignungsrechtlich auf den Staat übertragen wird, bevor die Entschädigungszahlung geleistet wird.[98] Es widerspricht daher der Eigentumsgarantie nicht, wenn der Staat das Vorkaufsrecht vor Bezahlung des Kaufpreises ausübt.[99]

Aber nicht in allen Fällen kriegt der Eigentümer bei der Ausübung des Vorkaufsrechts die „volle Entschädigung“:

4. Sonderfall: Verletzung der Anzeigepflicht

Wird der Verkauf eines Kulturguts nicht entsprechend den Bestimmungen von Art. 58 Testo unico angezeigt, gilt die Anzeige als nicht erfolgt.[100] In diesem Fall ist der Verkauf nichtig, die Zweimonatsfrist beginnt nicht zu laufen und der Staat hat das Recht, sein Vorkaufsrecht unbefristet auszuüben.[101] Unter Umständen kann der Staat somit noch Jahre nach dem Verkauf ein Objekt zu einem Preis erwerben, der längst nicht mehr dem aktuellen Marktwert ent-

---

[95] Art. 59 Testo unico. Nicht vergütet werden die Mehrwertsteuer sowie Nebenkosten wie Spesen und Vertragskosten; Cons. Stato, Sez. IV, 7.10.1998, n. 1296, Foro it. 1998 III 606ff., 608 *(Soc. coop. Raiffeisenverband Südtirol c. Provincia autonoma di Bolzano)*.

[96] C. cost. (14.6.) 20.6.1995, n. 269, Giurisprudenza costituzionale 1995 I 1918ff., 1929 = Foro it. 1996 I 807ff., 811 *(Verusio, Pierangeli e Beyeler c. Pres. cons. ministri)*.

[97] Art. 65 Abs. 2a Testo unico.

[98] C. cost. (30.11.) 6.12.1977, n. 138, Racc. Uff. 353ff., 358.

[99] Cass., Sez. I, 29.11.1989, n. 5206, Giurisprudenza italiana 1990 I, 1, 1125ff. *(Bruno, Cucci c. Min. beni ambientali e culturali)* mit Verweis auf den Wortlaut der ex-Art. 31 und 32 L. 1089/1939.

[100] Art. 58 Abs. 5 Testo unico; ex-Art. 61 L. 1089/1939.

[101] Art. 135 Testo unico, ex-Art. 61 L. 1089/1939; Cons. Stato, Sez. VI, 23.3.1982, n. 129, Foro it. 1982 III 285ff., 288–289 *(Soc. Tradizione Romana e Sforza Ruspoli c. Min. pubblica istruzione, Min. beni culturali)*; Tribunale Amministrativo Regionale per la Toscana, 14.2.1984, n. 84, Foro it. 1984 III 448ff. *(Soc. Immobil-Arte c. Min. beni culturali, Soc. Vatulele c. Min. beni culturali e altri)*; Cons. Stato, Sez. VI, 7.10.1987, n. 802, Foro amm. 1987, 2615 *(Bartolini e altro c. Min. pubblica istruzione, Min. beni culturali ed ambientali)*.

spricht. Der Fall Verusio, Pierangeli und Beyeler c. Ministero B.C.A.[102] bot Anlass, die Verfassungsmässigkeit dieser Bestimmungen[103] zu prüfen.

Verusio hatte im Jahr 1977 Vincent van Goghs Gemälde „Il Giardiniere", entstanden 1889 in Saint-Rémy de Provence und 1954 vom italienischen Staat notifiziert, für 600 Millionen Lire an Beyeler verkauft. Der Verkauf wurde über einen Mittelsmann, Pierangeli, abgewickelt. Der Verkauf wurde dem Ministerium zwar angezeigt, aber ohne Angabe und Unterzeichnung des wirklichen Käufers. Mangels Interesse am Erwerb verzichtete der Staat darauf, das Vorkaufsrecht auszuüben. Erst 1983 erfuhr das Ministerium von Pierangeli, dass in Wirklichkeit nicht er, sondern Beyeler der Käufer sei. 1988 bot Beyeler das Bild dem Ministerium für 11 Millionen Dollar zum Kauf an. Seine Offerte blieb unbeantwortet. Schliesslich verkaufte Beyeler das Bild für 8,5 Millionen Dollar an die Solomon R. Guggenheim Corporation, die es im Peggy-Guggenheim-Museum in Venedig ausstellen wollte. Dieser Verkauf wurde formgültig angezeigt.

Das Ministerium machte in der Folge geltend, sowohl die Anzeigen von 1977 und von 1983 seien ungültig gewesen, da sie nicht den strikten Formvorschriften entsprochen hätten. Beyeler sei gemäss Art. 61 L. 1089/1939[104] gar nie Eigentümer des „Giardiniere" geworden. Die Anzeige des Verkaufs an die Solomon R. Guggenheim Corporation sei aus diesem Grund ebenfalls nichtig. Mit Dekret vom 24. November 1988 übte das Ministerium das Vorkaufsrecht aus – zum Preis von 1977, d. h. zu einem Bruchteil des aktuellen Verkehrswerts und beinahe fünf Jahre nach dem Zeitpunkt, in dem das Ministerium über sämtliche Informationen verfügte, welche die Anzeige über den Verkauf von 1977 hätte enthalten müssen.

Es ist verständlich, dass sich Beyeler dagegen mit allen Mitteln wehrte. Für die vorliegende Untersuchung sind folgende Aspekte des Streites von Bedeutung:

Nach Ansicht des Ministeriums konnte das Vorkaufsrecht bei fehlerhafter Anzeige während unbeschränkter Dauer ausgeübt werden. Es war zu prüfen, ob diese weite Auslegung von Art. 61 i. V. m. Art. 31 und 32 L. 1089/1939 mit der verfassungsrechtlichen Garantie des Eigentums vereinbar sei. Das Tribunale Regionale hielt diese Beschränkung der privaten Nutzungs- und Verfügungs-

---

[102] Tribunale Amministrativo Regionale per il Lazio, Sez. II, 26. 1. 1990, n. 224, Foro it. 1991 III 37; Cons. Stato, Sez. VI, 30. 1. 1991, n. 58, Foro it. 1991 III 345 = Foro amm. 1991, 86; Cass., Sez. unite, 19. 3. 1994, ord. n. 228, Giustizia civile 1994 I 609; C. cost. (14. 6.) 20. 6. 1995, n. 269, Giurisprudenza costituzionale 1995 I 1918 = Foro it. 1996 I 807; Cass., Sez. uniti civili, 11. 3. 1996, n. 1950, Foro it. 1996 I 2444; *Cortese* 320–321; *Loosli* 107–111.

[103] Anwendbar in diesem Fall waren die im Wesentlichen gleichlautenden Art. 61, 31 und 32 L. 1089/1939.

[104] Heute: Art. 135 Testo unico.

rechte für zulässig. Sie liege in der Natur der Kulturgüter und wirke sich nicht enteignend aus. Sie sei auch nicht unvernünftig *(irragionevole)* i. S. v. Art. 3 Cost., da das Verfahren absolute Transparenz verlange und Art. 61 L. 1089/1939 eine angemessene Sanktion sei für Verletzungen der Anzeigepflichten. Der infolge Inflation gesunkene Geldwert könne nicht berücksichtigt werden, da die gesetzlichen Vorschriften eingehalten worden seien.[105]

Das Kassationsgericht legte die Frage der Verfassungsmässigkeit in Bezug auf die Art. 3 und 42 Cost. dem Verfassungsgericht vor.[106] Könnten die Behörden das Vorkaufsrecht jederzeit und ohne Befristung geltend machen, würde dies die Rechte der Eigentümer stärker einschränken als jede andere Enteignung, die sich an Fristen zu halten habe. Die dadurch bewirkte Rechtsunsicherheit und Rechtsungleichheit sei im Licht von Art. 3 Cost. stossend. Das Verfassungsgericht verwies demgegenüber darauf, dass für Kulturgüter eigene Bestimmungen gälten, die sich auf Art. 9 Cost. stützten und gerechtfertigt seien zum Schutz der Güter und zur Sicherstellung der Nutzung durch die Öffentlichkeit. Das Vorkaufsrecht setze zudem voraus, dass der Eigentümer die Sache verkaufen wolle; von sich aus werde der Staat nicht tätig. Aus diesen Gründen könne das Vorkaufsrecht für Kulturgüter nicht mit gewöhnlichen Enteignungsverfahren verglichen werden.[107]

Als mögliche Verletzung von Art. 42 Cost. erschien dem Kassationsgericht die Tatsache, dass Beyeler für den Verlust des Bildes nicht zum aktuellen Verkehrswert entschädigt worden war, sondern nur mit einem offensichtlich[108] unangemessenen Betrag. Das Verfassungsgericht argumentierte anders als die Vorinstanzen: Beim Kaufpreis, den der Staat für die Ausübung des Vorkaufsrechts schulde, handle es sich nicht um eine Enteignungsentschädigung. Der Preis werde nicht durch den Staat in einem Enteignungsverfahren festgesetzt, sondern durch den Betroffenen selbst. Die Kriterien betreffend eine angemessene Entschädigung i. S. v. Art. 42 Cost. seien deshalb nicht anwendbar.[109]

Fraglich war, ob die nachträgliche Ausübung des Vorkaufsrechts als Sanktion für die unvollständige Anzeige gelten konnte, nachdem für den Verstoss gegen die entsprechenden Vorschriften spezielle Strafbestimmungen[110] vorgesehen

---

[105] Tribunale Amministrativo Regionale per il Lazio, Sez. II, 26. 1. 1990, n. 224, Foro it. 1991 III 37ff., 45–46, 47, 49; kritisch zu dieser formaljuristischen Argumentation *Loosli* 110. Der Entscheid vom 26. 1. 1990 wurde bestätigt in Cons. Stato, Sez. VI, 30. 1. 1991, n. 58, Foro it. 1991 III 345ff., 353 = Foro amm. 1991, 86ff., 94.

[106] Cass., Sez. unite, 19. 3. 1994, ord. n. 228, Giustizia civile 1994 I 609 *(Verusio c. Min. Beni Culturali e Ambientali, Beyeler, Pierangeli)*.

[107] C. cost. (14. 6.) 20. 6. 1995, n. 269, Giurisprudenza costituzionale 1995 I 1918ff., 1927f. = Foro it. 1996 I 807ff., 809–810 *(Verusio, Pierangeli e Beyeler c. Pres. cons. ministri)*.

[108] Zu den Wertverhältnissen in Schweizer Franken vgl. *Schöbi* 82 Fn. 14.

[109] C. cost. (14. 6.) 20. 6. 1995, n. 269, Giurisprudenza costituzionale 1995 I 1918ff., 1928–1929 = Foro it. 1996 I 807ff., 810–811.

[110] Ex-Art. 63 L. 1089/1939; heute: Art. 122 Abs. 1b Testo unico.

sind. Das Verfassungsgericht bejahte dies: Systematisch sei die entsprechende Bestimmung unter den Sanktionen eingeordnet. Die wirtschaftliche Einbusse, die eine späte Ausübung des Vorkaufsrechts nach sich ziehen könne, sei eine direkte Folge der fehlerhaften Anzeige.[111]

Die italienischen Gerichte schützten somit das Vorgehen des Ministeriums durch alle Instanzen.

Es fällt auf, dass die italienischen Gerichte die Frage nicht prüften, ob sich Beyeler überhaupt auf die Eigentumsgarantie berufen konnte, obwohl er nach den Bestimmungen von L. 1093/1993 gar nicht Eigentümer geworden war.

Das Ergebnis ist unbefriedigend.[112] Wirken sich enteignungsähnliche Massnahmen gleich aus wie Enteignungen im engeren Sinn, sollen sie nur unter den gleichen Voraussetzungen, d.h. insbesondere nur gegen angemessene Entschädigung, zulässig sein.[113] Denn was für materielle Enteignungen recht ist, sollte auch bei enteignungsähnlichen Massnahmen billig sein. Der „Sanktionscharakter" der Bestimmungen vermag die einschneidenden Rechtsfolgen nicht zu rechtfertigen.

Mit dem abschliessenden Entscheid des Kassationsgerichts war denn auch das letzte Wort in dieser Angelegenheit noch nicht gesprochen. Beyeler zog den Fall weiter an den Europäischen Gerichtshof für Menschenrechte in Strassburg, der zu einem anderen Ergebnis kommen sollte.[114]

5. Fazit

Das staatliche Vorkaufsrecht für Kulturgüter wirkt sich enteignungsähnlich aus. Es beruht auf gesetzlicher Grundlage. Es kann im öffentlichen Interesse aus-

---

[111] C. cost. (14.6.) 20.6.1995, n. 269, Giurisprudenza costituzionale 1995 I 1918ff., 1929 = Foro it. 1996 I 807ff., 811. In einem vergleichbaren Fall – Cons. Stato, Sez. VI, 23.3.1982, n. 129, Foro it. 1982 III 286ff., 290 *(Soc. Tradizione Romana e Sforza Ruspoli c. Min. pubblica istruzione, Min. beni culturali)* – scheiterte die Ausübung des Vorkaufsrechts an der für die Sanktion erforderlichen Begründung.

[112] Kritisch zum Entscheid Cons. Stato 30.1.1991 *Anselmo* 2358, die für die Verjährung des Vorkaufsrechts (innert 10 Jahren seit der unvollständigen Anzeige) plädiert. So könne die Eigentumsgarantie und der Anspruch auf angemessene Entschädigung gewahrt werden, ohne das öffentliche Interesse am Schutz des künstlerischen Erbes preiszugeben.

[113] Betreffend die unzulässige Festsetzung der Enteignungsentschädigung für Immobilien im Jahr 1957 zum (infolge Inflation ca. tausendmal geringeren) Marktwert von 1943 vgl. C. cost. (22.12.) 29.12.1959, n. 67, Racc. Uff. 283ff., 291–292. Gemäss C. cost. (5.4.) 9.4.1965, n. 22, Racc. Uff. 191ff., 220 darf die Höhe der Enteignungsentschädigung nicht von Zufällen wie der Inflation abhängen, da andernfalls die Wertgarantie von Art. 42 Abs. 3 Cost. nicht gewährleistet ist. Zur Verfassungswidrigkeit der Festsetzung von Pachtzinsen unter Missachtung der Inflation C. cost. (14.7.) 27.7.1972, n. 155, Racc. Uff. 469ff., 479–482.

[114] Vgl. dazu hinten § 8 D.

geübt werden gegen volle Schadloshaltung des Verkäufers. Unter diesen Umständen ist das Vorkaufsrecht verfassungsrechtlich nicht zu beanstanden.

Übt der Staat wegen Verletzung der Anzeigepflicht das Vorkaufsrecht mehr als zwei Monate nach dem Verkauf aus, sind die erfolgten Änderungen des Verkehrswerts zu berücksichtigen. Zu fordern ist, dass der Preis auch dann dem aktuellen Verkehrswert entspricht, mindestens aber dem Verkehrswert zum Zeitpunkt, in dem der Staat vom Verkauf Kenntnis erhält.

III. Erwerbsrecht

Wer ein Kulturgut aus Italien ausführen will, muss gemäss Art. 66 Abs. 1 Testo unico ein Gesuch um Ausfuhr an die zuständige Behörde stellen und darin den Marktwert des Gutes deklarieren. Die Behörde kann dem Ministerium und den Regionen vorschlagen, das Gut zwangsweise zu erwerben. Ministerium oder Region können die Sache laut Art. 68 Testo unico innert neunzig Tagen seit der Anzeige zum deklarierten Wert erwerben.

Wie das Vorkaufsrecht wirkt sich auch diese Massnahme enteignungsähnlich aus. Im Gegensatz zum Vorkaufsrecht trifft sie auch Eigentümer, die ihr Gut gar nicht verkaufen wollen; das Erwerbsrecht ist daher eine einschneidendere Massnahme als das Vorkaufsrecht.[115] Zu beachten ist, dass Art. 42 Abs. 3 Cost. wiederum formell nicht anwendbar ist.[116] Dennoch lassen sich Aussagen machen über die Vorausetzungen, unter denen das Erwerbsrecht ausgeübt wird:

1. Gesetzliche Grundlage

Art. 68 Testo unico bildet in formeller Hinsicht eine genügende gesetzliche Grundlage für das Erwerbsrecht.[117] Die gesetzliche Grundlage ist jedoch unbestimmt: Ob der Staat das Erwerbsrecht ausüben wird, ist für den Eigentümer, der ein Gesuch um Ausfuhrbewilligung stellt, in mehrerer Hinsicht ungewiss. Ungewiss ist oft, ob die Behörde die Sache überhaupt als Kulturgut einschätzen.[118]

---

[115] *Acquisto coattivo.* Cass. civ., Sez. I, 24. 3. 1982, n. 2042, Foro amm. 1983 I, 1, 610ff., 611 = Giustizia civile 1982, 2999ff., 3001 *(Min. beni culturali c. Sacerdoti)*; Cons. Stato, Sez. VI, 24. 1. 1989, ord.n. 22, Foro amm. 1989, 177ff., 182 *(Pagenstecher c. Provincia Autonoma Bolzano, Min. beni culturali ed ambientali)*; *Cortese* 338; *Loosli* 130.

[116] Vgl. Bemerkung vorne § 6 C II.

[117] Vgl. vorne § 6 B I 1. Art. 68 Testo unico entspricht ex-Art. 39 L. 1089/1939.

[118] Das Erwerbsrecht kann auch ohne vorgängige Notifikation ausgeübt werden, Consiglio di giustizia amministrativa per la Regione siciliana, 25. 3. 1987, n. 78, Foro amm. 1987 I 554ff., 555 *(Lanucara c. Assessorato regionale Beni culturali e ambientali e Pubblica istruzione, Sopraintendente ai beni artistici e storici di Palermo)*; Tribunale Amministrativo Regionale per il Lazio, Sez. II, 28. 9. 1987, n. 1516, Foro it. 1988 III 415ff., 420 *(Soc. Kirzam c. Min. per i beni culturali e ambientali)*; Tribunale Amministrativo Regionale Veneto, Sez. I, 1. 2. 1988,

Das Gesetz enthält keinerlei Kriterien für die Ausübung des Erwerbsrechts. Ob das Erwerbsrecht ausgeübt wird, liegt allein im Ermessen der Behörden; das Risiko lässt sich für den Eigentümer kaum abschätzen. Soweit ersichtlich, kann die Ausübung des Erwerbsrechts nicht mit Aussicht auf Erfolg angefochten werden. Eine solche Regelung ist mit dem Gebot einer bestimmten Gesetzgebung nicht zu vereinbaren.

2. Öffentliches Interesse

Als enteignungsähnliche Massnahme darf das Erwerbsrecht nur im öffentlichen Interesse ausgeübt werden. Das öffentliche Interesse am Erwerbsrecht ist nicht gesetzlich umschrieben. Wie beim Vorkaufsrecht besteht es wohl darin, Kulturgüter zu erhalten und zu konservieren und der Öffentlichkeit zugänglich zu machen.[119] Oft dürfte der Grund, das Erwerbsrecht auszuüben, darin bestehen, Kulturgüter in Italien zurückzuhalten und die staatlichen Sammlungen zu günstigen Preisen zu vergrössern. Übt der Staat das Erwerbsrecht aus, müssen die Behörden keine Richtlinien beachten, und im Gegensatz zum Vorkaufsrecht kann das Erwerbsrecht auch ohne vorgängige Deklaration des Interesses ausgeübt werden.[120]

Ursprünglich war die Ausfuhr von Kulturgut nach Massgabe seines Werts progressiv besteuert worden.[121] Das Erwerbsrecht war eine einschneidende und wirkungsvolle Sanktion gegen zu tiefe Deklarationen des Werts,[122] denn es war nicht möglich, nachträglich auf die Ausfuhr zu verzichten, um die Ausübung des Erwerbsrechts zu verhindern.[123] Mit der Revision der Ausfuhrbestimmungen und der Aufhebung dieser Abgabe[124] hat das Erwerbsrecht seinen Charakter als

---

n. 47, Foro amm. 1989, 1086 *(Mac Lean Bather c. Min. beni culturali e ambientali)*; *Loosli* 130. Vgl. vorne § 6 B I.

[119] Vgl. Cons. Stato, Sez. IV, 28.9.1967, n. 397, Giustizia civile 1968 II 91ff., 92 *(Serra di Cassano c. Min. pubblica istruzione)*.

[120] Vgl. Art. 68 mit Art. 66 Abs. 5 Testo unico sowie ex-Art. 39 mit ex-Art. 35 Abs. 2 L. 1089/1939. Gemäss Tribunale Amministrativo Regionale per il Lazio, Sez. II, 28.9.1987, n. 1516, Foro it. 1988 III 415ff., 419, 420 *(Soc. Kirzam c. Min. per i beni culturali e ambientali)* sind die Richtlinien für die Verweigerung von Ausfuhrgesuchen nicht zu berücksichtigen bei der Ausübung des Erwerbsrechts, hingegen spiele auch der deklarierte Preis eine Rolle. Betreffend die nicht vorausgesetzte Notifikation vgl. vorne Fn. 118.

[121] Ex-Art. 37 L. 1089/1939; *Loosli* 129.

[122] *Cortese* 339.

[123] Tribunale Amministrativo Regionale per il Lazio, Sez. II, 28.9.1987, n. 1516, Foro it. 1988 III 415ff., 418f. *(Soc. Kirzam c. Min. per i beni culturali e ambientali)*. Vgl. *Loosli* 130f.

[124] Italien war aufgrund dieser Steuer, einer Abgabe mit gleicher Wirkung wie ein Ausfuhrzoll, wegen unzulässiger Beschränkung des freien Warenverkehrs verurteilt worden; EuGH 10.12.1968, Rs. 7/68, Slg. 1968, 633ff., 643–645 *(Kommission der Europäischen Gemeinschaften c. Italienische Republik)*.

zollrechtliche Sanktion verloren; es besteht kein öffentliches Interesse mehr an einer Sanktion gegen die Hinterziehung von Ausfuhrsteuern.

Erworben wurden Grabstelen von Antonio Canova für das Grabmal der Grafen Mellerio in Gernetto di Brianza, die nicht notifiziert waren, aber nach Ansicht der Behörden höchste Qualität aufweisen und aus einer Periode höchster Schaffenskraft des Künstlers stammen.[125]

Das Erwerbsrecht wird auch ausgeübt für Kulturgüter, die keinen engeren Bezug zu Italien aufweisen, so für ein Bild mit zweifelhaftem künstlerischem Wert, das angeblich von Picasso stammt und das zum Preis von 15 Millionen Lire erworben wurde, während der deklarierte Wert nur 10 Millionen Lire betrug. In diesem Fall war das öffentliche Interesse am Erwerb kaum gegeben.[126]

3. Entschädigung

Laut Art. 68 Abs. 2 Testo unico wird das Erwerbsrecht zum deklarierten Wert ausgeübt; Ausnahmen sind keine vorgesehen. Diese Regelung galt bereits nach ex-Art. 39 L. 1089/1939 in allen Fällen, in denen beim Export eine progressive Steuer geschuldet war. Irrtümer bei der Deklaration haben verheerende Folgen. Der Staat kann Kulturgüter unter ihrem Wert erwerben, ohne dass der Eigentümer im Verfahren seinen Irrtum geltend machen kann.

Bei Verbringungen in die Europäische Gemeinschaft, für welche seit 1972 keine Exportsteuer mehr geschuldet war, galt eine mildere Regelung: Der Erwerbspreis wurde gemäss ex-Art. 39 Abs. 2–3 L. 1089/1939 vom Ministerium vorgeschlagen oder durch eine Kommission festgesetzt. Das Erwerbsrecht wurde in diesen Fällen in der Regel nicht mehr zum deklarierten Preis ausgeübt. Der Eigentümer konnte den Zwangserwerb abwenden, indem er das Ausfuhrgesuch zurückzog.[127] Das heutige Recht bedeutet demgegenüber eine Verschärfung.

---

[125] Consiglio di giustizia amministrativa per la Regione siciliana, 25. 3. 1987, n. 78, Foro amm. 1987 I 554ff., 555 *(Lanucara c. Assessorato regionale Beni culturali e ambientali e Pubblica istruzione, Sopraintendente ai beni artistici e storici di Palermo)*. Die zum Grabmal gehörenden Giebelchen *(frontoncini)*, für die kein Ausfuhrgesuch gestellt worden war, konnten nicht auf dem gleichen Weg erworben werden, sondern hätten enteignet werden müssen, um das Werk in seiner Gesamtheit zu erhalten, Foro amm. 1987 I 558.

[126] Cass. civ., Sez. I, 24. 3. 1982, n. 2042, Foro amm. 1983 I, 1, 610ff., 613 = Giustizia civile 1982, 299ff., 3002f. *(Min. beni culturali c. Sacerdoti)*. Hintergründe und Kritik (auch an der Gesetzgebung) bei *Bonamore* 614, 615.

[127] Ex-Art. 39 Abs. 3 L. 1089/1939; Cons. Stato, Adunanza plenaria, 23. 9. 1991, n. 7, Foro amm. 1991 I 2242 = Foro it. 1992 III 1 *(Pagenstecher c. Provincia di Bolzano, Min. beni culturali)*. Die Praxis hatte in dieser Frage längere Zeit geschwankt: Gemäss Cass. civ., Sez. I, 24. 3. 1982, n. 2042, Foro amm. 1983 I, 1, 610ff. = Giustizia civile 1982, 2999 ff. *(Min. beni culturali c. Sacerdoti)* war der Eigentümer auch in diesen Fällen an den deklarierten Wert gebunden, falls der Staat ein Angebot in mindestens gleicher Höhe unterbreitete. Keine Bindung an den deklarierten Wert bestand gemäss Consiglio di giustizia amministrativa per la Regione

Das Erwerbsrecht ist eine enteignungsähnliche Massnahme, keine eigentliche Enteignung. Art. 42 Abs. 3 Cost. ist formell nicht anwendbar.[128] Dennoch ist es stossend, dass der Staat Kulturgüter unter dem Verkehrswert erwerben kann, wenn der Wert irrtümlich zu tief deklariert worden ist. Mit der Eigentumsgarantie und dem Gleichheitsgrundsatz ist dies – zumindest bei erheblicher Wertdifferenz – nicht zu vereinbaren.

4. Fazit

Das Erwerbsrecht ist ein schwerer Eingriff in die Eigentumsrechte. Die gesetzliche Grundlage ist unbestimmt in Bezug auf die Voraussetzungen, unter denen das Erwerbsrecht ausgeübt werden kann, und das verfolgte öffentliche Interesse. Das ursprüngliche Interesse an einer Sanktion für Falschdeklarationen ist weggefallen. Eine angemessene Entschädigung des Eigentümers ist nicht garantiert. Mit der Eigentumsgarantie ist die Massnahme kaum zu vereinbaren. Das Erwerbsrecht hätte bei Erlass des Testo unico abgeschafft werden müssen.

Auf das Erwerbsrecht ist im Zusammenhang mit der Praxis des EGMR zurückzukommen.[129]

IV. Rückgabepflichten gemäss UNESCO-Konvention 1970

Italien ist der UNESCO-Konvention 1970 beigetreten.[130] Vertragsstaaten sind laut Art. 7b (ii) UNESCO-Konvention 1970 verpflichtet, geeignete Massnahmen zur Wiedererlangung und Rückgabe von inventarisiertem Kulturgut zu treffen, das aus einem Museum oder einem öffentlichen weltlichen oder religiösen Bauwerk oder einer ähnlichen Einrichtung in einem anderen Vertragsstaat gestohlen und in ihren Staat eingeführt wurde, sofern der ersuchende Staat einem allfälligen gutgläubigen Erwerber eine angemessene Entschädigung zahlt. Bislang ist nicht entschieden, ob und gegebenenfalls wie Italien diese internationale Rückgabeverpflichtung erfüllen kann.

---

siciliana, 25.3.1987, n. 78, Foro amm. 1987 I 554ff., 556f. *(Lanucara c. Assessorato regionale Beni culturali e ambientali e Pubblica istruzione, Sopraintendente ai beni artistici e storici di Palermo)*. Zusammenstellung der Praxis in Cons. Stato, Sez. VI, 24.1.1989, ord. n. 22, Foro amm. 1989, 177ff. *(Pagenstecher c. Provincia Autonoma Bolzano, Min. beni culturali ed ambientali)*. Laut Cons. Stato, Sez. VI, 30.10.1993, n. 787, Foro it. 1994 III 329ff. *(Pastega e altro c. Min. beni culturali e ambientali)* diente der deklarierte Wert nur der Orientierung der Behörden; *Cortese* 341.

128 Cons. Stato, Sez. IV, 28.9.1967, n. 397, Giustizia civile 1968 II 91 ff., 92 *(Serra di Cassano c. Min. pubblica istruzione)* (zu Art. 39 L. 1089/1939); *Sandulli* 480.

129 Hinten § 8 B I.

130 *Weber* 397.

1. Praxis: De Contessini

Die Frage wurde zum erstenmal geprüft im Verfahren um Rückforderung von Tapisserien mit der Darstellung von Szenen aus der Odyssee, die zum unveräusserlichen und unverjährbaren Staatseigentum Frankreichs gehören.[131] Die Tapisserien waren nach Italien geschmuggelt und dort vor 1977 von Livio De Contessini (offenbar) gutgläubig erworben und weiterverkauft worden. Wer in Italien eine bewegliche Sache in gutem Glauben – der zu vermuten ist[132] – erwirbt, wird laut Art. 1153 Cod. Civ. vorbehaltlos deren Eigentümer. Die italienische Gesetzgebung hat zu Art. 7b (ii) UNESCO-Konvention 1970 keine Ausführungsbestimmungen erlassen, die abweichende Regelungen enthalten. Es fragte sich, ob die Rückgabe der Tapisserien zulasten von Livio De Contessini und seinem Kunden unter diesen Umständen durchgesetzt werden konnte.

Das angerufene Gericht hielt fest, die UNESCO-Konvention 1970 enthalte keine Bestimmung, welche nach internem Recht die Unveräusserlichkeit von Kulturgütern fremder Staaten bewirke. Italien verfüge über keine Normen, die einen gutgläubigen Erwerber gegen angemessene Entschädigung zur Rückgabe von Kulturgut verpflichte, das gemäss Konvention zurückgegeben werden müsste. Der gute Glaube sei beim Erwerb *a non domino* uneingeschränkt wirksam.[133] Die Klage Frankreichs auf Rückgabe der Tapisserien wurde abgewiesen. Dieser Entscheid wurde vom Kassationsgericht im Ergebnis bestätigt, unter Hinweis darauf, dass die UNESCO-Konvention 1970 in diesem Fall ohnehin nicht anwendbar gewesen wäre, da zum Zeitpunkt des Erwerbs der Tapisserien in Italien, d. h. 1977, Frankreich die Konvention noch nicht ratifiziert hatte und sie in Italien noch nicht in Kraft getreten war.[134]

In der Tat ist die direkte Anwendung von Art. 7b (ii) UNESCO-Konvention 1970 mit Schwierigkeiten verbunden. Die Norm geht Art. 1153 Cod. Civ nicht vor. Zudem sind die Modalitäten einer Rückgabe nicht geregelt.[135]

---

131 Tribunale di Roma, 27. 6. 1987, Rivista di diritto internazionale 71 (1988) 920 *(Stato francese c. Ministero per i beni culturali e ambientali e De Contessini, interv. Pilone)*; Cass., Sez. I, 24. 11. 1995, n. 12166, Foro it. 1996 I 907ff. Zum Sachverhalt vgl. *Siehr*, Kulturgüter als res extra commercium 708 und *Weber* 367f.

132 Art. 1147 Abs. 3 Cod. Civ.

133 Tribunale di Roma, 27. 6. 1987, Rivista di diritto internazionale 71 (1988) 920ff., 922 *(Stato francese c. Ministero per i beni culturali e ambientali e De Contessini, interv. Pilone)*; ebenso Cass., Sez. I, 24. 11. 1995, n. 12166, Foro it. 1996 I 907ff., 913.

134 Cass., Sez. I, 24. 11. 1995, n. 12166, Foro it. 1996 I 907ff., 910–911; *Lo Monaco* 844.

135 *Lo Monaco* 849–851.

2. Art. 13 UNESCO-Konvention 1970 als Ausweg?

Zu prüfen ist, ob Art. 13c und d UNESCO-Konvention 1970 als Grundlage für eine Rückgabeverpflichtung von gutgläubigen Erwerbern herangezogen werden könnte. Dies wäre denkbar, wenn diese Bestimmungen, direkt angewendet, Art. 1153 Cod. Civ. vorgehen würden.[136]

Gemäss Art. 13 UNESCO-Konvention 1970 übernehmen die Vertragsstaaten im Rahmen ihrer innerstaatlichen Rechtsordnungen u. a. die Verpflichtungen, Verfahren zur Wiedererlangung verlorengegangenen oder gestohlenen Kulturguts zuzulassen und die Wiedererlangung von ausgeführten *res extra commercium* zu erleichtern. Diese Bestimmungen sind jedoch nach ihrem Wortlaut nicht direkt anwendbar. Sie taugen nicht als gesetzliche Grundlage für Enteignungen Privater.

3. Enteignung zwecks Rückgabe

Könnte der italienische Staat seine Rückgabeverpflichtung gemäss Art. 7b (ii) UNESCO-Konvention 1970 erfüllen, indem er das zurückzugebende Objekt enteignet?[137]

Laut Art. 91 Abs. 1 Testo unico können Kulturgüter enteignet werden, wenn dies zur Verbesserung ihres Schutzes zur öffentlichen Nutzung als notwendig erscheint. Ob diese Voraussetzungen in Bezug auf einen zurückzugebenden Kunstgegenstand oder ein archäologisches Fundstück vorliegen, müsste m. E. im Einzelfall geprüft werden. Bei Gütern, die aus einem Museum gestohlen worden sind, ist denkbar, dass ihre Erhaltung und das Interesse der Öffentlichkeit am Zugang eine Enteignung rechtfertigt. Der Eigentümer ist in diesem Fall zum Marktwert der Sache zu entschädigen.[138] Er muss sich nicht mit einer Entschädigung unter dem Verkehrswert zufriedengeben, falls die Vertragsstaaten untereinander eine solche als „angemessene" i. S. v. Art. 7b (ii) UNESCO-Konvention 1970 vereinbaren sollten.

Ein weiteres Problem gilt es zu beachten: Enteignete Kulturgüter zählen zum *patrimonio indisponibile* des Staates. Staatliche Kulturgüter können nur unter den Voraussetzungen von Art. 55 Testo unico veräussert werden, d. h. mit Bewilligung des Ministeriums, und nur dann, wenn sie für öffentliche Sammlungen nicht von Interesse sind, ihre Erhaltung nicht gefährdet ist und die Nutzung durch die Öffentlichkeit nicht geschmälert wird.[139] Eine Rückgabe von (zuvor

---

[136] So *Lo Monaco* 848, 852.

[137] So *Lo Monaco* 853–854; Bernhard *Walter* 52, 187 f., 189, der eine solche Lösung aus verfassungsmässigen Gründen aber offenbar nur in Ausnahmefällen in Betracht ziehen möchte.

[138] Art. 95 Abs. 1 Testo unico.

[139] *Lo Monaco* 854.

enteignetem) Staatseigentum an den ersuchenden Staat ist im Einzelfall unter diesen Gesichtspunkten zu prüfen. Grundsätzlich scheint sie vertretbar: Die Einhaltung der Verpflichtungen aus Art. 7b (ii) UNESCO-Konvention 1970 ist eine Voraussetzung dafür, dass andere Vertragsstaaten Gegenrecht halten und ihrerseits für die Rückgabe von Kulturgütern nach Italien besorgt sind. Die Rückgabe von staatlichem Kulturgut („Veräusserung" i. S. v. Art. 55 Testo unico) läge demnach im Interesse des italienischen Kulturerbes.[140]

Für die Zulässigkeit von Enteignungen zwecks Rückgabe von Kulturgut spricht auch die Bestimmung von Art. 20 Testo unico, wonach sich Massnahmen des staatlichen Kulturgüterschutzes nach den Prinzipien der zwischenstaatlichen Kooperation richten.

4. Fazit

Das Prinzip des gutgläubigen Erwerbs *a non domino* ist in Italien ein Hindernis bei der Anwendung der Art. 7b (ii), 13c und d UNESCO-Konvention 1970, solange die Konvention im nationalen Recht nicht umgesetzt wird. Weder Art. 7b (ii) noch Art. 13 UNESCO-Konvention 1970 sind direkt anwendbar *(self executing)*.

Eine Möglichkeit, die staatliche Rückgabeverpflichtung gemäss Art. 7b (ii) zu erfüllen, wenn das zurückzugebende Kulturgut gutgläubig von privater Hand erworben wurde, liegt in der Enteignung des Eigentümers gegen volle Entschädigung gemäss Art. 91 ff. Testo unico, der Überführung der Sache ins Staatseigentum und der anschliessenden Übergabe an den ersuchenden Vertragsstaat. Die Voraussetzungen hierfür müssen im Einzelfall gegeben sein.

Zwei andere Wege würden zu einer erleichterten internationalen Rückgabe führen: Würde die Rechtsprechung die Anforderungen an den guten Glauben von Kunstsammlern erhöhen, wäre in einigen Fällen der Eigentumserwerb ausgeschlossen und eine Rückgabe ohne Eingriff in Eigentumsrechte möglich.[141] In anderen Fällen dürfte die Anwendung der Unidroit-Konvention 1995[142] oder – wenn das Kulturgut unrechtmässig aus dem Hoheitsgebiet eines Mitgliedstaates der EU verbracht worden ist – die RL 93/7/EWG[143] zum Ziel führen.

---

[140] *Lo Monaco* 854.

[141] *Lo Monaco* 851 f.

[142] Vgl. Legge 7 giugno 1999, n. 213, Ratifica ed esecuzione dell'Atto finale della Conferenza diplomatica per l'adozione del progetto di Convenzione dell'UNIDROIT sul ritorno internazionale dei beni culturali rubati o illecitamente esportati, con annesso, fatto a Roma il 24 giugno 1995.

[143] Umgesetzt in Art. 73 Testo unico. Vgl. hinten § 9 C I.

D. Zusammenfassung

I. Ausfuhrbeschränkung

Das Verbot der Ausfuhr von Kulturgütern aus Italien beruht auf einer formell genügenden und genügend bestimmten gesetzlichen Grundlage. Es ist nur anwendbar auf Güter, die im Inland belegen sind. Grundsätzlich lässt sich das Ausfuhrverbot mit der sozialen Funktion gewisser – auch privater – Kulturgüter rechtfertigen. Die Praxis der italienischen Behörden, auch die Ausfuhr von Kulturgütern zu verhindern, welche keinen nennenswerten Bezug zu Italien aufweisen, entspringt einer unvernünftigen Auslegung des Gesetzes und ist mit der Eigentumsgarantie nicht vereinbar. Es besteht kein gesetzlicher oder verfassungsmässiger Entschädigungsanspruch für die Werteinbusse der Kulturgüter, welche dem Ausfuhrverbot unterliegen.

II. Staatlicher Erwerb von Kulturgütern

Der Staat kann Kulturgüter zwangsweise durch Enteignung oder mittels Ausübung des Vorkaufs- oder Erwerbsrechts erwerben. Diese Massnahmen beruhen auf gesetzlicher Grundlage. Sie sind mit der Eigentumsgarantie nur vereinbar, wenn sie im Einzelfall einem anerkannten öffentlichen Interesse dienen, insbesondere der materiellen Erhaltung des Objekts. Es widerspricht der Eigentumsgarantie, wenn die Eigentümer nicht zum Verkehrswert der Objekte entschädigt werden. In Einzelfällen können die heutigen gesetzlichen Grundlagen zu ungenügenden Entschädigungen führen.

III. Internationale Rückgaben

Italien hat die UNESCO-Konvention 1970 wie auch die Unidroit-Konvention 1995 ratifiziert. Die UNESCO-Konvention 1970 wurde indessen nicht durch ein Ausführungsgesetz umgesetzt. Die Rückgabeverpflichtung gemäss dieser Konvention lässt sich daher gegenüber einem gutgläubigen Erwerber nur mittels Enteignung durchsetzen, was mit erheblichen rechtlichen Schwierigkeiten verbunden ist. Dabei werden die Rechte des Eigentümers gewahrt. Die Unidroit-Konvention 1995 modifiziert die eigentümerfreundlichen Erwerbsregeln des italienischen Privatrechts. Sie bietet jedoch keinen Anlass für verfassungsmässige Bedenken.

§ 7 Vereinigtes Königreich

A. Parlamentssouveränität, EMRK und Eigentumsschutz

Die Untersuchung von Handelsbeschränkungen für Kulturgüter im Lichte der Eigentumsgarantie lässt sich für das Vereinigte Königreich nicht gleich wie für die kontinentalen Länder durchführen. Das Vereinigte Königreich kennt keine formelle Verfassung und keinen eigenen kodifizierten Grundrechtskatalog, sondern eine ungeschriebene Verfassung.[1] Für die Untersuchung von Grundrechten im britischen Verfassungsrecht sind zwei Verfassungsprinzipien zentral: die Grundsätze der Parlamentssouveränität und der *rule of law*.

Nach dem traditionellem Verständnis der Parlamentssouveränität ist das Parlament in allen Belangen kompetent und kontrolliert die gesamte Exekutive.[2] Die Parlamentssouveränität ist nur insoweit begrenzt, als EU-Recht auch im Vereinigten Königreich nationalen Gesetzen vorgeht.[3]

Die *rule of law* („Vorherrschaft des Rechts") ist ein Verfassungsprinzip mit verschiedenen Teilgehalten: es umfasst das Gesetzmässigkeitsprinzip, das Prinzip der Gleichheit vor dem Gesetz sowie das Prinzip, dass sich das Verfassungsrecht als Recht des Einzelnen aus Gerichtsurteilen herleitet. Die Verfassung ist in diesem Sinn keine Quelle, sondern ein Ergebnis.[4]

Im Vereinigten Königreich hat der gerichtliche Schutz von Grundrechten und -freiheiten einen geringeren Stellenwert als in Kontinentaleuropa. Demgegenüber herrscht die Ansicht vor, das Individuum geniesse grundsätzlich alle Freiheiten, soweit ihm keine bestimmten rechtlichen Beschränkungen auferlegt seien.[5] Die Eigentumsgarantie ist weder in der Praxis noch in der Literatur ein Thema. Dies erklärt sich dadurch, dass sie als so selbstverständlich vorausgesetzt wird, dass jegliche Ausführungen dazu als überflüssig erscheinen. Das Recht auf Eigentum ist seit einem viel zitierten Entscheid aus dem 18. Jahrhundert an-

---

1 *De Smith/Brazier* 14; *Riedel* 130; *Rivers* 127.

2 *Baum* 282; *De Smith/Brazier* 14; *Craig* 4; *Riedel* 131–132; *Sieckmann* 83, 85. Kritik am traditionellen Verständnis der Parlamentssouveränität übt *Hunt* 89ff.

3 *R. v. Secretary of State for Transport, ex parte Factorame Ltd. (No. 2),* [1991] 1 A. C. 603; *Craig* 297–301, 538; *De Smith/Brazier* 67, 113.

4 Grundlegend *Entick v. Carrington,* [1765] 19 State Trials 1029 (Camden CJ), zitiert nach *Bailey/Harris/Jones* 44ff. Vgl. *Baum* 283; *Craig* 25ff.; *De Smith/Brazier* 17f.; *Riedel* 132; *Rivers* 128.

5 *Baum* 284; *De Smith/Brazier* 388; *Riedel* 131; *Wadham/Mountfield* 4.

erkannt.[6] Streng genommen beschränkt sich das verfassungsmässige Recht auf die Regel, dass Enteignungen nur aufgrund eines Parlamentsbeschlusses zulässig sind.[7] Eine eigentliche Bestandesgarantie ist dem britischen Recht fremd.[8] Die gesetzliche Regulierung des Eigentums, auch ohne Entschädigung, ist grundsätzlich möglich.[9] Ein Recht auf Zugang zum Eigentum ist nicht anerkannt.[10]

Die Behörden könnten in vielen Fällen in Eigentumsrechte Privater eingreifen, ohne dass diese sich dagegen wehren könnten. Eingriffe ohne Ausgleich kommen in der Praxis aber nicht vor.[11] Es gehört zu den politischen Regeln im Vereinigten Königreich, individuelle Freiheiten zu respektieren. Die fehlenden Rechtsmittel wirken sich im Ergebnis nicht zu Lasten der Privaten aus.[12]

Eine wesentliche Neuerung im Recht des Vereinigten Königreichs bedeutet die Inkorporierung der EMRK durch den *Human Rights Act 1998,* welche das Konventionsrecht – inklusive der Eigentumsgarantie gemäss Art. 1 ZP EMRK[13] – unmittelbar anwendbar macht.[14] Der *Human Rights Act 1998* tastet den Grundsatz der Parlamentssouveränität nicht an. Parlamentsgesetze müssen auch dann angewendet werden, wenn sie Konventionsrecht verletzen. Auszulegen sind sie jedoch so weit als möglich im Einklang mit der EMRK.[15] Administrativbehörden und Gerichte haben die Konventionsrechte zu wahren[16] und die Praxis der

---

[6] *Entick v. Carrington* (vorne Fn. 4) betreffend den Anspruch gegen Eigentumsstörungen (dieser von John Locke beeinflusste Entscheid wirkte sich auf Art. 17 der Déclaration des Droits de l'Homme et du Citoyen von 1791 aus); *Attorney-General v. De Keyser's Royal Hotel,* [1920] A.C. 508, 542, H. L. = [1920] All E.R. Rep. 80; *Lester/Pannick* 247; *Riedel* 133. Auch in der neueren Literatur finden sich kaum Erwägungen zum Eigentumsschutz, vgl. beispielsweise *Whitty/Murphy/Livingstone* 298 ff.

[7] *Burmah Oil Company Ltd. v. Lord Advocate,* [1965] A. C. 75, H. L. Entschädigungsansprüche müssen im Gesetz enthalten sein; *Sisters of Charity of Rockingham v. The King,* [1922] 2 A.C. 315, 322, P.C.; *Allen* 524, 540.

[8] *Sieckmann* 83.

[9] *Hoveringham Gravels Ltd. v. Secretary of State for the Environment,* [1975] 1 Q.B. 754, C. A. betreffend die entschädigungslose Verweigerung der Bewilligung zum Abbau von Sand und Kies im Gebiet einer eingetragenen keltischen Fundstätte von nationaler Bedeutung; *Street/Wortley* 137–138; *Sieckmann* 113, 136.

[10] *Riedel* 136.

[11] *Burmah Oil Company Ltd. v. Lord Advocate,* [1965] A. C. 75, 101–102 (Lord Reid); *Sieckmann* 139.

[12] *De Smith/Brazier* 16–17.

[13] Human Rights Act 1998, sect. 1 (1) (b).

[14] *Baum* 294. Das Vereinigte Königreich hat die EMRK 1951 und das Zusatzprotokoll 1952 ratifiziert. Der Human Rights Act 1998 trat am 2. Oktober 2000 in Kraft.

[15] Human Rights Act 1998, sect. 3; *Baum* 295, 302; *Rivers* 130, 132; *Sieckmann* 70; *Wadham/Mountfield* 27.

[16] Human Rights Act 1998, sect. 6 (1): „It is unlawful for a public authority to act in a way

Strassburger Behörden mitzuberücksichtigen.[17] Die Unvereinbarkeit von Parlamentsgesetzen mit der EMRK ist gerichtlich feststellbar *(declaration of incompatibility)*. Eine entsprechende Feststellung hat zwar keine Rechtswirkungen, dürfte aber politische Konsequenzen haben.[18]

Als Verwaltungsbeschwerde steht das Rechtsmittel der *Application for Judicial Review* zur Verfügung.[19] Mit diesem Rechtsmittel können Erlasse *(orders, regulations)*, Entscheide und Anordnungen der Exekutive vom *High Court* gerichtlich überprüft werden. Erlasse werden üblicherweise im Zusammenhang mit einer konkreten, sich auf den Erlass stützenden Verfügung angefochten *(collateral attack)*.[20] Die *Application for Judicial Review* gründet auf der *rule of law*. Das Rechtsmittel schützt das Gesetzgebungsmonopol des Parlaments und hat die Funktion einer Verfassungsbeschwerde.[21] Das Gericht überprüft, ob der angefochtene Erlass oder die Verfügung nicht ohne Befugnis ergangen *(ultra vires)*, nicht unvernünftig *(Wednesbury unreasonableness)* und in einem korrekten Verfahren ergangen sei *(procedural impropriety)*. Es handelt sich dabei um eine Missbrauchskontrolle; die Angemessenheit von Erlassen und Entscheiden wird grundsätzlich nicht überprüft.[22] Neuerdings wird auch die Einhaltung der EMRK überprüft; die Gerichte haben somit auch eine Verhältnismässigkeitsprüfung vorzunehmen, wenn dies nach dem Recht der EMRK geboten ist.[23]

B. Exportkontrolle

Im Recht des Vereinigten Königreichs gibt es lediglich eine einzige Handelsbeschränkung für Kulturgüter, welche für die vorliegende Untersuchung interessant ist: Gemäss *Export of Goods (Control) Order 1992* dürfen gewisse Kulturgüter nur mit einer Lizenz aus dem Vereinigten Königreich ausgeführt werden. Andere Kulturgüter unterliegen nur den Ausfuhrbeschränkungen anderer euro-

---

which is incompatible with a Convention Right." Zum Begriff *public authority* vgl. Human Rights Act 1998, sect. 6 (3) und *Baum* 299.

17 Human Rights Act 1998, sect. 2 (1); *Craig* 553.

18 Zur *declaration of incompatibility* vgl. Human Rights Act 1998, sect. 4; *Grote* 341 f.; *Wadham/Mountfield* 47 ff. Zur Freiheit des Parlaments vgl. Human Rights Act 1998, sect. 6 (3) und (4); *Grote* 339 f.; *Marshall* 15–17.

19 *Baum* 290.

20 *De Smith/Brazier* 351.

21 *Craig* 7, 508; *De Smith/Brazier* 518; *Sieckmann* 116.

22 *Baum* 290; *Craig* 6–7, 363 f.; *De Smith/Brazier* 517; *Sieckmann* 119. Vgl. die Ausführungen von Lord Diplock in *Council of Civil Service Unions v. Minister for the Civil Service*, [1985] 1 A.C. 374, 407 ff., 410 f.

23 *Baum* 300; *Whitty/Murphy/Livingstone* 27–29.

päischer Staaten,[24] wieder andere können frei ausgeführt werden.[25] Im Übrigen ist der Verkehr mit Kulturgütern keinen staatlichen Beschränkungen unterworfen.[26]

Vorliegend ist nur das Verfahren gemäss *Export of Goods (Control) Order 1992* von Interesse. Es bezweckt, dass gewisse nationale Kulturgüter *(treasures)* im Vereinigten Königreich bleiben. Nationale Kulturinstitutionen sollen Gelegenheit erhalten, wichtige Güter zum Marktpreis zu erwerben und die notwendigen Mittel dafür zu beschaffen.[27] Das Verfahren verläuft im Einzelnen wie folgt:

Ist das Objekt innerhalb der letzten 50 Jahre ins Vereinigte Königreich eingeführt worden, wird die Lizenz in der Regel ohne weiteres erteilt.[28] Ansonsten werden Gesuche um Ausfuhr von Kulturgütern einem *expert adviser* unterbreitet, der beurteilt, ob es sich um ein nationales Kulturgut handelt, dessen Abwanderung verhindert werden soll. Ist der Experte der Ansicht, die Ausfuhrgenehmigung sei zu verweigern, unterbreitet das Departement für Kultur, Medien und Sport den Fall dem *Reviewing Committee on the Export of Works of Art.*[29] Das *Reviewing Committee* beurteilt das Objekt gestützt auf die begründeten Anträge des Gesuchstellers und des Experten. Es gibt eine Empfehlung zu Handen des Ministeriums ab. In der Regel verweigert das zuständige Ministerium die Erteilung der Ausfuhrgenehmigung nur dann, wenn ein öffentliches Museum dem Gesuchsteller ein Kaufangebot zum Marktpreis *(fair market value)* unterbreitet und der Gesuchsteller dieses Angebot ausschlägt. Die Entscheidung wird während einer bestimmten Zeit, in der Regel für zwei bis sechs Monate, aufgeschoben, um die Sammlung von Mitteln für den Erwerb zu

---

[24] Vgl. EG-Verordnung 3911/92 und hinten § 9 C II. Ist für ein bestimmtes Objekt nur nach dem Recht eines Staates der Europäischen Union, nicht aber nach britischem Recht eine Ausfuhrgenehmigung erforderlich und gilt das Objekt nicht als unrechtmässig ausgeführt im Sinne der RL 93/7/EWG, wird die Lizenz ohne vertiefte Prüfung erteilt; *Polonsky/Canat* 565f.

[25] Vgl. die *Open General Export Licence (Antiques)* vom 3.9.1993 *(OGEL)*. – Die Kategorien von Kulturgütern, die mit und ohne Bewilligung exportiert werden dürfen, finden sich unter Berücksichtigung der europarechtlichen Bestimmungen bei *Department for Culture, Media and Sport* 18–31 zusammengefasst.

[26] *Weber* 170.

[27] *Committee on the Export of Works of Art* 24; *Department for Culture, Media and Sport* 2; *Maurice/Turnor* 35.

[28] *Polonsky/Canat* 566.

[29] *Committee on the Export of Works of Art.* 56–57; *Department for Culture, Media and Sport* 3–4; *Maurice/Turnor* 41 f. Dass sich Departemente von *Committees* beraten lassen, ohne dass dies eine formale rechtliche Grundlage hätte, ist im Vereinigten Königreich üblich; *De Smith/Brazier* 188.

ermöglichen.[30] Unter Umständen können auch Kaufangebote Privater berücksichtigt werden.[31]

Der Marktpreis wird vom *Reviewing Committee* festgelegt. Er entspricht bei Auktionsverkäufen dem Bietpreis plus Aufgeld *(buyer's premium)* und der Kommission, bei Privatverkäufen dem vereinbarten Kaufpreis zuzüglich einer allfälligen Kommission. In gewissen Fällen werden Aufwendungen entschädigt, die für die Erhaltung des Objekts notwendig sind. Liegt kein Marktpreis vor oder ist der Kaufpreis nach Ansicht des *expert advisers* überhöht, wird der Verkehrswert durch Schätzung bestimmt. Nicht entschädigt werden Lagergebühren, Versicherungsprämien und Kapitalzinskosten.[32]

Dieses Vorgehen stellt sicher, dass der Eigentümer, der eine Ausfuhrbewilligung beantragt, wegen der Ausfuhrkontrolle und Ausfuhrverweigerung keine finanzielle Einbusse befürchten muss. Es wird anerkannt, dass die Exportregelung den internationalen Handel mit Kulturgütern respektiert und die Interessen der Eigentümer nur minimal beeinträchtigt.[33] Es handelt sich nicht um ein eigentliches Vorkaufsrecht, denn der Eigentümer kann das Kaufangebot auch ablehnen.[34] Diese Art Exportkontrolle bewirkt keine Enteignung des Eigentümers. Sie ist wohl der mildeste mögliche Eingriff in das Eigentumsrecht, falls man die Massnahme überhaupt als Eingriff bezeichnen will. Immerhin ist auch im Vereinigten Königreich die Ausfuhr von Kulturgütern nicht völlig frei. Dies bietet im Hinblick auf das britische Recht Anlass für einige Bemerkungen aus verfassungsrechtlicher Sicht:

I. Export of Goods (Control) Order 1992

1. Rechtmässigkeit: intra vires

Der *Export of Goods (Control) Order 1992* stützt sich auf den *Import, Export and Customs Powers (Defence) Act 1939* in der Fassung von 1990. Gemäss dessen sect. 1 war das *Secretary of State for National Heritage*[35] ermächtigt, auf dem Verordnungsweg Vorschriften über den Import oder Export von Gütern zu

---

30 *Department for Culture, Media and Sport* 8–9, 12–13; *Maurice/Turnor* 42–43; *Polonsky/Canat* 566f.

31 *Department for Culture, Media and Sport* 12f. und *Maurice/Turnor* 49–51.

32 *Department for Culture, Media and Sport* 10–11; *Polonsky/Canat* 567; *Reviewing Committee*, Report 1987–88 3–4.

33 *Bator* 321; *Chong* 169; *Knott* 109; *Polonsky/Canat* 567f.

34 *Uhl* 90.

35 Ursprünglich des *Board of Trade*, später des *Secretary of State at the Departement of Trade and Industry*. Heute wäre das *Departement of Culture, Media and Sport* zuständig.

erlassen, die es für zweckmässig erachtete.[36] Der *Import, Export and Customs Powers (Defence) Act 1939* ist Kriegsrecht. Die Exekutive bekam mit diesem Erlass weitestgehende Kompetenzen für Handelsbeschränkungen, ohne die entsprechenden Verordnungsbestimmungen in irgend einer Form dem Parlament vorlegen zu müssen.[37] Gemäss *Import, Export and Customs Powers (Defence) Act 1939,* sect. 9 (3), hätte dieser Erlass bei Kriegsende aufgehoben werden sollen.[38] Das ist indessen nicht geschehen, vielmehr wurde – im Jahr 1990 – sect. 9 (3) aufgehoben. Das Gesetz stand daher 1992 noch in Kraft und gilt auch heute noch.[39]

Erlasse können im Verfahren der *Application for Judicial Review* als rechtswidrig aufgehoben werden, wenn die Exekutivbehörde die ihr delegierten Befugnisse überschritten hat *(ultra vires-Doktrin)*.[40] Das Gericht überprüft in diesem Zusammenhang Zweck *(purpose)* und Erheblichkeit *(relevancy)* der Normen wie auch das Verfahren, nicht aber den Inhalt *(merits)* der Normen.[41]

Die britischen Exportvorschriften für Kulturgüter (und andere Güter) stützen sich auf die Generalklausel eines Gesetzes, welches im Zweiten Weltkrieg Waffenhandel mit dem Feind unterbinden sollte. Die erwähnte Delegationsnorm im *Import, Export and Customs Powers (Defence) Act 1939* umschreibt weder Umfang und Grenzen noch Kriterien und Grundzüge der „zweckmässigen" Vorschriften. Der Kulturgüterschutz gehörte nicht zu den ursprünglichen Zielsetzungen des Gesetzes. Mit gutem Grund könnte man sich fragen, ob sich das Staatssekretariat beim Erlass des *Export of Goods (Control) Order 1992* innerhalb der delegierten Befugnisse bewegt hat. Im Zusammenhang mit Exportrestriktionen für Waffen und Dual-Use-Gütern nach Irak wurde die Frage nach der Gültigkeit des Erlasses dem Court of Appeal unterbreitet. Weite Ermächtigungsnormen gelten zwar als problematisch, falls sie der Exekutive Spielraum zur Einschränkung von Grundrechten lassen.[42] Die britischen Gerichte sind

---

[36] Import, Export and Customs Powers (Defence) Act 1939, sect. 1 (1): „The Board of Trade may by order make such provisions as the Board think expedient for prohibiting or regulating, in all cases or any specified classes of cases, and subject to such exceptions, if any, as may be made by or under the order, the importation into, or exportation from, the United Kingdom ... of all goods or goods of any specified description."

[37] *Polonsky/Canat* 563 Fn. 19; *Maurice/Turnor* 32.

[38] Import, Export and Customs Powers (Defence) Act 1939, sect. 9 (3) lautete wie folgt: „This Act shall continue in force until such date as His Majesty may by Order in Council declare to be the date on which the emergency that was the occasion of the passing of this Act came to an end, and shall then expire except as respects things previously done or omitted to be done."

[39] Import and Export Control Act 1990; *Polonsky/Canat* 564.

[40] *Craig* 5, 384; *Grote* 316f.

[41] *Craig* 363f., 384–385.

[42] *De Smith/Brazier* 341; *Hunt* 208–210.

jedoch zurückhaltend, Verordnungsrecht als *ultra vires* aufzuheben, wenn es sich auf eine unbestimmte Gesetzesdelegation stützt.[43] Der Court of Appeal bestätigte denn auch die Gültigkeit von *orders*, die sich auf die weite Ermächtigungsnorm des Gesetzes von 1939 stützen.[44]

An der Gültigkeit des *Import, Export and Customs Powers (Defence) Act 1939* ist aufgrund der Parlamentssouveränität nicht zu zweifeln. Erlasse des Parlaments sind für die Exekutive wie auch für die Gerichte bindend. Sie können allenfalls auf ihre Vereinbarkeit mit der EMRK überprüft,[45] aber von keiner gerichtlichen Instanz aufgehoben werden.

Zu Recht wird jedoch der Erlass eines neuen Parlamentsgesetzes gefordert als Grundlage für Ausfuhrbeschränkungen.[46]

2. Vernünftigkeit

Im Verfahren des *Judicial Review* können Erlasse von Exekutivbehörden hinsichtlich ihrer *reasonableness* oder *rationality* (Vernünftigkeit) überprüft werden.[47] Zwar setzt kein Gericht sein Ermessen an Stelle der Behörde.[48] Die Praxis tendiert jedoch dazu, im Verfahren des *Judicial Review* vermehrt auch die Verhältnismässigkeit von Erlassen zu prüfen,[49] insbesondere wenn sie in Grundrechte eingreifen.[50]

Die Exportregelung des Vereinigten Königreichs bezweckt, wichtige Kulturgüter im Lande zurückzubehalten. Sie wird als wirksam eingeschätzt und scheint unrechtmässige Exporte weitgehend zu verhindern.[51] Dass ein britisches Gericht die Exportregelung als unvernünftig bezeichnen würde, ist kaum anzunehmen.

---

43 Vgl. *Mc Eldowney v. Forde*, [1971] A. C. 632, H. L.; *Utah Construction and Engineering Pty. Ltd. v. Pataky*, [1966] A. C. 629; *Commissioners of Customs and Excise v. Cure and Deeley Ltd.*, [1962] 1 Q. B. 340 (Sachs J.); *De Smith/Brazier* 341, 353–354 (zur älteren Praxis).

44 Vgl. die Hinweise auf *R. v. Blackledge and Others*, C. A. 22. 5. 1995, unveröffentlicht, bei *Polonsky/Canat* 564 Fn. 22 sowie *Craig* 366.

45 Human Rights Act 1998, sect. 4.

46 *Polonsky/Canat* 564; *Maurice/Turnor* 49.

47 *Craig* 581.

48 *R. v. Ministry of Agriculture, Fisheries and Food, ex parte First City Trading*, [1997] 1 C.M.L.R. 250, 278.

49 Vgl. *R. v. Ministry of Agriculture, Fisheries and Food, ex parte First City Trading*, [1997] 1 C.M.L.R. 250, 279 (Laws J.); *Craig* 600; *Sieckmann* 120 f.

50 *Craig* 583.

51 *Knott* 109.

3. Vereinbarkeit mit der EMRK

Mittels *Judicial Review* können Erlasse der Exekutive neu auch auf ihre Vereinbarkeit mit der EMRK überprüft werden und gegebenenfalls als nichtig *(unlawful)* erklärt werden, falls dadurch das Ermächtigungsgesetz nicht in Frage gestellt wird.[52] Ob die Exportvorschriften den Anforderungen der EMRK für Eigentumseingriffe genügen, wird noch zu erörtern sein.[53]

4. Fazit

Grundlage der britischen Exportkontrolle ist der *Export of Goods (Control) Order 1992*. Der Erlass gilt als *intra vires*, obwohl er sich auf eine weite und problematische Delegationsnorm stützt. Er verfolgt einen anerkannten Zweck, er ist rechtmässig und nicht unvernünftig. Er liesse sich mit dem Rechtsmittel der *Application for Judicial Review* kaum mit Erfolg anfechten.

II. Praxis der Exekutive

1. Rechtmässigkeit: intra vires

Grundsätzlich alle[54] Anordnungen und Entscheide von Exekutivbehörden sind mittels *Application for Judicial Review* gerichtlich überprüfbar hinsichtlich ihrer *legality* (Rechtmässigkeit) und des *error of law*.[55] Sie werden aufgehoben, wenn sie *ultra vires* sind.[56]

Es sind, soweit ersichtlich, keine Fälle bekannt, in denen zweifelhaft gewesen wäre, dass Entscheide über die Verweigerung von Ausfuhrbewilligungen oder den Aufschub des Entscheids während einer bestimmten Frist *extra vires* ergangen wären.

2. Vernünftigkeit

Mit dem Rechtsmittel der *Application for Judicial Review* lässt sich die *reasonableness* oder *rationality* (Vernünftigkeit) von Entscheiden überprüfen.[57] Das Gericht überprüft die Ausübung des Verwaltungsermessens jedoch nur sehr zurück-

---

[52] Human Rights Act 1998, sect. 7; *Wadham/Mountfield* 3; *Craig* 556–557; *Grote* 341.

[53] Hinten § 8 C I 1.

[54] Betreffend die *prerogative powers* (die für die vorliegende Untersuchung keine Rolle spielen) vgl. *Craig* 538.

[55] *R. v. Hull University Visitor, ex parte Page*, [1993] A. C. 682, 701–702; *Craig* 461, 471 f.

[56] *Grote* 316f. Vgl. *Sieckmann* 118.

[57] *Craig* 581 ff.

haltend, es setzt nicht sein Ermessen an Stelle des Ermessens der Behörde.[58] In der älteren Praxis wurden als *unreasonable* nur Entscheide oder Anordnungen aufgehoben, die eine vernünftige Behörde niemals hätte treffen dürfen.[59] Heute stellt sich das Gericht die Frage, ob die angefochtene Entscheidung von einer vernünftigen Behörde hat getroffen werden dürfen oder nicht.[60]

Nach der Praxis des zuständigen Ministeriums und des *Reviewing Committee on the Export of Works of Art* bei der Beurteilung von Ausfuhrgesuchen misst sich die nationale Bedeutung eines Kulturguts an den Kriterien der Verbindung zur nationalen Geschichte, der hervorragenden Ästhetik und der Bedeutung für Studien, den *Waverley Criteria*.[61] Die drei Kriterien brauchen nicht kumulativ erfüllt zu sein. Die Herkunft des Objekts und die Nationalität des Künstlers spielen keine Rolle.[62] Einige Beispiele von Werken, die als *treasures* eingeschätzt worden sind, mögen die Praxis des Vereinigten Königreichs illustrieren:

- Joseph Mallord William Turner, „Van Tromp going about to please his Masters, Ships and Sea, Getting a Good Wetting“ (1844), erfüllte nach Ansicht des *Reviewing Committee* das erste und das zweite Kriterium,[63]
- Vincent van Gogh, „Sonnenblumen“,[64]
- Antonio Canovas Skulpturengruppe „The Three Graces“ schien dem *Reviewing Committee* alle drei Waverley-Kriterien zu erfüllen,[65]

---

58 *R. v. Ministry of Agriculture, Fisheries and Food, ex parte First City Trading,* [1997] 1 C.M.L.R. 250, 278f.; *R. v. Cambridge Health Authority, ex parte B,* [1995] 2 All E.R. 129 betreffend die Verwendung von Mitteln für medizinische Massnahmen.

59 *Associated Provincial Picture Houses Ltd. v. Wednesbury Corporation,* [1948] 1 K.B. 223, 230, 233–234, C.A. (Lord Greene M.R.) betreffend das Verbot von sonntäglichen Kinobesuchen für Kinder unter 15 Jahren.

60 *R. v. Chief Constable of Sussex, ex parte International Trader's Ferry Ltd,* [1999] 1 All E.R. 129, 157 betreffend den Einsatz von Polizeikräften; *Council of Civil Service Unions v. Minister for the Civil Service,* [1985] 1 A.C. 374, 410 (Lord Diplock) im Zusammenhang mit dem Verbot, einer Gewerkschaft anzugehören; *De Smith/Brazier* 549–550; *Craig* 582–585; *Grote* 317; *Sieckmann* 119 f.

61 „1. Is the object so closely associated with our history and national life that its departure would be a misfortune? 2. Is the object of outstanding aesthetic importance? 3. Is the object of outstanding significance for the study of some particular branch of art, learning or history?“ *Committee on the Export of Works of Art* 36–38; *Department for Culture, Media and Sport* 7f. Zur Interpretation der Kriterien vgl. *Reviewing Committee*, Report 1988–89 8.

62 *Committee on the Export of Works of Art* 36.

63 *Chong* 167f., 176. Da kein Angebot erfolgte, gelangte das Werk ins kalifornische Getty-Museum.

64 Dieses Werk wurde für 39,9 Mio. $ an eine japanische Versicherungsgesellschaft veräussert; *Knott* 109.

65 Das Gesuch wurde dem *Reviewing Committee* zweimal unterbreitet; *Reviewing Committee*, Report 1988–89 36–37 und Report 1993–94 27–29; *Bush* 277–281.

- „The Painter's Room" von Lucien Freud erfüllte das zweite und dritte Waverley-Kriterium, wobei das Ausfuhrgesuch schliesslich aufgrund spezieller Umstände bewilligt wurde,[66]
- ein handgeknüpfter englischer Teppich („the Chaloner carpet"), um 1600, wurde wegen seiner Qualität, Seltenheit und Grösse dem zweiten und dritten Kriterium zugeordnet,[67]
- ein Porträt von Jean Étienne Liotard, „John, Lord Mount Stuart", entstanden in Genf, wurde als Schlüsselwerk für die Entwicklung der Pastelltechnik in England bezeichnet und fiel nach Ansicht des *Reviewing Committtee* unter das zweite und dritte Kriterium,[68]
- das Archiv von Sir James Mackintosh (1765–1832) genügte dem ersten und dritten Kriterium. [69]

Die Kriterien sind transparent. Die *Waverley Criteria* schliessen indessen die Retention von Objekten ausländischer Herkunft nicht aus. Ein enger Bezug zum Vereinigten Königreich ist nicht erforderlich.[70] Die Praxis, auch Werke fremder Herkunft ohne weiteres als britisches Kulturerbe zu vereinnahmen, erscheint als stossend. Es wäre allenfalls möglich, diese Praxis als unvernünftig anzufechten.

Soweit ersichtlich, ist bisher keine Entscheidung über die Verweigerung einer Ausfuhrgenehmigung wegen Unvernünftigkeit angefochten oder gar aufgehoben worden.[71]

---

[66] Das *Reviewing Committee* zeigte sich unschlüssig in der Frage, ob der Entscheid über die Erteilung der Ausfuhrbewilligung für Werke lebender Künstler aufgeschoben werden sollte. Der Staatssekretär bejahte dies und verweigerte die Ausfuhrgenehmigung, nachdem der Eigentümer ein Kaufangebot abgelehnt hatte; *Reviewing Committee*, Report 1994–95 8–9, 22f. Nachdem sich später herausstellte, dass das Werk 1944 und nicht, wie im ersten Ausfuhrgesuch angegeben, 1943 entstanden war und dass zum Zeitpunkt des ersten Ausfuhrgesuchs die Ausfuhr automatisch hätte bewilligt werden müssen, wurde die Ausfuhrgenehmigung erteilt; *Reviewing Committee*, Report 1997–98 26–27; *Weber* 339 Fn. 611.

[67] Der Teppich konnte schliesslich von der Burrell Collection erworben werden; *Reviewing Committee*, Report 1999–2000 23ff., 26f.

[68] Mangels Kaufinteressenten wurde die Ausfuhrgenehmigung für dieses Werk erteilt; *Reviewing Committee*, Report 1999–2000 38–40.

[69] Das Archiv wurde von der British Library erworben; *Reviewing Committee*, Report 2000–2001 32–35.

[70] *Müller-Katzenburg* 146; *Weber* 334f.

[71] In der Informationsschrift des *Department for Culture, Media and Sport* findet sich kein Hinweis auf die Rechtsmittelmöglichkeit.

3. Vereinbarkeit mit der EMRK

Die Verletzung von Konventionsrechten durch eine Behörde kann als *unlawful* gelten.[72] Bereits vor Inkrafttreten des *Human Rights Act 1998* begannen die Gerichte, im Verfahren des *Judicial Review* auch die Verhältnismässigkeit von Entscheiden zu prüfen.[73] Aufgrund der Inkorporation der EMRK in das Recht des Vereinigten Königreichs haben die Gerichte heute das öffentliche Interesse und die Verhältnismässigkeit von Grundrechtseingriffen zu prüfen.[74]

Ob die Ausfuhrbeschränkung des Vereinigten Königreichs mit dem Recht der EMRK vereinbar ist, ist später zu prüfen.[75]

4. Verfahren

Auch die *procedural propriety* (Korrektheit des Verfahrens) ist ein Massstab bei der Beurteilung von Beschwerden gegen Anordnungen der Exekutive. Das Verfahren zur Erteilung einer Ausfuhrgenehmigung ist weder in einem Gesetz noch in einem *Statutory Instrument* geregelt. Massgebend sind die *Waverley Criteria* sowie die *Guidances*.[76] Private sind gegenüber Änderungen der Regeln während laufendem Verfahren schutzlos.[77]

Dies zeigte sich am Beispiel der „Drei Grazien" von Canova: Als die private Eigentümerin dieses Werk 1989 an das J. P. Getty Museum verkaufen wollte, liess das *Reviewing Committee* ein privates Kaufangebot zu, nachdem bisher nur Angebote öffentlicher Institutionen in Betracht gezogen worden waren. Die Ausfuhrgenehmigung wurde verweigert, nachdem die Verkäuferin das private Angebot ausgeschlagen hatte. Diese Änderung des Verfahrens stiess auf heftige Kritik in der Öffentlichkeit, konnte hingegen nicht angefochten werden.[78] 1993 führte ein neuerlicher Versuch, die Grazien für 7,6 Millionen Pfund an das Getty Museum zu verkaufen, zum Streit wegen der Dauer der Frist zur Beschaffung der notwendigen Mittel zum Erwerb. Nach Ablauf der sechsmonatigen Frist, 5,8 Millionen Pfund waren bereits gesprochen, wurde der Aufschub um weitere drei Monate verlängert. Das Getty Museum focht diesen Entscheid des Staatssekretärs mittels *Application for Judicial Review* an, die vom High Court wie auch vom Court of Appeal abgewiesen wurde. Schliesslich konnte die Skulptur Ende 1994 gemeinsam vom Victoria and Albert Museum sowie der National Gallery of Scotland erworben werden.[79]

---

72 *Craig* 556–557.

73 *Craig* 583, 599–600; *Sieckmann* 120f.

74 *Craig* 559, 592; *Whitty/Murphy/Livingstone* 27–29.

75 Hinten § 8 C I.

76 Vgl. *Department for Culture, Media and Sport*; *Weber* 334.

77 *Maurice/Turnor* 49.

78 *Bush* 278–279; *Polonsky/Canat* 569, 571; *Reviewing Committee*, Report 1993–94 28.

79 *Reviewing Committee*, Report 1993–94 7–8, 28–30; *Polonsky/Canat* 570–571. Zum (unver-

5. Fazit

Entscheide des zuständigen Ministeriums, wodurch die Ausfuhrbewilligung verweigert oder aufgeschoben wird, lassen sich mit *Application for Judicial Review* anfechten. Nach den Kriterien des *Judicial Review* besteht in der Regel wohl kein Anlass, Entscheidungen des Staatssekretariats aufzuheben. Die Praxis ist rechtmässig und – zumindest für Werke mit einem engen Bezug zum Vereinigten Königreich – nicht unvernünftig. Der Aufschub der Bewilligungserteilung beeinträchtigt die Eigentümer nur marginal, so dass die Massnahme nicht als unverhältnismässig erscheint.

C. Zusammenfassung

Das Vereinigte Königreich kennt ein liberales Regime der Ausfuhrkontrolle für Kulturgüter. Die Ausfuhr von Kulturgütern ist grundsätzlich bewilligungspflichtig. Die Ausfuhrbewilligung wird in aller Regel nur verweigert, wenn der Eigentümer eines bedeutenden Objekts ein Kaufangebot zum internationalen Handelswert ausschlägt. Die Exportregelung basiert auf einer rechtmässigen Verordnung, die sich ihrerseits auf eine (allzu weite) Delegationsnorm stützt. Die Praxis des zuständigen Departements für Kultur, Medien und Sport gilt als zurückhaltend und dürfte kaum als unvernünftig gelten. Fragwürdig ist, dass in den meisten Fällen Werke aus dem Ausland Objekte der versuchten Retention bilden. Eine Anfechtung wegen verweigerter Ausfuhrbewilligung mittels *Application for Judicial Rewiev* wäre grundsätzlich möglich, scheint aber bis auf einen Fall bisher nicht versucht worden zu sein. Im Regelfall dürfte sie wenig aussichtsreich sein.

Abgesehen von der Exportkontrolle verfügt das Vereinigte Königreich über keine handelsbeschränkenden Massnahmen für Kulturgüter. Diese eigentümerfreundliche Kulturgüterpolitik ist auf politische Grundüberzeugungen im Vereinigten Königreich zurückzuführen. Sie ist kein Ergebnis gerichtlicher Praxis.

öffentlichten) Entscheid *R. v. Secretary of State for National Heritage and Another, ex parte the J. Paul Getty Trust*, C.A. 27.10.1994, vgl. *Bush* 280–281.

§ 8 Europäische Menschenrechtskonvention

A. Eigentumsgarantie gemäss Art. 1 ZP EMRK

Die Eigentumsgarantie der EMRK ist in Art. 1 ZP EMRK in den authentischen Konventionssprachen, Französisch und Englisch, wie folgt umschrieben:

Toute personne physique ou morale a droit au respect de ses biens. Nul ne peut être privé de sa propriété que pour cause d'utilité publique et dans les conditions prévues par la loi et les principes généraux du droit international.

Les dispositions précédentes ne portent pas atteinte au droit que possèdent les Etats de mettre en vigueur les lois qu'ils jugent nécessaires pour réglementer l'usage des biens conformément à l'intérêt général ou pour assurer le paiement des impôts ou d'autres contributions ou des amendes.

Every natural or legal person is entitled to the peaceful enjoyment of his possessions. No one shall be deprived of his possessions except in the public interest and subject to the conditions provided for by law and by the general principles of international law.

The preceding provisions shall not, however, in any way impair the right of a State to enforce such laws as it deems necessary to control the use of property in accordance with the general interest or to secure the payment of taxes or other contributions or penalities.

Art. 1 ZP EMRK schützt das private Eigentum, u. a. das Eigentum an beweglichen Sachen.[1] Die Bestimmung enthält drei Regeln: Abs. 1 Satz 1 statuiert den Grundsatz der Achtung des Eigentums; Abs. 1 Satz 2 umschreibt die Voraussetzungen, unter denen der Staat Eigentum durch Hoheitsakt entziehen kann; Abs. 2 gewährt den Vertragsstaaten das Recht, den Gebrauch des Eigentums zu regeln. Die zweite und dritte Regel sind im Lichte der ersten Regel auszulegen.[2]

Handelsbeschränkungen für Kulturgüter waren bisher, soweit ersichtlich, lediglich in zwei Fällen Gegenstand einer Überprüfung durch Strassburger Organe, wobei beide Male Werke von Vincent van Gogh im Zentrum standen. Eine Klage Jacques Walters wegen Verletzung von Art. 1 ZP EMRK durch das Ausfuhrverbot Frankreichs wurde mangels Erschöpfung des Rechtswegs nicht zugelassen.[3] Im Fall Beyeler gegen Italien bejahte der Gerichtshof angesichts der konkreten

---

[1] *Handyside c. Grossbritannien,* EGMR 29.4.1976, 24-A, § 61; *Frowein/Peukert* 766–767 Rdnr. 3–4; *Gelinsky* 23; *Mittelberger* 16.

[2] *Sporrong und Lönnroth c. Schweden,* EGMR 23.9.1982, 52-A, § 61 = EuGRZ 1983, 523 ff., 525; *James u. a. c. Grossbritannien,* EGMR 21.2.1986, 98-A, § 37 = EuGRZ 1988, 341 ff., 343; *Lithgow u. a. c. Grossbritannien,* EGMR 8.7.1986, 102-A, § 106 = EuGRZ 1988, 350 ff., 356.

[3] Hinten § 8 C I 2–3.

Umstände eine Verletzung des „fairen Gleichgewichts“ zwischen öffentlichen Interessen und dem Eigentumsgrundrecht wegen der Ausübung des staatlichen Vorkaufsrechts zu einem deutlich zu tiefen Preis.[4] Anhand dieser beiden Streitsachen und im Vergleich mit dem Fallrecht der Strassburger Organe soll aufgezeigt werden, inwieweit die in der EMRK enthaltene Eigentumsgarantie gegen Handelsbeschränkungen für Kulturgüter angerufen werden kann.

B. Eigentumsentziehungen

Gemäss Art. 1 Abs. 1 Satz 2 ZP EMRK darf Eigentum nur im öffentlichen Interesse entzogen werden und nur unter den durch Gesetz und durch die allgemeinen Grundsätze des Völkerrechts vorgesehenen Bedingungen. Als Eigentumsentziehung gilt die vollständige und dauerhafte Übertragung von Eigentum auf einen Dritten durch staatlichen Akt.[5] Wichtigstes, wenn auch ungeschriebenes Kriterium bei der Beurteilung von Eigentumsentziehungen ist die Verhältnismässigkeit der Massnahme.[6] Eigentumsentziehungen sind zu entschädigen, damit sie nicht unverhältnismässig sind.[7]

I. Erwerbsrechte

Wer ein Kulturgut aus Italien ausführen will, hat dies der zuständigen Behörde anzuzeigen, unter Angabe des Werts der Sache.[8] Innert 90 Tagen seit der Anzeige können die Behörden das Gut zum deklarierten Wert erwerben.[9] Eine analoge Bestimmung kennt das spanische Recht,[10] und auch der französische Staat hatte nach dem (aufgehobenen) Gesetz von 1941 ein entsprechendes Retentionsrecht an Gütern, für die eine Ausfuhrbescheinigung beantragt wurde.[11]

---

[4] Hinten § 8 D.

[5] *Rudolf* 574; *Mittelberger* 92.

[6] *James u. a. c. Grossbritannien,* EGMR 21.2.1986, 98-A, § 50 = EuGRZ 1988, 341 ff., 345; *Mittelberger* 119.

[7] *James u. a. c. Grossbritannien,* EGMR 21.2.1986, 98-A, § 54 = EuGRZ 1988, 341 ff., 346; *Lithgow u. a. c. Grossbritannien,* EGMR 8.7.1986, 102-A, §§ 120–121 = EuGRZ 1988, 350 ff., 357 f.; *Marinucci c. Italien,* EKMR 11.7.1988, 9625/81, DR 60, 44 ff., § 66; *Hentrich c. Frankreich,* EGMR 22.9.1994, 296-A, § 71 = EuGRZ 1996, 593 ff., 600; *Mittelberger* 126.

[8] Art. 66 Abs. 1 Testo unico (ex-Art. 36 Abs. 1 L. 1089/1939).

[9] Art. 68 Testo unico (ex-Art. 39 Abs. 1 L. 1089/1939). Vgl. vorne § 6 C III.

[10] Art. 33 Ley 16/1985, de 25 de junio, del Patrimonio Histórico Español; *Gonzalez Campos/ Virgos Soriano* 341.

[11] Art. 2 Loi du 23 juin 1941 relative à l'exportation des œuvres d'art: „L'État a le droit de retenir ..., au prix fixé par l'exportateur, les objets proposés à l'exportation. Ce droit pourra s'exercer pendant une période de six mois.“ Vgl. vorne § 5 C II.

Solche Erwerbsrechte für Kulturgüter können auch ausgeübt werden, wenn der Eigentümer das Objekt, für das er ein Ausfuhrgesuch gestellt hat, gar nicht veräussern will. Das Eigentum an der Sache geht auf den Staat über. Die Ausübung des Erwerbsrechts entspricht damit einer eigentlichen Enteignung.[12] Es ist zu prüfen, ob derartige Bestimmungen mit Art. 1 Abs. 1 Satz 2 ZP EMRK vereinbar sind.

I. Gesetzliche Grundlage

Eingriffe in Eigentumsrechte setzen laut Art. 1 ZP EMRK voraus, dass sie auf gesetzlicher Grundlage beruhen. Nach der Praxis des Gerichtshofs muss das innerstaatliche Recht angemessen zugänglich und hinreichend bestimmt sein, so dass der Bürger das staatliche Handeln – wenn auch nicht mit absoluter Sicherheit – voraussehen kann. Ausserdem muss ein Mindestmass an Rechtsschutz gewährleistet sein.[13] Im Entscheid *Hentrich gegen Frankreich* erachtete der Gerichtshof eine Regelung über ein staatliches Vorkaufsrecht an Grundstücken als nicht genügend bestimmt und zudem als nicht vorhersehbar. Die Finanzbehörden konnten das Vorkaufsrecht nach ihrem Ermessen ausüben, wenn sie den deklarierten Kaufpreis als zu niedrig erachteten. Zudem konnte sich der Erwerber nicht gegen den Verdacht wehren, er habe Steuern hinterziehen wollen: die Vermutung dieser Absicht war gerichtlich nicht anfechtbar und dadurch unumstösslich. Die Massnahme wurde aus diesen Gründen als nicht rechtmässig im Sinne der EMRK bezeichnet.[14]

Analoges gilt wohl für die Ausübung des Erwerbsrechts für Kulturgüter zum deklarierten Wert: Diese Massnahme ist nicht vorhersehbar für den Gesuchsteller, der um Ausfuhrgenehmigung ersucht. Ob die Behörde das Erwerbsrecht ausübt, liegt in ihrem Ermessen. Ob die gesetzlichen Grundlagen von Art. 68 Testo unico, von Art. 33 Ley 16/1985, de 25 de junio, del Patrimonio Histórico Español, und von Art. 2 Loi du 23 juin 1941 relative à l'exportation des œuvres d'art den Anforderungen der EMRK genügten, muss daher bezweifelt werden.

---

12 Vgl. *Hentrich c. Frankreich,* EGMR 22.9.1994, 296-A, § 35 = EuGRZ 1996, 593ff., 597: Die Ausübung eines vergleichbaren „Vorkaufsrechts" über ein Grundstück durch die Finanzverwaltung wurde durch den Gerichtshof als Eigentumsentzug i. S. v. Art. 1 Abs. 1 Satz 2 ZP EMRK qualifiziert.

13 *Sunday Times c. Grossbritannien,* EGMR 26.4.1979, 30-A, § 49; *Lithgow u. a. c. Grossbritannien,* EGMR 8.7.1986, 102-A, § 110 = EuGRZ 1988, 350ff., 356; *Hentrich c. Frankreich,* EGMR 22.9.1994, 296-A, § 42 = EuGRZ 1996, 593ff., 598; *Frowein/Peukert* 791 Rdnr. 48, 795–796 Rdnr. 56–57; *Rudolf* 575.

14 *Hentrich c. Frankreich,* EGMR 22.9.1994, 296-A, § 42 = EuGRZ 1996, 593ff., 598; *Rudolf* 573, 575.

2. Öffentliches Interesse

Der Gerichtshof gesteht den Vertragsstaaten einen weiten Ermessensspielraum zu bei der Beurteilung, ob eine Massnahme im öffentlichen Interesse sei, da dies nur die Behörden beurteilen können, welche die gesellschaftlichen Verhältnisse kennen.[15]

Die Erwerbsrechte zum deklarierten Wert bezweckten die Einhaltung der zollrechtlichen Deklarationspflicht durch Abschreckung.[16] Auch durch das im Fall Hentrich streitige Vorkaufsrecht sollte die Abgabenhinterziehung verhindert werden. Gemäss der Praxis des Europäischen Gerichtshofs sind dies legitime öffentliche Interessen.[17] Nachdem die Exportzölle für Kulturgüter in den Staaten der Europäischen Union aufgehoben worden sind, ist dieses öffentliche Interesse an einem Erwerbsrecht indessen weggefallen. Das öffentliche Interesse der Staaten am Erwerbsrecht müsste in einem Verfahren vor dem Gerichtshof anders begründet werden. Dass für die Regelung ein legitimes öffentliches Interesse angeführt werden könnte, ist m. E. zu verneinen.[18]

3. Verhältnismässigkeit

Eigentumsentziehungen müssen verhältnismässig sein. Die Verhältnismässigkeit ist aufgrund verschiedener Kriterien zu beurteilen, namentlich aufgrund der Erforderlichkeit des Eingriffs, seiner Schwere, einer allfälligen Entschädigung und des Verfahrens.[19] Diese Aspekte sind im Hinblick auf die staatlichen Erwerbsrechte für Kulturgüter kurz zu beleuchten.

Zum Schutz des kulturellen Erbes gibt es verschiedene geeignete und weniger einschneidende Massnahmen als Erwerbsrechte zum deklarierten Wert, so z. B. Ausfuhrbeschränkungen und Vorkaufsrechte. Das Erwerbsrecht ist für den Kulturgüterschutz nicht notwendig.

---

[15] *James u. a. c. Grossbritannien,* EGMR 21.2.1986, 98-A, § 46 = EuGRZ 1988, 341 ff., 344; *Lithgow u. a. c. Grossbritannien,* EGMR 8.7.1986, 102-A, § 122 = EuGRZ 1988, 350 ff., 358; *Frowein/Peukert* 792–793 Rdnr. 53.

[16] Vorne § 5 C II 2, § 6 C III 2.

[17] *Hentrich c. Frankreich,* EGMR 22.9.1994, 296-A, §§ 37–39 = EuGRZ 1996, 593 ff., 597 f.; *Frowein/Peukert* 792 Rdnr. 52.

[18] Vgl. vorne § 5 C II 2 und § 6 C III 2. Finanzielle Interessen des Staates allein sind m. E. nicht ausreichend, trotz folgender Erwägung in *Ambruosi c. Italien,* 31227/96, EGMR 19.10.2000, § 28 (unveröffentlicht): „... the aim of the offsetting of legal costs was to protect the public purse from the relevant expenditure. The Court is satisfied that the interference at issue was ‚in the public interest' within the meaning of Article 1 of Protocol No. 1."

[19] *Hentrich c. Frankreich,* EGMR 22.9.1994, 296-A, §§ 45 und 47 = EuGRZ 1996, 593 ff., 598 (u. a. mit dem Hinweis, dass der Staat über andere hinreichende Mittel zur Abschreckung von Abgabehinterziehung verfüge); *Rudolf* 575.

Eigentumsentziehungen, die unzureichend entschädigt werden, werden als unverhältnismässig beurteilt.[20] Individuelle Einschränkungen sind in der Regel voll, d. h. zum Marktwert der Sache, zu entschädigen.[21] Die Ausübung des Erwerbsrechts ist für die Behörden jedoch gerade dann interessant, wenn der Wert des Kulturgutes zu niedrig deklariert worden ist. Es entspricht dabei dem Konzept des Erwerbsrechts, dass irrtümliche Preisangaben im Rechtsmittelverfahren nicht korrigiert werden können. Der Eigentümer wird daher für den Eigentumsentzug regelmässig ungenügend entschädigt.

Im Fall Hentrich erachtete der Gerichtshof die Ausübung des Vorkaufsrechts ausserdem deshalb als unverhältnismässige Massnahme, weil sich die Beschwerdeführerin gegen den Verdacht, sie habe Steuern hinterziehen wollen, nicht wirksam zur Wehr setzen konnte.[22] Im Lichte dieser Praxis erscheint es als problematisch, dass Irrtümer bei der Deklaration des Werts von Kulturgütern im Ausfuhrgesuch im Rechtsmittelverfahren nicht korrigiert werden können.

4. Fazit

Im Lichte der Rechtsprechung des EGMR ist zu bezweifeln, dass die Erwerbsrechte für Kulturgüter, wie sie das italienische und spanische Recht kennen, vom Gerichtshof als recht- und verhältnismässig beurteilt würden. Auch die entsprechende, zwischenzeitlich aufgehobene Bestimmung Frankreichs könnte heute kaum mehr als EMRK-konform gelten: Solche Massnahmen sind für den Eigentümer nicht vorhersehbar, verfolgen keine legitimen öffentlichen Interessen, sind für den Schutz des Kulturerbes nicht notwendig und werden regelmässig ungenügend entschädigt. Der Eigentümer kann sich gegen die Massnahme nicht wirkungsvoll zur Wehr setzen.

II. Vorkaufsrechte

Anders als Erwerbsrechte können Vorkaufsrechte nur beim Verkauf eines Kulturgutes ausgeübt werden, in der Regel zum Preis, den der Verkäufer vereinbart hat.[23] Durch die Ausübung des Vorkaufsrechts wird durch staatlichen Akt das

---

20 *James u. a. c. Grossbritannien,* EGMR 21. 2. 1986, 98-A, § 54 = EuGRZ 1988, 341 ff., 346; *Frowein/Peukert* 798 Rdnr. 63.

21 *Hentrich c. Frankreich,* EGMR 22. 9. 1994, 296-A, § 71 = EuGRZ 1996, 593 ff., 600; *Frowein/Peukert* 810–811 Rdnr. 88; *Gelinsky* 134; *Mittelberger* 128 f.

22 *Hentrich c. Frankreich,* EGMR 22. 9. 1994, 296-A, § 49 = EuGRZ 1996, 593 ff., 598 f.; *Frowein/Peukert* 800 Rdnr. 66. Die Frage der „Waffengleichheit" könnte auch ausschliesslich im Hinblick auf Art. 6 Abs. 1 EMRK geprüft werden; so noch *Fredin c. Schweden,* EGMR 18. 2. 1991, 192-A, § 50 a. E. Vgl. *Mittelberger* 138 f.

23 Beispiele: *Frankreich:* Art. 37 Loi du 31 décembre 1921 portant fixation du budget général de l'exercice 1922 in der Fassung gemäss Art. 59 i. V. m. Art. 9 Abs. 3 Loi 2000-642 du 10 juil-

Eigentum vollständig und dauerhaft auf einen Dritten übertragen; es handelt sich also um eine Eigentumsentziehung im Sinne der EMRK.[24] Vorkaufsrechte setzen eine gesetzliche Grundlage und ein öffentliches Interesse am staatlichen Erwerb voraus, sie müssen auf verhältnismässige Art ausgeübt werden. In der Regel sind solche Bestimmungen unproblematisch, denn der Verkäufer erleidet keinen vermögensmässigen Nachteil, wenn der Staat das Vorkaufsrecht ausübt.

Ob die Ausübung eines Vorkaufsrechts als verhältnismässig gelten kann, hängt indessen von der Entschädigung ab. Nach der Praxis des Gerichtshofs besteht aufgrund Art. 1 Abs. 1 ZP EMRK zwar kein unbedingter Anspruch auf volle Entschädigung. Die Höhe der Entschädigung hat sich jedoch am Marktwert der Sache zu orientieren.[25] Sind nur Einzelne von Einschränkungen betroffen, müssen sie in der Regel voll entschädigt werden.[26] Voraussetzung für die Ausübung von Vorkaufsrechten ist demnach, dass der Verkäufer den Kaufpreis und damit den aktuellen Marktwert der Sache erstattet bekommt. Im Fall Beyeler übten die italienischen Behörden das Vorkaufsrecht für ein Werk Vincent van Goghs indessen zu einem Preis aus, der um ein Mehrfaches unter dem aktuellen Markwert lag. Dies war mit Art. 1 ZP EMRK nicht vereinbar.[27]

Der Käufer eines Objekts kann sich kaum mit Erfolg auf Art. 1 ZP EMRK berufen, wenn er leer ausgeht, weil der vorkaufsberechtigte Staat an seiner Stelle in den Kaufvertrag eintritt.[28] Selbst wenn seine kaufrechtliche Forderung als geschütztes vermögenswertes Interesse gälte, wäre die Verletzung von Art. 1 ZP EMRK nur in Ausnahmefällen zu begründen.

---

let 2000 portant réglementation des ventes volontaires de meubles aux enchères publiques; *Italien:* Art. 59 Testo unico (ex-Art. 31–34 L. 1089/1939).

[24] In Italien gilt die Ausübung des Vorkaufsrechts gemäss Art. 59 Testo unico als eine Art Enteignung, vgl. vorne § 6 C II.

[25] *James u. a. c. Grossbritannien,* EGMR 21.2.1986, 98-A, § 54 = EuGRZ 1988, 341ff., 346; *Lithgow u. a. c. Grossbritannien,* EGMR 8.7.1986, 102-A, § 121 = EuGRZ 1988, 350ff., 358; *Heilige Klöster c. Griechenland,* EGMR 9.12.1994, 301-A, § 71; *Frowein/Peukert* 798 Rdnr. 63; *Gelinsky* 134.

[26] *Hentrich c. Frankreich,* EGMR 22.9.1994, 296-A, § 71 = EuGRZ 1996, 593ff., 600; *Frowein/Peukert* 810–811 Rdnr. 88.

[27] Zum Sachverhalt vgl. vorne § 6 C II 4. Dieser Fall wurde vom EGMR indessen nicht im Hinblick auf Eigentumsentziehung, sondern auf den Grundsatz der Achtung des Eigentums (Art. 1 Abs. 1 Satz 1 ZP EMRK) hin geprüft. Vgl. hinten D.

[28] Das Recht, Eigentum zu erwerben, ist nicht geschützt; *Linde c. Schweden,* EKMR 9.5.1986, 11628/85, DR 47, 270ff., 271–272 betreffend die Verweigerung einer Bewilligung zum Erwerb von Spielautomaten; *Frowein/Peukert* 766–767 Rdnr. 4; *Mittelberger* 14. Forderungen fallen zwar u. U. in den Schutzbereich von Art. 1 ZP EMRK, nicht aber bedingte Forderungen, vgl. *Fürst Hans-Adam II von Liechtenstein c. Deutschland,* 42527/98, EGMR 12.7.2001, 2001-VIII, § 83; *Gelinsky* 26. Vgl. auch *Beyeler c. Italien,* hinten D sowie *Schöbi* 81.

III. Internationale Rückgabepflichten

Die Bestimmungen von Art. 7b (ii) UNESCO-Konvention 1970 (die ins Landesrecht übernommen werden müssen) sowie Art. 3 und 4 Unidroit-Konvention 1995 geben den Eigentümern von Kulturgütern einen Anspruch auf Rückforderung ihres Eigentums auch gegenüber gutgläubigen Erwerbern. Es fragt sich, ob es sich dabei um eine „Eigentumsentziehung" i. S. v. Art. 1 Abs. 1 ZP EMRK handeln könnte. In der Regel dürfte dies zu verneinen sein, denn die Bestimmungen verhindern bereits den Erwerb des Eigentums.[29]

Gegen die Anwendung von Art. 1 Abs. 1 ZP EMRK auf privatrechtliche Rückgabegebote spricht ein weiteres Argument. Gegen privatrechtliche Bestimmungen, welche die Zuordnung von Eigentum zwischen Privaten regeln, kann Art. 1 ZP EMRK grundsätzlich nicht angerufen werden, denn sie führen nicht zu Eigentumsentziehungen, welche dem öffentlichen Interesse dienen. Solche Bestimmungen sind mit Art. 1 ZP EMRK grundsätzlich vereinbar.[30] Eigentumsentziehungen zugunsten Privater fallen bloss dann unter Art. 1 ZP EMRK, wenn sie nicht durch die Privatrechtsordnung gedeckt sind, wenn sie auch öffentliche Interessen, beispielsweise die soziale Reform, verfolgen und wenn die Änderung der bestehenden Rechtsordnung im Hinblick auf die Eigentumsverhältnisse, rechtsvergleichend betrachtet, eine gewisse Schwere erreicht.[31] Diese Voraussetzungen dürften bei Rückgaben von Kulturgut an den rechtmässigen Eigentümer kaum erfüllt sein.

IV. Ausfuhrbeschränkungen

Sämtliche in der vorliegenden Arbeit zu untersuchenden Nationen kennen Ausfuhrbeschränkungen für Kulturgüter.[32] Insbesondere die Verweigerung einer Ausfuhrbewilligung im konkreten Fall kann den Wert der Sache erheblich mindern. Zu prüfen ist, ob Ausfuhrbeschränkungen einer Eigentumsentziehung im Sinn von Art. 1 Abs. 1 ZP EMRK gleichkommen.

Ausfuhrbeschränkungen bewirken keine formelle Enteignung. Der Gerichtshof anerkennt aber, dass gewisse Eigentumsbeschränkungen für private Güter auch

---

[29] Vorne § 2 B III 1.

[30] *Bramelid und Malmström c. Schweden,* EKMR 12.10.1982, DR 29, 64ff., 71–72 betreffend den Rückkauf von Aktien; *Frowein/Peukert* 784 Rdnr. 35, 789f. Rdnr. 45; *Gelinsky* 44–47, 50f.

[31] *James u. a. c. Grossbritannien,* EGMR 21.2.1986, 98-A, §§ 40–45 = EuGRZ 1988, 341ff., 343–344 betreffend den Übergang von Wohneigentum an Langzeitpächter; *Marinucci c. Italien,* EKMR 11.7.1988, 9625/81, DR 60, 44, §§ 53–57 betreffend das Erwerbsrecht des Pächters für Landwirtschaftsland aufgrund eines neuen Gesetzes; *Frowein/Peukert* 784 Rdnr. 35; *Gelinsky* 46.

[32] Vgl. die entsprechenden Länderberichte, vorne §§ 2–7.

ohne formelle Enteignung als faktische Eigentumsentziehung (De-facto-Enteignung) der formellen Enteignung gleichzusetzen sind. Dies gilt nach der Praxis der Strassburger Organe für Massnahmen, die jeden sinnvollen Gebrauch einer Sache verhindern, so dass diese ihren wirtschaftlichen Wert vollständig einbüsst. Eine staatliche Massnahme, welche „bloss" den Wert einer Sache ernsthaft mindert, gilt nicht als De-facto-Enteignung.[33]

Ein Ausfuhrverbot für Kulturgüter tangiert die Nutzungs- und Verfügungsrechte des Eigentümers im Inland regelmässig nicht.[34] Trotz eines Ausfuhrverbots bleibt der wirtschaftliche Wert des Guts mindestens teilweise erhalten. Nach den Kriterien der Strassburger Organe dürften Ausfuhrbeschränkungen aus diesem Grund kaum je als De-facto-Enteignungen unter Art. 1 Abs. 1 Satz 2 ZP EMRK anerkannt werden.[35]

C. Nutzungsbeschränkungen

In Art. 1 Abs. 2 ZP EMRK wird festgehalten, dass die Vertragsstaaten die Benutzung des Eigentums regeln dürfen, wie sie dies in Übereinstimmung mit dem Allgemeininteresse oder zur Sicherung der Zahlung der Steuern, sonstiger Abgaben oder von Geldstrafen für erforderlich halten. Darunter fallen sämtliche Vorschriften über die Benutzung oder den Gebrauch von Eigentum durch hoheitliche Massnahmen.[36]

---

[33] *Sporrong und Lönnroth c. Schweden,* EGMR 23.9.1982, 52-A, §§ 63–65 = EuGRZ 1983, 523ff., 525; *Gillow c. Grossbritannien,* EKMR 3.10.1984, 9063/80, in: 109-A, 43, §§ 149–151; *Gelinsky* 57, 67; *Mittelberger* 89.

[34] *Walter c. Frankreich,* EKMR 30.8.1994, 21535/93, Seite 7 (unveröffentlicht).

[35] So explizit für ein Ausfuhrverbot gemäss Art. 21 Loi du 31 décembre 1913 sur les monuments historiques *Walter c. Frankreich,* EKMR 30.8.1994, 21535/93, Seite 7 (unveröffentlicht). Vgl. auch *Gillow c. Grossbritannien,* EKMR 3.10.1984, 9063/80, in: 109-A, 43, §§ 149–151, wonach die Nichterteilung eines Aufenthaltsrechts auf Guernsey für die Eigentümer eines dort gelegenen Wohnhauses bloss als Nutzungsregelung galt. In *Banér c. Schweden,* EKMR 9.3.1989, DR 60, 128ff., 140 galt die Erlaubnis der Öffentlichkeit, in privaten Gewässern zu fischen, mangels schwerer Folgen für den Eigentümer nicht als De-facto-Enteignung, ebensowenig die Verminderung der Mietzinseinnahmen um ca. 80% durch staatliche Massnahmen in *Mellacher u. a. c. Österreich,* EGMR 19.12.1989, 169-A, §§ 44, 54. Gemäss *Fredin c. Schweden,* EGMR 18.2.1991, 192-A, §§ 42–47 war der Entzug einer Bewilligung zum Kiesabbau einzig als Nutzungsregelung, nicht als De-facto-Enteignung zu prüfen.

[36] *Frowein/Peukert* 785 Rdnr. 37.

I. Ausfuhrbeschränkungen

Ausfuhrbeschränkungen für Kulturgüter finden sich in sämtlichen in der vorliegenden Arbeit behandelten Rechtsordnungen. Es wird auf die entsprechenden Länderberichte verwiesen. Sie sind nicht als Eigentumsentziehungen, sondern als Nutzungsbeschränkungen zu qualifizieren.[37]

1. Gesetzliche Grundlage

Nach dem Text von Art. 1 Abs. 2 ZP EMRK bedürfen Nutzungsregelungen einer *gesetzlichen* Grundlage. Der Gerichtshof anerkennt als gesetzliche Grundlage auch Erlasse der Exekutive und ungeschriebenes Recht.[38] Diesem formellen Erfordernis genügen sämtliche untersuchten Ausfuhrregelungen, auch diejenige des Vereinigten Königreichs, die stark von der Praxis einer Kommission geprägt ist. Es kann auf die vorstehenden Länderberichte verwiesen werden.

Die gesetzlichen Grundlagen müssen hinreichend deutlich sein und den Ermessenspielraum der Behörden begrenzen.[39] Der Geltungsbereich der Ausfuhrbeschränkungen ist in den meisten Staaten sehr weit umschrieben. Nicht immer können Eigentümer im Voraus abschätzen, ob sie eine Ausfuhrgenehmigung erhalten werden. Die gesetzliche Grundlage eines Ausfuhrverbots wurde vom EGMR jedoch bis anhin noch nie geprüft. Im Bereich des Kulturgüterschutzes sind unbestimmte Rechtsbegriffe wie „kulturelles Erbe", „nationale Bedeutung", „Bedeutung für Kultur und Geschichte" etc. nicht vermeidbar. Es ist kaum anzunehmen, dass der Gerichtshof die entsprechenden Normen als nicht genügend bestimmt erachten würde.

2. Allgemeininteresse

Welche gesetzlichen Massnahmen im Allgemeininteresse erforderlich sind, entscheiden die Vertragsstaaten selbst. Der Gerichtshof gesteht den Vertragsstaaten ein weites Ermessen zu bei der Bestimmung des öffentlichen Interesses. Bis anhin hat der Gerichtshof legitime staatliche Interessen bei sämtlichen Eingriffen anerkannt.[40]

---

37 Vorne § 8 B IV.

38 *Sunday Times c. Grossbritannien,* EGMR 26.4.1979, 30-A, § 47 zum *common law*; *Frowein/Peukert* 795–796 Rdnr. 56; *Gelinsky* 100, 102, 171.

39 *Lithgow u. a. c. Grossbritannien,* EGMR 8.7.1986, 102-A, § 110 = EuGRZ 1988, 350ff., 356; *Hentrich c. Frankreich,* EGMR 22.9.1994, 296-A, § 42 = EuGRZ 1996, 593ff., 598 (betreffend Eigentumsentziehungen); *Frowein/Peukert* 796 Rdnr. 57.

40 Vgl. *Handyside c. Grossbritannien,* EGMR 29.4.1976, 24-A, § 62; *Gillow c. Grossbritannien,* EKMR 3.10.1984, 9063/80, in: 109-A, 44, § 153; *S. c. Grossbritannien,* EKMR 13.12.1984, 10741/84, DR 41, 226ff., 232; *AGOSI c. Grossbritannien,* EGMR 24.10.1986, 108-A, § 52 = EuGRZ 1988, 513ff., 517f.; *Chassagnou c. Frankreich,* EGMR 29.4.1999, 1999-III, §§ 75, 79;

Ausfuhrbeschränkungen dienen der Kontrolle des Handels mit Kulturgütern und dem Schutz des nationalen Kulturerbes. Sie gelten damit als schützenswerte Allgemeininteressen.[41] Es ist kaum anzunehmen, dass der Gerichtshof im Streitfall das öffentliche Interesse an einem Ausfuhrverbot anzweifeln würde.

3. Verhältnismässigkeit

Nutzungsregelungen sind in der Regel weniger einschneidend als Eigentumsentziehungen. Die Konventionsorgane überprüfen insbesondere, ob die Massnahmen übermässig einschneidend sind. Die Kontrollbefugnis betreffend die Notwendigkeit der Massnahmen ist eingeschränkt.[42] Gewährt das Gesetz den Behörden ein weites Ermessen, rechtfertigt dies jedoch eine genauere Überprüfung der Notwendigkeit der Massnahme im Einzelfall.[43]

Ob eine Nutzungsregelung verhältnismässig ist, ist zu beurteilen aufgrund eines Vergleichs zwischen der vom Eigentümer beabsichtigten Nutzung und der noch möglichen Nutzung.[44] Allgemeininteressen und Eigentümerinteressen sollen nicht in einem grob unverhältnismässigen Verhältnis zueinander stehen, die angewendeten Mittel sollen verhältnismässig sein im Hinblick auf den angestrebten Zweck und dem Betroffenen keine besondere und unmässige Last aufbürden.[45] Die Konventionsorgane überprüfen bei Nutzungsbeschränkungen die Verhältnismässigkeit genauer als die Zweckmässigkeit der Gesetzgebung.[46]

Immobiliare Saffi c. Italien, 22774/93, EGMR 28.7.1999, 1999-V, § 48. Unter Hinweis auf Art. 17 und 18 EMRK einschränkend zu dieser Praxis *Sporrong und Lönnroth c. Schweden,* EKMR 8.10.1980, 46-B, § 105. *Frowein* 62f.; *Frowein/Peukert* 794–795 Rdnr. 55.

[41] *Walter c. Frankreich,* EKMR 30.8.1994, 21535/93, Seite 7 (unveröffentlicht); *Beyeler c. Italien,* 33202/96, EGMR 5.1.2000, 2000-I, §§ 112–113. In diesem Sinne auch Tribunal administratif de Paris, 30.6.1999, n. 9616664/7, zitiert nach J-Cl. Adm., Fasc. 465-20, Ziff. 58 *(Germaine de Chaisemartin).*

[42] *X. c. Österreich,* EKMR 3.3.1978, DR 13, 27ff., 30–31; *Sporrong und Lönnroth c. Schweden,* EKMR 8.10.1980, 46-B, § 114; *Gillow c. Grossbritannien,* EKMR 3.10.1984, 9063/80, in: 109-A, 44, § 154; *S. c. Grossbritannien,* EKMR 13.12.1984, 10741/84, DR 41, 226ff., 232; *Fredin c. Schweden,* EGMR 18.2.1991, 192-A, § 51; *Chassagnou c. Frankreich,* EGMR 29.4.1999, 1999-III, § 75; *Immobiliare Saffi c. Italien,* 22774/93, EGMR 28.7.1999, 1999-V, § 49.

[43] *Gillow c. Grossbritannien,* EKMR 3.10.1984, 9063/80, in: 109-A, 46f., § 164.

[44] *Gillow c. Grossbritannien,* EKMR 3.10.1984, 9063/80, in: 109-A, 42f. und 44, §§ 148 und 154; *Frowein/Peukert* 800 Rdnr. 67.

[45] *Sporrong und Lönnroth c. Schweden,* EGMR 23.9.1982, 52-A, §§ 69, 73 = EuGRZ 1983, 523ff., 526, 527; *Gillow c. Grossbritannien,* EKMR 3.10.1984, 9063/80, in: 109-A, 42, § 146; *James u. a. c. Grossbritannien,* EGMR 21.2.1986, 98-A, § 50 = EuGRZ 1988, 341ff., 345; *Gelinsky* 102ff.

[46] Vgl. *X. c. Österreich,* EKMR 3.3.1978, DR 13, 27ff., 29–30; *Sporrong und Lönnroth c. Schweden,* EKMR 8.10.1980, 46-B, § 105.

Art. 1 Abs. 2 ZP EMRK gewährt grundsätzlich keinen Anspruch auf Entschädigung für Nutzungsregelungen.[47] Wirkt sich die Einschränkung jedoch wirtschaftlich besonders nachteilig aus, kann wegen des Verhältnismässigkeitsgrundsatzes eine Entschädigungspflicht bestehen.[48]

Grundsätzlich sind Ausfuhrverbote zum Schutz des kulturellen Erbes notwendig, insbesondere in ökonomisch schwächeren Ländern. Sie wirken sich jedoch insbesondere dann, wenn ein Eigentümer ein Kunstwerk verkaufen möchte, wirtschaftlich nachteilig aus. Regelmässig kann auf dem nationalen Markt nur ein niedrigerer Verkaufspreis erzielt werden. Die Verhältnismässigkeit von Ausfuhrverboten wäre im Einzelfall zu beurteilen unter Abwägung der Bedeutung des Objekts für die Öffentlichkeit, der Situation des Eigentümers und von Entschädigungen des Staates für den erlittenen Schaden.[49]

Abgesehen von Entschädigungen dürften bei der Beurteilung der Verhältnismässigkeit auch Steuervorteile eine Rolle spielen, die dem Eigentümer von „nationalem Kulturgut" eingeräumt werden.

Die Praxis in Italien nimmt wenig Rücksicht auf die Interessen der Eigentümer; ob die Massnahmen in jedem Fall verhältnismässig sind, ist fraglich.

Abgesehen vom wirtschaftlichen Wert beschränkt ein Ausfuhrverbot den Eigentümer auch im direkten Genuss eines Kulturguts, wenn er im Staat selber keinen Wohnsitz (mehr) hat. Er kann sich gezwungen sehen, einen Kunstgegenstand im Tresor einer Bank unterzubringen.[50] Dies kann bei der Beurteilung der Verhältnismässigkeit eines Ausfuhrverbots relevant sein.

---

[47] *Mittelberger* 180–181.

[48] In *Banér c. Schweden,* EKMR 9.3.1989, DR 60, 128 ff., 142–143, galt die Gewährung eines Rechts der Allgemeinheit, in privaten Gewässern zu fischen, trotz fehlender Entschädigung nicht als unverhältnismässig, da der Beschwerdeführer, ein Eigentümer zahlreicher Gewässer, deswegen keine Einkommenseinbusse erlitt. In *Wieninger c. Österreich,* EKMR 11.1.1994, 12650/87, §§ 30–38 (unveröffentlicht), war das lange dauernde Austauschverfahren einer Flächenzusammenlegung unverhältnismässig wegen fehlender Entschädigung des Beschwerdeführers für dessen Mindereinnahmen. Ähnlich *Immobiliare Saffi c. Italien,* EGMR 28.7.1999, 22774/93, 1999-V, § 57, wobei die fehlende Entschädigung für die Nichtdurchsetzung einer Mieterausweisung durch die italienischen Behörden ein Grund mit dafür war, dass die Massnahme als unverhältnismässig erachtet wurde. Vgl. *Frowein/Peukert* 798 Rdnr. 63; *Gelinsky* 189–190, 193–194.

[49] In *Walter c. Frankreich,* EKMR 30.8.1994, 21535/93, Seite 7 (unveröffentlicht) mass die Kommission dem gesetzlichen Schadenersatzanspruch die Funktion einer effektiven Beschwerdemöglichkeit zu, welche geeignet ist, eine drohende Verletzung zu verhindern. Walters Beschwerde wurde mangels effektiver Erschöpfung des Rechtswegs gemäss Art. 26 EMRK nicht zugelassen, denn seine entsprechende Klage war zum Zeitpunkt des Entscheids vor dem französischen Kassationsgericht noch hängig. Zum Fall Walter vgl. vorne § 5 B I 2 und 3 c (2); *Frowein/Peukert* 806 Rdnr. 77.

[50] Dieser Einwand Walters wurde von der Kommission nicht berücksichtigt; vgl. *Walter c. Frankreich,* EKMR 30.8.1994, 21535/93, Seiten 5, 7 (unveröffentlicht).

Angesichts der Praxis des Gerichtshofs ist zu befürchten, dass die Verweigerung einer Ausfuhrbewilligung nur in krassen Fällen als unverhältnismässig erachtet würde.[51]

4. Fazit

Ausfuhrverbote greifen die Substanz des Eigentums nicht an. Sie gelten damit als Nutzungsregelungen, bei deren Ausgestaltung der Gesetzgeber über ein grosses Ermessen verfügt. Grundsätzlich sind Ausfuhrverbote mit der Eigentumsgarantie gemäss Art. 1 ZP EMRK vereinbar.[52] In Einzelfällen könnten Ausfuhrbeschränkungen vom Gerichtshof als unverhältnismässig erachtet werden. Ein entsprechendes Präjudiz besteht jedoch nicht.

II. Internationale Rückgabe- und Rückführungspflichten

Internationale Rückgabe- und Rückführungspflichten zählen zu den Nutzungsregelungen für Eigentum.[53] Sie geben im Hinblick auf die Eigentumsgarantie und die Praxis der Strassburger Organe zu Art. 1 ZP EMRK keinen Anlass zu weiteren Erwägungen.

D. Andere Beeinträchtigungen des Eigentums: Fall Beyeler

Laut Art. 1 Abs. 1 Satz 1 ZP EMRK hat jede natürliche oder juristische Person ein Recht auf Achtung ihres Eigentums. Eingriffe ins Eigentum müssen ein gerechtes Gleichgewicht zwischen den öffentlichen Interessen und dem Schutz des Eigentumgrundrechts wahren.[54] Auf diesen Grundsatz stützte der Gerichtshof seinen Entscheid im Fall Beyeler. Thema des Streites war die Ausübung des Vorkaufsrechts durch die italienischen Behörden für ein Gemälde von Vincent

---

[51] Unverhältnismässig war nach Ansicht der Kommission die Verweigerung einer Wohngenehmigung für die Eigentümer eines Hauses auf Guernsey, welche für eine gewisse Zeit ausser Landes gewesen waren (*Gillow c. Grossbritannien*, EKMR 3. 10. 1984, 9063/80, in: 109-A, 45–46, §§ 156–162). Als verhältnismässig galt hingegen eine Regelung, welche in bestehende Mietverträge eingriff und Mietzinseinnahmen um bis zu 82% senkte (*Mellacher u. a. c. Österreich*, EGMR 19. 12. 1989, 169-A, §§ 54–56). Als verhältnismässig erachtete der Gerichtshof auch den entschädigungslosen Entzug einer Bewilligung zum Kiesabbau (*Fredin c. Schweden*, EGMR 18. 2. 1991, 192-A, §§ 53–55).

[52] Ebenso *Frier*, Propriété privée 409 in Bezug auf die französischen Denkmalschutzbestimmungen für Immobilien.

[53] Vorne § 8 B III.

[54] *Sporrong und Lönnroth c. Schweden*, EGMR 23. 9. 1982, 52-A, § 69 = EuGRZ 1983, 523ff., 526.

van Gogh im Jahr 1988 zum Wert von 1977.[55] Aufgrund der komplexen tatsächlichen und rechtlichen Verhältnisse liess sich dieser Fall schlüssig weder unter Art. 1 Abs. 1 Satz 2 noch unter Art. 1 Abs. 2 ZP EMRK subsumieren.[56]

Beyeler war möglicherweise zivilrechtlich nie Eigentümer des Gemäldes von Vincent van Gogh, „Porträt eines jungen Bauern", geworden. Der Gerichtshof erkannte jedoch an, dass der italienische Staat mit der Ausübung des Vorkaufsrechts ein vermögenswertes Interesse *(proprietary interest)* des Beschwerdeführers tangiert hatte, das als geschütztes Eigentumsrecht gelten konnte. Die Einhaltung von Art. 1 ZP EMRK war demnach zu prüfen.[57] Der Gerichtshof schützte damit – entgegen seiner bisherigen Praxis – das Recht des Käufers, eine Sache zu erwerben, mit anderen Worten, seine Chance auf den Erwerb von Eigentum.[58]

I. Gesetzliche Grundlage

Der Gerichtshof überprüft die Anwendung des innerstaatlichen Rechts nur beschränkt im Hinblick auf offenbare Rechtsverletzungen und Willkür.[59] Nach Art. 1 ZP EMRK sind nur rechtmässige Eingriffe ins Eigentum zulässig, wobei die entsprechenden gesetzlichen Grundlagen genügend zugänglich, klar und vorhersehbar sein müssen. Der Gerichtshof kritisierte, dass die gesetzlichen Bestimmungen Italiens unklar seien, insbesondere, dass sie bei Missachtung der Deklarationspflichten die Ausübung des Vorkaufsrechts unbefristet erlauben und dass die Frage ungeklärt sei, wie eine korrekte Deklaration nachgeholt werden könne. Er ging jedoch nicht so weit, der Massnahme die Rechtmässigkeit abzusprechen.[60]

II. Öffentliches Interesse

In der Folge überprüfte der Gerichtshof, ob das Vorkaufsrecht ein öffentliches Interesse verfolge. Die Kontrolle des Kunstmarktes ist nach Ansicht des Gerichtshofes ein legitimes Interesse des Kulturgüterschutzes. Dem Gerichtshof

---

55 *Beyeler c. Italien,* 33202/96, EGMR 5.1.2000, 2000-I sowie EGMR 28.5.2002, unveröffentlicht. Zum Sachverhalt vgl. vorne § 6 C II 4.

56 *Beyeler c. Italien,* 33202/96, EGMR 5.1.2000, 2000-I, § 106.

57 *Beyeler c. Italien,* 33202/96, EGMR 5.1.2000, 2000-I, §§ 105–107. Die Kommission war in diesem Punkt anderer Meinung gewesen und hatte eine Verletzung von Art. 1 ZP EMRK mit zwanzig zu zehn Stimmen verneint, vgl. *Beyeler c. Italien,* EKMR 10.9.1998, in: 2000-I, 97, §§ 89–96.

58 *Schöbi* 81 kritisiert den Entscheid des Gerichtshofs als Ausweitung des Anwendungsbereichs von Art. 1 ZP EMRK; a. A. *Zihler* 739.

59 *Beyeler c. Italien,* 33202/96, EGMR 5.1.2000, 2000-I, § 108.

60 *Beyeler c. Italien,* 33202/96, EGMR 5.1.2000, 2000-I, §§ 109–110 mit Verweis auf *Hentrich c. Frankreich,* EGMR 22.9.1994, 296-A, § 42 = EuGRZ 1996, 593 ff., 598.

blieb nicht verborgen, dass es sich im vorliegenden Fall um das Werk eines ausländischen Künstlers handelte und die Rückführung von Kulturgut in den Herkunftsstaat kein Thema war. Im Interesse der weltweiten Kultur sei es jedoch vertretbar, dass der Staat für den öffentlichen Zugang zu Kulturgut sorge, das zum Kulturerbe aller Nationen gehöre.[61]

Der Entscheid ist ein gutes Beispiel für das weite Ermessen, das der Gerichtshof den Mitgliedstaaten bei der Bestimmung des öffentlichen Interesses lässt.[62] Im vorliegenden Fall erscheint das öffentliche Interesse an der Ausübung des Vorkaufsrechts selbst bei summarischer Prüfung als minimal. Das Werk kann kaum als italienisches Kulturgut bezeichnet werden.[63] Beyeler hatte das Gemälde an die Peggy Guggenheim Collection verkauft, die es in Venedig ausgestellt hätte. Es wäre dort gut konserviert worden und der italienischen Öffentlichkeit zugänglich gewesen. Mehr kann auch der italienische Staat nicht garantieren.[64] Das tatsächliche – kaum legitime – Interesse des italienischen Staates bestand wohl darin, ein wertvolles Bild günstig erwerben zu können oder gar Beyelers Geschäft zu verhindern.[65]

III. Verhältnismässigkeit

Auch in Anwendung von Art. 1 Abs. 1 Satz 1 ZP EMRK ist eine Massnahme nur dann als verhältnismässig zu qualifizieren, wenn sie ein faires Gleichgewicht zwischen öffentlichen Interessen und den Grundrechten Privater wahrt.[66]

Bei der Frage, ob die Ausübung des Vorkaufsrechts durch den italienischen Staat eine verhältnismässige Massnahme gewesen war, spielten einerseits das Verhalten der Parteien, anderseits die bezahlte Entschädigung eine Rolle. Wie bereits die italienischen Behörden und Gerichte, warf auch der Gerichtshof Beyeler vor, seinen Erwerb entgegen den Bestimmungen nicht schon im Jahre 1977, sondern

---

[61] *Beyeler c. Italien,* 33202/96, EGMR 5.1.2000, 2000-I, §§ 112–113.

[62] Vgl. *James u. a. c. Grossbritannien,* EGMR 21.2.1986, 98-A, § 46 = EuGRZ 1988, 341 ff., 344; *Gelinsky* 95, 174.

[63] *Seidl-Hohenveldern,* State Preemption 75; *Zihler* 745 f.

[64] Zweifelnd am öffentlichen Interesse der Massnahme das Kommissionsmitglied *Cabral Barreto* in seiner abweichenden Meinung zu *Beyeler c. Italien,* EKMR 10.9.1998, in: 2000-I, 107. – Das Gemälde wurde während des Verfahrens, in der Nacht vom 19./20.5.1998, aus der Galleria Nazionale d'arte moderna e contemporanea in Rom geraubt und am 6.7.1998 wieder aufgefunden; *Beyeler c. Italien,* 33202/96, EGMR 5.1.2000, 2000-I, §§ 64, 83.

[65] *Schöbi* 82. *Zihler* 746 f. vermutet unter Hinweis auf *Ambruosi c. Italien,* 31227/96, EGMR 19.10.2000, § 28 (unveröffentlicht, vgl. vorne Fn. 18), dass der EGMR auch rein finanzielle Interessen des Staats als öffentliche Interessen akzeptiert und bloss eine „Alibiprüfung" vornimmt.

[66] *Sporrong und Lönnroth c. Schweden,* EGMR 23.9.1982, 52-A, § 69 = EuGRZ 1983, 523 ff., 526.

erst 1983 deklariert zu haben. Dass die Behörden sich in der Folge gegenüber Beyeler widersprüchlich verhielten und das Vorkaufsrecht erst 1988 ausübten, hielt das Gericht nicht für gerechtfertigt.[67] Ferner fand das Gericht, der Staat habe sich in ungerechtfertigter Art und Weise bereichert, indem er Beyeler für das Gemälde im Jahre 1988 bloss zum Marktwert von 1977 entschädigte. Dies sei nur möglich geworden aufgrund der rechtlichen Ungewissheit, die der Staat mitverursacht habe. Der Gerichtshof erachtete daher Art. 1 ZP EMRK als verletzt.[68] Dass das Werk von Vincent van Gogh in der Peggy Guggenheim Collection in Venedig mindestens ebenso sicher und öffentlich zugänglich gewesen wäre wie in der Nationalgalerie,[69] spielte bei der Beurteilung der Verhältnismässigkeit keine Rolle.

Das Urteil bleibt letztlich vage. Wie lange der Staat mit der Ausübung des Vorkaufsrechts hätte zuwarten können und wie hoch die Entschädigung hätte sein müssen, geht aus den Ausführungen des Gerichtes nicht hervor.[70]

Über Beyelers finanzielle Forderungen gemäss Art. 41 EMRK wurde in einem separaten Urteil befunden, nachdem sich die Parteien aussergerichtlich nicht geeinigt hatten.[71] Beyeler hatte beim Gerichtshof die Restitution des Gemäldes oder aber 8,5 Millionen Dollar abzüglich der vom Staat Italien bezahlten 600 Millionen Lire zuzüglich Zinsen seit Januar 1989 als Ersatz des Werts des Gemäldes zum Zeitpunkt der Ausübung des Vorkaufsrechts gefordert, nebst Gerichts- und Anwaltskosten. Ausserdem hatte er Schadenersatz in der Höhe von einer Million Dollar für die Beeinträchtigung seines Rufs als Kunsthändler eingeklagt.[72]

Der Gerichtshof gewährte Beyeler weder die Rückgabe des Gemäldes noch die volle Entschädigung.[73] Er ging davon aus, dass die italienischen Behörden das Vorkaufsrecht fünf Jahre zu spät ausgeübt hatten, nämlich im Jahre 1988 statt innerhalb von zwei Monaten nach der ergänzenden Anzeige Pierangelis von 1983. Die Wertsteigerung des Gemäldes zwischen 1977 und 1983 wurde wegen der verspäteten Anzeige nicht berücksichtigt. Laut den Erwägungen des Urteils sollte die Entschädigung die Wertsteigerung zwischen 1983 und 1988 abgelten

---

67 *Beyeler c. Italien,* 33202/96, EGMR 5.1.2000, 2000-I, §§ 114–120.

68 *Beyeler c. Italien,* 33202/96, EGMR 5.1.2000, 2000-I, §§ 121–122.

69 Vgl. die diesbezüglichen Vorbringen des Beschwerdeführers in *Beyeler c. Italien,* 33202/96, EGMR 5.1.2000, 2000-I, § 83.

70 *Schöbi* 82, 83.

71 *Beyeler c. Italien,* 33202/96, EGMR 28.5.2002, unveröffentlicht; „1,3 Millionen Euro für Basler Kunsthändler“, in: NZZ vom 29.5.2002 (Nr. 121) 60.

72 *Beyeler c. Italien,* 33202/96, EGMR 28.5.2002, §§ 9–12, unveröffentlicht.

73 *Beyeler c. Italien,* 33202/96, EGMR 28.5.2002, §§ 20–21, unveröffentlicht. Für eine Rückgabe oder aber volle Entschädigung *Seidl-Hohenveldern,* State Preemption 77.

wie auch die Verzinsung des entsprechenden Betrags zwischen 1988 und dem Urteilszeitpunkt.[74] Gerichts- und Anwaltskosten, welche der Kläger zwischen 1984 und 1988 aufgewendet habe, seien ebenfalls mit zu berücksichtigen und teilweise zu erstatten.[75] Unter Berücksichtigung sämtlicher Umstände sprach der Gerichtshof Beyeler schliesslich 1,3 Millionen Euro zu, ohne jedoch seine Berechnungsweise transparent zu machen.[76] Auch die Kosten der Verfahren vor den Strassburger Organen wurden Beyeler nur zum Teil vergütet, da er nicht mit allen Begehren durchgedrungen und teilweise selbst für den erlittenen Verlust verantwortlich sei.[77]

Je nach Betrachtungsweise erscheint der gesprochene Betrag als eher bescheiden[78] oder als weit übermässig.[79] Es bleibt jedenfalls festzustellen, dass der italienische Staat das Gemälde „Der Gärtner“ von Vincent van Gogh sehr preiswert erstanden hat.

IV. Fazit

Der Fall Beyeler ist ein Einzelfall, der rechtlich nur schwer in den Griff zu kriegen war. Dennoch lassen sich den Entscheiden des Gerichtshofs einige Aussagen von allgemeiner Bedeutung zum Eigentumsschutz entnehmen. So kann das widersprüchliche Verhalten von Behörden gegenüber Eigentümern rechtlich relevant werden. Massnahmen, die den Erwerb von Kunstwerken unter ihrem Marktwert ermöglichen, verletzen mit hoher Wahrscheinlichkeit den Grundsatz, wonach staatliche Massnahmen in einem gerechten Gleichgewicht mit dem Eigentumsrecht der Bürger stehen müssen. Der Gerichtshof scheute sich im Fall Beyeler, den Staat Italien zu einer Entschädigungszahlung zu verpflichten, welche den Wert des Bildes auch nur annähernd abgegolten hätte.

---

[74] *Beyeler c. Italien,* 33202/96, EGMR 28. 5. 2002, §§ 21–23, unveröffentlicht.

[75] *Beyeler c. Italien,* 33202/96, EGMR 28. 5. 2002, § 24, unveröffentlicht.

[76] *Beyeler c. Italien,* 33202/96, EGMR 28. 5. 2002, § 26, unveröffentlicht.

[77] *Beyeler c. Italien,* 33202/96, EGMR 28. 5. 2002, §§ 27–29, unveröffentlicht.

[78] Die Wertsteigerung betrug zwischen 1983 und 1988 6,4 Mio. $. Verzinst man diesen Betrag mit den in § 23 des Urteils aufgeführten Zinssätzen, gelangt man zu einer Summe von ca. 15,5 Mio. $ oder rund 14 215 000 Euro. Letztlich kriegte Beyeler somit deutlich weniger als 10 % seiner Einbusse zugesprochen.

[79] In ihrer abweichenden Meinung zum Urteil vom 28. 5. 2002 weist die Richterin *H. S. Greve* darauf hin, dass der Gerichtshof in einem Entscheid von 1999 einer Klägerin, deren Recht auf Leben in doppelter Weise verletzt worden war, umgerechnet bloss 15 245 Euro zugesprochen habe.

E. Zusammenfassung

I. Ausfuhrbeschränkungen

Gemäss dem Entscheid Walter und nach der Praxis des Gerichtshofs sind Ausfuhrverbote als Nutzungsregelungen, nicht als Eigentumsentziehungen zu beurteilen. Ausfuhrbeschränkungen müssen auf einer rechtlichen Grundlage beruhen. Das öffentliche Interesse und die Notwendigkeit der Massnahme prüft der Gerichtshof nur summarisch. Die Verhältnismässigkeit eines Ausfuhrverbots dürfte der Gerichtshof indessen genauer prüfen und, vor allem wegen ungenügender Entschädigungszahlungen, mindestens in krassen Fällen verneinen.

II. Staatlicher Erwerb von Kulturgütern

Massnahmen wie Erwerbs- und Vorkaufsrechte, die einen zwangsweisen Eigentumsübergang an den Staat ermöglichen, sind nach der Praxis des Gerichtshofs als Eigentumsentziehungen zu qualifizieren. Sie bedürfen einer genügenden rechtlichen Grundlage, eines öffentlichen Interesses und müssen verhältnismässig sein. Erwerbsrechte für Kulturgüter zum Wert, der im Ausfuhrgesuch deklariert worden ist, dürften mit Art. 1 ZP EMRK nicht vereinbar sein. Aus dem Fall Beyeler geht hervor, dass Vorkaufsrechte grundsätzlich zum aktuellen Marktwert entschädigt werden müssen, damit ihre Ausübung verhältnismässig ist, unkorrektes Verhalten des Eigentümers den Entschädigungsanspruch jedoch erheblich zu schmälern vermag.

III. Internationale Rückgabe- und Rückführungspflichten

Privatrechtliche Rückgabegebote für Kulturgüter dürften nicht als Eigentumsentziehungen, sondern als Nutzungsregelungen zu bewerten sein. Sie schränken den Erwerb von Eigentum ein. In der Praxis des Gerichtshofs gibt es keine Hinweise dafür, dass Rückgabe- oder Rückführungsgebote mit Art. 1 ZP EMRK unvereinbar sein könnten.

§ 9 Europäische Union

A. Anwendbares Recht

Das Recht der Europäischen Union kann direkte Auswirkungen auf (Grund-) Rechte Privater haben. Gegen Grundrechtseingriffe durch europäisches Recht oder in Anwendung von europäischem Recht können die Grundrechte nationaler Verfassungen von Mitgliedstaaten nicht angerufen werden, denn Gemeinschaftsrecht geht nationalem Recht, auch nationalem Verfassungsrecht, vor.[1] Vorrang vor nationalem Recht beanspruchen Verordnungen des Rates, aber auch nationale Umsetzungen von Richtlinien. Die Rechtsordnung der Europäischen Union bedarf daher eines eigenen Grundrechtsschutzes.[2]

Die Europäische Union ist kein Mitglied der EMRK. Die Strassburger Organe überprüfen Rechtsakte der Union oder nationale Ausführungsakte nicht auf ihre Vereinbarkeit mit der Konvention.[3]

B. Elemente einer europarechtlichen Eigentumsgarantie

Art. 17 Abs. 1 der Charta der Grundrechte der Europäischen Union lautet wie folgt:

Eigentumsrecht
(1) Jede Person hat das Recht, ihr rechtmässig erworbenes Eigentum zu besitzen, zu nutzen, darüber zu verfügen und es zu vererben. Niemandem darf sein Eigentum entzogen werden, es sei denn aus Gründen des öffentlichen Interesses in den Fällen und unter den Bedingungen, die in einem Gesetz vorgesehen sind, sowie gegen eine rechtzeitige angemessene Entschädigung für den Verlust des Eigentums. Die Nutzung des Eigentums kann gesetzlich geregelt werden, soweit dies für das Wohl der Allgemeinheit erforderlich ist.

---

1 EuGH 15.7.1960, Rs. 36/59, 37/59, 38/59 und 40/59, Slg. 1960, 885ff., 920–921 *(Ruhrkohle)*; EuGH 15.7.1964, Rs. 6/64, Slg. 1964, 1251ff., 1269–1271 *(Costa c. E.N.E.L.)*; EuGH 13.12. 1979, Rs. 44/79, Slg. 1979, 3727ff., 3744 Rz. 14 *(Hauer)*; EuGH 19.6.1980, Rs. 41, 121 und 796/79, Slg. 1980, 1979ff., 1996f. Rz. 18 *(Testa)*; EuGH 8.10.1986, Rs. 234/85, Slg. 1986, 2897ff., 2912 Rz. 7 *(Keller)*; EuGH 17.10.1989, Rs. 97 bis 99/87, Slg. 1989, 3165ff., 3191 Rz. 38 *(Dow Chemical)*; *Müller-Michaels* 23; *Pernice* 2411–2412. Zur Kontroverse zwischen EuGH und BVerfG sowie C. cost vgl. die Hinweise bei *Müller-Michaels* 22.

2 *Müller-Michaels* 22; *Pernice* 2412; *Schildknecht* 90. Grundlage dafür ist Art. 220 EG (ex-Art. 164 EGV).

3 *Confédération française démocratique du travail c. Europäische Gemeinschaft,* EKMR 10.7. 1978, DR 13, 231ff., 235; *M. & Co. c. Bundesrepublik Deutschland,* EKMR 9.2.1990, DR 64, 138ff., 144; *Müller-Michaels* 27f.; *Pernice* 2414f.

Diese Bestimmung entspricht Art. 1 ZP EMRK.[4] Die Charta der Grundrechte der Europäischen Union ist kein rechtlich verbindlicher und vor dem Europäischen Gerichtshof einklagbarer Grundrechtekatalog.[5] Im Rahmen der vorliegenden Untersuchung bleibt die Charta deswegen unberücksichtigt. Die Union verfügt jedoch über ungeschriebene Grundrechte, welche der EuGH in seiner Praxis entwickelt hat. Grundrechte gelten als Teil der ungeschriebenen allgemeinen Rechtsgrundsätze. Ihre Quellen sind die gemeinsame Verfassungsüberlieferung aufgrund wertender Rechtsvergleichung sowie völkerrechtliche Verträge, insbesondere die EMRK.[6] Als weitere Quellen kommen Grundsätze des Gemeinschaftsrechts sowie „soft law" des Gemeinschaftsrechts im Sinn von leitenden Grundsätzen in Betracht.[7] Neuerdings scheint auch die Charta der Grundrechte als Ausdruck der gemeinsamen Verfassungstradition beachtet zu werden.[8]

In diesem Sinn europarechtlich anerkannt ist u. a. auch der Schutz des Eigentums als individuelles Freiheitsrecht.[9] Der Inhalt des Grundrechts ist vom EuGH noch nicht konkretisiert worden.[10] Die nachfolgenden Ausführungen können nur einige Anhaltspunkte geben.

Die europarechtliche Eigentumsgarantie schützt im Sinne eines klassischen Abwehrrechts vor gesetzlosen Eingriffen ins Eigentum.[11] Der Grundrechtsschutz erstreckt sich auf die Rechtsetzung und auf die Rechtsanwendung. Die Eigentumsgarantie ist von den Organen der Union bei der Rechtsetzung zu beachten; sie haben bei der Umschreibung von Eigentumsrechten private und öffentliche Interessen auszugleichen.[12] Setzen Mitgliedstaaten europäisches Recht um, sind sie an die Grundrechte der Union sowie an ihre nationale Verfassung gebunden

---

4 Art. 52 Abs. 3 Charta der Grundrechte der Europäischen Union.

5 *Alber* 349.

6 EuGH 17.12.1970, Rs. 11/70, Slg. 1970, 1125ff., 1135 Rz. 4 *(Internationale Handelsgesellschaft)*; EuGH 14.5.1974, Rs. 4/73, Slg. 1974, 491ff., 507 Rz. 13 *(Nold)*; EuGH 11.7.1989, Rs. 265/87, Slg. 1989, 2237ff., 2267 Rz. 14 *(Schräder)*; EuGH 13.7.1989, Rs. 5/88, Slg. 1989, 2609ff., 2639 Rz. 17 *(Wachauf)*; EuGH 18.6.1991, Rs. C-260/89, Slg. 1991, I-2925ff., 2963f. Rz. 41 *(ERT)*; *Müller-Michaels* 24–25, 26ff.; *Pernice* 2412, 2414.

7 *Pernice* 2413, 2414f. Keine Grundlage für den Schutz der Grundrechte sind die Grundfreiheiten, denen eine andere Funktion zukommt; *Müller-Michaels* 23–24.

8 EuG 30.1.2002, Rs. T 54/99, EuGRZ 2002, 266ff., 270 Rz. 48 *(max.mobil Telekommunikation Service GmbH)*. Zur zögerlichen Entwicklung dieser Praxis vgl. *Alber* 351–353.

9 EuGH 13.12.1979, Rs. 44/79, Slg. 1979, 3727ff., 3745–3747 Rz. 17–20 *(Hauer)*; EuGH 19.6.1980, Rs. 41, 121 und 796/79, Slg. 1980, 1979ff., 1996f. Rz. 18 *(Testa)*; *Milczewski* 242; *Müller-Michaels* 28, 36.

10 Vgl. *Milczewski* 1, 292.

11 *Milczewski* 242.

12 *Milczewski* 243.

(„doppelte Grundrechtsloyalität").[13] Europäisches Recht ist grundrechtskonform auszulegen.[14] Unterschieden werden Ausübungsbeschränkungen und Eigentumsentzug, wobei letzterer in der Praxis des EuGH noch keine Rolle gespielt hat.[15]

C. Ausübungsbeschränkungen

Das Eigentumsrecht gilt nicht unbeschränkt.[16] Es gilt jedoch als allgemeiner Grundsatz des Gemeinschaftsrechts, dass Eingriffe in Grundrechte einer gesetzlichen Grundlage bedürfen.[17] Regelungen zur Benutzung von Eigentum, sog. Ausübungsbeschränkungen, sind zulässig, wenn sie im Allgemeininteresse erfolgen. Dies wird vom EuGH unter Hinweis auf Art. 1 ZP EMRK und die Verfassungspraxis in den Mitgliedstaaten mit der gesellschaftlichen Funktion begründet, die privates Eigentum haben kann.[18] Das „Allgemeininteresse" ist im europarechtlichen Kontext als „Interesse der Union" zu verstehen. Das Gemeinwohl bestimmt sich nach dem Primärrecht der Union.[19]

Eingriffe müssen verhältnismässig sein, d. h. geeignet und erforderlich, um das angestrebte Ziel zu erreichen, und angemessen.[20] Allfällige Ausgleichsleistungen sind bei der Beurteilung der Verhältnismässigkeit zu berücksichtigen.[21] Der Wesensgehalt von Grundrechten bildet die Grenze staatlichen Ermessens.[22] Er

---

[13] EuGH 13.4.2000, Rs. C-292/97, Slg. 2000, I-2737ff., 2774 Rz. 37 *(Karlsson)*; *Pernice* 2417.

[14] *Pernice* 2416.

[15] EuGH 13.12.1979, Rs. 44/79, Slg. 1979, 3727ff., 3746 Rz. 19 *(Hauer)*; *Schildknecht* 22–23.

[16] EuGH 14.5.1974, Rs. 4/73, Slg. 1974, 491ff., 507f. Rz. 14 *(Nold)*.

[17] EuGH 21.9.1989, Rs. 46/87 und 227/88, Slg. 1989, 2859ff., 2924 Rz. 19 *(Hoechst AG)*; *Müller-Michaels* 48; *Pernice* 2411; *Schildknecht* 44.

[18] EuGH 13.12.1979, Rs. 44/79, Slg. 1979, 3727ff., 3746–3747 Rz. 20 *(Hauer)*; EuGH 13.7.1989, Rs. 5/88, Slg. 1989, 2609ff., 2639 Rz. 18 *(Wachauf)*; EuGH 22.10.1991, Rs. C-44/89, Slg. 1991, I-5119ff., 5157 Rz. 28 *(von Deetzen II)*; EuGH 10.1.1992, Rs. C-177/90, Slg. I-1992, 35ff., 63f. Rz. 16 *(Kühn)*; EuGH 5.10.1994, Rs. C-280/93, Slg. 1994, I-4973ff., 5065 Rz. 78 *(Deutschland)*; EuGH 29.4.1999, Rs. C-293/97, Slg. 1999, I-2603ff., 2647 Rz. 54 *(The Queen c. Secretary of State for the Environment, Minister of Agriculture, Fisheries and Food, ex parte Standley u. a.)*; *Müller-Michaels* 44f., 48.

[19] EuGH 14.5.1974, Rs. 4/73, Slg. 1974, 491ff., 507f. Rz. 14 *(Nold)*; EuGH 11.7.1989, Rs. 265/87, Slg. 1989, 2237ff., 2268 Rz. 15 *(Schräder)*; *Müller-Michaels* 49; *Schildknecht* 34.

[20] Art. 5 EG; EuGH 13.12.1979, Rs. 44/79, Slg. 1979, 3727ff., 3747 Rz. 23 *(Hauer)*; EuGH 11.7.1989, Rs. 265/87, Slg. 1989, 2237ff., 2269f. Rz. 21–22 *(Schräder)* betreffend finanzielle Belastungen; EuGH 30.7.1996, Rs. C-84/95, Slg. 1996, I-3953ff., 3985f. Rz. 21 *(Bosphorus)*; *Milczewski* 277–278; *Müller-Michaels* 49–50; *Pernice* 2415.

[21] *Milczewski* 101, 283.

[22] EuGH 14.5.1974, Rs. 4/73, Slg. 1974, 491ff., 507f. Rz. 14 *(Nold)*; EuGH 13.12.1979, Rs. 44/79, Slg. 1979, 3727ff., 3747 Rz. 23 *(Hauer)*; *Pernice* 2415f.

kann verletzt werden, wenn ein Grundrecht unverhältnismässig eingeschränkt wird, d. h., wenn das Recht, alle persönlichen Nutzungsmöglichkeiten, jede Verfügungsbefugnis oder gar sämtliche Nutzungsmöglichkeiten entzogen werden.[23]

Ob die Einschränkung im Gebrauch des Eigentums durch Gemeinschaftsorgane dem Eigentümer Anspruch auf Entschädigung verschafft, ist bis anhin ungeklärt.[24]

Bei der Prüfung der Verhältnismässigkeit gesteht der EuGH der Rechtsetzung ein weites Ermessen zu; die gerichtliche Kontrolle erfolgt nur eingeschränkt.[25]

I. Nationale Umsetzungen der Richtlinie 93/7/EWG des Rates

Die RL 93/7/EWG ist ein „Rückführungsinstrument".[26] Sie bezweckt, Verbringungsverboten der Mitgliedstaaten für deren nationale Kulturgüter innerhalb der Gemeinschaft Geltung zu verschaffen.[27] Unter gewissen Voraussetzungen gebietet sie die materielle Rückkehr von unrechtmässig verbrachten nationalen Gütern in ihren Herkunftsstaat, d. h. von Gütern, die entgegen nationalen Schutzvorschriften aus einem Mitgliedstaat in einen anderen verbracht worden sind.[28] Der – gerichtlich durchsetzbare – Anspruch auf Rückgabe kann nur von Mitgliedstaaten geltend gemacht werden, nicht auch von Privaten.[29]

Vom Rückgabegebot können auch Güter betroffen sein, welche im Eigentum von Privaten stehen. Die Nutzung von nationalen Kulturgütern wird im Sinne des verfügten Rückgabegebotes beschränkt. Diese Massnahme dürfte im System des europarechtlichen Eigentumsschutzes wohl als Ausübungsbeschränkung zu qualifizieren sein.[30]

---

[23] EuGH 22.10.1991, Rs. C-44/89, Slg. 1991, I-5119ff., 5157 Rz. 28 *(von Deetzen II)*; Verletzung des Wesensgehalts verneint für Regelungen, welche die Überschusssituation für Milch und Milcherzeugnisse beseitigen soll, in EuGH 10.1.1992, Rs. C-177/90, Slg. 1992, I-35ff., 63f. Rz. 16–17 *(Kühn)*; *Milczewski* 279f.; *Pernice* 2416. Nach *Müller-Michaels* 52–53 vermag eine Nutzungsregelung den Wesensgehalt des Eigentums nie zu verletzen.

[24] Frage offengelassen in EuG 29.1.1998, Rs. T-113/96, Slg. 1998, II-125ff., 145 Rz. 57 *(Dubois et Fils)*.

[25] EuGH 11.7.1989, Rs. 265/87, Slg. 1989, 2237ff., 2270 Rz. 22 *(Schräder)* zur Gesetzgebung im Bereich der Gemeinsamen Agrarpolitik; EuGH 10.3.1998, Rs. C-122/95, Slg. 1998, I-973ff., 1020 Rz. 79 *(Deutschland)*; *Milczewski* 278; *Müller-Michaels* 50, 56f.; *Schildknecht* 68–69.

[26] *Raschèr* 38.

[27] *Siehr*, Handel mit Kulturgütern in der EWG 2207 („gemeinschaftsweite Immobilisierung von Kulturgut auf Grund von Verbringungsverboten regionalen Ursprungs").

[28] Art. 2 i.V.m. Art. 1 Nr. 5 RL 93/7/EWG.

[29] Art. 5 RL 93/7/EWG.

[30] *Mussgnug* 568, 589.

Gelangt ein nationales Gut zurück in den Herkunftsstaat, kann dies für den vormaligen Eigentümer unterschiedliche Auswirkungen haben, denn das Eigentum an der Sache bestimmt sich nach erfolgter Rückgabe nach dem Recht des ersuchenden Mitgliedstaates.[31] Möglicherweise bleibt der Rückführungspflichtige Eigentümer des Gutes, welches er gemäss den anwendbaren nationalen Bestimmungen nur noch im Herkunftsstaat nutzen darf.[32] Falls es sich beim entsprechenden Gut gemäss der Rechtsordnung des Herkunftsstaats um eine *res extra commercium* handelt, lebt jedoch das ursprüngliche unveräusserliche Eigentum ohne weiteres wieder auf.[33] Denkbar ist auch, dass die Schutzbestimmungen des Herkunftsstaates den Verfall unrechtmässig verbrachter Kulturgüter zu Gunsten des Staates vorsehen.[34] In diesen Fällen wirkt sich das Rückgabegebot aus wie eine eigentliche Enteignung.[35] Selbst dann dürfte das Rückgabegebot m. E. lediglich als Ausübungsbeschränkung gelten, nicht als formelle Enteignung.

I. Gesetzliche Grundlage

Eingriffe in das Eigentumsrecht müssen auf einer gesetzlichen Grundlage beruhen.[36] Richtlinien richten sich jedoch einzig an die Mitgliedstaaten.[37] Gesetzliche Grundlage für den Eingriff in die Nutzungsrechte ist daher nicht die RL 93/7/EWG, sondern sind die entsprechenden nationalen Gesetze.[38] Ob die Richt-

---

[31] So der Grundsatz von Art. 12 RL 93/7/EWG. Zur Umsetzung vgl. *Siehr*, Kulturgüterschutz 180–181; *Weber* 389–390. Die Europäische Gemeinschaft verfügt gemäss Art. 295 EG (ex-Art. 222 EGV) über keine Kompetenzen zur Regelung der Eigentumsordnung.

[32] *De Ceuster* 45; *Eberl* 733; *Schmeinck* 195.

[33] *Bila* 174, 188; *Siehr*, Kulturgüterschutz 181; *Weber* 391.

[34] Zum Beispiel aufgrund Art. 29 Abs. 1 Satz 1 Ley 16/1985, de 25 de junio, del Patrimonio Histórico Español; *Bila* 174; *Gonzalez Campos/Virgos Soriano* 347–348, 351; *Jayme*, Kulturgüterschutz 164f.

[35] Gemäss *Müller-Katzenburg* 125 sind Konfiskationen aufgrund des Subsidiaritätsprinzips von Art. 5 EG (ex-Art. 3b EGV) nur zulässig, wenn der Eigentümer das Kulturgut im Herkunftsstaat nicht aufbewahren will oder kann.

[36] EuGH 21.9.1989, Rs. 46/87 und 227/88, Slg. 1989, 2859ff., 2924 Rz. 19 *(Hoechst AG)*; *Müller-Michaels* 48; *Pernice* 2411.

[37] Art. 19 RL 93/7/EWG; Art. 249 Abs. 3 EG (ex-Art. 189 Abs. 3 EGV).

[38] *Müller-Katzenburg* 126f.; *Siehr*, EG-Richtlinie 39f. Die RL 93/7/EWG wurde in den zu untersuchenden Staaten wie folgt umgesetzt: *Deutschland:* Kulturgüterrückgabegesetz; *Österreich:* Bundesgesetz zur Umsetzung der Richtlinie 93/7/EWG über die Rückgabe von unrechtmässig aus dem Hoheitsgebiet eines Mitgliedstaates der Europäischen Gemeinschaft verbrachten Kulturgütern; *Frankreich:* Loi 95-877 du 3 août 1995 portant transposition de la directive 93/7 du 15 mars 1993 du Conseil des Communautés européennes relative à la restitution des biens ayant quitté illicitement le territoire d'un Etat membre; *Italien:* Art. 73–84 Testo unico (vormals Legge 30 marzo 1998, n. 88, Norme sulla circolazione dei beni culturali); *Vereinigtes Königreich:* The Return of Cultural Objects Regulations 1994.

linie selbst formell ordnungsgemäss verabschiedet worden ist,[39] ist für den betroffenen Bürger nicht relevant.

Es gilt in der Praxis des EuGH als allgemeiner Rechtsgrundsatz, dass gesetzliche Bestimmungen genügend bestimmt sein müssen.[40] Je schwerer die Eingriffe, desto bestimmter müssen sie im Rechtsakt umschrieben sein.[41] Bei einer Bestimmung der RL 93/7/EWG in der Umsetzung durch die nationalen Gesetzgeber fragt es sich, ob sie „klar und deutlich" genug ist, um als Grundlage für Eingriffe in das Eigentum zu dienen:

Gemäss Art. 1 Nr. 1, 1. Spiegelstrich RL 93/7/EWG gilt als Kulturgut – neben anderen Voraussetzungen – ein Gegenstand, der vor *oder nach* der unrechtmässigen Verbringung aus dem Hoheitsgebiet eines Mitgliedstaats nach den einzelstaatlichen Rechtsvorschriften oder Verwaltungsverfahren als „nationales Kulturgut von künstlerischem, geschichtlichem oder archäologischem Wert" eingestuft wurde. Diese Bestimmung wurde in den zu untersuchenden Rechtsordnungen, ausgenommen in Deutschland, umgesetzt.[42] Kann sich ein legaler Vorgang – das Verbringen von nicht klassifiziertem Kulturgut – somit nachträglich als unrechtmässig herausstellen? Wenn dem so wäre,[43] wäre der legale Verkehr mit Kulturgütern nur unter Vorbehalten möglich. Eine nachträgliche Einstufung als nationales Kulturgut wäre wohl eine nicht vorhersehbare Rechtsfolge, kaum zulässig im Hinblick auf den Rechtsgrundsatz, dass Belastungen vorhersehbar sein müssen.[44] Richtig ist wohl die einschränkendere Auslegung dieser Bestimmung, wonach nur die Einstufung als nationales Kulturgut nachträglich erfolgen kann, nicht aber das Verbringungsverbot. Die Notwendigkeit der Norm zeigt sich am Beispiel archäologischer Güter aus Raubgrabungen,

---

[39] Formelle Mängel und gar die Nichtigkeit der RL 93/7/EWG wurden von deutscher Seite geltend gemacht, Deutscher Bundesrat, 15. 5. 1992, Bundesrat-Drucksache 137/92, 4–5; *Eberl* 734; vgl. *Bila* 193–196.

[40] EuGH 9. 7. 1981, Rs. 169/80, Slg. 1981, 1931 ff., 1942 Rz. 17 *(Zollverwaltung c. Gondrand Frères)* betreffend Abgaberecht; EuGH 25. 9. 1984, Rs. 117/83, Slg. 1984, 3291 ff., 3302 Rz. 11 *(Karl Könecke GmbH)* betreffend Kautionen; *Milczewski* 272; *Müller-Michaels* 48; *Schildknecht* 46.

[41] *Milczewski* 273.

[42] *Österreich:* § 2 Bundesgesetz zur Umsetzung der Richtlinie 93/7/EWG über die Rückgabe von unrechtmässig aus dem Hoheitsgebiet eines Mitgliedstaates der Europäischen Gemeinschaft verbrachten Kulturgütern; *Frankreich:* Art. 2 Loi 95-877 du 3 août 1995 portant transposition de la directive 93/7 du 15 mars 1993 du Conseil des Communautés européennes relative à la restitution des biens ayant quitté illicitement le territoire d'un Etat membre; *Italien:* Art. 73 Abs. 2 Testo unico; *Vereinigtes Königreich:* The Return of Cultural Objects Regulations 1994, sect. 1. Deutschland hat diese Bestimmung so nicht umgesetzt, vgl. § 2 und § 5 Abs. 1 Ziff. 1 Kulturgüterrückgabegesetz und die scharfe Kritik bei *Mussgnug* 575–577, 585.

[43] Die Bestimmung wurde insbesondere in Deutschland so ausgelegt; vgl. *Preuschen* 41.

[44] *Eberl* 732; *Preuschen* 41.

deren Verbringen verboten ist, die jedoch häufig nicht klassifiziert werden können, bevor sie aus dem Herkunftsstaat hinausgeschmuggelt werden.[45] So ausgelegt, steht die Bestimmung auch mit der Definition der unrechtmässigen Verbringung in Art. 1 Nr. 2, 1. Spiegelstrich RL 93/7/EWG im Einklang. Sie führt nicht zu unvorhersehbaren Rechtsfolgen und ist klar und deutlich genug. – Bemerkenswert ist, dass es sich hier um eine Ausnahme vom Territorialitätsprinzip handelt. Ohne diese Bestimmung müsste die (hoheitliche) Qualifizierung eines ausserhalb des Staatsgebietes gelegenen Objekts als nationales Kulturgut von anderen Staaten nicht beachtet werden.

Die Rückgabeverpflichtung kann nur Güter aus öffentlichen Sammlungen oder kirchlichen Einrichtungen treffen oder aber Güter, die sich unter eine Kategorie von Kulturgütern und deren Alters- und Wertgrenzen gemäss Anhang zur RL 93/7/EWG subsumieren lassen.[46]. Die Kriterien des Anhangs, Kategorien von Gütern sowie Alters- und Wertgrenzen, sind grundsätzlich tauglich zur Bestimmung des Geltungsbereichs. Auch wenn die Abgrenzungen zum Teil offenbar zu Vollzugsproblemen beim Zoll führen,[47] dürfen sie unter dem Gesichtspunkt der Eigentumsgarantie wohl als hinreichend bestimmt gelten.

2. Eingriff in bestehende Eigentumsrechte?

Regelungen, die bereits begründete Rechtspositionen verkürzen und so das Vertrauen der Rechtsunterworfenen in das staatliche Handeln beeinträchtigen, sind problematisch.[48] Die Frage des Vertrauensschutzes gehört nicht spezifisch zum Schutz der Eigentumsgarantie, sondern sie wird vom EuGH selbständig geprüft.[49] Vorab ist zu prüfen, ob das europarechtliche Rückführungsgebot für unrechtmässig verbrachte Kulturgüter lediglich die Nutzung von Eigentum (neu) definiert oder ob die Neuregelung in bestehende Rechte eingreift.

Die Rückgabegebote im Sinne der RL 93/7/EWG gelten für Sachverhalte, die sich nach dem 1. Januar 1993 ereignet haben oder ereignen werden. Die entsprechenden Umsetzungsgesetze sind teilweise Jahre später erlassen worden.[50] Auch

---

45 *Bila* 165f.; *Mussgnug* 569f.; *Siehr*, Richtlinie und Privatrecht 233–234.

46 Art. 1 Nr. 1, 2. Spiegelstrich RL 93/7/EWG. Der Anhang zur RL 93/7/EWG wurde bereits mehrfach geändert: betreffend die Zuordnung von Aquarellen, Gouachen und Pastellen vgl. Richtlinie 96/100/EG des Europäischen Parlaments und des Rates vom 17.2.1997; betreffend die „Wertgruppe 0“ vgl. Richtlinie 2001/38/EG des Europäischen Parlaments und des Rates vom 5.6.2001 und *Kommission der Europäischen Gemeinschaften* 17.

47 *Bila* 157; *Siehr*, Handel mit Kulturgütern in der EWG 2208. Zu Unklarheiten des Anhangs vgl. *Mussgnug* 567 Fn. 13.

48 *Milczewski* 106f., 280.

49 *Milczewski* 107–108, 281.

50 So in Frankreich 1995, in Deutschland, Österreich und Italien im Jahr 1998. Vgl. *Kommission der Europäischen Gemeinschaften* 13, 21–22.

wenn man die Rückwirkung der Umsetzungsgesetze kaum als unzulässig wird betrachten können,[51] bewirkt dieser Umstand, dass für unrechtmässige Verbringungen zwischen dem 1. Januar 1993 und dem Inkrafttreten des Gesetzes u. U. in bestehende Eigentumspositionen eingegriffen wird.[52] Die meisten betroffenen Eigentümer werden sich trotz dieses Umstandes nicht auf Vertrauensschutz berufen können, da die Neuregelung in den interessierten Kreisen bereits 1992 intensiv diskutiert worden ist und bekannt war. Der Umstand, dass begründete Rechte u. U. später beschränkt werden, kann sich allenfalls bei der Beurteilung der Verhältnismässigkeit und bei der Bestimmung von Entschädigungen auswirken.

Art. 14 RL 93/7/EWG gibt den Mitgliedstaaten die Möglichkeit, auch Rückgabebegehren für Kulturgüter entgegenzunehmen, welche vor dem 1. Januar 1993 unrechtmässig aus dem Hoheitsgebiet anderer Mitgliedstaaten verbracht wurden. Solche Bestimmungen würden Eingriffe ins Eigentum ermöglichen. Nur das griechische Recht kennt eine solche Rückwirkung.[53]

3. Allgemeininteresse

Die Ziele der RL 93/7/EWG bestehen in der Kontrolle der Ausfuhr von Kulturgütern über die nationalen Grenzen innerhalb Europas und in der Verhinderung des Schmuggels.[54] Nach Aufhebung der Zollkontrollen im Innern der Gemeinschaft wurde ein verstärkter Schutz vor unrechtmässiger Ausfuhr nationaler Kulturgüter als notwendig befunden. Nun gilt „Kultur" zwar nicht als Tätigkeitsfeld der Europäischen Gemeinschaft.[55] Laut Art. 151 EG[56] leistet die Gemeinschaft jedoch „einen Beitrag zur Entfaltung der Kulturen der Mitgliedstaaten unter Wahrung ihrer nationalen und regionalen Vielfalt sowie gleichzeitiger Hervorhebung des gemeinsamen kulturellen Erbes." Sie unterstützt und ergänzt nötigenfalls die Tätigkeit der Mitgliedstaaten u. a. bei der Erhaltung und dem Schutz des kulturellen Erbes von europäischer Bedeutung; sie trägt bei ihrer Tätigkeit aufgrund anderer Bestimmungen des EG-Vertrags den kulturellen Aspekten Rechnung, insbesondere zur Wahrung und Förderung der Vielfalt ihrer Kulturen, und hat daher kulturelle Belange bei der Regelung aller Sachgebiete zu berücksichtigen.

---

51 Art. 7 EMRK verbietet bloss die Rückwirkung von Strafvorschriften. Dieses Grundrecht wird auch im Recht der Europäischen Union beachtet, vgl. EuG 20. 3. 2002, Rs. T-9/99, Rz. 489, nicht veröffentlichte Erwägung (*HFB Holding für Fernwärmetechnik u. a.*).

52 Ansonsten wirkt die RL 93/7/EWG nicht zurück; *Raschèr* 75.

53 *Kommission der Europäischen Gemeinschaften* 16.

54 *Siehr*, Handel mit Kulturgütern in der EWG 2208.

55 Art. 3 EG; *Bila* 139.

56 Ex-Art. 128 EGV.

Das Allgemeininteresse an nationalem Kulturgüterschutz liesse sich auch rechtsvergleichend damit begründen, dass viele Mitgliedstaaten in ihren nationalen Rechtsordnungen entsprechende Bestimmungen zum Schutz von Kulturgütern kennen.[57] Das Rückgabegebot für nationale Kulturgüter liegt daher im Interesse der Union.

4. Verhältnismässigkeit

Massnahmen der Gemeinschaft dürfen gemäss Art. 5 Abs. 3 EG nicht über das für die Erreichung der Ziele des Vertrags erforderliche Mass hinausgehen (Verhältnismässigkeitsprinzip). Verschiedene Aspekte des Rückgabegebotes sind unter diesem Gesichtspunkt zu erörtern.

a. Eignung und Erforderlichkeit

Das Rückgabegebot ist geeignet, nationale Kulturgüter zu schützen. Verschiedene Rückgaben konnten vollzogen werden.[58] Bereits heute lässt sich wegen der europäischen Bestimmungen im Kunsthandel eine Sensibilisierung für Fragen des Kulturgüterschutzes feststellen.[59]

Nationale Ausfuhrverbote anderer Länder werden in der Gerichtspraxis als fremdes öffentliches Recht in der Regel nicht berücksichtigt. Rückführungen unrechtmässig ausgeführter Kulturgüter in ihren Herkunftsstaat lassen sich deshalb meist nicht durchsetzen.[60] Diese Schwierigkeit beim Schutz nationalen Kulturguts lässt sich nur mit Hilfe von Staatsverträgen oder supranationalem Recht umgehen. Das Rückgabegebot ist daher erforderlich, inbesondere auch aufgrund der fehlenden Binnengrenzen und Zollkontrollen innerhalb der Gemeinschaft.[61]

b. Begriff des nationalen Kulturguts

Grundsätzlich sind die Mitgliedstaaten berechtigt, den Schutz ihrer Kulturgüter autonom festzulegen.[62] Gemäss Art. 1 Nr. 1, 1. Spiegelstrich RL 93/7/EWG gel-

---

[57] *Hipp* 221 mit Verweis auf EuGH 11.7.1985, Rs. 60 und 61/84, Slg. 1985, 2605ff., 2625f. Rz. 19–23 *(Cinéthèque)*.

[58] *Kommission der Europäischen Gemeinschaften* 23.

[59] *Kommission der Europäischen Gemeinschaften* 14.

[60] Vgl. *Attorney General of New Zealand v. Ortiz and others,* [1982] 3 All E.R. 432, 459f., [1984] 1 A.C. 1, 24 (Lord Denning M.R.) betreffend unrechtmässig aus Neuseeland geschmuggelte Maori-Schnitzereien. Im Ergebnis ebenso Cass., Sez. I, 24.11.1995, n. 12166, Foro it. 1996 I 907 *(Governo di Francia c. De Contessini, Pilone)* betreffend französische Tapisserien, die unrechtmässig nach Italien verbracht worden waren.

[61] *Bila* 199.

[62] Ingress der EG-Verordnung 3911/92; *Pescatore* 587; *Poli*, Protection 459f.; *Schwarze* 113 (mit Verweis auf das Subsidiaritätsprinzip von Art. 5 EG); *Uhl* 122–123 (unter Hinweis auf

ten als „Kulturgut" jedoch nur Gegenstände im Sinne des Art. 36 des Vertrages, d. h. „nationales Kulturgut von künstlerischem, geschichtlichem oder archäologischem Wert".[63] Rückgabegebote sind daher nur zulässig für eigentliche *trésors nationaux*. Die RL 93/7/EWG ist in diesem Sinne vertragskonform auszulegen.

Nun ist der europarechtliche Begriff des „nationalen Kulturguts" jedoch unbestimmt;[64] ein Entscheid des EuGH zur Abgrenzung dieses Begriffs ist bis heute nicht ergangen. Es ist somit ungeklärt, ob der in einigen Mitgliedstaaten vollzogene exzessive Schutz nationaler Kulturgüter von anderen Mitgliedstaaten berücksichtigt werden müsste. Nach der hier vertretenen Auffassung können Rückgabebegehren, die Kulturgut betreffen, das im europarechtlichen Sinn nicht als „nationales Kulturgut" gelten kann, als unverhältnismässig abgewiesen werden.[65] Keinen Status als nationale italienische Kulturgüter im europarechtlichen Sinn können beispielsweise Werke beanspruchen von französischen oder englischen Impressionisten oder von Henri Matisse; ein Werk des gebürtigen Genfers Liotard kann wohl nicht als *trésor national* Frankreichs gelten.[66]

---

die Gründe für eine unterschiedliche Politik in ärmeren und reicheren Mitgliedstaaten), 125–126.

[63] Ex-Art. 36 EGV, heute Art. 30 EG. Diese Ausnahmebestimmung zum Grundsatz der Art. 28–29 EG, dem Verbot mengenmässiger Einfuhr- und Ausfuhrbeschränkungen sowie aller Massnahmen gleicher Wirkung zwischen Mitgliedstaaten, lautet wie folgt: „Die Bestimmungen der Artikel 28 und 29 stehen Einfuhr-, Ausfuhr- und Durchfuhrverboten oder -beschränkungen nicht entgegen, die aus Gründen der öffentlichen Sittlichkeit, Ordnung und Sicherheit, zum Schutze der Gesundheit und des Lebens von Menschen, Tieren oder Pflanzen, des nationalen Kulturguts von künstlerischem, geschichtlichem oder archäologischem Wert oder des gewerblichen und kommerziellen Eigentums gerechtfertigt sind. Diese Verbote oder Beschränkungen dürfen jedoch weder ein Mittel zur willkürlichen Diskriminierung noch eine verschleierte Beschränkung des Handels zwischen Mitgliedstaaten darstellen."

[64] *Siehr*, EG-Richtlinie 34.

[65] Eine weite Auslegung von Art. 30 EG widerspricht der Warenverkehrsfreiheit; *Eberl* 734; *Siehr*, EG-Richtlinie 35; *ders.*, Kulturgüterschutz 185 (gegen „Missbrauch legitimen Kulturgüterschutzes"); in diesem Sinn auch *Schwarze* 113f. Für eine enge Auslegung der Ausnahmebestimmung von Art. 30 EG (ex-Art. 36 EGV) EuGH 10.12.1968, Rs. 7/68, Slg. 1968, 633ff., 643–645 *(Kommission der Europäischen Gemeinschaften c. Italienische Republik)*; *Mattera* 99f., 105; *Müller-Katzenburg* 123f.; *Pescatore* 585ff.; *Schorlemer* 500; *Uhl* 108, 137, 151. *Bila* 122–123 hält demgegenüber weder eine enge noch eine einheitliche Auslegung von Art. 30 EG für zwingend, solange der Verhältnismässigkeitsgrundsatz gewahrt bleibe. Für eine weite Auffassung des Begriffs des nationalen Kulturguts, da dies dem Gedanken des Internationalismus entspreche, *Hipp* 239. Gemäss OVG Lüneburg, 19.5.1992, NVwZ-RR 1993, 79ff., 81–82 und BVerwG 27.5.1993, BVerwGE 92, 288, 294 = NJW 1993, 3280ff., 3282 = DVBl. 1993, 1099, 1100 *(Silberzimmer der Welfen)* entspricht die deutsche Ausfuhrregelung, welche den gewöhnlichen Antiquitätenhandel nicht erschwert oder gar verhindert, den europarechtlichen Erfordernissen.

[66] *Siehr*, EG-Richtlinie 34f.; *ders.*, Kulturgüterschutz 185 (zum Fall Pagenstecher); vgl. vorne § 5 B II 2 und § 6 B I 2. Generell zweifelnd an der Binnenmarktkonformität der Ausfuhrverbote mit Erlaubnisvorbehalt in Frankreich und Österreich *Frier*, Exportation 267 Fn. 20 und *Preuschen* 42. A. A. Cons. d'Ét. 7.10.1987, Recueil Dalloz Sirey 1988, 269f. *(Min. de la Cul-*

Unter dem Gesichtspunkt der Verhältnismässigkeit gerechtfertigt sind Rückgabebegehren für kapitale Kunstwerke, für Kulturgüter, die einen speziellen Bezug zum ersuchenden Mitgliedstaat aufweisen und für Gegenstände, die als nationale Symbole gelten oder aus anderen Gründen Zeugnischarakter für die nationale Identität aufweisen.[67] Die Richtlinie lässt sich ohne weiteres in verhältnismässiger Art und Weise anwenden.

c. Geltungsbereich des Anhangs

Der Geltungsbereich des Anhangs der RL 93/7/EWG ist nach verbreiteter Ansicht zu weit und deshalb unverhältnismässig.[68] Bei Objekten, die keine Geltung als nationale Kulturgüter verdienen, kann der Eigentümer m. E. einwenden, die Rückgabeforderung sei unverhältnismässig, auch wenn sie Werke betreffen, welche sich unter eine Kategorie des Anhangs subsumieren lassen.

d. Entschädigung des gutgläubigen Erwerbers

Die Verhältnismässigkeit einer Rückgabe ist ferner zu beurteilen in Bezug auf die Entschädigung eines gutgläubigen Erwerbers.[69] Wer ein Gut, das er mit der erforderlichen Sorgfalt erworben hat, in den Herkunftsstaat zurückgeben muss, hat laut Art. 9 Abs. 1 RL 93/7/EWG Anspruch auf eine angemessene Entschädigung[70]. Gutgläubig im Sinn der Richtinie ist, wer sich nicht bewusst ist und sich auch nicht bewusst sein müsste, dass sein Objekt unrechtmässig verbracht worden ist.[71]

Der Ausschluss eines Entschädigungsanspruchs für bösgläubige Erwerber ist nicht unverhältnismässig.

Führt die Rückgabe des Kulturgutes zum Verlust des Eigentums, dürfte in der Regel nur eine Entschädigung in der Höhe des vollen Verkehrswerts des Gutes im ersuchten Staat oder ein höherer internationaler Handelswert als angemessen gelten, allenfalls der bezahlte Kaufpreis. Zudem sind Aufwendungen des Eigen-

---

ture c. Consorts Genty) mit explizitem Hinweis, ex-Art. 36 EGV rechtfertige Ausfuhrverbote für *trésors nationaux* – im vorliegenden Fall eine chinesische Vase aus der Yuan-Epoche.

[67] *Bila* 200; *Eberl* 735; *Schorlemer* 80; *Siehr*, Richtlinie und Privatrecht 229; *Uhl* 171, 172 mit dem Beispiel der Schnupftabakdose Friedrich des Grossen als nationalem Symbol Deutschlands.

[68] *Bila* 198; *Schwarze* 116–117; *Siehr*, Handel mit Kulturgütern in der EWG 2209.

[69] Als „Eigentümer" (Klagegegner) i. S. der Richtlinie gelten laut der Definition von Art. 1 Nr. 6 RL 93/7/EWG auch (Eigen-)Besitzer; *Bila* 168 f.; *Müller-Katzenburg* 119.

[70] *Mussgnug* 589 qualifiziert die Entschädigung als „enteignungsrechtlichen Ausgleich".

[71] *Bila* 189. Der gutgläubige Erwerb unrechtmässig verbrachter Kulturgüter ist insbesondere dann denkbar, wenn die Verbringung keine Genehmigung gemäss EG-Verordnung 3911/92 erfordert; *Mussgnug* 579.

tümers für den Erhalt der Sache zu entschädigen.[72] Gegen eine unangemessene Entschädigung kann sich der Eigentümer wehren. Aus dem Gemeinschaftsrecht lässt sich indessen kein Anspruch auf volle Entschädigung entnehmen.

Bewirkt die Rückgabepflicht „lediglich" den Besitzverlust, ist umstritten, auf welcher Basis die Entschädigung zu bemessen ist: Ist der gesamte Verkehrswert zu entschädigen,[73] der bezahlte Kaufpreis, Aufwendungen für Restaurationen oder gar das Affektionsinteresse des Eigentümers?[74] Aufgrund der Praxis des Gerichtshofs zum Eigentumsgrundrecht lässt sich diese Frage nicht beantworten.

e. Beeinträchtigung des Kunsthandels

Gegen die RL 93/7/EWG wurde der Einwand vorgebracht, sie beschränke den freien Kunsthandel und sei deshalb materiell rechtswidrig.[75] Sicherlich beschränken die Bestimmungen über die Rückgabepflicht für unrechtmässig verbrachte Objekte den freien Handel. Der legale Handel wird aber nicht verunmöglicht. Die Kritik ist m. E. verfehlt.

f. Praxis

Nach Ansicht der Kommission der Europäischen Gemeinschaften gibt es zwar einen regen illegalen Handel mit Kulturgut. Die unrechtmässige Verbringung von nationalen Kulturgütern scheint aber nicht sehr häufig zu sein.[76]

Wie die Praxis den Begriff des nationalen Kulturguts auslegen wird, lässt sich erst in Ansätzen abschätzen. Zwischen 1993 und 1999 erfolgten erst einige wenige Rückführungen, so von Teilen eines geschnitzten Holzaltars aus dem 15. Jahrhundert und verschiedener Ölgemälde, die nach Portugal zurückgekehrt sind, oder von einer Sammlung alter Medaillen, welche Finnland zurückgefordert hat.[77] Unter den Gemälden, die Portugal von Italien zurückgefordert hat, befinden sich Werke von Delacroix und Miguel Angel Lupi. Italien hat das Begehren betreffend das Werk von Delacroix also nicht unter Hinweis auf dessen französische Nationalität abgelehnt.

---

72 *Siehr*, Kulturgüterschutz 179.

73 So *Eberl* 733, der geltend macht, das Eigentum habe nach der Rückgabe bloss noch „Papierwert", sei u. U. gar eine Belastung (Unterhaltskosten, Vermögenssteuern, Versicherung). *Bila* 192 geht davon aus, dass der Entzug der gesamten Nutzungsmöglichkeiten in der Höhe des Verkehrswerts der Sache zu entschädigen ist.

74 *Bila* 191; *De Ceuster* 83; *Frier*, Patrimoine culturel 497.

75 *Eberl* 734–735; a. A. *Bila* 197 f.

76 *Kommission der Europäischen Gemeinschaften* 15.

77 *Kommission der Europäischen Gemeinschaften* 23.

Art. 4 Nr. 6 RL 93/7/EWG erwähnt als Aufgaben der Behörden auch die Vermittlung zwischen Eigentümer und ersuchendem Staat betreffend die Rückgabe. In der Tat sind, soweit ersichtlich, bis anhin sämtliche Rückgabeansprüche aussergerichtlich geklärt worden.[78]

5. Fazit

Die Bestimmungen der RL 93/7/EWG, wie sie in die nationalen Rechtsordnungen der Mitgliedstaaten übernommen worden sind, sind mit dem Eigentumsgrundrecht vereinbar. In der Praxis sind Rückgabeforderungen verhältnismässig zu beurteilen, d. h. insbesondere, dass die Rückgabe nur für eigentliche *trésors nationaux* angeordnet werden dürfen. Der Besitzer, dessen Kulturgut zurückgefordert wird, kann einwenden, das Objekt falle nicht in den Geltungsbereich der Richtlinie, weil es sich nicht um ein nationales Kulturgut des ersuchenden Staates i. S. v. Art. 30 EG handle. Dieser Einwand ist u. U. im Vorabentscheidungsverfahren vom EuGH zu klären.[79]

II. Verordnung (EWG) Nr. 3911/92 des Rates

Seit dem 1. Januar 1993, dem Datum der Verwirklichung des europäischen Binnenmarkts, gibt es keine Zollkontrollen mehr an den Binnengrenzen der Mitgliedstaaten der Europäischen Union. Dies erschwert die Durchsetzung nationaler Ausfuhrverbote für Kulturgüter. Um zu verhindern, dass unrechtmässig in einen Mitgliedstaat verbrachte Kulturgüter legal aus der Union ausgeführt werden können, wurde die Ausfuhr von Kulturgütern aus dem Gebiet der Europäischen Union in der EG-Verordnung 3911/92 geregelt. Gemäss den Bestimmungen dieser Verordnung können Kulturgüter, die sich unter eine der Kategorien gemäss Anhang zur EG-Verordnung 3911/92 subsumieren lassen und die in einem Mitgliedstaat als nationale Kulturgüter einer Ausfuhrbeschränkung oder einem Ausfuhrverbot unterliegen, legal nur mit einer Ausfuhrgenehmigung aus dem Unionsgebiet ausgeführt werden. Über die Erteilung der Genehmigung entscheidet die Behörde des Mitgliedstaats, in welchem sich das Kulturgut rechtmässig befindet.[80] Sie berücksichtigt dabei die anwendbaren Schutzbestimmun-

---

[78] *Kommission der Europäischen Gemeinschaften* 6, 23.

[79] *Bila* 187.

[80] Gemäss Art. 2 Abs. 2 Unterabsatz 1 EG-Verordnung 3911/92 wird die Genehmigung erteilt „von einer zuständigen Behörde des Mitgliedstaats, in dessen Hoheitsgebiet sich das betreffende Kulturgut am 1. Januar 1993 rechtmässig und endgültig befunden hat, oder, nach dem genannten Datum, von einer zuständigen Behörde des Mitgliedstaats, in dessen Hoheitsgebiet es sich nach rechtmässiger und endgültiger Verbringung aus einem anderen Mitgliedstaat oder nach der Einfuhr aus einem Drittland oder der Wiedereinfuhr aus einem Drittland nach rechtmässiger Verbringung aus einem Mitgliedstaat in dieses Land befindet“, d. h., dass der *Herkunftsstaat* die Genehmigung erteilen muss; *Mussgnug* 566; *Siehr*, Handel

gen für nationales Kulturgut von künstlerischem, geschichtlichem oder archäologischem Wert.[81] Die EG-Verordnung 3911/92 hilft somit nationale Ausfuhrbeschränkungen nach einheitlichen Vorgaben an den Aussengrenzen der Union durchzusetzen; sie ist ein Überwachungsinstrument.[82]

Bei der Ausfuhrregelung gemäss EG-Verordnung 3911/92 handelt es sich um eine Ausübungsbeschränkung auch für privates Eigentum, denn die Nutzung und Verfügung über Eigentum an Kulturgütern wird im Hinblick auf die Ausfuhr aus dem Unionsgebiet einer Genehmigungspflicht unterstellt. Es ist zu prüfen, ob diese Genehmigungspflicht mit dem europarechtlichen Eigentumsgrundrecht vereinbar ist.

I. Gesetzliche Grundlage

Die EG-Verordnung 3911/92 wurde vom Rat erlassen. Aufgrund der Struktur der Europäischen Union und der prägenden Rolle von Rat und Kommission bei deren Rechtsetzung müssen Erlasse, welche Grundrechte einschränken, nicht vom Parlament erlassen werden.[83] Im formellen Sinn bildet die EG-Verordnung 3911/92 somit eine genügende gesetzliche Grundlage für die Genehmigungspflicht.

Die gesetzliche Bestimmung muss „klar und deutlich [sein], damit der Betroffene seine Pflichten unzweideutig erkennen und somit seine Vorkehrungen treffen kann".[84] Je schwerer die Eingriffe, desto bestimmter müssen sie im Rechtsakt umschrieben sein.[85] Es fragt sich, ob der Geltungsbereich der Verordnung hinreichend deutlich ist. Dies ist zu bejahen. Der Genehmigungspflicht unterliegen gemäss Art. 2 Abs. 1 i. V. m. Art. 1 EG-Verordnung 3911/92 Kulturgüter, die im Anhang aufgeführt sind. Betreffend die Bestimmtheit des Anhangs kann auf vorstehende Ausführungen verwiesen werden.[86]

---

mit Kulturgütern in der Europäischen Union und in der Schweiz 359. Missverständlich *Kommission der Europäischen Gemeinschaften* 9.

81 Art. 2 Abs. 2 EG-Verordnung 3911/92. Zur Vereinbarkeit nationaler Handelsbeschränkungen für Kulturgut mit der Warenverkehrsfreiheit vgl. Art. 30 EG sowie vorne Fn. 53 und 55.

82 *Müller-Katzenburg* 115; *Raschèr* 39.

83 *Milczewski* 275–276; *Schildknecht* 45.

84 EuGH 9.7.1981, Rs. 169/80, Slg. 1981, 1931 ff., 1942 Rz. 17 *(Zollverwaltung c. Gondrand Frères)* betreffend Abgaberecht; vgl. auch EuGH 25.9.1984, Rs. 117/83, Slg. 1984, 3291 ff., 3302 Rz. 11 *(Karl Könecke GmbH)* betreffend Kautionen; *Milczewski* 272; *Müller-Michaels* 48. Der Bestimmtheitsgrundsatz wird als allgemeiner Rechtsgrundsatz vom EuGH selbständig geprüft; *Schildknecht* 46.

85 *Milczewski* 273.

86 Vorne § 9 C I 1 zum (gleichlautenden) Anhang der RL 93/7/EWG. Der Anhang wurde bereits mehrfach geändert: betreffend die Zuordnung von Aquarellen, Gouachen und Pastellen vgl. Verordnung (EG) Nr. 2469/96 des Rates vom 16.12.1996 zur Änderung des Anhangs der

2. Allgemeininteresse

Eingriffe ins Eigentumsrecht müssen durch ein Allgemeininteresse gerechtfertigt werden. Die Kontrolle der Ausfuhr von Kulturgütern an der Aussengrenze der Union soll den Schutz von Kulturgütern gewährleisten.[87]

Die Gemeinschaft wahrt gemäss Art. 151 EG die regionale und nationale Vielfalt der Kulturen. Das Allgemeininteresse einer Genehmigungspflicht für die Ausfuhr von Kulturgut aus dem Gebiet der Union dürfte grundsätzlich gegeben sein, jedenfalls für Objekte, die tatsächlich eine Bedeutung für das regionale, nationale oder europäische Kulturerbe beanspruchen können.

3. Verhältnismässigkeit

Der Grundsatz der Verhältnismässigkeit ist ein weiterer allgemeiner Grundsatz des Gemeinschaftsrechts. Er fordert, dass Massnahmen zur Erreichung legitimer Ziele geeignet und erforderlich sind, die jeweils mildeste Massnahme gewählt wird und dass die Belastungen mit den Zielen in einem angemessenen Verhältnis stehen.[88] Der EuGH überprüft generelle Regelungen im Hinblick auf die Verhältnismässigkeit nur zurückhaltend, dürfte aber die Verhältnismässigkeit von Massnahmen im Einzelfall genauer prüfen.[89]

In der EG-Verordnung 3911/92 sind keine materiellen Ausfuhrverbote enthalten. Die Verordnung bewirkt lediglich, dass die jeweils anwendbaren nationalen Gesetzgebungen bei der Ausfuhr aus dem gemeinsamen Zollgebiet angewendet werden. Die Bewilligungspflicht ist ein geeignetes und wohl das mildeste Mittel, um nationale Kulturgüter vor der unrechtmässigen Ausfuhr aus dem Gebiet der Europäischen Union zu schützen. Sie führte beim internationalen Handel offenbar zu einer Sensibilisierung für Fragen des Kulturgüterschutzes.[90] Die EG-Verordnung 3911/92 belastet insbesondere diejenigen Eigentümer, welche die entsprechenden nationalen Bestimmungen bei der Verbringung eines Kulturguts in einen anderen Mitgliedstaat missachtet haben.[91] Die Regelung dürfte daher grundsätzlich als angemessen gelten.

Verordnung (EWG) Nr. 3911/92; betreffend die „Wertgruppe 0“ vgl. die Verordnung (EG) Nr. 974/2001 des Rates vom 14. Mai 2001 zur Änderung der Verordnung (EWG) Nr. 3911/92. *Kommission der Europäischen Gemeinschaften* 17. Zu Unklarheiten des Anhangs vgl. *Mussgnug* 567 Fn. 13, zu einzelnen Fragen des Geltungsbereichs vgl. *Mussgnug* 577–578.

87 Ingress der EG-Verordnung 3911/92.

88 Art. 5 EG; EuGH 11.7.1989, Rs. 265/87, Slg. 1989, 2237ff., 2269 Rz. 21 *(Schräder)*.

89 EuGH 10.3.1998, Rs. C-122/95, Slg. 1998, I-973ff., 1020 Rz. 79 *(Deutschland)*; *Schildknecht* 68–69, 77.

90 *Kommission der Europäischen Gemeinschaften* 7.

91 Vgl. Art. 2 Abs. 2 Unterabsatz 1 EG-Verordnung 3911/92.

Problematisch ist, dass die EG-Verordnung 3911/92 auch offensichtlich unangemessene nationale Ausfuhrverbote europaweit durchzusetzen hilft. Begrenzt ist der Schutz lediglich durch die Kategorien im – als zu umfangreich kritisierten[92] – Anhang und die „Bagatellklausel" in Art. 2 Abs. 2 Unterabsatz 2. In der Praxis scheinen die meisten Mitgliedstaaten dem Schutz fremder nationaler Kulturgüter aber nur dann ihre Aufmerksamkeit zu widmen, wenn es sich um ausserordentlich wertvolle Objekte handelt. In den übrigen Fällen wird die Ausfuhrgenehmigung ohne vertiefte Prüfung erteilt. Die Bewilligung scheint nur in sehr seltenen Fällen verweigert zu werden.[93]

Betreffend das Problem, für welche „nationalen Kulturgüter" ein europaweiter Schutz gerechtfertigt ist, ist auf die Ausführungen im Zusammenhang mit der RL 93/7/EWG zu verweisen.[94]

4. Fazit

Die EG-Verordnung 3911/92 bildet eine genügende gesetzliche Grundlage für eine Bewilligungspflicht für die Ausfuhr nationaler Kulturgüter aus dem gemeinsamen Zollgebiet. Die Regelung ist aufgrund der Interessen der Union gerechtfertigt zur Wahrung der nationalen und regionalen kulturellen Vielfalt der Mitgliedstaaten und dürfte nach der Praxis des EuGH grundsätzlich als verhältnismässig gelten. Fragwürdig und allenfalls gar erfolgreich anfechtbar wäre es, wenn die EG-Verordnung 3911/92 zur Durchsetzung von Ausfuhrverboten für Kulturgüter missbraucht würde, die nicht die Bedeutung von nationalen Kulturgütern haben. Dies wäre theoretisch zwar möglich, scheint aber in der Praxis der Mitgliedstaaten nicht üblich zu sein.

D. Eigentumsentzug

Der Eigentumsentzug spielte bis anhin in der Praxis des EuGH keine Rolle.[95] Die Zulässigkeit einer formellen Enteignung dürfte vermutlich unter dem Gesichtspunkt der Verhältnismässigkeit beurteilt werden.[96] Enteignungen durch Gemeinschaftsorgane müssen wohl entschädigt werden.[97]

---

92 *Bila* 156–157.

93 *Kommission der Europäischen Gemeinschaften* 8, 9, 20.

94 Vorne § 9 C I 4b.

95 *Müller-Michaels* 45 f.

96 *Müller-Michaels* 46–47.

97 *Milczewski* 286. Frage nach einem entsprechenden allgemeinen Rechtsgrundsatz offengelassen in EuG 29.1.1998, Rs. T-113/96, Slg. 1998, II-125ff., 145 Rz. 57 *(Dubois et Fils)*.

Fraglich ist, ob – im Zusammenhang mit den nationalen Umsetzungen der RL 93/7/EWG – eine Rückgabeverfügung als Eigentumsentzug gelten könnte, welche für den vormaligen Eigentümer den Verlust des Eigentums zur Folge hat, nicht bloss den Verlust des Besitzes.[98] Das Eigentum an der Sache fällt jedoch in keinem Fall an die Gemeinschaft, sondern an den ersuchenden Staat. Es handelt sich somit nicht um eine formelle Enteignung aufgrund europäischen Rechts. Die entsprechende Massnahme ist vielmehr nach dem anwendbaren nationalen Verfassungsrecht zu beurteilen.[99] Nach der hier vertretenen Auffassung ist der Verlust des Eigentums lediglich die Folge der Ausübungsbeschränkung, vergleichbar mit Sanktionen für widerrechtliches Verhalten, welche den Verfall von Eigentum zu Gunsten des Staates vorsehen.

E. Zusammenfassung

Europäisches Recht ist nach der europarechtlichen Eigentumsgarantie zu beurteilen. Nationale Verfassungsrechte spielen in der Praxis des EuGH keine Rolle.

Das Gebot der Rückführung unrechtmässig innerhalb der Gemeinschaft verbrachter Kulturgüter und die Bewilligungspflicht für die Ausfuhr nationaler Kulturgüter aus dem Gemeinschaftsgebiet sind als Ausübungsbeschränkungen mit dem Eigentumsgrundrecht vereinbar: Die nationalen Umsetzungsgesetze der RL 93/7/EWG wie auch die EG-Verordnung 3911/92 taugen als genügende gesetzliche Grundlagen für die Beschränkungen. Die Bestimmungen dienen dem Schutz der regionalen und nationalen Vielfalt der Kulturen und liegen daher im Allgemeininteresse der Gemeinschaft. Das Rückgabegebot lässt sich in verhältnismässiger Art und Weise vollziehen. Als verhältnismässig dürften wohl nur Rückgabegebote für Objekte gelten, welche aufgrund ihrer Bedeutung den Rang nationaler Kulturgüter auch in den Augen der übrigen Mitgliedstaaten verdienen. Die Pflicht, eine Ausfuhrgenehmigung laut EG-Verordnung 3911 einzuholen, wiegt nicht allzu schwer und dürfte in den meisten Fällen als verhältnismässig zu erachten sein.

Aufgrund der späten Umsetzung der RL 93/7/EWG in verschiedenen Mitgliedstaaten wirken die Bestimmungen u. U. zurück und greifen so in bereits begründete Rechte ein. Rückgabegebote aufgrund von unrechtmässigen Verbringungen, die vor Inkrafttreten des anwendbaren Umsetzungsgesetzes stattgefunden

---

[98] Vgl. vorne § 9 C I.

[99] *Mussgnug* 568 qualifiziert die Herausgabepflicht an den Staat bzw. eine Konfiskation als enteignende Massnahme. Zur Vereinbarkeit von Konfiskationen mit dem Eigentumsgrundrecht vgl. hinten § 10 E IV.

haben, dürften gegenüber gutgläubigen Erwerbern nur bei voller Entschädigung als verhältnismässig gelten.

Erste Anwendungen der Praxis lassen darauf schliessen, dass die Mitgliedstaaten die europäischen Regelungen eher zurückhaltend einsetzen. Falls die europäischen Kulturgutschutzbestimmungen tatsächlich zu einer Sensibilisierung im Kunsthandel für die Fragen des nationalen Kulturerbes führen, dürfte ein Hauptziel der Regelungen jedoch erreicht sein.

Kapitel 2: Vergleich

§ 10 Handelsbeschränkungen als Eigentumseingriffe

A. Allgemeines

Aus den Länderberichten wird ersichtlich, dass die Dogmatik der verfassungsrechtlichen Eigentumsgarantie in den untersuchten civil-law-Ländern vergleichbar ist. Nutzungsregelungen für Eigentum werden von Enteignungen mehr oder weniger strikte abgegrenzt, und regelmässig spielt es eine Rolle, ob Gesetze und Verfügungen den Bestand an privaten Eigentumsrechten im konkreten Fall mindern. Im Rahmen der vorliegenden Arbeit stellt sich die Frage, ob und inwiefern konkrete Handelsbeschränkungen des materiellen Rechts mit der Eigentumsgarantie vereinbar sind. Vorerst ist rechtsvergleichend zu prüfen, inwiefern Handelsbeschränkungen überhaupt in verfassungsrechtlich geschütztes Eigentum eingreifen.

B. Ausfuhrbeschränkungen

Ausfuhrbeschränkungen für private Kulturgüter kennen sämtliche in der vorliegenden Arbeit untersuchten Rechtsordnungen. In der Schweiz kann die Ausfuhr von Kulturgütern gegen den Willen ihrer privaten Eigentümer nur im Kanton Tessin verhindert werden.

Verbietet ein Staat die Ausfuhr eines Kulturguts, darf der Eigentümer das Objekt nur im Inland nutzen und nicht auf dem internationalen Markt verkaufen. Die Beschränkung auf den inländischen Markt wirkt sich wegen der kleineren Nachfrage regelmässig nachteilig auf den Wert des Objekts aus.

In Bezug auf die verfassungsrechtliche Eigentumsgarantie stellt sich die Frage, ob Ausfuhrbeschränkungen dem Eigentümer Rechte entziehen, die unter dem Schutz der Eigentumsgarantie stehen. In den gerichtlich entschiedenen Fällen wurden Ausfuhrbeschränkungen stets als Nutzungsregelungen bzw. als Inhalts- und Schrankenbestimmungen des Eigentums qualifiziert. Die Anwendung der Regeln, die für Enteignungen gelten, wurde ausgeschlossen mit der Begründung, dass Eigentümer ihre Kulturgüter im Inland trotz des Ausfuhrverbots nutzen und auch veräussern können.[1] Aufgrund der Praxis der Verfassungsgerichte zu

---

[1] Explizit VGH Mannheim 14.3.1986, NJW 1987, 1440; BVerwG 27.5.1993, BVerwGE 92, 288 = NJW 1993, 3280ff. = DVBl. 1993, 1099 *(Silberzimmer der Welfen)*; *Walter c. Frankreich,* EKMR 30.8.1994, 21535/93 (unveröffentlicht). In BGer 23.12.1987, BGE 113 Ia

vergleichbaren Eigentumsbeschränkungen, beispielsweise betreffend Baubeschränkungen für Immobilien aus Gründen des Landschaftsschutzes, dürften Ausfuhrbeschränkungen in sämtlichen in der vorliegenden Arbeit untersuchten Rechtsordnungen zu den Nutzungsregelungen zählen.[2] Meines Erachtens bleibt angesichts der strengen Praxis der Gerichte kein Raum für eine Interpretation von Ausfuhrbeschränkungen als (formelle) Enteignungen.

Ausfuhrverbote können sich in Einzelfällen für den Eigentümer so einschränkend auswirken, dass sie sich ähnlich wie eine Enteignung auswirken[3] oder als sog. materielle Enteignung gelten. Dies ist insbesondere dann der Fall, wenn sich ein Verkauf des von der Ausfuhrsperre betroffenen Gutes faktisch als unmöglich erweist.[4] Als materielle Enteignung könnte allenfalls auch die Verweigerung einer Ausfuhrbewilligung gelten, wenn der Eigentümer auswandert.[5] Ausfuhrbeschränkungen dürften jedoch vom EGMR selbst in solchen Fällen kaum je als De-facto-Enteignungen anerkannt werden.[6]

Im Vereinigten Königreich wird die Ausfuhr eines Objekts ins Ausland nicht verhindert, sondern lediglich aufgeschoben, wenn es gemäss den „Waverley Criteria" als nationales Erbe eingeschätzt wird. Die Ausfuhrbewilligung wird nur dann versagt, wenn der Eigentümer ein Kaufangebot zum aktuellen Marktwert ausschlägt. Diese Massnahme ist, wenn überhaupt, höchstens als leichter Eingriff ins Eigentumsrecht zu werten.[7]

Von Ausfuhrverboten sind Bewilligungspflichten für die Veränderung des Lageortes innerhalb der Staaten zu unterscheiden, welche im Interesse des Denkmalschutzes bestehen. Sie sind ebenfalls als Nutzungsbeschränkungen zu qualifizieren.[8]

---

368 = Pra 78 (1989) 522 *(Balli c. Stato del Cantone Ticino)* machten die Eigentümer keine formelle, sondern eine materielle Enteignung geltend.

2 Vgl. vorne § 3 C II, § 4 B I, § 5 B I, § 6 B I, § 8 B IV.

3 *Siehr*, Art Trade 133 f. Nr. 161.

4 BGer 23. 12. 1987, BGE 113 Ia 368 ff., 379–381 = Pra 78 (1989) 522 ff., 533–535 *(Balli c. Stato del Cantone Ticino)*.

5 Vorne § 6 B I 4. Zur Problematik der Behinderung der Niederlassungsfreiheit durch Exportbestimmungen für Kulturgut vgl. *Siehr*, Freizügigkeit 487–488.

6 Vorne § 8 B IV.

7 Vorne § 7 B.

8 Vgl. BGer 23. 12. 1987, BGE 113 Ia 368 ff., 377 = Pra 78 (1989) 522 ff., 531 f. *(Balli c. Stato del Cantone Ticino)* und vorne § 2 B V 3, § 3 B IV und § 4 B III.

C. Staatlicher Erwerb von Kulturgütern

Staaten, staatliche Museen und andere staatliche Institutionen können Kulturgüter auf verschiedenen Wegen erwerben. Der *freihändige Erwerb* auf dem Markt stellt keine verfassungsrechtlichen Probleme. Keine Eingriffe ins Eigentum sind *Kaufangebote* des Staates oder Privater, denn der Eigentümer ist frei, sie zu akzeptieren oder nicht.[9] Die in der Praxis wichtig gewordene *dation en payement*, ein Instrument des (Erbschafts-)Steuerrechts, ist kein Thema der vorliegenden Arbeit.

Vorkaufsrechte für Kulturgüter zu Gunsten der öffentlichen Hand bestehen in zahlreichen schweizerischen Kantonen,[10] in Frankreich[11] und in Italien.[12] Wenig bekannt sind sie in Deutschland.[13] In Österreich und im Vereinigten Königreich existieren keine staatlichen Vorkaufsrechte für Kulturgüter. Übt der Staat sein Vorkaufsrecht an einem Kunstgegenstand aus, hat der ursprüngliche Eigentümer sein Eigentum auf den Staat zu übertragen, ähnlich wie bei einer formellen Enteignung. Zu berücksichtigen ist jedoch, dass der Staat das Vorkaufsrecht erst dann ausüben kann, wenn der Eigentümer das Objekt veräussern will. Der staatliche Erwerber hat den Eigentümer zu bezahlen. In der Regel bezahlt der Staat den Kaufpreis der Sache, keine Enteignungsentschädigung. Das spezifisch enteignungsrechtliche Verfahren ist nicht anwendbar.

Vorkaufsrechte fallen unter die Nutzungsregelungen für Eigentum. Die italienische Praxis und Doktrin zählen das Vorkaufsrecht des Staates zu den enteignungsähnlichen Massnahmen. In den meisten Fällen ist die Einordnung nicht von Belang. Interessant wird die Frage jedoch, wenn der Eigentümer für seine Sache vom Staat weniger kriegt, als er mit dem ursprünglichen Käufer vereinbart hat. In solchen Fällen sind m. E. die Grundsätze massgebend, die bei formellen Enteignungen gelten.

---

9 Kaufangebote für Kulturgüter spielen im Zusammenhang mit Ausfuhrregelungen eine Rolle in Österreich (Ersatzkauf, vorne § 4 C II), in Frankreich (Art. 9 und 9-1 Loi 92-1477 du 31 décembre 1992 relative aux produits soumis à certaines restrictions de circulation in der Fassung gemäss Art. 3 und 4 Loi 2000-643 du 10 juillet 2000 relative à la protection des trésors nationaux) und im Vereinigten Königreich (vorne § 7 B).

10 Vorne § 2 B II.

11 Art. 37 Loi du 31 décembre 1921 portant fixation du budget général de l'exercice 1922 in der Fassung gemäss Art. 59 i. V. m. Art. 9 Abs. 3 Loi 2000-642 du 10 juillet 2000 portant réglementation des ventes volontaires de meubles aux enchères publiques; Art. 20 Loi 79-18 du 3 janvier 1979 sur les archives.

12 Art. 59 Testo unico.

13 Auf Bundesebene gibt es keine entsprechenden Vorkaufsrechte. Zur Situation in den Bundesländern vgl. *Weber* 55 und *Plutschow* 49.

Meist trifft das Vorkaufsrecht den ausgeschlossenen Käufer am härtesten. In allen untersuchten Rechtsordnungen mit Ausnahme der Schweiz umfasst die Eigentumsgarantie kein Recht auf den Erwerb von Eigentum, so dass sich der verdrängte Käufer nicht auf die Eigentumsgarantie berufen kann.

Theoretisch könnten Vorkaufsrechte mit der Institutsgarantie des Eigentums in Konflikt geraten. Falls der Staat mit der Zeit alle privaten Kulturgüter ankaufen würde, wäre dies eine erhebliche Einschränkung des Instituts Privateigentum. Zur Zeit besteht kein Anlass zu entsprechenden Befürchtungen.[14]

Das *Erwerbsrecht*, wie es Italien und Spanien noch immer kennen und das in Frankreich bis 1992 eine gewisse Rolle gespielt hat, unterscheidet sich von einem Vorkaufsrecht. Es kann auch dann ausgeübt werden, wenn der Eigentümer nicht verkaufswillig ist. Das Verfahren wird durch ein Gesuch um Ausfuhrbewilligung ausgelöst.[15] Das Erwerbsrecht ist eine enteignungsähnliche Massnahme.[16]

Schliesslich kann der Staat Kulturgüter erwerben, indem er sie formell enteignet.[17] Nicht alle Staaten verfügen über die notwendigen gesetzlichen Grundlagen, um bewegliche Kulturgüter enteignen zu können.[18]

D. Internationale Rückgabegebote

I. Privatrechtliche Rückgabegebote

Wer ein Kulturgut erworben hat, das dem rechtmässigen Eigentümer gestohlen wurde oder abhanden gekommen ist, kann zur Rückgabe verpflichtet werden, falls dies in landesrechtlichen Bestimmungen oder in einer anwendbaren internationalen Konvention vorgesehen ist.[19] Weil das Objekt unter dem stillschweigenden Vorbehalt einer solchen Rückforderung erworben wurde, greift das Rückgabegebot nicht in das Eigentum ein. Die Bestandesgarantie des Eigentums

---

14 Vorne § 2 D I; *Bila* 200.

15 Art. 68 Testo unico; Art. 33 Ley 16/1985, de 25 de junio, del Patrimonio Histórico Español und *Gonzalez Campos/Virgos Soriano* 341. Vgl. vorne § 5 C II, § 6 C III, § 8 B I.

16 Cons. Stato, Sez. VI, 24.1.1989, ord.n. 22, Foro amm. 1989, 177ff., 182 *(Pagenstecher c. Provincia Autonoma Bolzano, Min. beni culturali ed ambientali)*.

17 *Italien:* Art. 91 Abs. 1 Testo unico. In *Frankreich* können nur Grabungsfunde und Meereskulturgüter enteignet werden; Art. 5 und 16 Loi du 27 septembre 1941 relative à la réglementation des fouilles archéologiques, Art. 11 Loi 89-874 du 1er décembre 1989 relative aux biens culturels maritimes et modifiant la loi du 27 septembre 1941 portant réglementation des fouilles archéologiques. Vgl. auch vorne § 2 B IV, § 3 C I.

18 Österreich verfügt bloss über das enteignungsähnliche Ablöserecht für Bodenfunde gemäss § 10 DMSG. Im Vereinigten Königreich existiert, soweit ersichtlich, kein Enteignungsrecht für bewegliche Kulturgüter.

19 Beispiel: Art. 3 Abs. 1 Unidroit-Konvention 1995.

bleibt gewahrt.[20] Die zivilrechtliche Rückgabepflicht kann nicht mit einer staatlichen Enteignung gleichgesetzt werden.[21]

Die Regelung privatrechtlicher Verhältnisse und damit auch die Rückgabegebote für Kulturgüter zählen zu den Nutzungsregelungen für Eigentum. Der Staat hat in seinem Privatrecht die entgegengesetzten Interessen „Schutz vor Verlust des Eigentums" und „Verkehrsschutz" abzuwägen und die Ansprüche von bestohlenen Eigentümern und gutgläubigen Erwerbern zu klären. Die Eigentumsgarantie erlaubt dabei verschiedene Lösungen, beispielsweise im Hinblick auf die Entschädigung eines gutgläubigen Erwerbers, die Beweislast für den guten Glauben und die Verjährungsfristen.

Bei der Ausgestaltung der Privatrechtsordnung hat der Gesetzgeber die Institutsgarantie zu berücksichtigen. Spezialbestimmungen zum Schutz von Kulturgütern, die von den allgemeinen privatrechtlichen Regeln abweichen, sind prinzipiell nur in Bezug auf die Institutsgarantie zu prüfen. In der vorliegenden Arbeit werden darüber hinaus Fragen des öffentlichen Interesses und der Verhältnismässigkeit von Rückgabegeboten erörtert, obwohl sie mehr politischer als verfassungsrechtlicher Natur sind.

II. Öffentlichrechtliche Rückführungsgebote[22]

Internationale Übereinkommen wie die Unidroit-Konvention 1995, bilaterale Zusatzübereinkommen zur UNESCO-Konvention 1970 sowie die Richtlinie 93/7/EWG enthalten Rückführungsgebote für Kulturgut, das unrechtmässig aus dem Herkunftsstaat ausgeführt worden ist. Auch ein gutgläubiger Erwerber von solchem Kulturgut kann zur Rückführung verhalten werden. Ziel dieser Regelungen ist die physische Rückkehr nationaler Kulturgüter in den ersuchenden (Herkunfts-)Staat. Der Eigentümer kann somit verpflichtet werden, das Gut in den Herkunftsstaat zu verbringen und dort in einem Zweitdomizil oder als Leihgabe in einem Museum aufzubewahren.[23]

Öffentlichrechtliche Rückführungsgebote sind eine Folge der nach dem Recht des Herkunftsstaates unrechtmässigen Ausfuhr von Kulturgütern. Wer ein unrechtmässig ausgeführtes Objekt erwirbt, erwirbt es unter dem stillschweigenden Vorbehalt einer Rückforderung. Auch das öffentlichrechtliche Rückführungs-

---

20 Vorne § 2 B III 1.

21 Ausgenommen sind rückwirkende Massnahmen wie der Bundesratsbeschluss vom 10.12.1945. Vgl. vorne § 2 B III 1.

22 Rückführungsgebote werden im Folgenden unter dem Begriff „Rückgabegebote" subsumiert, soweit sich eine terminologische Differenzierung nicht aufdrängt.

23 Vgl. Art. 6 Abs. 3 Unidroit-Konvention 1995; *Siehr*, Art Trade 219 Nr. 275 sowie vorne § 2 B III und § 9 C I.

gebot gilt als Nutzungsregelung, die nicht in bestehende Rechte eingreift. Selbst wenn das Kulturgut nach seiner physischen Rückführung vom ersuchenden Staat konfisziert wird, m. a. W. wenn das Rückführungsgebot zum Verlust des Eigentums führt, ist dies verfassungsrechtlich nicht als formelle Enteignung zu behandeln.[24]

Ausnahmsweise können Rückführungsgebote in rechtmässig begründetes Eigentum eingreifen. Dies ist der Fall, wenn diese Massnahmen rückwirkend gelten.[25] Ein (schwerer) Eingriff in bestehende Rechte wäre die formelle Enteignung, um Ansprüche i. S. v. Art. 7b (ii) UNESCO-Konvention 1970 gegenüber privaten Eigentümern durchzusetzen.[26]

Die „Rückholung" gemäss § 36 Abs. 2 des österreichischen Denkmalschutzgesetzes ist kein Eigentumseingriff. Der Staat kann die Rückführung unrechtmässig aus Österreich ausgeführter Objekte nur indirekt mit Hilfe weiterer Massnahmen bewirken.[27]

E. Weitere Massnahmen

I. Anzeige- und Mitteilungspflichten

Private Eigentümer sind in vielen Fällen verpflichtet, Ortsveränderungen und Veräusserungen von Kulturgut einer Behörde anzuzeigen.[28]

Anzeige- und Mitteilungspflichten werden als einfache administrative Verfahrenspflichten betrachtet, welche das Eigentum nicht beeinträchtigen. Sie wirken sich weder auf den Bestand noch auf den Wert der Sache aus.[29]

---

24 Vorne § 2 B III 1, § 9 C I und § 9 D.

25 Rückwirkend sind die Umsetzungsgesetze zur RL 93/7/EWG, soweit sie auf Sachverhalte anwendbar sind, welche sich vor ihrem Erlass ereignet haben. Vgl. vorne § 9 C I 2.

26 *Knott* 154f.; Bernhard *Walter* 52, kritisch im Hinblick auf die Verfassungsmässigkeit 187–189.

27 Vorne § 4 B II.

28 Beispiele: *Basel-Landschaft:* § 3 Abs. 2 Verordnung betreffend die Erhaltung von Altertümern; *Freiburg:* Art. 26 Abs. 2 Gesetz über den Schutz der Kulturgüter; *Luzern:* § 11 Abs. 1 und § 12 Gesetz über den Schutz der Kulturdenkmäler; *Tessin:* Art. 26 und 28 Legge sulla protezione dei beni culturali; *Waadt:* Art. 66 Abs. 2 Loi sur la protection de la nature, des monuments et des sites; *Deutschland:* § 9 Abs. 1 und 2 Gesetz zum Schutz deutschen Kulturgutes gegen Abwanderung; *Frankreich:* Art. 19 Abs. 3 Loi du 31 décembre 1913 sur les monuments historiques; *Italien:* Art. 58 Testo unico.

29 Vgl. BGer 23.12.1987, BGE 113 Ia 368ff., 377 = Pra 78 (1989) 522ff., 531–532 *(Balli c. Stato del Cantone Ticino)* betreffend Bewilligungspflichten. Vorne § 2 B V 4; § 3 B V.

II. Res extra commercium

Gewisse Kulturgüter wie beispielsweise archäologische Fundstücke oder kirchliche Güter sind in vielen Rechtsordnungen dem Rechtsverkehr ganz oder teilweise entzogen. Sie können weder veräussert noch gutgläubig erworben werden, allenfalls fallen sie eo ipso ins Eigentum des Staates.[30]

Bestimmungen, die in diesem Sinne den privaten Erwerb von gewissen Objektkategorien verunmöglichen, sind im Hinblick auf die Eigentumsgarantie unproblematisch.[31] Diese Bestimmungen sind Ausfluss der Kompetenz des Gesetzgebers, den Umfang und die Nutzung von Eigentum zu definieren und einzuschränken. Erforderlich ist hierzu indessen eine gesetzliche Grundlage.[32]

III. Feststellung von Tatsachen

Die Feststellung, dass ein Objekt der Ausfuhrregelung untersteht oder dass ein Kunstwerk unrechtmässig ausgeführt worden ist, kann sich auf deren Wert negativ auswirken. Zwei Beispiele aus der Gerichtspraxis mögen dies verdeutlichen:

Die Consorts Genty brachten eine chinesische Porzellanvase in Frankreich zur Auktion. Der Direktor der Museen Frankreichs kündigte noch vor der Steigerung an, die Vase könne nicht aus Frankreich ausgeführt werden. Zahlreiche ausländische Interessenten verzichteten aus diesem Grund auf Gebote; die Vase wurde zu einem erheblich tieferen Preis zugeschlagen als ursprünglich erhofft. Eine Klage der Consorts Genty auf Schadenersatz wurde abgewiesen, da der Hinweis des Direktors zutreffend gewesen und die Steigerung nicht verfälscht worden war, mithin nichts Unrechtmässiges vorgefallen war.[33]

Im Jahr 1986 erliess der High Court of Justice (Chancery Division) ein vielbeachtetes Urteil: Er stellte fest, dass das Gemälde von Francisco José de Goya mit dem Titel „La Marquesa de Santa Cruz" mit Hilfe gefälschter Ausfuhrdokumente aus Spanien ausgeführt worden war.[34] Wie das Gericht vorausgesehen hatte,[35] bewirkte das Feststellungsurteil, dass das Bild bei Christie's nicht

---

[30] Beispiele: Art. 724 Abs. 1 ZGB; Art. 3 Entwurf KGTG; Art. 18 Loi du 31 décembre 1913 sur les monuments historiques; Art. 823 Abs. 1 und Art. 826 Abs. 2 Cod. Civ. Zur Geschichte des Instituts vgl. *Siehr*, Art Trade 64f. Nr. 58.

[31] BVerfG 18.5.1988, BVerfGE 78, 205ff., 211f. = EuGRZ 1989, 41ff., 42f. *(Schatzregal)*; *Fechner* 37. Vorne § 2 B V 1 und 2, § 3 B V.

[32] Vgl. OVG Münster, 25.2.1993, NJW 1993, 2635–2637, bestätigt durch BVerwG 12.8.1993, NJW 1994, 144f. *(Hamburger Stadtsiegel)*, wonach keine öffentlichrechtlichen Dienstbarkeiten ohne gesetzliche Grundlage existieren. Zur Situation in Frankreich vorne § 5 B IV.

[33] Cons. d'Ét. 7.10.1987, Recueil Dalloz Sirey 1988, 269 *(Min. de la Culture c. Consorts Genty)*. Vorne § 5 B II 3b.

[34] *Kingdom of Spain v. Christie, Manson & Woods Ltd.*, [1986] 1 W.L.R. 1120 (Ch. D.).

[35] *Kingdom of Spain v. Christie, Manson & Woods Ltd.*, [1986] 1 W.L.R. 1120, 1132H.

verkauft werden konnte und sein Marktwert sich drastisch verminderte, nämlich von 12 Millionen Dollar auf 6 Millionen Dollar: Zu diesem Preis erwarb der Kläger, der spanische Staat, die „Marquesa" nach Abschluss des Rechtsstreites.[36]

Faktisch kann ein unrechtmässig ausgeführtes Objekt auf dem legalen Markt unveräusserbar werden, wenn die Tatsache der unrechtmässigen Ausfuhr bekannt[37] oder gar gerichtlich festgestellt wird. Ein entsprechender Feststellungsentscheid führt so zur indirekten Beachtung von ausländischem öffentlichen Recht.[38]

Feststellungen halten die bestehende Rechtslage fest, sie verändern sie nicht. Sie zählen daher nicht zu den Eingriffen ins Eigentum. Ursache der Wertminderung, welche nach einer behördlichen Feststellung eintreten kann, ist die festgestellte Rechtslage oder Tatsache: das bestehende Ausfuhrverbot selbst bzw. die Tatsache einer unrechtmässigen Ausfuhr. Die Eigentumsgarantie kann gegen (zutreffende) Feststellungsentscheide nicht angerufen werden.

IV. Sanktionen

Zahlreiche Bestimmungen sehen den Verfall von Gegenständen vor, die unrechtmässig ausgeführt worden sind. Bösgläubige Erwerber von gestohlenem oder unrechtmässig ausgeführtem Kulturgut müssen damit rechnen, dieses entschädigungslos herausgeben zu müssen.[39] Gleiches gilt u. U. für Personen, welche ein Kulturgut von einem Bösgläubigen ererbt oder geschenkt erhalten haben.[40]

Sanktionen zählen zu den Nutzungsregelungen für Eigentum.[41] Der Verlust eines Kulturguts aufgrund einer Sanktion wegen rechtswidrigen Verhaltens führt

---

36 *Siehr*, Art Trade 200 Nr. 246a. E. Im Fall der „Marquesa" waren weder die UNESCO-Konvention 1970 noch The Return of Cultural Objects Regulations 1994 anwendbar.

37 Vgl. Jeanneret v. Vichey, 541 F. Supp. 80 (S.D.N.Y. 1982), reversed and remanded 693 F. 2d 259 (2d Cir. 1982) betreffend ein Gemälde von Henri Matisse, das ohne Bewilligung aus Italien ausgeführt und nachträglich unter Denkmalschutz gestellt worden war. Die Klägerin, eine Kunsthändlerin, machte gegenüber der Verkäuferin geltend, das Werk sei unverkäuflich, obwohl es von Italien nicht mit Erfolg hätte zurückgefordert werden können.

38 *Müller-Katzenburg* 212f.; *Siehr*, Art Trade 196–200 Nr. 246; *ders.*, Nationaler und Internationaler Kulturgüterschutz 537–538 unter Verweis auf den Fall *Kingdom of Spain v. Christie, Manson & Woods Ltd.*

39 *Deutschland:* § 16 Abs. 3 Gesetz zum Schutz deutschen Kulturgutes gegen Abwanderung; *Österreich:* §§ 34 Abs. 1, 35 und 36 Abs. 2 DMSG (Anheimfall); *Italien:* Art. 123 Ziff. 3 Testo unico (ex-Art. 66 Abs. 2 L. 1089/1939); *Vereinigtes Königreich:* Customs and Excise Management Act 1979, sect. 139; *Europäische Union:* Art. 9 Abs. 1 RL 93/7/EWG; *Koumantos* 166; *Müller-Katzenburg* 263ff.; *Siehr*, Art Trade 166 Nr. 216.

40 Art. 9 Abs. 3 RL 93/7/EWG; Art. 4 Abs. 5 und Art. 6 Abs. 5 Unidroit-Konvention 1995.

41 Vgl. *AGOSI c. Grossbritannien,* EGMR 24.10.1986, 108-A, § 51 = EuGRZ 1988, 513ff., 517.

zu einem Eingriff ins Eigentum. Die Eigentumsgarantie schützt jedoch nur Eigentümer, welche sich rechtmässig verhalten. Die Eigentumsgarantie kann gegen Sanktionen grundsätzlich nicht angerufen werden – es sei denn, die verfügte Massnahme sei unverhältnismässig.

Das Erwerbsrecht zum deklarierten Wert ist eine Massnahme mit Sanktionscharakter, bei der das Verschulden des Betroffenen keine Rolle spielt. Dies ist problematisch. Erwerbsrechte sind m. E. nicht wie Sanktionen, sondern als eigentliche Enteignungen zu behandeln. Differenziert zu behandeln und letztlich schwer zu qualifizieren sind die Folgen einer nicht korrekt erfolgten Verkaufsanzeige in Bezug auf die Ausübung des Vorkaufsrechts im italienischen Recht.[42]

Sanktionen können nur auf dem eigenen Territorium durchgesetzt werden.[43]

V. Kontrolle des Kunsthandels

Der Kunsthandel kann durch den Weiterverkauf illegaler Ware, durch unzutreffende Herkunftsangaben und die Verschleierung von Bezugsquellen die Ziele des Kulturgüterschutzes gefährden. Verschiedene Bestimmungen bezwecken, den Kunsthandel zu kontrollieren.[44] Solche Einschränkungen sind allenfalls geeignet, die Wirtschaftsfreiheit zu beeinträchtigen. Eigentumsrechte bleiben davon unberührt.

F. Bemerkungen

Der Begriff der „Enteignung“ wird vielfach in einem weiten Sinn verwendet für Massnahmen, welche das private Eigentum einschränken. In der vorliegenden Arbeit wird dieser Begriff nur für formelle Enteignungen verwendet, welche den Übergang des Eigentums von Privaten auf die Öffentlichkeit bewirken.

In der Literatur wird teilweise bezweifelt, ob Handelsbeschränkungen für Kulturgut von Staaten der Europäischen Union im Einklang stehen mit der Freiheit des Warenverkehrs und der Ausnahmebestimmung von Art. 30 EG.[45] Die Frage

---

42 Vgl. den Fall Beyeler, vorne § 8 D.

43 Vgl. *Attorney General of New Zealand v. Ortiz and others,* [1982] 3 All E.R. 432, 459f., [1984] 1 A.C. 1, 24 (Lord Denning M.R.); *Müller-Katzenburg* 81 ff.

44 Art. 16–18 Entwurf KGTG; Art. 31 Gesetz über den Schutz der Kulturgüter des Kantons Freiburg; *Fechner* 45 f. (Diskussion eines „Erlaubnissystems für Händler“).

45 Auch Kulturgüter sind „Waren“ i. S. v. Art. 23 ff. EG; *Uhl* 34–35. Der Begriff des nationalen Kulturguts ist im europäischen Kontext noch nicht geklärt. Die Praxis verschiedener Staaten, nicht nur die Ausfuhr eigentlicher *trésors nationaux* i. S. v. Art. 30 EG zu kontrollieren, wird in der Literatur insbesondere wegen des Eingriffs in die Warenverkehrsfreiheit kritisiert; *Châtelain* 22. Vgl. vorne § 9 C I 4b. Die Frage einer unzulässigen Handelsbeschränkung war

der Warenverkehrsfreiheit ist von der Frage der Eigentumsgarantie zu unterscheiden. Gewisse Kriterien lassen sich bei der Analyse jedoch übertragen.

G. Zusammenfassung

Eigentumsbeschränkungen werden in Nutzungsregelungen und Enteignungen eingeteilt. Massnahmen, welche den Umfang bestehender Eigentumsrechte beschränken, gelten als Eingriffe in die Bestandesgarantie.

Ausfuhrbeschränkungen für Kulturgüter zählen zu den Nutzungsregelungen für privates Eigentum. In Einzelfällen können sie zu einer materiellen Enteignung führen. Einzig die Ausfuhrregelung des Vereinigten Königreichs bewirkt praktisch keinen Eingriff in private Eigentumsrechte.

Vorkaufs- und Erwerbsrechte für Kulturgüter sind Nutzungsregelungen, die sich enteignungsähnlich auswirken können. Schliesslich kommt auch die formelle Enteignung von Kulturgütern vor.

Privatrechtliche Rückgabegebote für gestohlene oder abhanden gekommene Objekte wie auch öffentlichrechtliche Rückführungsgebote für unrechtmässig ausgeführte Kulturgüter gelten als Nutzungsregelungen. Sofern sie nicht zeitlich zurückwirken, greifen sie nicht in den Bestand von Eigentumsrechten ein und sind daher lediglich im Hinblick auf die Institutsgarantie des Eigentums zu überprüfen. Andernfalls sind sie wie Enteignungen zu behandeln.

Als Nutzungsregelungen gelten auch Bewilligungspflichten für die Veränderung des Lageortes aus denkmalschützerischen Gründen sowie Sanktionen für widerrechtliches Verhalten.

Keine Eigentumseingriffe sind der freihändige Erwerb von Kulturgütern durch den Staat, Kaufangebote an Private, die verschiedenen Anzeige- und Mitteilungspflichten, Bestimmungen über *res extra commercium*, die behördliche oder gerichtliche Feststellung von Tatsachen sowie Kontrollmassnahmen des Kunsthandels.

Gegenstand von EuGH 10.12.1968, Rs. 7/68, Slg. 1968, 633 *(Kommission der Europäischen Gemeinschaften c. Italienische Republik)* betreffend die (in der Folge aufgehobene) Exportsteuer für Kulturgüter gemäss ex-Art. 37 L. 1089/1939.

§ 11 Gesetzliche Grundlagen

A. Allgemeines

Eigentum ist kein allumfassendes Recht. Das Recht auf Eigentum, Nutzungs- und Verfügungsbefugnisse und die staatlichen Eingriffsmöglichkeiten in privates Eigentum werden durch die Gesetzgebung umschrieben. Die rechtlichen Grundlagen müssen jedoch Anforderungen der Form, des örtlichen und zeitlichen Geltungsbereichs und der Bestimmtheit der Normen erfüllen.

Die rechtlichen Grundlagen können von Verfassungsgerichten auf ihre Vereinbarkeit mit der Eigentumsgarantie hin überprüft und gegebenenfalls aufgehoben werden. Gesetze sind indessen nicht uneingeschränkt anfechtbar. Das schweizerische Bundesgericht ist aufgrund Art. 191 BV verpflichtet, Bundesgesetze und Völkerrecht anzuwenden. Verfassungsbeschwerden gegen solche Erlasse sind daher ausgeschlossen. Der französische Conseil constitutionnel überprüft gemäss Art. 61 Const. die Verfassungsmässigkeit von Gesetzen bloss vor deren Inkrafttreten. Teilweise können Private nicht direkt an die Verfassungsgerichte gelangen.

B. Formelle Anforderungen

Staatliche Eigentumseingriffe bedürfen einer rechtlichen Grundlage, meist einer Grundlage in Form eines vom Parlament erlassenen Gesetzes (Gesetz im formellen Sinn). Keine eigentlichen Parlamentsgesetze sind erforderlich im Vereinigten Königreich, wo als rechtliche Grundlage für Eigentumseingriffe selbst Gewohnheitsrecht ausreicht. Im Recht der Europäischen Union gelten Verordnungen des Rates als genügende gesetzliche Grundlage für Eigentumseingriffe.

Gesetze im formellen Sinn regeln die Handelsbeschränkungen in der Schweiz und ihren Kantonen, in Deutschland, Österreich und in Frankreich. In Italien sind die Handelsbeschränkungen in einem Erlass der Exekutive enthalten, der sich auf eine korrekte Delegation des Parlaments stützt.[1] Schwach ist die rechtliche Basis für die Ausfuhrregelung im Vereinigten Königreich: Als gesetzliche Grundlage dient eine generelle Ermächtigung für Handelsbeschränkungen aus der Zeit des Zweiten Weltkrieges, welche nicht für den Kulturgüterschutz konzipiert worden ist.[2]

---

[1] Vorne § 6 B I 1.

[2] Vorne § 7 B I 1.

Beispiele für formelle Fehler der gesetzlichen Grundlage sind selten und lassen sich auf Versehen der Gesetzgeber zurückführen.[3] Die Rückgabepflicht gemäss Art. 7b (ii) der UNESCO-Konvention 1970 lässt sich in Italien gegenüber einem gutgläubigen Erwerber kaum durchsetzen, da die Konventionsbestimmung nicht *self executing* ist und Italien keine Ausführungsbestimmung erlassen hat.[4] Mangels einer gesetzlichen Grundlage für eine geltend gemachte öffentlichrechtliche Dienstbarkeit scheiterte die Herausgabeklage der Stadt Hamburg für ein Siegeltypar aus dem 14. Jahrhundert.[5] Zweifelhaft ist, ob heute eine Rückforderung für Gegenstände des *domaine public* als res extra commercium ohne gesetzliche Grundlage noch möglich wäre.[6]

C. Territorialer Geltungsbereich

Die Hoheitsgewalt von Gemeinwesen beschränkt sich auf ihr Territorium. Regelt das nationale Recht auch Sachverhalte, die sich in einem fremden Staat ereignen, müssen sie einen engen Zusammenhang aufweisen mit dem eigenen Recht. Anknüpfungspunkt des engen Zusammenhangs ist bei Verfügungen über bewegliche Objekte regelmässig deren Lageort.[7] Bestimmungen und Verfügungen eines Staates über bewegliches privates Eigentum brauchen von anderen Staaten kollisionsrechtlich nur dann anerkannt zu werden, wenn sich die davon betroffenen Sachen zum Zeitpunkt der Verfügung auf seinem Hoheitsgebiet befunden haben.[8]

Korrekterweise hiess das Tessiner Verwaltungsgericht die Beschwerde der Geschwister Balli gut gegen die Unterschutzstellung von Fundstücken, deren Aufenthaltsort nicht bekannt war und die zum Zeitpunkt der Verfügung vermutlich

3 Die Verordnung des Luzerner Regierungsrats über den Schutz und die Erhaltung von Altertümern und Kunstdenkmälern vom 20.5.1946 wurde teilweise aufgehoben, da sich die Beschränkungen für bewegliches Eigentum auf keine gesetzliche Grundlage stützten; BGer 10.10.1946, rezipiert in ZBl 48 (1947) 21–23. Zur mangelhaften Revision der Loi du 23 juin 1941 relative à l'exportation des œuvres d'art vorne § 5 B II 1.

4 Vorne § 6 C IV 1.

5 OVG Münster, 25.2.1993, NJW 1993, 2635–2637, bestätigt durch BVerwG 12.8.1993, NJW 1994, 144f. Vorne § 3 B VI.

6 So Cass 17.6.1896, chambre des requêtes, Dalloz Jurisprudence Générale 1897 I 257 *(Jean Bonnin c. Villes de Mâcon et de Lyon)* betreffend Miniaturen aus der Handschrift „La Cité de Dieu" des Heiligen Augustinus (14. Jahrhundert), die um 1850 aus dem Exemplar der Stadtbibliothek von Mâcon herausgeschnitten worden waren und von der Stadt Macôn zurückgefordert werden konnten. Vorne § 5 B IV.

7 *Vischer*, Art. 19 IPRG Rz. 13–14.

8 Territorialitätsprinzip; *Knott* 99; *Plutschow* 231; *Schmeinck* 81. Der gleiche Grundsatz liegt der Act of State Doctrine zugrunde; *Müller-Katzenburg* 239; Bernhard *Walter* 29–30.

nicht mehr im Kanton Tessin gelegen waren.[9] Die Praxis der Staaten im Kulturgüterschutz hält sich jedoch nicht durchwegs an das Territorialitätsprinzip. Das Territorialitätsprinzip wurde bei der Unterschutzstellung der indianischen Ledertapeten von den Behörden des Kantons Luzern übersehen.[10] Bewusst missachtete das Verwaltungsgericht Sigmaringen die gesetzlichen Grundlagen, als es die Eintragung der Ptolomäus Cosmographie 1468 ins „Verzeichnis national wertvollen Kulturgutes" schützte, obwohl sich die Handschrift in der Schweiz befand.[11] § 3 Abs. 2 des österreichischen Denkmalschutzgesetzes erlaubt gar ausdrücklich die Unterschutzstellung von Kulturgut, das im Ausland gelegen ist. Die italienischen Behörden notifizierten ein Gemälde von Henri Matisse, während es sich in Genf befand,[12] sowie eine Version der Pietà Rondanini von Michelangelo, nachdem sie unrechtmässig in die Schweiz ausgeführt worden war.[13] Ein Gemälde von Bernardo Bellotto, welches noch zu Lebzeiten des Künstlers in englischen Privatbesitz gelangt war, wurde nach einem bloss temporären Aufenthalt in Italien unter Denkmalschutz gestellt. Es ist zu begrüssen, dass die Europäische Kommission die italienischen Behörden zur „Entnotifizierung" dieses Gemäldes bewegen konnte.[14]

Gemäss der Praxis der französischen Behörden kann die Klassifizierung eines Objekts gültig verfügt werden, auch nachdem es nach Eröffnung des Verfahrens unrechtmässig aus Frankreich ausgeführt worden ist.[15] Gegen eine solche Interpretation des Territorialitätsprinzips kann wohl nichts eingewendet werden.

Gemäss Art. 1 Nr. 1, 1. Spiegelstrich RL 93/7/EWG kann Kulturgut aus einem Mitgliedstaat der Europäischen Union auch nach der unrechtmässigen Verbringung in einen anderen Mitgliedstaat als nationales Kulturgut eingestuft werden.[16]

Auf internationale Konventionen oder supranationales Recht gestützte Rückgabebegehren für unrechtmässig ausgeführte Kulturgüter werden in der Regel im Staat geltend gemacht, in dem die fraglichen Objekte liegen, da sie sich so leichter vollstrecken lassen. Es fragt sich, ob die zuständige Behörde im ersuchten Staat vorfrageweise auch das Recht und allenfalls das Verfahren des ersuchenden

---

9 Tribunale cantonale amministrativo, Cantone del Ticino, 26. 9. 1979, 44/79-DP, Erw. 4 *(Balli)*.

10 Vgl. Regierungsrat des Kantons Luzern, 31. 5. 1988, Protokoll Nr. 1328, Luzerner Gerichts- und Verwaltungsentscheide 1988 III Nr. 16; *Sprecher* 214.

11 Verwaltungsgericht Sigmaringen, 25. 11. 1985, 1 K 313/84 (unveröffentlicht); *Uhl* 59.

12 Jeanneret v. Vichey, 541 F. Supp. 80, 83 Fn. 5 (S.D.N.Y. 1982), reversed and remanded 693 F. 2d 259, 263 (2d Cir. 1982).

13 Cass. pen., Sez. III, 8. 1. 1980, Giurisprudenza italiana 1981 II 12ff., 21 *(Schiavo)*.

14 Hinweise bei *Weber* 143 Fn. 863.

15 Cons. d'Ét. 31. 7. 1992, La Semaine Juridique 1993 II 22044 *(Jacques Walter)*. Vorne § 5 B I 1.

16 Vorne § 9 C I 1.

Staates auf dessen Verfassungsmässigkeit überprüfen darf. Meines Erachtens ist dies zu bejahen: Verletzt das Rückgabebegehren das nationale (Gesetzes- und Verfassungs-)Recht des ersuchenden Staats, kann dem Begehren nicht entsprochen werden. Beispielsweise könnte der gutgläubige Erwerber eines illegal aus Italien ausgeführten Werks von Matisse geltend machen, die Qualifizierung des Werkes als nationales italienisches Kulturgut verletze die Eigentumsgarantie gemäss Art. 42 Cost.

D. Zeitlicher Geltungsbereich

Tatsachen sind grundsätzlich nach demjenigen Recht zu beurteilen, das bei ihrem Eintritt gilt.[17] Eingriffsnormen mit Rückwirkung führen regelmässig zu Problemen, denn sie tangieren den Bestand von Rechten bis hin zu einer Legalenteignung. Ein Beispiel eines derartigen schweren Eingriffs in bestehende Rechte ist der Beschluss des Schweizer Bundesrats vom 10. Dezember 1945.[18] Weniger einschneidend dürfte sich die Rückwirkung auswirken, welche auf die verspätete Umsetzung der RL 93/7/EWG zurückzuführen ist.[19] Die Rückwirkung von Eingriffsnormen ist nicht schlechterdings unzulässig, sollte aber nach Möglichkeit vermieden werden.

Entgegen häufig geäusserter Bedenken wirken die UNESCO- und die Unidroit-Konventionen nicht zurück.[20] Sie sind nur anwendbar auf Sachverhalte, die sich nach Inkrafttreten der Konvention in den betroffenen Staaten ereignet haben.

In Fällen mit langer Verfahrensdauer und Gesetzesänderungen stellt sich die Frage des Beurteilungszeitpunktes. Relevant ist der Sachverhalt zum Zeitpunkt, in dem die zu überprüfende Massnahme rechtskräftig wird. Dieser Grundsatz wurde vom Tessiner Enteignungsgericht im Fall Balli verletzt, welches die Folgen der Unterschutzstellung von archäologischen Objekten im Jahr 1979 unter Bezugnahme auf das neue Recht von 1997 beurteilte.[21]

---

17 Vgl. Art. 1 Schlusstitel zum ZGB.

18 Vorne § 2 B III 1.

19 Vorne § 9 C I 2.

20 § 2 B III 1; *Dolzer* 152 f.

21 Tribunale delle espropriazioni della giurisdizione sopracenerina, Cantone del Ticino, 23. 8. 2000, 143/51, Erw. 3.2 *(Balli)*. Vgl. vorne § 2 C I 5.

E. Bestimmtheit und Vorhersehbarkeit

Normen, welche die Rechte von Privaten beschränken, müssen so bestimmt sein, dass die Rechtsfolgen der Beschränkung vorhersehbar sind. Dieser allgemeine Rechtsgrundsatz stellt im Zusammenhang mit Handelsbeschränkungen für Kulturgut einige Probleme.

Der Begriff „Kulturgut“[22] lässt sich nicht scharf abgrenzen. Zwangsläufig arbeiten die Erlasse mit generellen Umschreibungen, was die Schutzwürdigkeit bzw. das „künstlerisch-historische Interesse“ von Kunstgegenständen und anderen bedeutenden Objekten angeht. Die Frage ist denn auch häufig Gegenstand von gerichtlichen Auseinandersetzungen. Das Gebot, dass Gesetze hinreichend bestimmt sein müssen, verbietet die Verwendung auslegungsbedürftiger Begriffe jedoch nicht.[23]

Für Rechtssicherheit sorgt insbesondere die Eintragung geschützter Kulturgüter in ein Register mit konstitutiver Wirkung.[24] Auch Wertgrenzen, welche den Geltungsbereich von Schutzbestimmungen konkretisieren,[25] sind grundsätzlich zu begrüssen. Ihre Anwendung kann in der Praxis allerdings zu Schwierigkeiten führen.[26]

---

[22] Zum Begriff vgl. *Fechner* 17ff.; *Müller-Katzenburg* 133–134, 139–142; *Schorlemer* 46ff.; *Uhl* 115, 117, 128–129.

[23] BGer 18.11.1992, BGE 118 Ia 384ff., 387f. *(Kinvar AG)* betreffend die Definition von Denkmälern durch die Umschreibung „Einzelwerke, Ensembles und deren Reste, die wegen ihres kulturellen, geschichtlichen, künstlerischen oder städtebaulichen Wertes erhaltenswürdig sind“ im Zusammenhang mit zusätzlichen, nicht abschliessenden Beispielen wie „private Bauwerke“, „Böden“, „Schilder und Verzierungen“ etc. BVerfG 18.5.1988, BVerfGE 78, 205, 212f. = EuGRZ 1989, 41ff., 43 *(Schatzregal)* zum Begriff „hervorragender wissenschaftlicher Wert“. Vgl. Cass., Sez. unite civili, 3.5.1974, n. 1235, Foro it. 1974 I 2334ff., 2336 *(Min. pubblica istruzione c. Vassallo)*; Cass. pen., Sez. III, 31.10.1986, Foro it. 1987 II 642ff., 650 *(ric. Fabbri e altri)* und vorne § 6 B I 1.

[24] Vgl. die Denkmallisten schweizerischer Kantone und das „Verzeichnis national wertvollen Kulturgutes“ in Deutschland; *Müller-Katzenburg* 136–137; *Schorlemer* 85. In Italien kann zwar das öffentliche Interesse an privaten Kulturgütern mit Entscheid erklärt werden, Kulturgüter sind aber auch dann gewissen Schutzbestimmungen unterworfen, wenn die Behörden das Interesse nicht deklariert haben; vgl. Art. 10 Testo unico.

[25] Beispiele: *Österreich:* 484. Verordnung des Bundesministers für Unterricht und kulturelle Angelegenheiten, mit welcher Kategorien von Kulturgütern festgesetzt werden, die auf Grund der Bestimmungen des Denkmalschutzgesetzes für die Ausfuhr keiner Bewilligung bedürfen; *Europäische Union:* Anhänge zur EG-Verordnung 3911/92 und zur RL 93/7/EWG.

[26] *Siehr*, Nationaler und Internationaler Kulturgüterschutz 534, weist auf die Problematik hin, dass die Behörden den internationalen Wert von Objekten nicht festsetzen oder bestimmen können. Prinzipiell gegen Wertgrenzen im Zusammenhang mit dem Schutz des kulturellen Erbes *Poli*, Protection 79, 458–459.

Bestimmungen, welche zeitgenössische Werke von den Schutzbestimmungen ausnehmen oder gewisse Altersgrenzen voraussetzen,[27] sind im Hinblick auf die Bestimmtheit der Norm bloss dann problematisch, wenn der Entstehungszeitpunkt des Werks unklar ist.[28] Solche Unklarheiten sind allerdings eher dem Künstler als dem Gesetzgeber anzulasten …

Der EGMR kritisierte die Unklarheit der italienischen Bestimmungen über die Ausübung von Vorkaufsrechten nach fehlerhafter Anzeige des Verkaufs. Dennoch hielt er die gesetzliche Grundlage für die angefochtene Massnahme für gegeben.[29] Gemäss der Praxis des EGMR dürften die Erwerbsrechte Italiens (und wohl auch Spaniens) zum deklarierten Wert, deren Ausübung im freien Ermessen der Behörden liegt, dem Grundsatz widersprechen, dass das innerstaatliche Recht hinreichend bestimmt sein muss: Die Ausübung des Erwerbsrechts lässt sich kaum vorhersehen.[30]

F. Rechtsfolgen bei ungenügender gesetzlicher Grundlage

Massnahmen, welche das private Eigentum einschränken und die sich auf keine ausreichende gesetzliche Grundlage stützen, sind verfassungswidrig. Werden sie angefochten, sind sie ohne weiteres aufzuheben.

Erachtet ein Gericht im Verfahren betreffend die Verfassungsmässigkeit einer konkreten Massnahme eine Gesetzesnorm als zu unbestimmt, führt dies nicht zwangsläufig zur Aufhebung der angefochtenen Verfügung. Der Mangel der gesetzlichen Grundlage kann jedoch im Rahmen der Verhältnismässigkeitsprüfung eine Rolle spielen.[31] Ebenso kann die Rückwirkung von Eingriffsnormen bei der Prüfung der Verhältnismässigkeit zu beachten sein, beispielsweise in Bezug auf die Höhe einer Entschädigung.

---

27 Vgl. § 16 Abs. 4 DMSG; Art. 2 Abs. 6 Testo unico; Art. 7 Abs. 1b Unidroit-Konvention 1995. *Siehr*, Nationaler und Internationaler Kulturgüterschutz 533.

28 Die Frage, in welchem Jahr Henri Matisse das Gemälde „Portrait sur Fond Jaune" geschaffen hatte, war im Zusammenhang mit den italienischen Schutzbestimmungen umstritten im Fall Jeanneret v. Vichey, 541 F. Supp. 80 (S.D.N.Y. 1982), reversed and remanded 693 F. 2d 259 (2d Cir. 1982). – Ein Irrtum über das Entstehungsjahr von „The Painter's Room" von Lucien Freud (gemalt 1944, nicht 1943) führte im Jahr 1994 dazu, dass die Ausfuhr aus dem Vereinigten Königreich verweigert wurde; *Reviewing Committee*, Report 1994–95 8–9, 22f. Später wurde die Ausfuhrgenehmigung erteilt; *Reviewing Committee*, Report 1997–98 26–27; *Weber* 339 Fn. 611.

29 *Beyeler c. Italien*, 33202/96, EGMR 5.1.2000, 2000-I, §§ 109–110. Vorne § 8 D I.

30 Vgl. *Hentrich c. Frankreich*, EGMR 22.9.1994, 296-A, § 42 = EuGRZ 1996, 593ff., 598 und vorne § 8 B I 1.

31 Vgl. *Beyeler c. Italien*, 33202/96, EGMR 5.1.2000, 2000-I, § 110.

G. Bemerkungen

Wer sich gegen eine handelsbeschränkende Massnahme wehren will, wird als Erstes die gesetzliche Grundlage und deren Auslegung überprüfen.

Die Behörden geniessen bei der Auslegung der Bestimmungen ein weites Ermessen. Die Praxis kann für das Ausmass von Handelsbeschränkungen entscheidender sein als der Wortlaut der Gesetze.[32] So besteht ein enormer Unterschied zwischen Deutschland mit ca. 800 Objekten, die der Ausfuhrkontrolle unterliegen, und Italien mit ca. 36 Millionen notifizierten Kulturgütern.

Gewisse Schwierigkeiten von offenen Gesetzesformulierungen sind im Kulturgüterschutz wohl unvermeidbar. Einige Tücken von Erlassen wären aber unnötig: Als eher komplex dürfte beispielsweise die österreichische Regelung der „Unterschutzstellung kraft gesetzlicher Vermutung" einzustufen sein.[33]

Im Zusammenhang mit der Auslegung von offenen Bestimmungen sind naturgemäss die Möglichkeiten des Rechtsschutzes von grosser Bedeutung. Auf diesen Punkt ist im Zusammenhang mit der Verhältnismässigkeit zurückzukommen.[34]

H. Zusammenfassung

Handelsbeschränkungen müssen sich auf eine rechtliche Grundlage stützen, i. d. R. auf ein Parlamentsgesetz.

Hoheitliche Verfügungen über Kulturgüter, die sich ausserhalb des Hoheitsgebiets befinden, brauchen von fremden Staaten nicht beachtet zu werden (Territorialitätsprinzip). Ausnahmen von diesem Grundsatz bedürfen einer Grundlage im internationalen oder supranationalen Recht.

Die Rückwirkung von Eingriffsnormen ist grundsätzlich möglich. Da die Rückwirkung die Bestandesgarantie des Eigentums tangiert, führt sie jedoch regelmässig zu Problemen und sollte daher vermieden werden.

Massnahmen sind nach derjenigen Rechtslage zu beurteilen, die bei ihrem Inkrafttreten gegolten hat.

Schutzbestimmungen für Kulturgüter dürfen auslegungsbedürftige (unbestimmte) Begriffe enthalten. Nach Möglichkeit sollten die Regelungen den Anwendungs-

---

[32] Günter *Abels*, Points of view, in: *Lalive*, International Sales 29; *Uhl* 119.

[33] § 2 DMSG; vorne § 4 B I 1.

[34] Hinten § 13 G.

bereich der Eigentumsbeschränkungen möglichst genau umschreiben, sei es durch die Verwendung von Registern oder mittels Alters- und Wertgrenzen.

Erwerbsrechte zum deklarierten Wert sind unvorhersehbare Massnahmen. Sie sind mit dem Grundsatz der Bestimmtheit der Normen nicht vereinbar.

§ 12 Öffentliches Interesse

A. Allgemeines

Der Staat kann Rechte und Befugnisse Privater nur dann einschränken, wenn dies im Interesse der Öffentlichkeit geboten ist. Dieser Grundsatz, zentral für die Garantie des Eigentums, gilt in sämtlichen untersuchten Rechtsordnungen.

Die Behörden neigen dazu, im Bereich des Kulturgüterschutzes das öffentliche Interesse eher weit auszulegen:[1] Handelsbeschränkungen werden gerechtfertigt zum Schutz des nationalen Kulturerbes, zur Bereicherung staatlicher Sammlungen und Museen, mit der Kontrolle des Kunsthandels oder dem Interesse der Wissenschaft. Im Schrifttum wird gar die Theorie vertreten, Staaten oder Staatengemeinschaften seien als Eigentümer zweiten oder dritten Grades von Kulturgütern zu betrachten und es seien ihnen deswegen Befugnisse zur Beschränkung des Handels zuzuerkennen.[2] In der Folge ist zu erörtern, welche öffentlichen Interessen als legitim und sachlich begründet erscheinen und welche Interessen zur Legitimation von Handelsbeschränkungen nicht angerufen werden können.

Der Rechtsschutz ist in Bezug auf das öffentliche Interesse schwach entwickelt. Ob konkrete staatliche Massnahmen im öffentlichen Interesse liegen, ist in erster Linie eine politische Frage, welche die Gerichte nur zurückhaltend überprüfen. Das öffentliche Interesse an Eigentumseingriffen wird von den Gerichten mehr oder weniger vermutet und nur in seltenen und eindeutigen Fällen verneint.[3]

B. Kulturgüterschutz in der Verfassung

Die wesentlichen öffentlichen Interessen lassen sich aus der Verfassung ableiten. Die Gesetze zum Schutz von Kulturgütern stützen sich in der Regel auf Verfassungsbestimmungen.[4] Die Verfassungen sind ein klares Indiz für das öffent-

---

1 Eine Ausnahme bildete wohl die Praxis in der ehemaligen DDR nach 1980, die Ausfuhrbestimmungen für Kulturgut nicht mehr anzuwenden; *Hipp* 60–61; *Schorlemer* 394.

2 Vgl. *Schorlemer* 565.

3 Zur Praxis des EGMR vgl. vorne § 8 B I 2 und § 8 D II. Publizierte Beispiele von Eigentumsbeschränkungen, die nicht im öffentlichen Interesse lagen, finden sich in der österreichischen Praxis; vorne § 4 Fn. 43.

4 *Schweiz:* Art. 69 Abs. 2 BV; *Deutschland:* Art. 75 Abs. 1 Nr. 6 GG (ex-Art. 74 Abs. 1 Nr. 5

liche Interesse am Kulturgüterschutz. Verfassungsrechtliche Grundlagen des Kulturgüterschutzes sind in der Normenhierarchie der Eigentumsgarantie gleichgestellt.[5] Aufgrund ihrer Knappheit eignen sie sich jedoch regelmässig nicht, das öffentliche Interesse an einer bestimmten Massnahme im Einzelfall zu begründen.

C. Sachlicher Geltungsbereich von Handelsbeschränkungen

Beschränkungen des privaten Eigentums an Kulturgütern sind nur dann gerechtfertigt, wenn an diesen Gütern öffentliche Interessen begründet werden können. Es ist zu erörtern, an welchen Objekten öffentliche Interessen bestehen können.

I. Kulturgüter

Die Handelsbeschränkungen, welche den Gegenstand der vorliegenden Arbeit bilden, betreffen „Kulturgüter". Der Begriff des Kulturguts lässt sich zwar nicht abschliessend definieren.[6] In den meisten Fällen ist die Frage, ob es sich bei einem bestimmten Objekt um ein Kulturgut handle, nicht streitig.[7]

II. Nationale Kulturgüter

Werke einheimischer Künstler, Bodenfunde, Objekte mit einer geschichtlichen Bedeutung und religiöse Gegenstände können den Bürgern eines Staates Identität vermitteln. Originale erinnern an die Vergangenheit, indem sie Leistungen von Einzelnen oder Gemeinschaften repräsentieren oder gar als Symbol dienen.[8] Zahlreiche Bestimmungen des materiellen Rechts knüpfen denn auch beim

---

GG); *Österreich:* Art. 10 Abs. 1 Ziff. 13 und Art. 102 Abs. 2 B-VG; *Italien:* Art. 9 Abs. 2 Cost.; *Europäische Union:* Art. 151 EG (ex-Art. 128 EGV).

5 OVG Lüneburg, 19.5.1992, NVwZ-RR 1993, 79ff., 81; BVerwG 27.5.1993, BVerwGE 92, 288, 291–292 = NJW 1993, 3280ff., 3281 = DVBl. 1993, 1099f. *(Silberzimmer der Welfen)*.

6 Vorne § 11 E.

7 Eine Ausnahme bildete diesbezüglich der Streit um die Eintragung einer Käfersammlung ins deutsche Verzeichnis national wertvollen Kulturgutes. Die Eintragung war u.a. mit dem Argument angefochten worden, es handle sich bei der Sammlung um „Naturgut". Das Gericht betrachtete die Käfersammlung als Kulturgut, da die wissenschaftliche *Sammlung* ein Ergebnis kulturellen Schaffens sei, keine „Anhäufung einer grossen Menge lebloser Tierkörper an einem bestimmten Ort"; VGH München, 4.12.1991, Erw. 3a, NJW 1992, 2584ff., 2585f., bestätigt durch BVerwG 30.3.1992, NJW 1992, 2584. – Der VwGH hielt entgegen der Meinung der Eigentümerin fest, dass die zuständige Behörde ohne weiteres davon ausgehen konnte, dass ein Gemälde von Egon Schiele ein „Gegenstand von künstlerischer Bedeutung" sei; VwGH 11.4.1951, VwSlg 2031/1951 *(Anne K.)*.

8 *Hipp* 14–15; *Merryman* 346–349; *O'Hagan/McAndrew* 35–37; *Wyss*, Kultur 12, 23, 30, 145.

Begriff des „nationalen Kulturguts" an. Dieser Begriff findet sich in den meisten nationalen Erlassen, welche die Ausfuhr von Kulturgütern beschränken.[9] Gemäss Art. 30 EG kann die Warenverkehrsfreiheit für nationale Kulturgüter *(trésors nationaux)* beschränkt werden. Die UNESCO-Konvention 1970 enthält eine Definition nationaler Kulturgüter,[10] die aber als exzessiv kritisiert wird.[11] Gemäss Art. 5 Abs. 3 Unidroit-Konvention 1995 ordnet das Gericht oder jede andere zuständige Behörde des ersuchten Staates die Rückführung eines rechtswidrig ausgeführten Kulturguts u. a. dann an, wenn der ersuchende Staat nachweist, dass das Gut für den ersuchenden Staat *von wesentlicher Bedeutung* ist.[12]

Welche Güter „nationale Güter" sind, ist in verschiedener Hinsicht unklar.[13]

Theoretisch können als nationale Güter alle Güter bezeichnet werden, die sich im jeweiligen Staat befinden.[14] Eine solche Ausdehnung des Kulturgüterschutzes ist weder privaten Eigentümern zumutbar, noch ist sie im internationalen Verhältnis konsenfähig. Ein Gemälde von Matisse wird nicht zum italienischen Kul-

---

[9] *Deutschland:* § 1 Abs. 1 Gesetz zum Schutz deutschen Kulturgutes gegen Abwanderung („deutscher Kulturbesitz"); *Österreich:* § 17 Abs. 1 Ziff. 2 und § 18 Abs. 1 DMSG („Erhaltung im Inland im nationalen Interesse"); *Frankreich:* Art. 4 Loi 92-1477 du 31 décembre 1992 relative aux produits soumis à certaines restrictions de circulation; *Vereinigtes Königreich:* vgl. das 1. Waverley-Kriterium („Is the object so closely associated with our history and national life that its departure would be a misfortune?").

[10] Art. 4 UNESCO-Konvention 1970 lautet wie folgt:
„Die Vertragsstaaten dieses Übereinkommens erkennen an, dass im Sinne dieses Übereinkommens das zu folgenden Kategorien gehörende Kulturgut Teil des kulturellen Erbes jedes Staates ist:
a) Kulturgut, das durch die individuelle oder kollektive Schöpferkraft von Angehörigen des betreffenden Staates entstanden ist, und für den betreffenden Staat bedeutsames Kulturgut, das in seinem Hoheitsgebiet von dort ansässigen Ausländern oder Staatenlosen geschaffen wurde;
b) im Staatsgebiet gefundenes Kulturgut;
c) durch archäologische, ethnologische oder naturwissenschaftliche Aufträge mit Billigung der zuständigen Behörden des Ursprungslandes erworbenes Kulturgut;
d) Kulturgut, das auf Grund freier Vereinbarung ausgetauscht worden ist;
e) Kulturgut, das unentgeltlich empfangen wurde oder rechtmässig mit Billigung der zuständigen Behörden des Ursprungslandes käuflich erworben wurde."

[11] Günter *Abels*, Points of view, in: *Lalive*, International Sales 29.

[12] Die Formulierung kann zu einem weiten Begriff des nationalen Erbes führen, was in der Lehre z. T. kritisiert wird; vgl. *Raschèr* 90–91.

[13] Probleme bei der Bestimmung der Nationalität von Kulturgütern stellen insbesondere Wechsel des Lageortes, Staatennachfolge, Auseinanderfallen von Nationalität und Aufenthaltsort des Künstlers, Wechsel der Nationalität des Künstlers sowie Auftragsarbeiten im Ausland; *Koumantos* 171; *Müller-Katzenburg* 144. Auch Beweisfragen betreffend die Herkunft von Gütern können streitig sein; vgl. zum Seuso-Schatz *Müller-Katzenburg* 143.

[14] Vgl. die Empfehlungen der Konferenz der deutschen Kultusminister vom 20. 5. 1983, Ziff. 2 (vorne § 3 Fn. 32); *Jayme*, Anknüpfungsmaximen 37; *Koumantos* 171.

turgut, bloss weil es sich in Italien befindet.[15] Es bedarf einschränkender Kriterien für die Qualifizierung von nationalem Kulturgut.

Ein von der Rechtsprechung anerkanntes, in der Praxis aber nicht zwingendes Kriterium ist die *Nationalität des Künstlers bzw. des Schöpfers* eines Objekts.[16] Deutschland zählt Glasscheiben und illuminierte Handschriften regionaler Künstler zu seinen nationalen Kulturgütern.[17] In Österreich sind Werke von Gustav Klimt und Egon Schiele von nationalem Interesse.[18] Für Frankreich sind die Wandteppiche von Riom aus dem 17. Jahrhundert mit Szenen aus der Odyssee[19] oder ein monumentales Gemälde von Paul Cézanne[20] nationales Kulturgut. Funde aus etruskischer und römischer Zeit, Gemälde und Skulpturen italienischer Künstler aus der Renaissance und dem Barock sind nationale Kulturgüter Italiens. Im Vereinigten Königreich sind Werke von William Turner, Thomas Gainsborough und Lucien Freud als Objekte anerkannt, deren Ausfuhr aus dem Vereinigten Königreich verhindert werden soll.[21]

Nationale Kulturgüter zeichnen sich aus durch einen *Bezug zur nationalen Geschichte, Kunstgeschichte oder Wissenschaft*.[22] Dies muss insbesondere gelten

---

[15] *Jayme*, Anknüpfungsmaximen 46.

[16] Art. 4 Unterabsatz a UNESCO-Konvention 1970; Jeanneret v. Vichey, 541 F. Supp. 80 (S.D.N.Y. 1982), reversed and remanded 693 F. 2d 259, 267 (2d Cir. 1982); *Kingdom of Spain v. Christie, Manson & Woods Ltd.*, [1986] 1 W.L.R. 1120 (Ch. D.) betreffend Francisco José de Goyas „Marquesa de Santa Cruz"; *Müller-Katzenburg* 149f.; *Siehr*, Nationaler und Internationaler Kulturgüterschutz 540f. Vgl. *Jayme*, Anknüpfungsmaximen 38, 45.

[17] Verwaltungsgericht Sigmaringen, 25.11.1985, 1 K 313/84 (unveröffentlicht); VGH Mannheim, 14.3.1986, NJW 1987, 1440f.

[18] Vorne § 4 B I 2.

[19] Tribunale di Roma, 27.6.1987, Rivista di diritto internazionale 71 (1988) 920 *(Stato francese c. Ministero per i beni culturali e ambientali e De Contessini, interv. Pilone)*; Cass., Sez. I, 24.11.1995, n. 12166, Foro it. 1996 I 907.

[20] Tribunal administratif de Paris, 30.6.1999, n. 9616664/7, zitiert nach J-Cl. Adm., Fasc. 465-20, Ziff. 58 *(Germaine de Chaisemartin)*.

[21] Vorne § 7 B II 2.

[22] Ausdrücklich wird ein entsprechender Bezug vorausgesetzt in Art. 19 Abs. 2 Legge sulla protezione dei beni culturali (Kanton Tessin): „Beni mobili appartenenti a privati sono soggetti a protezione solo se hanno un'importanza culturale eccezionale, tenendo conto anche del legame tra l'oggetto e la cultura ticinese, a meno che non sia il proprietario a richiederla o ad acconsentirvi." Ähnlich § 9 Abs. 1 und 2 Gesetz über den Schutz der Kulturdenkmäler des Kantons Luzern: „Bewegliche Kulturdenkmäler werden … nur dann ins kantonale Denkmalverzeichnis eingetragen, wenn ihre Herkunft aus dem Kanton Luzern feststeht oder mit grosser Wahrscheinlichkeit anzunehmen ist, oder wenn sie ein einheimischer Künstler geschaffen hat. Der Denkmalschutz bezieht sich auch auf Mobilien, die trotz fremder Herkunft mit der einheimischen Vergangenheit so eng verbunden sind, dass ihr Verlust eine wesentliche Einbusse für die Allgemeinheit bedeuten würde." Vgl. auch Art. 19 Unterabsatz b Ziff. 2 und Art. 25 Abs. 1 Gesetz über den Schutz der Kulturgüter des Kantons Freiburg. Ein Beispiel für ein nationales Kulturgut Deutschlands ist das Silberzimmer der Welfen als

für private Objekte, die aus einem fremden Staat stammen, und für international bedeutende Werke.[23] Generell zählen archäologische Fundstücke zu den jeweiligen nationalen Kulturgütern.[24]

Nationale Kulturgüter sollten neben einem Bezug zum Staat auch eine besondere *subjektive Bedeutung* für die kulturelle Identität aufweisen: einen Symbolgehalt, repräsentative Aussagekraft oder eine Bedeutung für eine bestimmte Kulturgemeinschaft.[25] Als nationale Güter können auch Objekte mit bloss regionaler Bedeutung qualifiziert werden.[26]

Andere Objekte zählen zu Recht als nationale Kulturgüter, weil sie mit einem bestimmten Ort so eng verbunden sind, dass sie dort ihren *„Sitz"* haben. Beispiele hierfür sind die Fresken von Casenoves oder der Domschatz von Quedlinburg, die Stephanskrone in Ungarn und die Monstranz St. Clara von Kolumbien.[27] Dies gilt auch für Gegenstände mit religiöser oder kultischer Bedeutung, welche dort bleiben sollen, wo sie ihrer Bestimmung nach gebraucht werden.[28]

Ein Objekt wird erst dann zum nationalen Kulturgut, wenn es eine gewisse Zeit, mindestens aber 50 Jahre, im jeweiligen Staat belegen war.[29]

Repräsentation fürstlichen Reichtums an deutschen absolutistischen Höfen; BVerwG 27.5.1993, BVerwGE 92, 288, 289–290 = NJW 1993, 3280ff., 3281 = DVBl. 1993, 1099. Einen Bezug zu Österreich weist der eigenhändige Brief von Erzherzogin Gisela von Österreich vom 13. September 1898 auf über ihre Gefühle nach der Ermordung ihrer Mutter, der Kaiserin Elisabeth, in Genf; *Ausfuhrabteilung*, Jahresbericht 2000 199f. Einen entsprechenden Bezug verlangt das 1. Waverley-Kriterium („Is the object so closely associated with our history and national life that its departure would be a misfortune?"). Vgl. auch *Mattera* 105; *Müller-Katzenburg* 152–153; *Siehr*, Nationaler und Internationaler Kulturgüterschutz 541.

23 In diesem Sinne Verwaltungsgericht Gelsenkirchen, 5.6.1985, 4 K 1357/84, 13–14 (unveröffentlicht); *Uhl* 155, 156.

24 Art. 4b UNESCO-Konvention 1970 (vorne Fn. 10); *Jayme*, Anknüpfungsmaximen 49. Für den Verbleib repräsentativer archäologischer Fundstücke im Herkunftsstaat auch *Schorlemer* 173f. Weniger zwingend erscheint die Retention von wissenschaftlich erfassten Funden von geringem Wert; für eine Freigabe solcher Objekte als Mittel der indirekten Bekämpfung des illegalen Kunsthandels *Schorlemer* 190 und *Wiederkehr Schuler* 58.

25 Dies sind mögliche Kriterien der Rechtsprechung, i. d. R. nicht aber der Gesetzgebung; *Müller-Katzenburg* 152; *Uhl* 120 mit dem Beispiel der Quadriga auf dem Brandenburger Tor, 158.

26 VGH Mannheim, 14.3.1986, NJW 1987, 1440, 1441; *Uhl* 157.

27 *Jayme*, Anknüpfungsmaximen 48; *Müller-Katzenburg* 150, 154; *Siehr*, Nationaler und Internationaler Kulturgüterschutz 541; *Wyss*, Kultur 24–25.

28 Vgl. Art. 5 Abs. 3d Unidroit-Konvention 1995 betreffend den „traditionellen oder rituellen Gebrauch des Gutes durch eine Eingeborenen- oder Stammesgemeinschaft"; *Müller-Katzenburg* 154.

29 In Frankreich und im Vereinigten Königreich wird für Objekte, die vor weniger als 50 Jahren importiert worden sind, die Ausfuhrgenehmigung grundsätzlich erteilt; Art. 7 Loi 92-1477 du 31 décembre 1992 relative aux produits soumis à certaines restrictions de circulation in der Fassung gemäss Art. 2 Loi 2000-643 du 10 juillet 2000 relative à la protection des trésors nationaux und vorne § 7 B. Unter den Voraussetzungen von § 22 Abs. 3 DMSG besteht ein

Ein blosses Indiz für die Wertung eines Objekts als nationales Kulturgut ist dessen „Museumseignung", d. h. die Schönheit und Formvollendung,[30] die Unersetzlichkeit bzw. Seltenheit[31] oder der finanzielle Wert der Sache.[32] Die Seltenheit eines Objekts allein ist kein ausreichender Grund für die Qualifizierung als nationales Kulturgut.[33] Der objektive Wert nationaler Symbole ist nicht von Bedeutung.[34] In der Regel verdienen es jedoch nur herausragende und bedeutende Objekte, als „nationales Kulturgut" bezeichnet zu werden.[35]

Ist der Herkunftsstaat einverstanden mit der Aufbewahrung eines Objekts im Ausland, kann auch fremdes Gut zum nationalen Gut werden.[36] Beispiel hierfür ist die „Mona Lisa", die unbestrittenerweise in den Louvre gehört, obwohl sie von dem Italiener Leonardo da Vinci stammt.[37]

Diese Kriterien führen zwar nicht in allen Fällen zu einer eindeutigen Zuordnung eines Objekts zu einem Staat.[38] Im Hinblick auf das notwendige öffentliche Interesse für Handelsbeschränkungen ist aber zu fordern, dass der Staat, der ein Objekt als nationales Kulturgut beansprucht, dies sachlich begründen kann.

Rechtsanspruch auf Wiederausfuhr von temporär nach Österreich eingeführten Kulturgütern. Laut der ursprünglichen Fassung von Art. 3 Loi du 23 juin 1941 relative à l'exportation des œuvres d'art konnten rechtmässig nach Frankreich eingeführte Objekte ohne Beschränkungen wieder ausgeführt werden; Cons. d'État, Assemblée, 12.12.1969, Conclusions de M. *Kahn*, AJDA 1970, 36. *Uhl* 162 spricht sich gegen Handelsbeschränkungen für zeitgenössische Werke aus.

30 Vgl. das 2. Waverley-Kriterium: „Is the object of outstanding aesthetic importance?"

31 Die Seltenheit spielte eine Rolle bei der Eintragung eines elfenbeinernen Relieftäfelchens aus dem 10. Jahrhundert ins Verzeichnis national wertvollen Kulturgutes; Verwaltungsgericht Sigmaringen, 31.1.1985, 2 K 874/83 (unveröffentlicht); VGH Mannheim, 14.3.1986, NJW 1987, 1440–1441. Die österreichischen Behörden begründeten die Bedeutung eines Werks von Ernst Klimt in erster Linie mit dessen Seltenheit, vgl. vorne § 4 B I 2. Vgl. *Schorlemer* 81.

32 *Hipp* 19; *Uhl* 159–160.

33 *Schorlemer* 81 f.

34 *Müller-Katzenburg* 152; *Schorlemer* 80; *Uhl* 172.

35 *Bator* 323; *Raschèr* 91; *Siehr*, Nationaler und Internationaler Kulturgüterschutz 540 f.; *Uhl* 151, 171.

36 Vgl. Art. 4c–e UNESCO-Konvention 1970 (vorne Fn. 10); *Wyss*, Kultur 148 f.

37 Das Gemälde wurde im Jahr 1911 aus dem Louvre entwendet und nach Italien verbracht. Italien sorgte nach der Entdeckung des Werks für die Rückgabe an Frankreich. Nachweise bei *Müller-Katzenburg* 150 und *Weber* 359.

38 *Siehr*, Art Trade 209 Nr. 259. Ein Beispiel für Kulturgüter, auf die mehrere Staaten einen legitimen Anspruch geltend machen können, sind die Sammlungsgüter des Kunsthistorischen Museums in Wien. Aus dieser Sammlung wurden das Schwert Attilas von Ungarn und die Bibel von Parma 1918/19 an ihre Herkunftsorte zurückgegeben. Weitere Rückforderungsbegehren konnten abgewehrt werden, offenbar mit dem Argument, die Sammlung als Ganzes sei österreichisches Kulturgut; Ignaz *Seidl-Hohenveldern*, Diskussionsbeitrag, in: *Lalive*, International Sales 620–621. Nation und Staat können auseinanderfallen, wie das Beispiel der von den USA zurückgegebenen ungarischen Königskrone zeigt; *Müller-Katzenburg* 143 Fn. 319; zum Sachverhalt vgl. *Merryman* 339, 351; *Wyss*, Kultur 24–25.

Die Praxis hält sich nicht an die hier propagierten Kriterien. Letztlich definiert jeder Staat selber, was er unter seinem nationalen Kulturgut versteht.[39]

Der folgende Abschnitt ist Kulturgütern gewidmet, die m. E. nicht als „nationale Kulturgüter" bezeichnet werden sollten.

III. Weitere „nationale Kulturgüter"

In der Praxis gelten als nationale Kulturgüter auch Kunstwerke, die von Ausländern geschaffen worden sind.[40] Das vom Genfer Maler Jean-Etienne Liotard geschaffene Pastell „Le Déjeuner" ist im deutschen Gesamtverzeichnis national wertvollen Kulturgutes enthalten wie auch eine Violine von Antonius Stradivarius.[41] Der Conseil d'État hatte keine Mühe, eine chinesische Porzellanvase aus dem 13. oder 14. Jahrhundert als französisches Kulturgut zu bezeichnen.[42] Ebenso gilt Jean-Étienne Liotards Portrait eines englischen Kaufmanns in Konstantinopel als französisches Kulturgut, offenbar allein deshalb, weil es sich während längerer Zeit in Frankreich befunden hat.[43] In Italien wurden zweitklassige Werke französischer und englischer Impressionisten als nationale Kulturgüter eingestuft[44] wie auch ein Gemälde Henri Matisses.[45] Werke von Vincent van Gogh wurden sowohl in Frankreich („Jardin à Auvers")[46] als auch in Italien („Il Giardiniere")[47] als nationale Kulturgüter klassifiziert. Zu den Objekten, deren Ausfuhr das Vereinigte Königreich verhindert hat, zählen auch Canovas „Drei Grazien"[48] oder ein deutsches Reisepult.[49]

---

[39] Ingress der EG-Verordnung 3911/92; *Pescatore* 587; *Poli*, Protection 459f.; Pierre *Lalive*, Diskussionsbeitrag, in: *Lalive*, International Sales 624.

[40] Vgl. die Beispiele bei *Siehr*, Nationaler und Internationaler Kulturgüterschutz 531.

[41] Gesamtverzeichnis (vorne § 3 Fn. 14) Nr. 02144 und Nr. 02902.

[42] Cons. d'Ét. 7. 10. 1987, Recueil Dalloz Sirey 1988, 269 (*Min. de la Culture c. Consorts Genty*).

[43] Vorne § 5 B II 2. In Frankreich wurde die Frage, ob nur Werke französischer Herkunft oder aber sämtliche Werke „... présentant un intérêt national d'histoire ou d'art" einer Ausfuhrkontrolle unterstellt werden sollten, im Jahr 1920 zu Gunsten der weiteren Formulierung entschieden, vgl. Cons. d'Ét., Assemblée, 12. 12. 1969, Conclusions de M. *Kahn*, AJDA 1970, 35f.

[44] Cons. Stato, Sez. VI, 24. 1. 1989, ord. n. 22, Foro amm. 1989, 177ff.; Cons. Stato, Adunanza plenaria, 23. 9. 1991, n. 7, Foro amm. 1991 I 2242 = Foro it. 1992 III 1 (*Pagenstecher c. Provincia di Bolzano, Min. beni culturali*).

[45] Jeanneret v. Vichey, 541 F. Supp. 80 (S.D.N.Y. 1982), reversed and remanded 693 F. 2d 259, 263f. Fn. 6 (2d Cir. 1982).

[46] Cons. d'Ét. 31. 7. 1992, La Semaine Juridique 1993 II 22044 (*Jacques Walter*).

[47] Vgl. *Beyeler c. Italien*, 33202/96, EGMR 5. 1. 2000, 2000-I, §§ 8 und 15.

[48] *Reviewing Committee*, Report 1988–89 36–37 und Report 1993–94 27–30.

[49] *Reviewing Committee*, Report 2000–2001 51–53. Das Pult wurde angekauft vom Victoria and Albert Museum.

Es mag Objekte geben, die zu Recht als nationales Kulturgut betrachtet werden, auch wenn sie nicht von einem Inländer geschaffen worden sind. In solchen Fällen muss jedoch ein anderer Bezug zur Nation erkennbar sein. Gegenstände, die im Staat in ähnlicher Form zahlreich vorhanden sind, können keine besondere kulturelle Bedeutung für den Staat beanspruchen.[50] Die österreichischen Behörden hinderten jedoch bis zum Jahr 1999 zahlreiche Gegenstände an der Ausfuhr, die in diesem Sinne nicht als nationale Kulturgüter gelten können.[51]

Gemäss Art. 4 c und e UNESCO-Konvention 1970 zählt zum nationalen Kulturerbe auch Kulturgut, das „auf Grund freier Vereinbarung ausgetauscht worden ist" oder „rechtmässig mit Billigung der zuständigen Behörde des Ursprungslandes käuflich erworben wurde." Eine solche Umschreibung nationaler Kulturgüter würde dazu führen, dass der mexikanische Aztekenkodex „Tonalmatl Aubin", 1982 als Symbol Mexikos aus der Bibliothèque Nationale in Paris entwendet und nach Mexiko „entführt", ohne weiteres als französisches Kulturgut gälte[52] – und beinahe alle anderen rechtmässig importierten Kulturgüter ebenso!

Aus Sicht des nationalen Kulturgüterschutzes ist nichts einzuwenden gegen die Verlegung der privaten Sammlung Thyssen-Bornemisza von Lugano nach Madrid.[53] Beizupflichten ist auch zwei Entscheiden, in welchen Behörden die Zugehörigkeit von Objekten zum eigenen Kulturerbe ablehnten: Der Luzerner Regierungsrat verneinte in einem Entscheid aus dem Jahr 1988 entgegen dem Antrag der Denkmalpflege, dass es sich bei indianischen Ledertapeten aus dem Besitz der Familie von Segesser um luzernisches Kulturgut handle. Er erkannte an, dass die Tapeten Zeugnisse der indianischen Kultur Neu-Mexikos seien und die Bindung an Luzern zweitrangig und vernachlässigbar sei.[54] Das Verwaltungsgericht Gelsenkirchen wies eine Beschwerde des Eigentümers ab gegen die Nichteintragung eines „Kultkrokodils" aus Neuguinea ins deutsche Verzeichnis national wertvollen Kulturgutes.[55]

Die Kontrolle des Handels mit Gütern, deren Bezug zum Staat nicht besonders eng ist, entspricht keinem öffentlichen Interesse und rechtfertigt daher die mit

---

[50] *Raschèr* 91; *Siehr*, Nationaler und Internationaler Kulturgüterschutz 540; *Uhl* 151, 171.

[51] Vorne § 4 B I 2.

[52] So Bernhard *Walter* 55–56 in der Annahme, der Kodex sei mit Billigung des Herkunftsstaates erworben worden. Vgl. auch *Müller-Katzenburg* 151.

[53] Im Kanton Tessin können gegen den Willen des Eigentümers bewegliche Objekte nur unter Denkmalschutz gestellt werden, wenn sie eine enge Verbindung zum Kanton Tessin aufweisen; vorne § 2 B I 2. Zur Verlegung der Sammlung vgl. *Siehr*, Nationaler und Internationaler Kulturgüterschutz 530f.

[54] Regierungsrat des Kantons Luzern, 31. 5. 1988, Protokoll Nr. 1328, Luzerner Gerichts- und Verwaltungsentscheide 1988 III Nr. 16. Vgl. vorne § 2 B II 2.

[55] Verwaltungsgericht Gelsenkirchen, 5. 6. 1985, 4 K 1357/84 (unveröffentlicht). Vorne § 3 B I 2.

der Handelsbeschränkung verbundenen Eigentumseingriffe nicht. Ein „universelles Verständnis" der eigenen nationalen Kultur[56] ist kein Zeichen von Weltoffenheit, sondern von Anmassung.

D. Ausfuhrbeschränkungen

Ausfuhrbeschränkungen sind in vielen Staaten noch nicht seit allzu langer Zeit in Kraft. So konnten in Europa Sammlungen mit italienischen, griechischen, ägyptischen, afrikanischen und asiatischen Kulturgütern legal aufgebaut werden. Seit dem Ende des Zweiten Weltkriegs sind Ausfuhrverbote jedoch weit verbreitet.[57]

Das öffentliche Interesse an Ausfuhrbeschränkungen besteht in den hier untersuchten Rechtsordnungen darin, den Bestand an Kulturgut im Inland als Träger kultureller Identität zu erhalten.[58] Die Erhaltung „nationaler Güter" gehört zum Recht eines Volkes auf kulturelle Selbstbestimmung.[59] Die „Öffentlichkeit" hat ein Interesse daran, dass nationale Güter in ihrem Staat geschützt und erhalten bleiben. Ein gewisser Nationalstolz ist legitim.[60]

Dank Ausfuhrverboten bleiben Sammlungen eher erhalten; archäologische Fundstücke können weniger weit von ihrem Fundort entfernt werden.[61] Dies dient nicht zuletzt Wissenschaft und Forschung.

Ausfuhrverbote betreffen nicht nur Kulturgüter in Staatsbesitz. Die meisten Staaten verpflichten aus den erwähnten Interessen auch private Eigentümer, gewisse Güter im Inland zu behalten. In der Schweiz werden Mobilien in Privatbesitz in der Regel nur dann unter Schutz gestellt, wenn der Eigentümer dem zustimmt. Das Gesetz zum Schutz deutschen Kulturgutes gegen Abwanderung betrifft nur private Eigentümer. Private Güter unterliegen in Frankreich wie in Italien den Ausfuhrbestimmungen. Auch im Vereinigten Königreich sind Kulturgüter Privater der Exportkontrolle unterworfen.

---

[56] *Hanisch* 27f. zum französischen Verständnis von nationalen Kulturgütern.

[57] *Châtelain* 21; *Wiederkehr Schuler* 14.

[58] § 1 Abs. 1 Gesetz zum Schutz deutschen Kulturgutes gegen Abwanderung; § 17 Abs. 2 DMSG; Art. 65 Testo unico; vgl. das 1. Waverley-Kriterium (vorne § 7 Fn. 61) und *Uhl* 152. Das öffentliche Interesse am (absoluten) Ausfuhrverbot für klassifizierte Objekte gemäss Art. 21 Loi du 31 décembre 1913 sur les monuments historiques geht aus dem Gesetz nicht hervor; vorne § 5 B I 2. *O'Hagan/McAndrew* 35–37; *Wyss*, Kultur 148.

[59] *Schorlemer* 44. Ebenso wird die Forderung nach Rückführung von Kulturgütern völkerrechtlich aus dem Grundsatz des Selbstbestimmungsrechts der Völker abgeleitet; *Dolzer* 149.

[60] Differenziert *O'Hagan/McAndrew* 37–38; *Uhl* 120–122.

[61] *Fechner* 27.

Das Interesse der Öffentlichkeit, dass Private ihre Kunstsammlungen nicht ins Ausland verschieben, liegt indessen nicht auf der Hand, zumal es bei der Unterschutzstellung von privaten Gütern regelmässig keine Rolle spielt, ob sie öffentlich zugänglich sind oder nicht. Das Gemälde *Jardin à Auvers* von Vincent van Gogh beispielsweise durfte nicht aus Frankreich ausgeführt werden. Es wurde klassifiziert, und der Staat bezahlte dem Eigentümer eine hohe Entschädigung für die erlittene Werteinbusse. Dennoch befindet sich das Gemälde weiterhin für die Öffentlichkeit unzugänglich in Privatbesitz.[62] Das öffentliche Interesse an der Erhaltung des Gemäldes in Frankreich schien den Behörden auch in diesem Fall gegeben.

In vielen Fällen mag die staatliche Erwartung eine Rolle spielen, das eine oder andere Objekt aus einer privaten Sammlung früher oder später erwerben zu können, sei es über ein Vorkaufsrecht oder dank *dation en paiement* zur Begleichung von (Erbschafts-)Steuerschulden.[63]

Die Verweigerung einer Exportgenehmigung ermöglicht es dem Staat u. U., das Objekt auf dem Weg des Vorkaufsrechts günstiger erwerben zu können. Ist dies das Ziel der Nichterteilung der Bewilligung, liegt ein Missbrauch vor, der nicht mit dem öffentlichen Interesse rechtfertigt werden darf. Solche Absichten lassen sich jedoch kaum je nachweisen.[64]

Dies führt zum Thema des öffentlichen Interesses am staatlichen Erwerb privater Kulturgüter:

E. Staatlicher Erwerb von Kulturgütern

Ein Ziel des Kulturgüterschutzes besteht darin, wichtige Objekte der Öffentlichkeit und der Forschung zugänglich zu machen.[65] Es lässt sich am einfachsten und dauerhaftesten erreichen, indem der Staat Eigentümer solcher Objekte wird.

Vorkaufsrechte und Erwerbsrechte für bewegliche Denkmale erleichtern es den Staaten, Kunstwerke und Kulturgüter zu erwerben. Das öffentliche Interesse am

---

62 Vorne § 5 B I 3c (2)–(3).

63 Vgl. Votum von Yann Gaillard, Berichterstatter der Finanzkommission, Protokoll der Sitzung des französischen Senats vom 26. 1. 2000 und zu Italien vorne § 6 B I 2.

64 *Schorlemer* 502f. Vorne § 4 B I 2 a. E. zur früheren Praxis in Österreich; vgl. auch vorne § 5 B II 2. Ausfuhrverbote, die in erster Linie den günstigeren Erwerb durch den Staat ermöglichen sollen und somit wirtschaftliche Ziele verfolgen, wären im Lichte von Art. 30 EG unzulässig; *Uhl* 110. Inter-alia-Motive sind jedoch zulässig; EuGH 10. 7. 1984, Rs. 72/83, Slg. 1984, 2727ff., 2752 Rz. 36 *(Campus Oil)*; *Uhl* 111 mit Verweis auf die Praxis in Frankreich.

65 *Beyeler c. Italien*, 33202/96, EGMR 5. 1. 2000, 2000-I, § 113; *Fechner* 27–28, 29; *Merryman* 355 (mit Hinweis auf die touristische Bedeutung von Kulturgütern), 360–361.

erleichterten Erwerb folgt aus dem öffentlichen Interesse am Betrieb staatlicher Museen.[66] Museen haben den Auftrag, Kulturgut zu sammeln. Ihr Interesse, beim Kauf gegenüber Privaten privilegiert zu sein, ist legitim, zumindest wenn der Verkäufer voll entschädigt wird. Entgegen der Ansicht italienischer Behörden ist jedoch die Vertretung eines bestimmten international anerkannten Künstlers in den staatlichen Museen kein öffentliches Interesse, das Handelsbeschränkungen rechtfertigen könnte.[67]

Angesichts knapper staatlicher Mittel für den Erwerb von Kulturgut ist der Staat interessiert, möglichst billig zu kaufen. Faktisch profitiert die Öffentlichkeit davon, wenn Kulturgüter unter ihrem Marktwert angeschafft werden können, da die Sammlungen dadurch reicher dotiert werden. Unter diesem Aspekt liegen Erwerbsrechte zum deklarierten Wert, welche eine volle Entschädigung des Eigentümers nicht garantieren, durchaus im öffentlichen Interesse. Wohl nicht zufällig ist dieses öffentliche Interesse am Erwerbsrecht aus den anwendbaren Bestimmungen heraus nicht ersichtlich, denn es rechtfertigt keine Eingriffe ins Privateigentum: Staatliche Institutionen sollen sich nicht auf Kosten von Privaten bereichern.[68]

Die Erwerbsrechte Frankreichs und Italiens zum deklarierten Wert dienten ursprünglich als abschreckende Massnahmen gegen die Hinterziehung von Abgaben, denn auf der Ausfuhr von Kulturgütern war eine wertabhängige Steuer geschuldet. Dieses öffentliche Interesse ist nach der Aufhebung der Steuern obsolet geworden.[69]

Ein Grund für den staatliche Erwerb von Kulturgütern kann auch die Sorge um ihre Erhaltung sein. Dieses Interesse dürfte insbesondere bei Enteignungen gefährdeter Kulturgüter im Vordergrund stehen.[70]

---

[66] Aus der italienischen Praxis vgl. Cass., Sez. I, 17.1.1985, n. 117, Foro it. 1985 I 1070ff., 1072 *(Min. beni culturali e ambientali c. Granito di Belmonte)*; Cass., Sez. I, 29.11.1989, n. 5206, Giurisprudenza italiana 1990 I, 1, 1125ff., 1126f. *(Bruno, Cucci c. Min. beni ambientali e culturali)*; Tribunale Amministrativo Regionale per il Lazio, Sez. II, 26.1.1990, n. 224, Foro it. 1991 III 37ff., 42 *(Beyeler c. Min. beni culturali, Pierangeli)*.

[67] *Raschèr* 91. Die italienischen Behörden begründeten die Ausübung des Vorkaufsrechts für ein Werk von Vincent van Gogh damit, dass dieser Künstler in den Museen Italiens untervertreten sei; Tribunale Amministrativo Regionale per il Lazio, Sez. II, 26.1.1990, n. 224, Foro it. 1991 III 37ff., 46f. *(Beyeler c. Min. beni culturali, Pierangeli)*.

[68] Vgl. *Dolzer* 155–156 mit dem Beispiel, dass die Enteignung der Bibliotheca Palatina durch deutsche Behörden anlässlich der Ausstellung in Heidelberg – die Bibliothek befindet sich seit 1623 in Rom – wohl im öffentlichen Interesse Deutschlands gelegen, jedoch rechtsmissbräuchlich gewesen wäre. Näheres zur Geschichte der Bibliotheca Palatina bei *Hipp* 28–29.

[69] Grund für die Aufhebung der italienischen Ausfuhrsteuer gemäss ex-Art. 37 L. 1089/1939 war der Entscheid EuGH 10.12.1968, Rs. 7/68, Slg. 1968, 633ff., 643–645 *(Kommission der Europäischen Gemeinschaften c. Italienische Republik)*. Vgl. vorne § 5 C II 2, § 6 C III 2, § 8 B I 2.

[70] Vgl. Art. 91 Abs. 1 Testo unico.

F. Internationale Rückgabegebote

Da Rückgabe- und Rückführungsgebote nicht in den Bestand des Eigentums eingreifen,[71] müssen sie im Hinblick auf das öffentliche Interesse geringeren Anforderungen genügen als eigentliche Eingriffsnormen.

Privatrechtliche Rückgabegebote für gestohlene oder abhanden gekommene Kulturgüter dienen vornehmlich den rechtmässigen Eigentümern, d. h. privaten Interessen. Indirekt liegen Rückgabegebote auch im Interesse der Öffentlichkeit, denn sie fördern Treu und Glauben im Rechtsverkehr und die internationale Zusammenarbeit beim Kulturgüterschutz.[72]

Das öffentliche Interesse an zwischenstaatlichen Regelungen über die Rückführung von Kulturgut, welches entgegen den massgeblichen Ausfuhrvorschriften des Herkunftsstaats ausgeführt worden ist, besteht im Gegenrecht. Der Staat, der die Rückführung fremden nationalen Kulturguts durchzusetzen bereit ist, kann auch seinerseits die Rückführung seines Kulturguts erreichen, wenn es unrechtmässig in einen Vertragsstaat ausgeführt worden ist. Es mag sein, dass die Interessen an Rückgabegeboten ungleich verteilt sind zwischen reicheren und ärmeren Staaten. Zunehmend scheint sich jedoch die Ansicht zu verbreiten, die internationale Kooperation und Solidarität lägen im gemeinsamen öffentlichen Interesse der Staaten. Rückgabegebote schaffen Vertrauen und fördern so auch die kulturpolitischen Interessen am internationalen Kulturaustausch.[73] Innerhalb der Europäischen Union lässt sich das öffentliche Interesse an Rückgabegeboten aus Art. 151 EG ableiten. Diese Bestimmung enthält den Grundsatz, dass die Wahrung der Vielfalt der regionalen und nationalen Kulturen im Interesse der Gemeinschaft liege.

Allzu weite Kulturschutzbestimmungen brauchen von anderen Staaten nicht anerkannt zu werden.[74] Rückgaben und Rückführungen für Güter, die offen-

---

[71] Vorne § 10 D.

[72] Botschaft über die UNESCO-Konvention 1970 und das Bundesgesetz über den internationalen Kulturgütertransfer 547–549.

[73] Al. 7 der Präambel der UNESCO-Konvention 1970 lautet wie folgt: „… in der Erwägung, dass die rechtswidrige Einfuhr, Ausfuhr und Übereignung von Kulturgut der Verständigung zwischen den Nationen im Wege steht, die zu fördern Aufgabe der UNESCO ist, …" Im Fall der Rückgabe isländischer Handschriften durch Dänemark anerkannten die dänischen Gerichte, dass die Rückgabe im öffentlichen Interesse Dänemarks erfolge; Hannfried *Walter* 285, 287–288. Botschaft über die UNESCO-Konvention 1970 und das Bundesgesetz über den internationalen Kulturgütertransfer 547–549; *Lo Monaco* 854. Vgl. auch vorne § 2 B III 3.

[74] *Müller-Katzenburg* 140, 147. Widersprüchlich ist es, den freien Handel zu befürworten und gleichzeitig restriktive Ausfuhrbeschränkungen anderer Staaten zu respektieren, wie dies die USA tun; John Henry *Merryman*, Diskussionsbeitrag, in: *Lalive*, International Sales 617.

sichtlich nicht zum nationalen Erbe[75] des ersuchenden Staates gehören, liegen weder im öffentlichen Interesse des ersuchten noch des ersuchenden Staates und sind abzulehnen.

G. Erhaltung?

Besitzer von Kulturgütern haben eine Treuhandfunktion, eine „Verantwortung als Verwahrer eines Teils des kulturellen Erbes der anderen."[76] Sie dürfen ihre Güter wohl nutzen, haben sie aber im Interesse zukünftiger Generationen zu bewahren. Der Schutz von Kulturgütern hat in erster Linie deren (materieller) Erhaltung und Konservierung zu dienen. Die Herkunft darf in diesem Zusammenhang keine Rolle spielen.[77]

Handelsbeschränkungen dienen kaum der Erhaltung von Kulturgütern.[78] Spezielle Umstände ausgenommen, können Ausfuhrverbote nicht mit der Sorge um die materielle Erhaltung von Kulturgut begründet werden. Faktisch dürfte zumindest in Frankreich das mit einer Klassifizierung verbundene Ausfuhrverbot die Erhaltung von Kulturgütern eher gefährden: nachdem die Behörden bei der Klassifizierung privater Kunstwerke aus (berechtigter) Furcht vor Entschädigungsforderungen sehr zurückhaltend geworden sind, geniessen zahlreiche Werke privater Eigentümer keinerlei rechtlichen Schutz vor Veränderung, unsachgemässer Pflege etc.

Die materielle Erhaltung (oder Wiederherstellung) von Kulturgütern kann ein Argument für oder gegen deren Rückführung in den Ursprungstaat sein. Gemäss Art. 5 Abs. 3 Unidroit-Konvention 1995 ordnet das Gericht oder jede andere zuständige Behörde des ersuchten Staates die Rückführung eines rechtswidrig ausgeführten Kulturguts u. a. an, wenn der ersuchende Staat nachweist, dass die Entfernung des Gutes aus seinem Hoheitsgebiet das Interesse an der materiellen Unversehrtheit des Gutes oder seiner Umgebung, die Unversehrtheit eines komplexen Gutes oder die Erhaltung von Informationen z. B. wissenschaftlicher oder historischer Art wesentlich beeinträchtigt. Anderseits spricht eine Gefährdung von Kulturgut im Ursprungsstaat gegen den Vollzug an sich berechtigter Rückführungen.[79]

---

[75] Zu den Kriterien für nationales Kulturgut vgl. vorne § 12 C II–III.

[76] *Raschèr* 129; *Schorlemer* 564.

[77] *Fechner* 25; *Koumantos* 160; *Merryman* 355, 359; *Schorlemer* 64.

[78] Die italienische Doktrin macht zwar geltend, das Ausfuhrverbot für Kulturgüter fördere auch deren Erhaltung. Begründet wird dies mit der Sorgfalt, welche die italienischen Behörden auf die Pflege des Kulturguts verwenden. Vgl. vorne § 6 B I 2.

[79] Ausdrücklich vorgesehen ist die Aussetzung von Rückführungen „bis das Kulturgut bei einer Rückführung nicht mehr gefährdet ist" in Art. 9 Abs. 2 Entwurf KGTG. Für einen entsprechenden *ordre public culturel Siehr*, Art Trade 262f. Nr. 327; *Wyss*, Kultur 142.

H. Rechtsfolgen bei fehlendem öffentlichen Interesse

Handelsbeschränkungen, die sich nicht im öffentlichen Interesse rechtfertigen lassen, sind verfassungswidrig. Sie sind aufzuheben. Meines Erachtens kann die Verfassungswidrigkeit nicht beseitigt werden durch die Entschädigung des Eigentümers, so grosszügig sie auch sei – es sei denn, der Eigentümer erkläre sich damit einverstanden.

Der Nachweis, eine Handelsbeschränkung sei nicht im öffentlichen Interesse ergangen, dürfte schwer zu erbringen sein. Gesetzgebung und Praxis haben sich Rechenschaft abzulegen, ob sie mit einer Handelsbeschränkung tatsächlich ein öffentliches Interesse verfolgen.

I. Bemerkungen

Grundsätzlich kann jedes öffentliche Interesse Einschränkungen des privaten Eigentums rechtfertigen. Rein wirtschaftliche Gründe dürften hierfür aber nicht genügen.

Meines Erachtens rechtfertigt das öffentliche Interesse Ausfuhrverbote nur in denjenigen Fällen, in welchen die nationale Zuordnung auch von fremden Staaten akzeptiert würde.

Es ist nicht zu bestreiten, dass auch Werke ohne klaren Bezug zum eigenen Staat dessen öffentliche Sammlungen bereichern und dass die Öffentlichkeit ein faktisches Interesse daran hat, dass auch solche Werke in den Sammlungen vertreten sind. Dieses faktische Interesse darf aber nicht mit Hilfe von Handelsbeschränkungen auf Kosten privater Eigentümer befriedigt werden. Das Prestige eines Museums oder dessen Direktion sind keine öffentlichen Interessen, welche Handelsbeschränkungen legitimieren.

Das öffentliche Interesse an der Retention nationaler Kulturgüter lässt sich schlecht quantifizieren. Petitionen, Pressekampagnen und der Erfolg von Ausstellungen mögen in gewissen Fällen Indizien für das öffentliche Interesse sein,[80] in anderen eher über das tatsächliche Interesse hinwegtäuschen. Das erschwert die gerichtliche Überprüfung des öffentlichen Interesses. Nur im Vereinigten Königreich ist das öffentliche Interesse am Verbleib bestimmter Objekte im Staat gleichsam messbar, denn es lässt sich am Erfolg des Fundraisings ablesen.[81]

Handelsbeschränkungen für Kulturgüter werden in der Literatur auf Kulturnationalismus zurückgeführt und deswegen kritisiert.[82] In der Optik der Natio-

---

80 Vorne § 2 B I 2.

81 Vorne § 7 B.

82 *Hipp* 14–15; *Merryman* 361–363; *Wiederkehr Schuler* 22, 27–28; *Wyss*, Kultur 30, 152.

nalstaaten liegen solche Massnahmen jedoch zentral im öffentlichen Interesse. „Kulturnationalistische" Beschränkungen können daher ohne weiteres mit der Eigentumsgarantie vereinbar sein.

Die Frage des öffentlichen Interesses lässt sich von der Frage der Verhältnismässigkeit nicht immer klar trennen. Auf gewisse Aspekte des öffentlichen Interesses ist deshalb zurückzukommen.

K. Zusammenfassung

Primäres Ziel des Kulturgüterschutzes ist die materielle Erhaltung von Gütern. Handelsbeschränkungen verfolgen jedoch in der Regel andere Ziele, nämlich die Immobilisierung oder den Erwerb von Kulturgut.

Handelsbeschränkungen für Kulturgüter liegen grundsätzlich im öffentlichen Interesse. Ausfuhrverbote für Kulturgüter ermöglichen es, repräsentative nationale Kulturgüter im Inland zu bewahren als Träger der kulturellen Identität der Nation. Dies gilt auch für private Objekte, welche für die Öffentlichkeit unzugänglich sind. Die Öffentlichkeit ist daran interessiert, dass staatliche Museen Kulturgüter erwerben, um sie der Öffentlichkeit und der Wissenschaft zugänglich zu machen. Ein legitimes öffentliches Interesse am Erwerb von Kulturgütern unter ihrem Verkehrswert und insbesondere an Erwerbsrechten zum deklarierten Wert ist zu verneinen.

Ein öffentliches Interesse an Ausfuhrverboten und an Massnahmen, welche den staatlichen Erwerb erleichtern, besteht nur an nationalen Kulturgütern. Nationale Kulturgüter sind Objekte, welche einen engen Bezug zu Geschichte, Kultur, Religion, Kunstgeschichte oder Wissenschaft der Nation aufweisen oder die von einem einheimischen Künstler oder Werkschöpfer geschaffen worden sind. Sie müssen mindestens 50 Jahre im entsprechenden Staat gelegen sein. Nationale Kulturgüter besitzen eine subjektive Bedeutung für die kulturelle Identität der Nation. Kulturgüter können aufgrund ihrer regionalen Bedeutung oder wegen einer engen Verbindung zu einem bestimmten Ort als nationale Kulturgüter gelten. Nur wegen seiner Seltenheit, seiner Schönheit oder seines Werts wird ein Kulturgut nicht zum nationalen Kulturgut, schon gar nicht wegen der blossen Tatsache, dass sich das Werk auf dem Territorium des Staates befindet.

Rückgabegebote für nationale Kulturgüter fremder Staaten liegen im öffentlichen Interesse. Als Voraussetzung für die Gewährung von Gegenrecht dienen sie dem Schutz des eigenen kulturellen Erbes vor unrechtmässiger Ausfuhr, ferner dem Schutz von Treu und Glauben im Rechtsverkehr und der internationalen Solidarität. Indem sie Vertrauen schaffen, fördern sie den internationalen Kulturaustausch und dienen so letztlich auch den eigenen kulturpolitischen

Interessen. Beim Vollzug der Massnahmen muss der materielle Schutz von Kulturgütern immer beachtet werden.

In gerichtlichen Verfahren dürfte es sich regelmässig als schwierig erweisen, mit Erfolg das fehlende öffentliche Interesse an einer Massnahme zu rügen.

§ 13 Verhältnismässigkeit

A. Allgemeines

Nutzungsregelungen für Eigentum und Eingriffe in das grundrechtlich geschützte Eigentum sind nur zulässig, wenn sie verhältnismässig sind. Gesetzliche Bestimmungen und Verfügungen sind daraufhin zu prüfen, ob sie geeignet und erforderlich sind, um das beabsichtigte Ziel zu erreichen, und ob sie bei einer Abwägung aller öffentlichen und privaten Interessen als angemessen erscheinen. Die Angemessenheit beurteilt sich nach der Schwere des Eingriffs und allfälliger Gegenleistungen, wobei auch Verfahrensfragen eine Rolle spielen können. Je bedeutender ein Objekt für die Öffentlichkeit ist, desto stärker können dessen Verkehrsfähigkeit und Nutzung beschränkt werden.[1]

B. Eignung

Nur „geeignete" Massnahmen sind im Hinblick auf den Schutz der Eigentumsgarantie verhältnismässig. An der Eignung der handelsbeschränkenden Massnahmen des Kulturgüterschutzes bestehen auf den ersten Blick wenig Zweifel: Ausfuhrverbote können die Ausfuhr von Kulturgütern verhindern.[2] Vorkaufs- und Erwerbsrechte erleichtern den staatlichen Erwerb von Kulturgütern zum Aufbau staatlicher Sammlungen. Internationale Rückführungen von Kulturgut setzen den Schutz des kulturellen Erbes fremder Staaten durch.

Ungeeignet zum Schutz des nationalen Kulturerbes sind Handelsbeschränkungen für Objekte, die nicht als nationale Kulturgüter gelten können.[3]

Gegen allzu rigide Handelsbeschränkungen spricht die Erfahrung, dass diese unterlaufen werden und letztlich kontraproduktiv wirken. So ist der Schmuggel mit Kunstwerken gerade in Italien sehr lebhaft, wo beinahe jedes historische Objekt den Bestimmungen des Testo unico untersteht. Rechtspolitisch bestehen in diesem Sinn durchaus Zweifel an der Eignung von Handelsbeschränkungen.[4]

---

[1] *Müller-Katzenburg* 140.

[2] *Schorlemer* 499.

[3] Zu den möglichen Wesensmerkmalen nationaler Kulturgüter vgl. vorne § 12 C II–III.

[4] *Bator* 318, 322; *Geisinger-Mariéthoz* 277; *Schorlemer* 393 mit weiteren Hinweisen. Zu fragwürdigen Auswirkungen der UNESCO-Konvention 1970 auf den Markt für Kulturgüter aus China, Afghanistan und Kambodscha vgl. *Kletke*. A. A. *Koumantos* 163.

Bestimmungen des supranationalen und internationalen Rechts über die Rückführung unrechtmässig exportierter Kulturgüter sind nicht geeignet, übertriebene Schutzbestimmungen der Einzelstaaten durchzusetzen. Gegen entsprechende Begehren wird sich Widerstand im ersuchten Staat regen, zudem sind die Verfahren zu träge, als dass sie in vielen Fällen zum erwünschten Ergebnis führen würden.[5]

In der Praxis sind, soweit ersichtlich, bislang keine handelsbeschränkenden Massnahmen des Kulturgüterschutzes als ungeeignet beurteilt worden.

C. Erforderlichkeit

Beschränkungen des Eigentums müssen notwendig sein, um das angestrebte Ziel zu erreichen, damit sie als verhältnismässig gelten. Im Folgenden ist daher zu prüfen, ob Ausfuhrverbote sowie Rückführungsgebote für unrechtmässig aus dem Herkunftsstaat ausgeführte Objekte die mildesten Mittel seien für den Schutz des kulturellen Erbes.

I. Ausfuhrverbote

Nicht jeder Staat ist in gleicher Weise auf Exportbeschränkungen für Kulturgut angewiesen. Reichere Länder verfügen über finanzielle Mittel, welche den konstanten Zufluss an Kunstgegenständen ermöglichen. Die Schweiz und Deutschland kennen Ausfuhrbeschränkungen für private Kulturgüter nicht zuletzt deswegen nur in sehr eingeschränktem Rahmen. Auch das Vereinigte Königreich pflegt eine grosszügige Praxis, was die Erteilung von Ausfuhrgenehmigungen betrifft. Demgegenüber sind ökonomisch schwächere Staaten auf strengere Ausfuhrbeschränkungen angewiesen, um der Abwanderung ihres kulturellen Erbes Einhalt zu gebieten.[6] Exportbeschränkungen für wichtige nationale Kulturgüter erweisen sich zumindest im Grundsatz für alle Staaten als notwendig zum Schutz und zur Bewahrung kultureller Identität.[7]

Absolute Ausfuhrverbote sind jedoch nicht notwendig zum Schutz des nationalen Kulturerbes.[8] Regelmässig kann eine effiziente Ausfuhrkontrolle mit einer

---

5 *Uhl* 162–163. Die Mitgliedstaaten der Europäischen Union scheinen sich um den Schutz von Kulturgütern anderer Mitgliedstaaten in der Regel nur dann zu kümmern, wenn besonders wertvolle Kunstgegenstände betroffen sind; *Kommission der Europäischen Gemeinschaften* 8–9. Zu den zwischen 1993 und 1999 vollzogenen Rückgaben aufgrund der RL 93/7/EWG vgl. *Kommission der Europäischen Gemeinschaften* 23.

6 *Bator* 324f.; *Bila* 53; *Frier*, Patrimoine culturel 463f.; *O'Hagan/McAndrew* 40; *Uhl* 122–123 mit Hinweis auf die restriktive Praxis in Italien, Spanien und Portugal.

7 *Bator* 314; *Schorlemer* 405f.; *Siehr*, Art Trade 253 Nr. 312. Vgl. vorne § 12 C II–III.

8 Ein absolutes Ausfuhrverbot enthält Art. 21 Loi du 31 décembre 1913 sur les monuments historiques.

Genehmigungspflicht erreicht werden. Eine Rechtfertigung für absolute Ausfuhrverbote gibt es m. E. nicht.[9]

Die Bewilligungspflicht gemäss EG-Verordnung 3911/92 ist zur Verhinderung unrechtmässiger Ausfuhren aus dem Zollgebiet der Europäischen Union erforderlich, da die internen Grenzkontrollen weggefallen sind.[10]

Fraglich ist, ob Ausfuhrverbote durch Vorkaufsrechte ersetzt werden können. In der Tat verzichten einige schweizerische Kantone auf Ausfuhrverbote, kennen aber das Vorkaufsrecht. Vorkaufsrechte vermögen indessen die Abwanderung von Kulturgut wirkungsvoll nur dann zu verhindern, wenn der Staat genügende finanzielle Mittel für den Erwerb von Objekten aufbringen kann. Dies ist wohl eher die Ausnahme. Vorkaufsrechte machen Ausfuhrregelungen nicht überflüssig.[11] Gleiches gilt auch für den freihändigen Erwerb von Kulturgütern, den mildesten „Eingriff" überhaupt, und für die steuerliche Begünstigung von Eigentümern, welche freiwillig auf die Ausfuhr nationaler Kulturgüter verzichten.[12]

Es ist nicht erforderlich, dass sämtliche wichtigen Kulturgüter an der Ausfuhr gehindert werden. Die schweizerische kulturelle Identität ist nicht darauf angewiesen, dass sich *alle* Werke von Ferdinand Hodler in der Schweiz befinden.[13] Der Verhältnismässigkeitsgrundsatz spricht dagegen, sämtliche oder immerhin sehr viele Objekte Handelsbeschränkungen zu unterwerfen.[14]

Problematisch sind m. E. Massnahmen, welche die Unterschutzstellung von Mobilien automatisch mit einem Ausfuhrverbot verknüpfen.[15] Für zahlreiche Kulturgüter sind Schutzmassnahmen zur materiellen Erhaltung notwendig, unabhängig von dem Ort, an dem sie sich befinden. Das Ausfuhrverbot ist in solchen Fällen jedoch nicht erforderlich.

---

9 Absolute Ausfuhrverbote innerhalb der Europäischen Union sind möglicherweise auch mit Art. 30 EG (ex-Art. 36 EGV) unvereinbar; *Schorlemer* 500f.

10 Vorne § 9 C II 3.

11 *Schorlemer* 499. Je nach Gesichtspunkt kann das Vorkaufsrecht sogar als schwererer Eingriff als ein Ausfuhrgenehmigungsvorbehalt erscheinen, so OVG Lüneburg, 19.5.1992, NVwZ-RR 1993, 79ff., 81 *(Silberzimmer der Welfen)*.

12 Vorschläge von *Uhl* 173.

13 *Schorlemer* 500: „Zum Schutz des nationalen Kulturpatrimoniums ist es prinzipiell ausreichend, einige unverzichtbare, für die Kultur eines Landes repräsentative Stücke im Land zu halten"; *Siehr*, Nationaler und Internationaler Kulturgüterschutz 541 f.

14 *Uhl* 150 (im Zusammenhang mit der Einschränkung der Warenverkehrsfreiheit).

15 Beispielsweise die Klassifizierung in Frankreich gemäss Art. 14 Abs. 1 Loi du 31 décembre 1913 sur les monuments historiques. Vorne § 5 B I 2 und 3b. Zur Situation in Italien vorne § 6 B I 3.

II. Internationale Rückgabegebote

Regelmässig wird fremdes öffentliches Recht nicht durchgesetzt. Exportvorschriften für Kulturgüter oder Bestimmungen über deren Unveräusserlichkeit sind daher im Ausland wirkungslos, nachdem ein Kulturgut unrechtmässig ausgeführt worden ist[16] – es sei denn, deren Beachtung werde durch supranationales Recht oder internationale Konventionen vorgeschrieben.[17] Zum wirkungsvollen Schutz des nationalen kulturellen Erbes erweisen sich Rückführungsansprüche als notwendig. Im Einzelnen stellen sich jedoch verschiedene Fragen:

1. Geltungsbereich

Theoretisch gibt es eine einfache Antwort auf die Frage, für welche Kulturgüter internationale Rückgabebegehren gerechtfertigt sind: für Güter, welche sachlich begründet als nationale Kulturgüter des ersuchenden Staates gelten können.[18]

Unproblematisch erscheinen Rückführungsklagen für archäologische und paläontologische Bodenfunde, Bestandteile von Denkmalen, Bauwerken oder archäologischen Stätten, Objekte von ethnologischer oder kultischer Bedeutung sowie Archivgut.[19]

Die RL 93/7/EWG enthält einen Anspruch auf Rückgabe von nationalen Gütern, welche zugleich unter eine Kategorie des Anhangs fallen. Der Anhang ist sehr umfangreich. Die Behörden – allenfalls der EuGH – haben den Geltungsbereich im Einzelfall verhältnismässig auszulegen.[20]

In Art. 5 Abs. 3 Unidroit-Konvention 1995 sind die Interessen des ersuchenden Staates umschrieben, welche die Rückführung rechtswidrig ausgeführter Kulturgüter rechtfertigen.[21] Die Umschreibung würde zahllose Rückgabebegehren legi-

---

16 Tribunal civil de la Seine, 28. 6. 1901, Clunet 28 (1901) 812 *(Van der Heydt et Burth c. Kleinberger)* betreffend unveräusserliche britische Gemälde aus Trustvermögen; *Attorney General of New Zealand v. Ortiz and others,* [1982] 3 All E. R. 432, 459f., [1984] 1 A. C. 1, 24 (Lord Denning M.R.); Cass., Sez. I, 24. 11. 1995, n. 12166, Foro it. 1996 I 907 *(Governo di Francia c. De Contessini, Pilone). Schorlemer* 520, 529ff.; *Schmeinck* 81; *Siehr,* Art Trade 85f. Nr. 92–93, 166 Nr. 216, 183ff. Nr. 234–238; *ders.*, Kulturgüter als res extra commercium 710–713; Bernhard *Walter* 34.

17 *Schmeinck* 106f.; *Siehr,* Art Trade 86 Nr. 93.

18 Zu den möglichen Kriterien einer solchen Zuordnung vorne § 12 C II–III.

19 So Art. 9 i. V. m. Art. 7 Abs. 2a und Art. 2 Abs. 2 Entwurf KGTG.

20 Vorne § 9 C I 4c.

21 Art. 5 Abs. 3 Unidroit-Konvention 1995 lautet wie folgt:
„Das Gericht oder jede andere zuständige Behörde des ersuchten Staates ordnet die Rückführung eines rechtswidrig ausgeführten Kulturgutes an, wenn der ersuchende Staat nachweist, dass die Entfernung des Gutes aus seinem Hoheitsgebiet eines oder mehrere der nachstehenden Interessen wesentlich beeinträchtigt:
a) die materielle Erhaltung des Gutes oder seiner Umgebung;

timieren. Es obliegt der zuständigen Instanz im ersuchenden Staat, diese Bestimmung verhältnismässig auszulegen.[22]

2. Sorgfaltspflichten der Erwerber

Der Entschädigungsanspruch von Besitzern, die ihr Objekt an den früheren Eigentümer zurückgeben oder in den Herkunftsstaat zurückführen müssen, hängt davon ab, ob sie als gutgläubige Erwerber gelten. Wer eine Sache erwirbt und weiss, dass sie gestohlen, ihrem Eigentümer auf andere Weise gegen den Willen abhanden gekommen oder unrechtmässig aus dem Herkunftsstaat ausgeführt worden ist, hat im Falle einer Rückforderung keinen Entschädigungsanspruch.

Die Anforderungen der Gesetzgebung und der Praxis an die Sorgfalt beim Erwerb sind in den vergangen Jahrzehnten gestiegen, bis zur Umkehr der Beweislast für den guten Glauben.[23] Dies ist notwendig, um die „passive Komplizenschaft" zwischen Händlern und Käufern im illegalen Kunsthandel zu unterbrechen.[24] Nach wie vor muss jedoch der Kläger sein besseres Recht an der Sache beweisen. Erst wenn dieser Beweis gelungen ist, stellt sich die Frage nach der Beweislast für den guten Glauben.[25]

---

b) die Unversehrtheit eines komplexen Gutes;
c) die Erhaltung von Informationen z. B. wissenschaftlicher oder historischer Art;
d) den traditionellen oder rituellen Gebrauch des Gutes durch eine Eingeborenen- oder Stammesgemeinschaft,
oder nachweist, dass das Gut für den ersuchenden Staat von wesentlicher kultureller Bedeutung ist."

[22] Vorne § 2 B III 4a.

[23] Sehr grosszügig noch BGer 5.7.1951 *(Bührle c. Theodor Fischer)*: Der Kunstsammler Emil Bührle hatte in den Jahren 1941 und 1942 bei der Luzerner Galerie Fischer zahlreiche Gemälde erworben, welche aus einer Plünderung in Frankreich stammten. Er konnte sich uneingeschränkt auf seinen guten Glauben berufen. Sogar Fischer, der die fraglichen Gemälde in Deutschland erworben hatte, kriegte vom Bund eine Entschädigung, immerhin reduziert, da er vorsichtiger hätte sein sollen; vgl. vorne § 2 Fn. 179. Ihren guten Glauben konnten auch De Contessini und Pilone nachweisen, welche französische Tapisserien erworben hatten. Sie hatten sie zum Marktpreis bezahlt und auf die Ausführungen der Verkäuferin vertraut; Tribunale di Roma, 27.6.1987, Rivista di diritto internazionale 71 (1988) 920ff., 923 *(Stato francese c. Ministero per i beni culturali e ambientali e De Contessini, interv. Pilone)*. Beispiele für die neuere strengere Praxis: BGH 10.1.1973, Warneyer, Rechtsprechung des Bundesgerichtshofs in Zivilsachen 1973 I 9ff., 10–11 *(Kykladenidol)*; BGer 5.3.1996, BGE 122 III 1ff., 3–4 *(Versicherung X)* betreffend eine gestohlene antike Waffensammlung; BGer 1.4.1997, BGE 123 II 134ff., 142 *(L.)* zum Kauf eines Bildes ohne die notwendigen Vorsichtsmassnahmen. Zum von amerikanischen Gerichten entschiedenen „Goldberg-Fall" der in Nord-Zypern entwendeten Byzantinischen Mosaiken vgl. *Byrne-Sutton* 153–154, 163–164. Vgl. vorne § 2 B III 4d.

[24] *Carducci* 430; *Prott*, Kulturgüterschutz 196; *Raschèr* 82.

[25] *Raschèr* 85f.

3. Verjährungsfristen

Gemäss RL 93/7/EWG beträgt die absolute Verjährungsfrist für die Rückforderung unrechtmässig verbrachter Kulturgüter 30 Jahre. Auch die Rückführungsklage gemäss Art. 9 Entwurf KGTG verjährt spätestens 30 Jahre nach der rechtswidrigen Ausfuhr des Kulturguts. In der Unidroit-Konvention 1995 sind gar Verjährungsfristen von 50 resp. 75 Jahren enthalten. Sie werden teilweise als ungewohnt lange empfunden.

Die Erfahrung zeigt, dass Kulturgüter oft während Jahrzehnten verschollen bleiben. Häufig tauchen sie erst nach dem Tod ihres Besitzers wieder auf.[26] Lange absolute Verjährungsfristen sind notwendig, damit ein wirkungsvoller Schutz gewährleistet ist. Gegen missbräuchliches Verhalten der ersuchenden Staaten schützen die kurzen relativen Verjährungsfristen.[27]

4. Enteignung als Mittel der Rückführung?

Stehen keine anderen Mittel zur Verfügung, ist zu prüfen, ob Rückführungen gegenüber zivilrechtlichen Eigentümern auf dem Weg der Enteignung durchgesetzt werden können.[28] Dies wurde beispielsweise in Italien diskutiert, wo Art. 7b (ii) UNESCO-Konvention 1970 nicht ins Landesrecht umgesetzt worden ist.[29] Einziges bekanntes Präjudiz ist, soweit ersichtlich, der dänische Fall der Legalenteignung einer privaten Stiftung zur Rückgabe von altisländischen Handschriften an Island.[30]

---

[26] So der Domschatz von Quedlinburg 45 Jahre nach seinem Verschwinden; vgl. *Hipp* 116–117. Ein im Zweiten Weltkrieg in Belgien geraubtes Gemälde von Marc Chagall tauchte über 20 Jahre später in New York wieder auf; Menzel v. List, 267 N.Y.S.2d 804. Zwei unsignierte Gemälde Albrecht Dürers waren über 20 Jahre lang verschwunden. Hinweise zum entsprechenden Fall *Weimar c. Elicofon* bei *Hipp* 177–179.

[27] *Raschèr* 79–80.

[28] Zu den hier nicht weiter interessierenden Restitutionen von im Krieg entfernten Objekten aufgrund von Friedensverträgen, die z. T. nur mittels Enteignungen möglich waren, vgl. *Engstler* 124ff., 189, 191. Zum Bundesratsbeschluss vom 10.12.1945 vgl. vorne § 2 B III 1 und C III. Skeptisch gegenüber Rückgaben von Kulturgut durch Enteignung wegen der Eigentumsgaratie Bernhard *Walter* 187–188, 189.

[29] Vorne § 6 C IV 3.

[30] Der Isländer Árni Magnússon sammelte zwischen 1702 und 1712 isländische Handschriften und rettete sie damit vor dem Verderben. Er verbrachte sie nach Dänemark, wo sie ins Eigentum einer Stiftung gelangten. Im 20. Jahrhundert forderte Island die Handschriften zurück. Dänemark entsprach dem Begehren, indem es das „Gesetz über die Änderung der Verfassung vom 18. Januar 1760 für das Legat Arne Magnussens (Die Arnamagnäische Stiftung)“ vom 26.5.1965 erliess. Das Gesetz bewirkte eine entschädigungslose Enteignung der Handschriften. Die Stiftung machte eine Verletzung der Eigentumsgarantie geltend. Ihre Klage hatte keinen Erfolg, weil sie sich als gemeinnützige Institution offenbar nur beschränkt auf den Grundrechtsschutz berufen konnte; Højesteret, 17.11.1966, Revue Générale de Droit International Public LXXI (1967) 401 f. Vgl. zum Ganzen Hannfried *Walter*.

D. Intensität des Eingriffs

Bei der Beurteilung, ob eine geeignete und erforderliche staatliche Massnahme im konkreten Fall angemessen sei, spielt die Schwere des Eingriffs eine zentrale Rolle. Handelsbeschränkungen für Kulturgüter belasten die Eigentümer teils stärker, teils weniger.

I. Ausfuhrbeschränkungen

Nicht alle privaten Eigentümer leiden unter Ausfuhrbeschränkungen. Wer sein Objekt behalten will und auch nicht auswandern möchte, spürt von der Beschränkung nichts. Der objektive Wert der Sache ist in diesem Fall gar nicht von Bedeutung; in vielen Fällen kennt ihn der Eigentümer gar nicht.

Die Unterstellung eines Kulturguts unter ein Ausfuhrverbot mit Erlaubnisvorbehalt[31] stellt in der Regel keinen schweren Eingriff in die Rechte des Eigentümers dar. Die Einschränkung lässt sich als Verfahrenspflicht einstufen.[32] Ein konkreter Schaden erwächst dem Eigentümer nicht. Eine Entschädigung ist allenfalls dann geschuldet, wenn das relative Ausfuhrverbot nur einzelne Eigentümer trifft (Sonderopfer-Tatbestand). In den meisten Staaten sind zahlreiche Eigentümer von Ausfuhrvorschriften in gleicher Weise betroffen, was ein Sonderopfer m. E. ausschliesst.[33] Der Fall Balli ist ein Ausnahmebeispiel: hier lag ein Sonderopfer vor, denn die Geschwister Balli waren die einzigen privaten Eigentümer im Tessin, deren Kulturgüter klassifiziert worden waren.[34]

Gering ist die Eingriffsintensität der Ausfuhrkontrolle im Vereinigten Königreich. Sie bewirkt höchstens einen Aufschub des Verkaufs, es sei denn, der Eigentümer lehne ein Kaufangebot zum internationalen Wert ab.[35] Nicht sehr einschneidend sind auch die neuen französischen Bestimmungen für nicht klassifizierte Kulturgüter, wonach das Ausfuhrverbot in der Regel nur während 30 Monaten aufrechterhalten bleibt.[36]

Schwerer wiegt der Eingriff, wenn der Eigentümer sein Objekt veräussern will und ihm der internationale Markt dauerhaft verschlossen bleibt wegen eines

---

[31] So beispielsweise die heutige Regelung im Kanton Tessin, in Deutschland, in Österreich, für nicht klassifizierte Kulturgüter in Frankreich, für notifizierte und nicht notifizierte Güter in Italien, für Güter im Vereinigten Königreich.

[32] VG Hannover, 9. 6. 1989, NVwZ-RR 1991, 643 *(Silberzimmer der Welfen)*.

[33] Ein Sonderopfer-Tatbestand wurde verneint in BVerwG 27. 5. 1993, BVerwGE 92, 288, 293–294 = NJW 1993, 3280ff., 3282 *(Silberzimmer der Welfen)*. Vgl. auch vorne § 4 B I 3.

[34] Vorne § 2 C I 3.

[35] Vorne § 7 B.

[36] Vorne § 5 B II.

absoluten Ausfuhrverbots[37] oder wegen der Verweigerung einer Ausfuhrgenehmigung. Mit hoher Wahrscheinlichkeit wird er beim Verkauf einen geringeren Preis lösen oder mangels Nachfrage gar keinen Käufer finden. In diesen Fällen lässt sich der Schaden konkret beziffern, den das Ausfuhrverbot verursacht.[38] Es liegt ein erheblicher, je nach den Umständen des Falles gar ein schwerer Eingriff in die Rechte des Eigentümers vor. Ein schwerer Eingriff ist auch die Verweigerung eines Ausfuhrgesuches, wenn der Eigentümer seinen Wohnsitz ins Ausland verlegt.

Erweist sich ein Ausfuhrverbot als so einschränkend, dass ein Verkauf des von der Ausfuhrsperre betroffenen Gutes faktisch unmöglich ist, wirkt es sich ähnlich wie eine Enteignung aus[39] und kann als sog. materielle Enteignung gelten.[40] Eine materielle Enteignung ist auch denkbar, wenn der Eigentümer seinen Wohnsitz ins Ausland verlegt, ihm aber keine Ausfuhrbewilligung erteilt wird.[41]

Im Hinblick auf die Verhältnismässigkeit ist es wichtig, dass Gesetzesbestimmungen es erlauben, beim Entscheid über die Erteilung einer Ausfuhrbewilligung die konkreten Umstände des Falles zu berücksichtigen.[42]

Für den Eigentümer ist bereits die blosse Möglichkeit, dass die Ausfuhr eines Objekts nicht möglich sein könnte, ein Hindernis. Ein relatives Ausfuhrverbot vermindert die Chancen des Eigentümers, sein Gut möglichst gewinnbringend zu veräussern.[43] In Bezug auf die Eigentumsgarantie ist dies jedoch nicht von Bedeutung, denn Gewinnerwartungen sind verfassungsrechtlich nicht geschützt.

---

37 Ein absolutes Ausfuhrverbot gilt für klassifizierte Güter in Frankreich. Im Kanton Tessin ist ein absolutes Ausfuhrverbot für denkmalgeschützte Kulturgüter im Jahr 1997 aufgehoben worden.

38 A. A. *Châtelain*, Diskussionsbeitrag, in: *Lalive*, International Sales 615f., mit Hinweis auf das jeweilige Landesrecht, dem Kulturgüter unterstellt sind. Seines Erachtens sind Ausfuhrkontrollen legitim; der Eigentümer sei nicht beraubt, wenn er nicht den internationalen Marktwert lösen könne. Zur Situation in Frankreich *Poli*, Protection 154.

39 *Siehr*, Art Trade 133f. Nr. 161.

40 BGer 23.12.1987, BGE 113 Ia 368ff., 379–381 = Pra 78 (1989) 522ff., 533–535 *(Balli c. Stato del Cantone Ticino)*. Nach der Praxis des EGMR dürften Ausfuhrbeschränkungen jedoch kaum je als De-facto-Enteignungen anerkannt werden; vorne § 8 B IV.

41 Vorne § 6 B I 4. Gemäss Art. 5 Abs. 3 Loi sur la conservation des objets d'art et monuments historiques des Kantons Jura kann die Ausfuhrbewilligung bei Wohnsitzwechsel des Eigentümers nicht verweigert werden.

42 So z. B. § 1 Abs. 4 Satz 3 Gesetz zum Schutz deutschen Kulturgutes gegen Abwanderung. Keine Möglichkeit zur Berücksichtigung der jeweiligen Umstände gewährt die französische Regelung für klassifizierte Objekte; vgl. Cons. d'Ét. 31.7.1992, La Semaine Juridique 1993 II 22044 *(Jacques Walter)*.

43 Cons. d'Ét. 7.10.1987, Recueil Dalloz Sirey 1988, 269 *(Min. de la Culture c. Consorts Genty)*; vorne § 5 B II 3b.

II. Staatlicher Erwerb von Kulturgütern

Die Ausübung des Vorkaufsrechts gegenüber dem Erwerber eines Kulturguts bewirkt für den Verkäufer in der Regel keinen spürbaren Eingriff, sofern er das Objekt zum gleichen Preis und zu den gleichen Konditionen veräussern kann, die er mit dem Käufer vereinbart hat.[44]

Eine Ausnahme von dieser Regel ist der Fall Beyeler: Die italienischen Behörden übten das Vorkaufsrecht für ein Werk von Vincent van Gogh zu einem Bruchteil des aktuellen Marktwerts aus, wobei sie sich an ihr anwendbares Gesetzesrecht hielten. Dies verletzte in den Augen des EGMR den Grundsatz, dass zwischen öffentlichen Interessen und dem Schutz des privaten Eigentums ein gerechtes Gleichgewicht herrschen muss.[45] Da sich Beyeler selbst bei der Anzeige des Verkaufs nicht korrekt verhalten hatte, wurde ihm aber keine volle Entschädigung zugesprochen.[46]

Das Erwerbsrecht zum deklarierten Wert kann in schwerer Weise ins Eigentum eingreifen, falls es gegenüber einem Eigentümer ausgeübt wird, der sein Objekt bloss exportieren, aber nicht veräussern will. So wirkt sich das Erwerbsrecht wie eine eigentliche Enteignung aus. Noch schwerer und m. E. unter allen Umständen unverhältnismässig ist der Eingriff, wenn sich der Eigentümer im Wert seiner Sache getäuscht hat, so dass er für die Enteignung nicht zum Verkehrswert entschädigt wird.[47]

III. Internationale Rückgabegebote

Wie bereits ausgeführt, sind Rückgabegebote in der Regel keine Eingriffe in bestehende Eigentumsrechte.[48] Faktisch wirken sie sich trotzdem einschneidend aus: Wer ein gestohlenes oder ein unrechtmässig ausgeführtes Objekt zurückgeben oder in den Ursprungsstaat zurückführen muss, verliert den Besitz an der Sache, wenn nicht gar das (vermeintliche) Eigentum.

Führt eine Rückführungsverpflichtung „nur" zum Besitzesverlust, liegt eine erhebliche Beeinträchtigung der Nutzungsmöglichkeiten vor. Oft wird der Eigentümer gezwungen sein, das betroffene Objekt als Dauerleihgabe an ein fernes Museum abzutreten, falls er nicht zufällig über eine Zweitwohnung im Ursprungsstaat verfügt. Die Rückführungsverpflichtung führt diesfalls zwar

---

[44] Das Vorkaufsrecht wird, verglichen mit einem Ausfuhrverbot, eher als mildere Massnahme beurteilt; *Berndt* 146–147; *Plutschow* 183–184.

[45] Vorne § 6 C II 4 und § 8 D III.

[46] *Beyeler c. Italien,* 33202/96, EGMR 28. 5. 2002, noch unveröffentlicht. Vorne § 8 D III.

[47] Vgl. die Fallbeispiele vorne § 5 C II 2 und § 6 C III 2–3 sowie vorne § 8 B I 3.

[48] Vorne § 10 D.

nicht zum Verlust des Eigentums, subjektiv dürfte sie aber je nach den Umständen ähnlich schwer wiegen.

Hat die Rückgabeverpflichtung Strafcharakter, so bei bösgläubigem oder unsorgfältigem Erwerb, kann die Eigentumsgarantie nicht angerufen werden.

E. Andere öffentliche Interessen

Ausnahmsweise sprechen öffentliche Interessen dafür, ein Ausfuhrgesuch gutzuheissen. Aus aussenpolitischen Gründen, nämlich zur Förderung des politischen Verhältnisses zu den USA, erteilten die deutschen Behörden die Ausfuhrgenehmigung für die Waldseemüller-Karte aus dem Jahr 1507, welche von der Washingtoner Kongressbibliothek erworben wurde.[49] Aus kulturpolitischen Gründen bewilligte Österreich die Ausfuhr des Gemäldes „Siegesmeldung des Fürsten Schwarzenberg nach der Schlacht bei Leipzig, 1813, an die aliierten Monarchen" von Johann Peter Krafft nach Deutschland.[50] Der österreichische Verwaltungsgerichtshof erkannte an, dass „die Propagierung österreichischer Kunst im Auslande" ein staatliches Interesse sei, welches die österreichischen Interessen am Verbleib des Gemäldes „Liegende Frau" von Egon Schiele mindern könnte.[51] Spezialbestimmungen über Ausnahmen vom Ausfuhrverbot für Kulturgüter gelten in Österreich für Opfer der nationalsozialistischen Herrschaft.[52]

Der Austausch von Kulturgütern kann ein besseres Verständnis fremder und auch der eigenen Kultur bewirken und daher ebenso im öffentlichen Interesse liegen wie die Retention von Kulturgütern. Nach verbreiteter Ansicht soll der kulturelle Austausch gefördert, nicht unterbunden werden.[53]

F. Leistungen des Staates

Die Auswirkungen von Handelsbeschränkungen sind gesamthaft zu betrachten, wenn deren Angemessenheit beurteilt wird. Gegenleistungen sowie Ausgleichs- und Entschädigungszahlungen des Staates an den Eigentümer sind zu berücksichtigen.

---

49 Vorne § 3 B II.

50 Vorne § 4 B I 4.

51 VwGH 11.4.1951, VwSlg 2031/1951 *(Anne K.)*. Der Entscheid bewirkte die Rückweisung des streitigen Ausfuhrgesuchs an die Vorinstanz zur Ergänzung des Sachverhalts.

52 Vorne § 4 B I 4.

53 *Geisinger-Mariéthoz* 282–283; *Knott* 133 f.; *Schorlemer* 347–348.

I. Entschädigungen aufgrund Gesetz

1. Ausfuhrbeschränkungen

Gesetzliche Bestimmungen können eine Entschädigung vorsehen für die Wertverminderung privater Kulturgüter, welche nicht auf dem internationalen Markt verkauft werden dürfen.[54]

§ 8 des Gesetzes zum Schutz deutschen Kulturgutes gegen Abwanderung verpflichtet die Behörden, auf einen „billigen Ausgleich … hinzuwirken", falls der Eigentümer wegen einer wirtschaftlichen Notlage zum Verkauf des Objekts gezwungen ist und das Ausfuhrgesuch abgelehnt wird. In der Praxis dürfte damit ein Ankauf des Werkes gemeint sein. Der Ausgleichsanspruch ist jedoch nicht durchsetzbar.[55]

Einen eigentlichen Schadenersatzanspruch zur Entschädigung der konkreten wirtschaftlichen Folgen einer Klassifizierung von Mobilien kennt Frankreich. Der Schadenersatz entspricht der Differenz zwischen dem in Frankreich erzielten Verkaufspreis und dem Preis, der auf dem internationalen Markt hätte erzielt werden können. Der internationale Wert ist durch Expertisen nachzuweisen.[56]

In Österreich und Italien gibt es keine gesetzlichen Bestimmungen, welche einen Entschädigungsanspruch für die Folgen von Ausfuhrverboten statuieren.[57]

Wird die Ausfuhr von Kulturgütern auf Dauer nur dann verhindert, wenn der Eigentümer ein Kaufangebot zum internationalen Handelswert ablehnt, ist eine Entschädigung nicht geboten. Entsprechende Bestimmungen kennen Frankreich[58] und das Vereinigte Königreich.[59] In Frankreich ist eine Entschädigung für Ausfuhrverbote, welche für nicht klassifizierte Objekte ausgesprochen werden, ausdrücklich ausgeschlossen.[60]

Das Problem der Entschädigung für das Ausfuhrverbot stellt sich nicht mehr, wenn das Eigentum vom Staat oder allenfalls von einem Privaten übernommen

---

[54] Zum dänischen, niederländischen und griechischen Recht vgl. *Siehr*, Art Trade 168 Nr. 217.

[55] Vorne § 3 B II.

[56] Art. 16 Abs. 2 Loi du 31 décembre 1913 sur les monuments historiques; vorne § 5 B I 3c.

[57] Vorne § 4 B I 3; § 6 B I 4.

[58] Art. 9 und 9-1 Loi 92-1477 du 31 décembre 1992 relative aux produits soumis à certaines restrictions de circulation in der Fassung gemäss Art. 3 und 4 Loi 2000-643 du 10 juillet 2000 relative à la protection des trésors nationaux.

[59] Vorne § 7 B.

[60] Art. 7 Loi 92-1477 du 31 décembre 1992 relative aux produits soumis à certaines restrictions de circulation in der Fassung gemäss Art. 2 Loi 2000-643 du 10 juillet 2000 relative à la protection des trésors nationaux.

wird. Auf die Übernahme von Kulturgütern, deren Ausfuhr verweigert wird, besteht aufgrund der Eigentumsgarantie indessen kein Anspruch.[61]

Rechtspolitisch sind Entschädigungszahlungen sinnvoll, denn sie verhelfen den Exportbestimmungen zu besserer Beachtung. Die meisten illegalen Ausfuhren sind finanziell motiviert.[62]

2. Staatlicher Erwerb von Kulturgütern

Erwirbt der Staat Kunstwerke und andere Objekte auf dem Weg des Vorkaufs- oder Erwerbsrechts oder aufgrund der Annahme eines Kaufangebots, hat er sie zu bezahlen. Ob es sich bei der Zahlung dogmatisch um eine Art Enteignungsentschädigung handelt, einen privatrechtlichen Kaufpreis oder eine Entschädigung sui generis, spielt keine Rolle.

Verhältnismässig ist der Erwerb nur, wenn der Eigentümer den aktuellen Verkehrswert seines Objekts erstattet bekommt. Dies wird durch die Ausgestaltung der Kaufangebote in Frankreich und im Vereinigten Königreich sichergestellt, wohl auch durch den Ersatzkauf im Sinn des österreichischen Gesetzes. In der Regel ist dies auch bei Vorkaufsrechten der Fall.[63] Hingegen wurde und wird das Erwerbsrecht zum deklarierten Preis häufig ungenügend entschädigt, dann nämlich, wenn sich der Eigentümer beim Ausfüllen des Exportantrags über den Wert seines Objekts getäuscht hat. Die Ausübung des Erwerbsrechts kann deshalb eine unverhältnismässige Massnahme sein.[64]

3. Internationale Rückgabepflichten

Rückgabe- und Rückführungspflichten sind in aller Regel keine Eingriffe in bestehende Eigentumsrechte. Es stellt sich im Hinblick auf die Eigentumsgaran-

---

[61] Ein „Heimschlagrecht" kennen in der Schweiz beispielsweise die Kantone *Jura* (Art. 7 Loi sur la conservation des objets d'art et monuments historiques) und *Luzern* (§ 10 Abs. 3 Gesetz über den Schutz der Kulturdenkmäler). Kein durchsetzbarer Anspruch auf Übernahme besteht in *Deutschland*; vorne § 3 B I 3e. In *Österreich* werden bei der Behandlung von Ausfuhrgesuchen wirtschaftliche Gründe des Eigentümers nicht berücksichtigt, falls dem Eigentümer ein Kaufangebot im Inland unterbreitet wird (Ersatzkauf, § 20 DMSG und vorne § 4 B I 4). Unter dem Gesichtspunkt der Eigentumsgarantie unbegründet ist die vehemente Kritik von Antonio *Ipola*, Diskussionsbeitrag, in: *Lalive*, International Sales 617 am (spanischen) Ausfuhrverbot als eine Art Enteignung und als Missbrauch des Gesetzgebers, da ein Übernahmeanspruch fehle (Beispiel eines Madonnen-Bildes, das wegen des Ausfuhrverbots nicht dem Vatikan geschenkt werden konnte, das der spanische Staat indessen nicht erwerben wollte). Vgl. Art. 33 Ley 16/1985, de 25 de junio, del Patrimonio Histórico Español.

[62] *Siehr*, Art Trade 167f. Nr. 217 unter Verweis auf die Affäre Sciarra (vorne § 6 Fn. 57) und den Fall *Kingdom of Spain v. Christie, Manson & Woods Ltd.* (vorne § 10 E III).

[63] Das Beispiel für eine Ausnahme ist der Fall Beyeler; vorne § 6 C II 4 und § 8 D III.

[64] Vorne § 5 C II, § 6 C III, § 8 B I 3.

tie lediglich die Frage, ob die gesetzlichen Grundlagen verhältnismässig und mit der Institutsgarantie des Eigentums vereinbar ausgestaltet sind.

a. Rückgabe mit Verlust des Eigentums

Gutgläubige Erwerber, die ihr Gut einem bestohlenen Eigentümer herausgeben oder in den Herkunftsstaat zurückführen müssen, welcher die Sache konfisziert, besitzen einen Entschädigungsanspruch. Gemäss Art. 9 Abs. 5 Entwurf KGTG besteht ein „Anspruch auf eine angemessene Entschädigung, die sich am Kaufpreis und an den notwendigen und nützlichen Aufwendungen zur Bewahrung und Erhaltung des Kulturguts orientiert." Art. 9 RL 93/7/EWG wie Art. 4 Abs. 1 Unidroit-Konvention 1995 sprechen von einer „angemessenen Entschädigung". In der Sache handelt es sich bei diesen Bestimmungen um ein Lösungsrecht des ursprünglichen Eigentümers bzw. des Herkunftsstaats, einen sinnvollen Kompromiss zwischen den Interessen der Beteiligten.[65]

Unklar ist, was unter dem Begriff der „angemessenen Entschädigung" *(indemnité équitable, fair and reasonable compensation)* zu verstehen sei. Die angemessene Entschädigung kann einer „vollen" Entschädigung entsprechen, kann aber auch weniger als den vollen Verkehrswert betragen. Es ist wohl davon auszugehen, dass die Gerichte die Höhe der angemessenen Entschädigung flexibel und unter Berücksichtigung sämtlicher Umstände festsetzen können, wobei der bezahlte Kaufpreis und der aktuelle Wert[66] die wichtigsten Bemessungskriterien sein dürften.[67] Die Schätzung des Werts ist mit Schwierigkeiten verbunden. Sie sind kein Thema der vorliegenden Untersuchung.[68] Gegenstand heftiger Kontroversen ist nach wie vor, ob zu den zu berücksichtigenden „Umständen" auch die Finanzkraft des ersuchenden Staates gehört.[69]

Es ist gerechtfertigt, dem Rückgabepflichtigen eine höhere Entschädigung zuzusprechen, wenn sich der ursprüngliche Eigentümer mangelnde Sicherheitsvorkehrungen oder einen fahrlässigen Umgang mit Kulturgut, die Beschäftigung unzuverlässigen Personals oder die fehlende Information der Öffentlichkeit über die illegale Ausfuhr von Kulturgut vorwerfen lassen muss: wer durch seine Unvorsichtigkeit Diebstahl und unrechtmässiger Ausfuhr Vorschub leistet, soll den Schaden nicht den gutgläubigen Erwerber tragen lassen.[70]

---

65 *Carducci* 427; *Raschèr* 81.

66 Für eine Berücksichtigung des gestiegenen Werts *Siehr*, Art Trade 211 Nr. 262.

67 *Carducci* 434–435; *Raschèr* 85.

68 Vgl. *Siehr*, Art Trade 273 Nr. 341.

69 Vgl. *Raschèr* 85; *Siehr*, Art Trade 210 Nr. 262.

70 *Siehr*, Art Trade 262 Nr. 327; zu den Informationspflichten *ders.*, Art Trade 276 Nr. 350.

Die schweizerische Eigentumsgarantie gewährt einen Anspruch auf *volle* Entschädigung für Enteignungen.[71] Andere Verfassungen gewähren bloss einen Anspruch auf eine angemessene Entschädigung.[72] Wie bereits erwähnt, kommen diese Bestimmungen bei internationalen Rückgabegeboten nicht zum Tragen, da es sich dabei nicht um Eingriffe in geschützte Eigentumsrechte handelt.[73]

Wer mangels Sorgfalt beim Erwerb nicht als gutgläubig gilt,[74] hat keinen Anspruch auf Entschädigung. Dies entspricht einer allgemein anerkannten Wertung der verschiedenen Rechtsordnungen.

b. Rückgabe mit Verlust des Besitzes

Nach einer materiellen Rückführung in den ersuchenden Staat ohne nachfolgende Konfiskation des Eigentums verbleiben dem bisherigen Eigentümer das Eigentum an der Sache wie auch die Nutzungs- und Verfügungsrechte im Rahmen der landesrechtlichen Bestimmungen. Diese Massnahme beeinträchtigt die Interessen des Eigentümers stark. Gutgläubige Erwerber sind daher zu entschädigen.[75] Generelle Bemessungskriterien sind schwieriger zu finden als beim vollständigen Verlust des Eigentums. Die Umstände des Einzelfalls sind entscheidend.[76]

Möglich wäre es, die verschiedenen Verfügungs- und Nutzungsrechte des Eigentümers mit Koeffizienten zu bewerten und die Beschränkungen der Eigentümerbefugnisse in einem Prozentwert auszudrücken. Die Entschädigung wäre dann aufgrund dieses Prozentwerts vom ganzen Verkehrswert des Objekts zu berechnen.[77]

Fraglich ist, ob die immaterielle Beeinträchtigung des Eigentümers abzugelten ist. Die Gerichtspraxis kann diesen Aspekt bei der Zumessung der Entschädigung berücksichtigen.

Gemäss Art. 6 Abs. 3 Unidroit-Konvention 1995 hat der Eigentümer, der das Eigentum nach der Rückführung behält, keinen Anspruch auf eine Entschädigung. Dies lässt sich höchstens damit rechtfertigen, dass der Eigentümer aufgrund dieser Bestimmung die Wahl hat, zugunsten einer Entschädigung auf sein Eigentum zu verzichten.[78]

---

71 Art. 26 Abs. 2 BV.

72 Art. 14 Abs. 3 GG; Art. 17 Déclaration des Droits de l'Homme et du Citoyen; Art. 42 Abs. 3 Cost. und vorne § 6 C; Art. 1 Abs. 1 Satz 2 ZP EMRK und vorne § 8 B.

73 Vorne § 10 D.

74 Vgl. vorne § 13 C II 2.

75 Vgl. Art. 9 Abs. 1 RL 93/7/EWG; *Siehr*, Art Trade 220 Nr. 275.

76 Vorne § 9 C I 4d.

77 Vgl. vorne § 2 C I 4.

78 Der gutgläubige Erwerber, der auch nach der materiellen Rückführung Eigentümer des

II. Subventionen und Steuererleichterungen

Private Eigentümer, deren Kulturgüter unter Schutz gestellt werden oder die Handelsbeschränkungen unterworfen sind, haben in der Regel Anspruch auf Subventionen und/oder Steuererleichterungen. Dies vermindert nicht zuletzt das finanzielle Interesse an der illegalen Ausfuhr von Kulturgütern.[79]

In Deutschland scheint die Eintragung ins Verzeichnis national wertvollen Kulturgutes interessant zu sein wegen der damit verbundenen Steuerersparnis. Es kann sich lohnen, die Eintragung ins Verzeichnis zu beantragen, zumindest für jemanden, der einen Verkauf ins Ausland ohnehin ausschliesst.[80]

III. Entschädigung aufgrund Verfassung

Eine grundlegende Voraussetzung für einen wirkungsvollen verfassungsrechtlichen Eigentumsschutz ist es, dass enteignete Eigentümer entschädigt werden. Ein Entschädigungsanspruch, der direkt aus der Verfassung abgeleitet werden kann, ist indessen in den vorliegend untersuchten Rechtsordnungen eher die Ausnahme:

In Deutschland[81] und Österreich[82] lassen sich Entschädigungsansprüche für Beeinträchtigungen des Eigentums nicht auf die Verfassung stützen. Ungenügende gesetzliche Entschädigungsregelungen sind in diesen Staaten hingegen bei der Beurteilung der Verhältnismässigkeit relevant. Ähnlich sind gemäss der Praxis des EGMR Entschädigungen ein Element bei der Beurteilung der Verhältnismässigkeit von Eigentumsentziehungen; für Nutzungsregelungen wird eine Entschädigung noch nicht regelmässig als notwendig erachtet.[83]

Gemäss der Praxis in Frankreich fallen nur solche Nutzungsbeschränkungen in den Anwendungsbereich der Eigentumsgarantie, die das Eigentum vollständig aushöhlen. Entschädigungen sind verfassungsrechtlich nur für formelle Enteignungen geboten.[84] Ein Entschädigungsanspruch kann auch in Frankreich nicht beim Verfassungsgericht eingeklagt werden.[85] Ebenso bestehen in Italien Ent-

---

Objekts bleiben will, muss sich somit an den Verkäufer halten. Die Bestimmung von Art. 6 Abs. 3 Unidroit-Konvention 1995 wird deswegen kritisiert von *Siehr*, Art Trade 220 Nr. 275.

[79] *O'Hagan/McAndrew* 49; *Siehr*, Handel mit Kulturgütern in der Europäischen Union und in der Schweiz 356.

[80] Vgl. Verwaltungsgericht Gelsenkirchen, 5. 6. 1985, 4 K 1357/84 (unveröffentlicht) betreffend den Antrag eines Eigentümers um Eintragung völkerkundlicher Objekte ins Verzeichnis national wertvollen Kulturgutes. Vorne § 3 B I 3c.

[81] Vgl. Art. 14 Abs. 3 Satz 2 GG.

[82] Vorne § 4 A.

[83] Vgl. vorne § 8 B I 3 und § 8 C I 3.

[84] Vorne § 5 B und C.

[85] Vorne § 5 A.

schädigungsansprüche grundsätzlich nur für formelle Enteignungen,[86] nicht aber für Nutzungsregelungen.

Ausfuhrverbote, aber auch Vorkaufsrechte und gar Erwerbsrechte werden in der Regel als blosse Nutzungsregelungen aufgefasst, nicht als formelle Enteignungen. Eine Entschädigung der von solchen Massnahmen betroffenen Eigentümer ist zwar gesetzlich durchwegs vorgesehen, verfassungsrechtlich aber meistens nicht geboten.

Interessant sind die Grenzfälle der sog. „materiellen Enteignungen" oder „De-facto-Enteignungen", welche u. U. einen Entschädigungsanspruch zur Folge haben. In allen untersuchten Rechtsordnungen mit Ausnahme der Schweiz ist die Voraussetzung für eine materielle Enteignung, dass die fragliche Massnahme das private Eigentum vollständig entwertet. Bei Ausfuhrverboten ist dies regelmässig nicht der Fall.

In der Schweiz ist für Enteignungen und materielle Enteignungen die volle Entschädigung garantiert. Bisher in einem einzigen Fall wurde die materielle Enteignung für ein Ausfuhrverbot bejaht, da die damit verbundenen Einschränkungen der Eigentümer unter den konkreten Umständen als besonders schwer oder gar als Sonderopfer betrachtet wurden. Entscheidend war insbesondere, dass die Veräusserung der Fundstücke, welche einem absoluten Ausfuhrverbot unterlagen, faktisch nicht mehr möglich war und die Eigentümer als einzige Private von einer Unterschutzstellung ihrer Objekte betroffen waren.[87]

Internationale Rückgabe- und Rückführungsgebote umschreiben die Rechte beim Erwerb von Kulturgütern neu; sie gelten nicht als Eingriffe in verfassungsrechtlich geschütztes Eigentum. Wer ein Kulturgut zurückzugeben hat oder in den Herkunftsstaat zurückführt, hat daher keinen Anspruch auf eine Enteignungsentschädigung.

Die formelle Enteignung von Kulturgut zur Rückgabe an den Herkunftsstaat ist denkbar, aber kaum gebräuchlich.[88] Gestützt auf die allgemeinen Grundsätze wäre der Enteignete zum Verkehrswert der Sache zu entschädigen.

G. Verfahrensfragen und Rechtsschutz

Grundsätzlich sollten Verfahren zugänglich sein, nicht unangemessen lange dauern, nur mit angemessenen Kosten verbunden sein und gerichtlich überprüfbar sein.[89] Die Ausgestaltung des Verfahrens und der Rechtsmittel gehört nicht zum

---

86 Vorne § 6 C.

87 Vorne § 2 C I. Zur Bemessung der Entschädigung vgl. § 2 C I 4.

88 Vorne § 13 C II 4.

89 *Uhl* 166 (mit Bezug auf die Warenverkehrsfreiheit).

Kern der Eigentumsgarantie. Häufig werden Verfahrensrechte selbständig gewährt und dogmatisch nicht der Eigentumsgarantie zugerechnet.[90] Verschiedene Rechtsordnungen anerkennen aber den Anspruch auf ein faires Verfahren als Teilgehalt der Eigentumsgarantie:

Der Anspruch auf wirkungsvollen Rechtsschutz wird in Frankreich und in der Praxis des EGMR aus dem Grundsatz der Verhältnismässigkeit abgeleitet.

Deutschland kennt die verfassungsrechtliche Rechtswegegarantie von Art. 14 Abs. 3 GG, die jedoch nur für (formelle) Enteignungen gilt.

Wer in Frankreich von der Unterstellung unter das Ausfuhrverbot oder anderen Handelsbeschränkungen betroffen ist, kann die Massnahme anfechten. Der französische Rechtsmittelweg dürfte mit der Eigentumsgarantie vereinbar sein.[91] Eher ungewöhnlich dürfte auch in Frankreich die Aufhebung eines Entscheids wegen ungenügender Begründung der verfügten Massnahme sein.[92]

Der schwache italienische Rechtsschutz[93] widerspricht der italienischen Eigentumsgarantie nicht, möglicherweise aber – in Bezug auf das Erwerbsrecht für Kulturgüter zum im Ausfuhrgesuch deklarierten Wert – der EMRK.[94]

H. Rechtsfolgen unverhältnismässiger Eingriffe

Unverhältnismässige Eingriffe in die Eigentumsgarantie sind verfassungswidrig. Die Verfassungswidrigkeit kann beseitigt werden, indem die Massnahme aufgehoben wird. Unter Umständen kann in der Folge eines Grundsatzentscheids die Anpassung der Rechtsgrundlagen notwendig sein.

Wird eine übermässig schwere und deshalb unverhältnismässige Massnahme nicht aufgehoben, muss der betroffene Eigentümer finanziell so entschädigt werden, dass die Massnahme unter Berücksichtigung der Zahlung als verhältnismässig erscheint.

I. Bemerkungen

Die Behörden neigen dazu, den Kulturgüterschutz ausdehnend zu interpretieren. Betroffene Eigentümer sollten es wagen, gegen übertriebene Schutzmassnahmen die verfassungsmässige Eigentumgarantie anzurufen. Die Ansichten über die

---

[90] Zentral für den verfahrensrechtlichen Schutz ist Art. 6 Abs. 1 EMRK. Für das Recht der Europäischen Union vgl. *Schildknecht* 45.

[91] Vorne § 5 B I 4; § 5 B II 4.

[92] So aber Cons. d'Ét. 17. 6. 1985, Rec. 184 *(Dauberville)*. Vorne § 5 B II 4.

[93] Vorne § 6 B I 2 und C III 1.

[94] Vorne § 8 B I 1 und 3.

Verhältnismässigkeit von Massnahmen können zwar sehr weit auseinander liegen. Es scheint aber aussichtsreicher, Handelsbeschränkungen mit dem Argument anzufechten, es handle sich dabei um einen unverhältnismässigen Eingriff in die Eigentumsgarantie, als zu unbestimmte gesetzliche Grundlagen oder fehlendes öffentliches Interesse zu rügen.

Nicht jede Beeinträchtigung von vermögenswerten Rechten ist unverhältnismässig. Eigentümer von klassifizierten oder einem Ausfuhrverbot unterliegenden Kulturgütern haben nicht automatisch einen Anspruch auf Entschädigung des Minderwerts. Die Eigentumsgarantie garantiert keinen maximalen Ertrag von denkmalgeschützten Objekten, seien sie beweglich oder unbeweglich. Die „Sozialpflichtigkeit" ist Ursache dafür, dass Eigentümer von Objekten im öffentlichen Interesse ein gewisses Mass an Einschränkungen dulden müssen, ohne dass dies dem Gleichheitssatz zuwiderläuft.

Das Ausfuhrverbot kann im Einzelfall dazu führen, dass ein Objekt faktisch unverkäuflich wird, weil im entsprechenden Staat keine Nachfrage besteht. Dies dürfte vor allem in kleinen Staaten oder bei sehr teuren Objekten vorkommen. Kann ein Objekt wegen eines Ausfuhrverbots nicht mehr veräussert werden, muss m. E. zwingend die Ausfuhrgenehmigung erteilt oder aber der Eigentümer entschädigt werden.[95] Beispiele aus der Praxis sind die Sammlung Balli, welche im kleinräumigen Kanton Tessin keinen Käufer findet, sowie die Waldseemüller-Karte, welche wegen ihres exorbitant hohen Werts in Deutschland offenbar nicht hätte verkauft werden können. Die Geschwister Balli sollen entschädigt werden, und der Ausfuhr der Waldseemüller-Karte wurde zugestimmt. Womöglich ist die Stammheim-Misseale gar nicht ins Verzeichnis national wertvollen Kulturgutes eingetragen worden, weil die Verweigerung einer Ausfuhrbewilligung von vornherein kaum in Frage kommen konnte angesichts ihres hohen Werts im internationalen Handel.[96]

Frankreich gewährt den Eigentümern klassifizierter Objekte einen Schadenersatzanspruch, welcher den gesamten Minderwert abgilt. Dies ist zwar angemessen, verfassungsrechtlich aber (insbesondere in Frankreich) nicht unbedingt geboten. In vielen Fällen reicht eine „angemessene Entschädigung" aus, welche die Last einer Massnahme erträglich macht.

Bei Wohnsitzwechsel des Eigentümers sollte eine Ausfuhrgenehmigung für dessen private Kunstwerke nach Möglichkeit erteilt werden. Falls der definitiven Ausfuhr nicht zugestimmt werden kann, wäre immerhin die Gewährung einer befristeten Exportgenehmigung zu prüfen. Wird auch dies verweigert und kann

---

95 *Kleeberg/Eberl* 236 plädieren im Hinblick auf § 8 des Gesetzes zum Schutz deutschen Kulturgutes gegen Abwanderung diesfalls für eine Übernahme durch Bund und Land.

96 Vgl. vorne § 3 B I 2.

der Eigentümer nach dem Wegzug ins Ausland mit dem immobilisierten Objekt gar nichts mehr anfangen, liegt wohl eine materielle Enteignung vor. Meines Erachtens dürfte es schwierig sein, neben der Entschädigung für die materielle Einbusse zusätzlich noch eine Genugtuung für die seelische Unbilll des Besitzverlustes einzufordern.

Die Entschädigung für Ausfuhrverbote ist auf der Basis des internationalen Handelswerts zu berechnen. Hingegen dürfte der staatliche Ankauf regelmässig nur zum inländischen Wert erfolgen, wenn das Gut einer Ausfuhrsperre unterliegt.

Tendenziell wird die Ausfuhr zu sehr eingeschränkt.[97] In den vergangenen Jahren zeigt sich aber eine Tendenz zu eher milderen, eigentümerfreundlicheren Gesetzen, so in Österreich und Frankreich. Im Interesse eines Kulturaustausches und der Kommunikation zwischen verschiedenen Kulturen ist es zu begrüssen, dass Staaten auch fremdes Kulturgut erwerben und pflegen. Dies spricht im Ergebnis für eine zurückhaltende Praxis bei der Verfügung von Handelsbeschränkungen.[98]

Meines Erachtens sollten Denkmalschutzgesetze differenzieren zwischen der Klassifizierung zu Schutzzwecken und einer allfälligen Ausfuhrregelung, wie dies in der Schweiz und in Deutschland praktiziert wird. Werden Ausfuhrverbote nur noch zurückhaltend verfügt – wie dies in der vorliegenden Arbeit postuliert wird –, darf dies nicht zu einem ungenügenden Schutz erhaltenswürdiger Objekte führen. Denkmalschützerisch motivierte Verfügungen sollen auch für Güter getroffen werden, deren Ausfuhr frei ist; Ausfuhrverbote hingegen sind m. E. nur für wenige Kulturgüter gerechtfertigt.

K. Zusammenfassung

Handelsbeschränkungen sind grundsätzlich geeignete und erforderliche Massnahmen des Kulturgüterschutzes. Zum Schutz des nationalen Erbes sind jedoch Beschränkungen für Kulturgüter ohne engen Bezug zum Staat weder geeignet noch erforderlich. Nicht erforderlich und daher unverhältnismässig sind ferner absolute Ausfuhrverbote sowie die allzu weiten Geltungsbereiche verschiedener Denkmalschutzgesetze, der internationalen Konventionen UNESCO und Unidroit sowie der RL 93/7/EWG. Übermässige Schutzmassnahmen wirken kontraproduktiv, indem sie zu Umgehungen einladen.

---

97 *Knott* 133.

98 Günter *Abels*, Points of view, in: *Lalive*, International Sales 29; *Fechner* 36; *Schorlemer* 393 f.; *Wyss*, Kultur 171–172.

Die Unterstellung eines Objekts unter ein Ausfuhrverbot mit Erlaubnisvorbehalt bewirkt keinen schweren Eingriff in die Eigentumsgarantie. Sie kann zwar die Chancen auf einen Verkauf zu guten Konditionen vermindern. Dies ist aber im Hinblick auf die Eigentumsgarantie irrelevant. Die Einschränkung kann durch steuerliche Erleichterungen und Subventionen ausgeglichen werden.

Beim Entscheid über ein Ausfuhrgesuch sind die konkreten Verhältnisse des Gesuchstellers zu berücksichtigen, allenfalls auch weitere öffentliche Interessen. Wird die Ausfuhrgenehmigung im konkreten Fall verweigert, kann dies je nach den Umständen einen schweren Eingriff in das Eigentum bedeuten. Falls das Verbot einen Verkauf des Objekts faktisch verunmöglicht und keinerlei Gegenleistungen erbracht werden, ist der Eingriff unverhältnismässig. Die Beeinträchtigung des Eigentümers kann auf ein verträgliches Mass gemildert werden durch die Übernahme der Sache zum internationalen Wert oder durch eine Entschädigung des Eigentümers. In leichteren Fällen ist die Kompensation des vollen Schadens verfassungsrechtlich nicht geboten, aber aus Gerechtigkeitsgründen zu begrüssen.

Der Erwerb von Kulturgütern durch die öffentliche Hand auf dem Weg von Vorkaufs- oder Erwerbsrechten ist nur dann verhältnismässig, wenn sich der Eigentümer tatsächlich von seinem Objekt trennen will und zum vollen Verkehrswert entschädigt wird. Der ungenügende Rechtsschutz gegen die Ausübung von Erwerbsrechten zum deklarierten Wert ist unverhältnismässig.

Rückgabegebote sind keine Eigentumseingriffe. Sie sind mit der Institutsgarantie des Eigentums vereinbar. Unter dem Gesichtspunkt der Eigentumsgarantie wäre es zulässig, Rückgabegebote gar nicht zu entschädigen. Es ist dennoch angezeigt, gutgläubige rückgabepflichtige Erwerber voll zu entschädigen.

Ergebnisse

§ 14 Ausfuhrbeschränkungen

Ausfuhrbeschränkungen für Kulturgüter zählen zu den Nutzungsregelungen für privates Eigentum. Sie sind mit der verfassungsrechtlichen Eigentumsgarantie vereinbar, wenn sie auf einer gesetzlichen Grundlage beruhen, dem öffentlichen Interesse dienen und verhältnismässig sind.

Es ist zulässig, die Voraussetzungen von Ausfuhrverboten im Gesetz mit auslegungsbedürftigen Begriffen zu umschreiben. Im Hinblick auf das Gebot einer bestimmten Gesetzgebung sind jedoch Register wünschenswert, welche diejenigen Objekte abschliessend enthalten, die dem Ausfuhrverbot kraft Verfügung unterstehen.

Die Verfügung eines Ausfuhrverbots ist eine hoheitliche Massnahme. Sie braucht von fremden Staaten nur dann anerkannt zu werden, wenn sich das betroffene Objekt zum Zeitpunkt der Verfügung im Territorium des verfügenden Gemeinwesens befindet oder wenn sich aus supranationalem oder internationalem Recht eine Verpflichtung zur Anerkennung solcher Hoheitsakte ergibt.

Das öffentliche Interesse an einer Ausfuhrkontrolle ist zu bejahen für wichtige Kulturgüter, welche zur Nation einen besonderen Bezug aufweisen und als Träger nationaler Identität dienen. Der Bezug kann auf den Künstler oder Schöpfer des Objekts zurückzuführen sein, auf den Sitz des Kulturguts oder auf geschichtliche, religiöse, wissenschaftliche oder kunsthistorische Gründe. Kulturgüter werden frühestens nach 50 Jahren im Staatsgebiet zu „nationalen Kulturgütern". Auch Kulturgüter in Privatbesitz können als nationale Kulturgüter gelten. In der Praxis werden oft auch Kulturgüter dem Ausfuhrverbot unterstellt, welche diese Kriterien bei weitem nicht erfüllen.

Üblich sind Bestimmungen, welche die Ausfuhr von Kulturgütern nicht absolut verbieten, sondern einer Bewilligungspflicht unterstellen. Bewilligungspflichten für die Ausfuhr nationaler Kulturgüter – nicht aber absolute Ausfuhrverbote – erweisen sich insbesondere in ökonomisch schwächeren Ländern als notwendig für die Bewahrung des nationalen Kulturerbes.

Die Bewilligungspflicht für die Ausfuhr von Kulturgütern schränkt für sich betrachtet deren Eigentümer nicht sehr ein, solange sie das betroffene Kulturgut nicht auf dem internationalen Markt verkaufen wollen. Die Massnahme wirkt nur latent. Die Einschränkung kann mit Subventionen und Steuervorteilen so ausgeglichen werden, dass sie nicht unverhältnismässig schwer wiegt.

Entschädigungen für die Unterstellung von Objekten unter das Ausfuhrverbot sind in denjenigen Fällen angezeigt, in denen nur einzelne Eigentümer von der Massnahme betroffen sind (Sonderopfer-Tatbestand).

Falls die blosse Möglichkeit, dass die Ausfuhrbewilligung für ein bestimmtes Objekt nicht erteilt werden könnte, zu faktischen Nachteilen führt, ist dies im Hinblick auf die Eigentumsgarantie nicht von Bedeutung. Gewinnerwartungen werden durch die verfassungsrechtliche Eigentumsgarantie nicht geschützt.

Wird ein Ausfuhrgesuch abgelehnt, bewirkt dies einen erheblichen Eingriff in die Rechte des Eigentümers. Der Eingriff kann abgemildert werden, indem der Staat dem Eigentümer ein Kaufangebot zum internationalen Wert unterbreitet, so dass das Ausfuhrverbot nurmehr relevant bleibt, wenn das Angebot abgelehnt wird. Auf diesem System beruhen die Exportkontrollen des Vereinigten Königreichs und teilweise auch Frankreichs. Österreich kennt das Institut des „Ersatzkaufs", eines Kaufangebots von öffentlicher oder privater Seite, welches bei der Beurteilung eines Ausfuhrgesuchs im Rahmen der Interessenabwägung eine Rolle spielen kann.

Führt die Verweigerung einer beantragten Ausfuhrlizenz dazu, dass der Eigentümer das betroffene Objekt faktisch gar nicht verkaufen kann, liegt ein schwerer Eingriff in die Eigentumsrechte vor. Als materielle Enteignung wird ein solcher Eingriff in der Schweiz u. U. voll entschädigt. In Italien müsste der Eigentümer, der eine Entschädigung für die Folgen des Ausfuhrverbots fordert, beweisen können, dass ihm wegen des Ausfuhrverbots gar keine Nutzungsmöglichkeiten mehr verbleiben. Dies liesse sich allenfalls bei der Verlegung des Wohnsitzes ins Ausland geltend machen. In Frankreich besteht demgegenüber ein eigentlicher Schadenersatzanspruch für die Folgen der Klassifizierung von Kulturgütern und des damit verbundenen absoluten Ausfuhrverbots.

Von Ausfuhrverboten sind Bewilligungspflichten für die Veränderung des Lageorts eines beweglichen Kulturguts zu unterscheiden. Diese Massnahmen können nur aus denkmalschützerischen Gründen verfügt werden, nicht aus Gründen des nationalen Kulturgutschutzes. Auch für solche Massnahmen ist aufgrund der Eigentumsgarantie eine gesetzliche Grundlage und eine verhältnismässige Ausübung im Einzelfall gefordert.

§ 15 Staatlicher Erwerb von Kulturgütern

Will der Staat private Kulturgüter erwerben, braucht er nicht zwangsläufig in Eigentumsrechte einzugreifen. Der freihändige Ankauf oder das steuerrechtliche Instrument der *dation en payement* ermöglichen es ihm, Kulturgüter ohne den Einsatz staatlicher Zwangsmittel zu übernehmen.

Das Vorkaufsrecht für Kulturgüter ist eine enteignungsähnliche Massnahme. Die Eigentumsgarantie setzt dafür eine gesetzliche Grundlage voraus. Die Ausübung des Vorkaufsrechts liegt dann im öffentlichen Interesse, wenn sie dazu dient, ein nationales Kulturgut der Öffentlichkeit und der Forschung zugänglich zu machen. Sie bewirkt für den – verkaufswilligen – Eigentümer keinen erheblichen Eingriff in seine Rechte. Der ursprüngliche Käufer hat in der Regel zum Zeitpunkt der Ausübung des staatlichen Vorkaufsrechts noch kein geschütztes Eigentumsrecht erworben, auf das er sich berufen könnte. Im Hinblick auf die Institutsgarantie des Eigentums sind Vorkaufsrechte unproblematisch.

Mannigfache Bedenken bestehen gegenüber dem Erwerbsrecht für Kulturgüter, deren Ausfuhr beantragt worden ist. Der Staat kann mit dieser Massnahme ein Objekt zum deklarierten Wert erwerben, selbst wenn der Eigentümer es gerne behalten möchte. Die Massnahme hat Sanktionscharakter, ohne ein Verschulden des Eigentümers vorauszusetzen, und wirkt wie eine Enteignung, auch wenn sie verfassungsrechtlich nicht einer formellen Enteignung gleichgestellt wird. Die Massnahme ist unvorhersehbar; aus den gesetzlichen Grundlagen ist nicht ersichtlich, ob und warum das Erwerbsrecht ausgeübt wird. Als Sanktion gegen Abgabehinterziehung konzipiert, als Exportsteuern auch in Europa noch gebräuchlich waren, lässt sich die Massnahme heute nicht mehr mit legitimen öffentlichen Interessen rechtfertigen. Die Behörden neigen dazu, von dem Recht insbesondere dann Gebrauch zu machen, wenn der Eigentümer den Wert des Objekts zu niedrig deklariert hat. Die Wertgarantie wird in solchen Fällen in unverhältnismässiger Art verletzt. Zwangsmassnahmen des Kulturgüterschutzes dürfen nicht für „gute Geschäfte" des Staates missbraucht werden.

Die formelle Enteignung von beweglichen Kulturgütern ist im Lichte der Eigentumsgarantie nur dann gerechtfertigt, wenn dies im Interesse der Erhaltung der Sache zwingend erforderlich ist und der Eigentümer voll entschädigt wird.

§ 16 Internationale Rückgabegebote

Privatrechtliche Rückgabegebote für gestohlene oder abhanden gekommene Kulturgüter wie auch öffentlichrechtliche Rückführungsgebote für unrechtmässig ausgeführte bzw. verbrachte Kulturgüter fallen unter die Nutzungsregelungen für Eigentum. Sofern sie nicht rückwirkend Geltung erlangen, tangieren sie den Bestand an bestehenden Eigentumsrechten nicht. Die Rückgabe oder Rückführung wirkt sich für den Eigentümer allerdings faktisch wie eine Enteignung aus.

Die notwendige gesetzliche Grundlage für Rückgabe- und Rückführungsgebote findet sich in internationalen Konventionen oder im Landesrecht. Die Massnahmen liegen im öffentlichen Interesse, da sie Treu und Glauben im Rechtsverkehr dienen, den illegalen Kunsthandel behindern und dem Staat Gegenrecht verschaffen für die Rückführung eigener illegal ausgeführter Objekte.

Rückführungen von Kulturgütern dürfen die materielle Erhaltung der Objekte nicht gefährden. Andernfalls ist der Vollzug der Rückführung auszusetzen, bis die Sicherheit der Objekte im ersuchenden Staat gewährleistet werden kann.

Nach übereinstimmender Rechtsauffassung sind bei Rückgaben und Rückführungen gutgläubige Erwerber zu entschädigen, nicht aber Erwerber, die von der unsauberen Provenienz gewusst haben, davon hätten wissen sollen oder beim Erwerb elementare Sorgfaltsregeln verletzt haben. Die Anforderungen an den guten Glauben sind in den letzten Jahren gestiegen. Dies ist mit dem Verhältnismässigkeitsgrundsatz vereinbar.

Wegen der Situation auf dem Kulturgütermarkt erweisen sich lange Verjährungsfristen als notwendig; sie sind nicht unverhältnismässig.

Rückwirkende Rückgabegebote greifen in bereits begründete Eigentumsrechte ein. Sie sind nur zulässig, wenn gutgläubige Erwerber voll entschädigt werden. Eine formelle Enteignung von Kulturgut mit dem Zweck, dessen Rückgabe gegenüber dem aktuellen Eigentümer durchzusetzen, dürfte bloss in Ausnahmefällen gerechtfertigt sein.

§ 17 Weitere Massnahmen

Dem Schutz von Kulturgütern dienen zahlreiche weitere Massnahmen, bei denen es sich nicht um relevante Eingriffe in die verfassungsmässige Eigentumsgarantie handelt:

Anzeige- und Mitteilungspflichten sind leichte verfahrensmässige Auflagen, welche wegen der Bedeutung der betroffenen Güter angemessen sind und die Eigentümer kaum einschränken.

Die Feststellung von Tatsachen oder Rechten durch Behörden und Gerichte kann sich faktisch auf den Wert von Kulturgütern auswirken. Da der Bestand an Rechten durch deren Feststellung nicht beeinflusst wird, handelt es sich dabei nicht um Eigentumseingriffe.

Bestimmungen, die gewisse Kulturgüter als *res extra commercium* dem Handel und dem Privateigentum entziehen, verhindern den Eigentumserwerb Privater. Wer solche Güter herausgeben muss, kann sich nicht auf die Eigentumsgarantie berufen. Die Bestimmungen sind mit der Institutsgarantie des Eigentums vereinbar.

Nicht als Eingriffe ins Eigentum gelten Kaufangebote an den Eigentümer von Kulturgütern und der frei vereinbarte Ankauf von Kulturgütern.

Sanktionen zählen zu den Nutzungsregelungen für Eigentum. Die Eigentumsgarantie gewährt keinen Schutz bei rechtswidrigem Verhalten. Beispielsweise brauchen Konfiskationen, die wegen Widerhandlungen gegen Bestimmungen des Kulturgüterschutzes verfügt werden, nicht entschädigt zu werden.

Kontrollmassnahmen des Kunsthandels greifen nicht in Eigentumsrechte ein. Sie wären allenfalls auf ihre Vereinbarkeit mit der Wirtschaftsfreiheit zu prüfen.

Zusammenfassung

1. Die Unterstellung von privaten Kulturgütern unter ein Ausfuhrverbot greift ins verfassungsrechtlich geschützte Eigentum ein. Die Massnahme gilt nicht als formelle Enteignung, sondern als Nutzungsregelung. Zulässig sind Ausfuhrverbote, falls sie auf gesetzlicher Grundlage beruhen und nationale Kulturgüter betreffen, deren Bewahrung im Inland aufgrund eines engen Bezugs zum Staat im öffentlichen Interesse liegt. Wird der Eigentümer verpflichtet, für die Ausfuhr eines Kulturguts eine Bewilligung einzuholen, hat er dies in der Regel entschädigungslos zu dulden: die Bewilligungspflicht allein führt nicht zu einem konkreten Schaden. Die Verweigerung einer beantragten Ausfuhrgenehmigung kann jedoch eine staatliche Entschädigungszahlung nach sich ziehen, falls der Eigentümer nachweisen kann, dass er das Objekt im Ausland zu einem höheren Preis hätte veräussern können. In solchen Fällen ist es für den Staat vorteilhafter, das im Inland bewahrte Objekt zum internationalen Verkehrswert zu übernehmen.

2. Staatliche Vorkaufsrechte sind nur für eigentliche nationale Kulturgüter angemessen. Wird ein staatliches Vorkaufsrecht für ein Kulturgut ausgeübt, ist der Eigentümer zum von den Kaufvertragsparteien vereinbarten Kaufpreis zu entschädigen. Der Käufer, der das Objekt dem vorkaufsberechtigten Gemeinwesen überlassen muss, kann sich kaum je auf die Eigentumsgarantie berufen.

3. Das staatliche Erwerbsrecht für Kulturgüter nach italienischem, spanischem und (früherem) französischem Recht zum Wert, der im Ausfuhrgesuch deklariert worden ist, wirkt sich aus wie eine Enteignung und ist mit der Eigentumsgarantie nicht vereinbar: Es ist gesetzlich zu unbestimmt formuliert, dient keinem legitimen öffentlichen Interesse, ist für den Schutz des nationalen Kulturerbes nicht notwendig und führt zu unverhältnismässigen Folgen, weil der betroffene Eigentümer sein Objekt oft nur ausführen, nicht aber verkaufen will, und eine volle Entschädigung für den Verlust der Sache nicht gewährleistet ist.

4. Rückgabe- und Rückführungsgebote für gestohlene, abhanden gekommene oder unrechtmässig aus dem Herkunftsstaat ausgeführte Objekte sowie für *res extra commercium* lasten bereits beim letzten Besitzerwerb auf den entsprechenden Objekten. Sie lassen den Bestand an privaten Rechten unangetastet und gelten daher nicht als Eingriffe ins verfassungsrechtlich geschützte Eigentum. Sie zählen zu den Nutzungsregelungen für Eigentum und sind als solche mit der Institutsgarantie des Eigentums vereinbar.

5. Die Eigentumsgarantie ist in vielen Fällen keine geeignete Anspruchsgrundlage, um Handelsbeschränkungen für Kulturgüter anzufechten oder Entschädigungen zu fordern. Fehlt es an einem Eigentumseingriff im Sinne der Eigentumsgarantie, bleibt der Betroffene schutzlos. Liegt ein Eingriff vor, gilt er häufig

als gerechtfertigt: die gesetzlichen Grundlagen erlauben nach ihrem Wortlaut regelmässig auch einschneidende Massnahmen, die Verfassungsgerichte verneinen kaum je ein öffentliches Interesse, der Sozialpflichtigkeit des Eigentums wird eine grössere Bedeutung zugestanden als privaten Interessen. Dies gilt besonders für Österreich und Italien. Die Eigentumsgarantie schützt zudem keine Eigentümer, welche sich gegenüber dem Staat unkorrekt verhalten.

6. In speziell gelagerten Fällen kann die Berufung auf die Eigentumsgarantie wegen Handelsbeschränkungen für Kulturgüter Erfolg versprechen. Dies beweisen die Fälle Balli betreffend die materielle Enteignung einer Sammlung archäologischer Fundstücke und Beyeler wegen der nachträglichen Ausübung des Vorkaufsrechts für ein Gemälde von Vincent van Gogh.

7. Ein Nachteil der Verfahren vor den Verfassungsgerichten ist deren lange Verfahrensdauer. Im Fall Balli kämpfen die Eigentümer seit über 20 Jahren um ihre Entschädigung. Ernst Beyelers Auseinandersetzung mit dem italienischen Staat zog sich während über 13 Jahren hin.

8. Die Eigentumsgarantie sollte von Gesetzgebern und Behörden vermehrt beachtet werden bei der Ausgestaltung und Anwendung von Massnahmen des Kulturgüterschutzes, welche auch Private betreffen. Die Eigentumsgarantie ist ein tauglicher Massstab für die Frage, in welchen Fällen das staatliche Interesse am Kulturgüterschutz vorrangig ist und wann nicht.

9. Erfreulicherweise lässt sich in Europa im Bereich des Kulturgüterschutzes in den letzten Jahren eine Tendenz zu eigentümerfreundlicheren Gesetzen feststellen. Dank Gesetzesrevisionen in Frankreich und Österreich sind einige unverhältnismässige Massnahmen aufgehoben worden. Es wäre zu hoffen, dass auch in den Mittelmeerländern, in denen die Behörden traditionell wenig rücksichtsvoll mit privaten Eigentümern von Kulturgütern verfahren, dem Schutz des Eigentums künftig grössere Beachtung beigemessen wird – nicht zuletzt im Interesse eines wirkungsvollen Kulturgüterschutzes.

Summary

1. Export restrictions for cultural objects in private ownership interfere with the constitutional guarantee of the right of property. They are not regarded as deprivation of property, but they relate to the use of property. The retention of cultural objects is justified only if it is lawful and if the object belongs to the national treasures because of its close relation to the nation so the retention answers the needs of the general interest. If the owner has a duty to apply for an export licence of his cultural object he usually does not have a compensation claim: because of the duty to call for an export licence no loss occurs. The refusal of an export licence may entitle the owner to compensation. In such cases it might be more profitable for the State to acquire the object at its international value.

2. The right of pre-emption is adequate only for national treasures. Exercising the right of pre-emption over a cultural object, the State must reimburse its owner at the sale price agreed between the contracting parties. The purchaser who has to leave the object to the preemptor usually can not rely on the constitutional guarantee of the right of property.

3. The right to acquire cultural objects at the value declared in the export application known in Italy, Spain and (formerly) in France amounts to a deprivation of property not compatible with the constitutional guarantee of the right of property: it lacks clarity, it does not pursue a legitimate aim, it is not necessary for the protection of the cultural heritage and imposes the owner an excessive burden to bear, because often he does not want to sell the object and the full compensation for the loss of the object is not ensured.

4. The obligation to restore possession of stolen or lost objects as well as cultural objects unlawfully removed from the territory of a source nation or of *res extra commercium* exists already when the title of property is acquired. These obligations do not impair private property rights. They are considered as provisions of control of the use of property and as compatible with the constitutional guarantee of the right of property.

5. In many cases the right of property is not designed to attack orders of control of the market in works of art or for claiming compensation for such orders. If there is no interference with the owners' rights of property, the person affected is not protected. The statutory language often allows sweeping measures. Constitutional courts rarely deny the demands of general interest, they are more favourable to the restrictions on individual property rights for the benefit of society than to private interests, especially in Austria and Italy. Owners behaving improperly against the State can not rely on the constitutional guarantee of the right of property.

6. In special cases relying to the constitutional guarantee of the right of property may be successful. This prove the cases of *Balli* concerning compensation for the preservation of archeological objects as historical monuments and *Beyeler* with regard to the legal implications of a sale not declared in the proper form stipulated in the Italian provisions.

7. Constitutional court procedures often take a long time. In the *Balli* case the owners fight for compensation since more than twenty years. The controversy between *Ernst Beyeler* and the Italian State lasted for more than 13 years.

8. The constitutional guarantee of the right of property should be taken into account more seriously by legislation and authorities concerned about the protection of cultural objects if private persons are involved, too. The constitutional guarantee is relevant for balancing the demands of protection of the cultural heritage and private owners' interests.

9. Since a few years in Europe there exists a remarkable tendency to respect better the rights of private owners of cultural objects. Thanks to amendments of laws in France and Austria some disproportionate provisions have been repealed. It remains to hope other countries in the south of Europe might follow this tendency – not least in the interest of an effective protection of the cultural heritage.

Stichwortverzeichnis

Ablöserecht 79f.
Allgemeines Landrecht für die Preußischen Staaten 47
Altersgrenzen 69f., 175, 202
Anheimfall 76f., 194
Anzeigepflicht 85, 125, 128ff., 132, 192
Ausfuhrkontrolle 187f., 213f., 222f., 227f., 231f.
- Deutschland 37ff., 50ff., 54
- EMRK 158f., 160ff.
- Europäische Union 181ff.
- Frankreich 85ff., 94ff.
- Italien 113ff., 122
- Österreich 66ff.
- Schweiz 4ff., 25ff.
- Vereinigtes Königreich 142ff.
Ausgleichung 46f., 52, 231
Bestandesgarantie 190
- Deutschland 35, 58
- EMRK 152f.
- Schweiz 4, 14
- Vereinigtes Königreich 141
Bestimmtheitsgebot 6, 38, 145f., 154, 160, 174f., 182, 201f.
Bezug zum kulturellen Erbe 178, 206ff.
- enger 7f., 11f., 53, 179
- fehlender 87, 97, 98 Fn. 90, 99, 117f., 165, 211ff.
Bundesgesetz über die Rückgabe von Kunstgegenständen aus den Österreichischen Bundesmuseen und Sammlungen 75, 230
Bundesratsbeschluss betreffend die Klagen auf Rückgabe in kriegsbesetzten Gebieten weggenommener Vermögenswerte 13ff., 31, 200
Charta der Grundrechte der Europäischen Union 169f.
dation en payement 189, 214
demanio pubblico 122, 123 Fn. 67
domaine eminent 88 Fn. 35
domaine public 105, 198
EG-Verordnung 3911/92 181ff., 223
Eigentumsgarantie
- Deutschland 35
- EMRK 152
- Europäische Union 169ff.
- Frankreich 82
- Geltungsbereich 1f.
- Grundrechtsträger 2
- Italien 111
- Österreich 63
- Schweiz 3
- Vereinigtes Königreich 140
enteignender Eingriff 47f., 53, 60
Enteignung, De-facto 159, 188, 236
Enteignung, formelle 190, 215, 226
- Deutschland 59ff.
- EMRK 153ff.
- Europäische Union 173, 184
- Frankreich 105ff.
- Italien 123ff.
- Österreich 65, 78f.
- Schweiz 12, 14, 21, 23
- Vereinigtes Königreich 141
Enteignung, materielle 188, 228, 236
- Italien 120f., 123f.
- Österreich 72
- Schweiz 23ff.
enteignungsgleicher Eingriff 47–49, 53
Entschädigung
- angemessene 20, 106, 137, 233
- fehlende 44, 72, 100, 113, 120
- gesetzliche 90ff., 124, 134, 231
- gutgläubiger Erwerber 30, 32, 104, 179f., 191, 233f.
- keine nach Verfassungsrecht 44, 64, 72, 85, 120, 141, 162, 235f.
- volle 24, 106, 128, 156, 234
Erhaltung von Kulturgütern 26, 57 Fn. 119, 86, 117, 125, 127, 133, 137, 144, 215, 217
Ersatzkauf 70 Fn. 51, 73f., 75, 79, 232
Ersitzung 89, 104
Erwerbsrecht 190, 195, 202, 214f., 229, 232
- EMRK 153ff.
- Frankreich 106ff.
- Italien 132ff.
- Schweiz 10ff., 24, 30
fiskalische Interessen 7

Geltungsbereich von Bestimmungen 197
- örtlicher 6, 11, 38, 198f.
- sachlicher 179, 184, 224
- zeitlicher 14, 29, 176, 200
Gewährleistung, kaufrechtliche 20
Gewinnchancen 8, 25, 44ff., 51, 58, 60, 228
gutgläubiger Erwerber 13, 18, 104, 136, 158, 179, 191, 225
Heimschlagrecht 9, 49, 232
Human Rights Act 1998 141, 150
Importverbot 17, 58 Fn. 142
Institutsgarantie 190f.
- Deutschland 59
- Frankreich 104
- Italien 111
- Österreich 63
- Schweiz 31ff.
Kaufangebot 74, 79, 95, 101, 143f., 150, 188f., 227, 231, 232
Kommissionen 7, 11, 102, 128, 134, 143, 160
Kulturgut 201, 206
- altisländische Handschriften 216 Fn. 73, 226
- archäologische Objekte 8, 21, 22, 69, 71, 79f., 96, 106, 174, 206, 209, 213
- Art déco-Garderobe 68
- Bibliotheksgut 105 Fn. 123, 122 Fn. 62, 123 Fn. 68
- Brunnen 22 Fn. 127
- Chaloner carpet 149
- chinesische Porzellanvase 97, 101, 179 Fn. 66, 193, 211
- Croix de Bonneval 98, 107
- Daguerreotypie 87
- Domschatz von Quedlinburg 209, 226 Fn. 26
- Dührener Zyklus 41
- Evangeliar Heinrich des Löwen 43, 49 Fn. 92
- Fresken von Casenoves 209
- Gebetbuch Otto III. 41, 49 Fn. 92
- Hamburger Stadtsiegel 56ff., 198
- Hammerklavier 73
- Holzaltar 180
- Käfersammlung 42, 50f. Fn. 95, 53, 206 Fn. 7
- Kult-Grosskrokodil 43, 47 Fn. 80, 212
- Liechtenstein-Sammlung 68
- Maori-Schnitzereien 177 Fn. 60
- Medaillen 180
- Monstranz St. Clara 209
- Oldtimer 87, 90, 96 Fn. 73, 98
- Ottersweierer Zyklus 41
- Ptolomäus Cosmographie 38, 42, 199
- Relieftäfelchen 41, 210 Fn. 31
- Segessersche Ledermalereien 12, 199, 212
- Silberzimmer der Welfen 42, 46 Fn. 69, 208f. Fn. 22
- Stammheim-Misseale 43, 238
- Statuta Firmanorum 122 Fn. 62
- Stephanskrone 209
- Tapisserien von Riom 136, 177 Fn. 60, 208, 225 Fn. 23
- Texas-Archiv 53
- Waldseemüller-Karte 43 Fn. 55, 53, 230, 238
Kulturgütertransfergesetz VII, 13ff., 22, 30f., 226
Kunsthandel 18, 71, 120, 164, 177, 180, 183, 195, 205
Lösungsrecht 32, 233
Mitteilungspflichten 22, 55f., 192
Museumseignung 210
öffentlichrechtliche Dienstbarkeit 56ff., 198
Ortsveränderung 22, 54, 77, 188
patrimoniono indisponibile 122, 137
Privatautonomie 64, 79, 104
res extra commercium 22, 56, 104, 122, 173, 193, 198
RL 93/7/EWG 68 Fn. 38, 77 Fn. 97, 138, 172ff., 200, 224, 226
Rückgabegebote 190ff., 216, 224ff., 229, 232ff.
- Deutschland 57ff.
- EMRK 158, 163
- Europäische Union 172ff.
- Frankreich 105
- Italien 135ff.
- Österreich 78
- Schweiz 13ff., 32
Rückholung 76f., 192
Rückwirkung 14, 58, 176, 192, 200
rule of law 140, 142

Sanktionen 125, 130, 134, 194f., 230
Schatzregal 21, 56
Sonderopfer 23, 27f., 48, 64, 72, 227
Sorgfaltspflichten der Erwerber 18ff., 32f., 179, 225
Steuererleichterungen 9, 47, 75, 92, 162, 223, 235
Subventionen 9, 235
Territorialitätsprinzip 68, 86, 115, 175, 195, 198f.
UNESCO-Konvention 1970 5, 13ff., 57ff., 78, 105, 135ff., 158, 191f., 200, 207
Unidroit-Konvention 1995 14ff., 30f., 78, 105, 138, 158, 191f., 200, 207, 224
Veräusserungsverbot 78, 122f.
Verjährungsfristen 17f., 226
Vorkaufsrecht 189f., 214f., 223, 229
- Deutschland 45 Fn. 62
- EMRK 156ff., 163ff.
- Frankreich 103f.
- Italien 125ff., 195, 202
- Österreich 189
- Schweiz 10ff., 24, 30ff.
- Vereinigtes Königreich 144
Waverley Criteria 148f., 150, 188, 209 Fn. 22
Wertbestimmung 2, 29, 89, 99, 120, 201 Fn. 26, 233
Werteinbusse 28f., 46, 67 Fn. 30, 72, 76, 89, 99, 120, 158, 162, 187
Wertgarantie 23, 35, 131 Fn. 113
Wertgrenzen 70, 94 Fn. 62, 175, 201
Wesensgehalt des Eigentums 63, 65, 76
Wirtschaftsfreiheit 5, 195
Wohnsitzwechsel 9, 27, 55, 121, 162, 228, 238

Personen- und Werkverzeichnis

Alt, Rudolf von 77
Balli 5ff., 24ff., 198, 200, 227, 238
Beethoven, Ludwig van 70
Bellotto, Bernardo 116, 199
Beyeler, Ernst 127 Fn. 90, 152, 163ff., 229
Brahms, Johannes 71
Bührle, Emil 31 Fn. 179, 225 Fn. 23
Canova, Antonio
- Grabstelen 134
- The Three Graces 148, 150, 211
Céline, Louis-Ferdinand 103 Fn. 114
Cézanne, Paul 96 Fn. 73, 98, 102, 117, 208
Chardin, Jean-Baptiste Siméon 98, 108 Fn. 141
Contessini, Livio De 136, 225 Fn. 23
Delacroix, Eugène 180
Fischer, Theodor 31 Fn. 179, 225 Fn. 23
Flöge, Emilie 73
Freud, Lucien 149, 202 Fn. 28, 208
Gasser, Hanns 70
Gisela von Österreich 71, 209 Fn. 22
Gogh, Vincent van
- Jardin à Auvers 87, 91f., 97, 211, 214
- Porträt eines jungen Bauern 117, 127, 163ff., 211, 215 Fn. 67
- Sonnenblumen 148
Goya, Francisco José de 42
- La Marquesa de Santa Cruz 193f., 208 Fn. 16
Guardi, Francesco 42, 98, 115 Fn. 30
Heugel 107
Ingres, Jean Auguste Dominique 87, 96 Fn. 71
Klimt, Ernst 70, 210 Fn. 31
Klimt, Gustav 72, 208
- Dame mit Federhut 75
- Helene Klimt 73
- Porträt der Amalie Zuckerkandl 73
Krafft, Johann Peter 74, 230
Lauder 68f.
Liotard, Jean-Etienne
- Le Déjeuner 211
- John, Lord Mount Stuart 149
- Portrait Mr Levett 97, 211
Lupi, Miguel Angel 180
Mackintosh, Sir James 149
Marie-Louise von Frankreich 70, 77
Matisse, Henri 178
- Portrait sur Fond Jaune 115, 117, 194 Fn. 37, 199, 202 Fn. 28, 211
Michelangelo
- Pietà Rondanini 116, 199
Molière 105 Fn. 123
Picasso, Pablo 134
Poussin, Nicolas 103 Fn. 116
Rosenberg, Paul 31 Fn. 179, 225 Fn. 23
Rosenberg, Pierre 98 Fn. 83
Sade, Marquis de 96 Fn. 73, 97
Schiele, Egon 69, 72, 208
- Liegende Frau 74, 206 Fn. 7, 230
- Totenmaske Adolf Eugen Schieles 70
- Winterbäume 73
Schlumpf, Hans und Fritz 87, 90f.
Schmidt, Mart. Joh. 78 Fn. 99
Sciarra, Colonna di 121 Fn. 57
Stimmer, Tobias 53
Strigel, Bernhard 42
Talleyrand-Périgord, Heli de 107
Thyssen-Bornemisza 212
Tissot, James 98
Turner, William 148, 208
Walter, Jacques 91f., 152, 162 Fn. 49

Bei Fragen zur Produktsicherheit wenden Sie sich bitte an:
If you have any questions regarding product safety,
please contact:

Walter de Gruyter GmbH
Genthiner Straße 13
10785 Berlin
productsafety@degruyterbrill.com